本书感谢如下基金项目资助：安徽省社会科学创新发展研究攻关项目"澳门回归治理实践对安徽省台湾事务产业协同发展实践研究"（2023CX186）；澳门基金会项目"构建澳门适度多元产业共生共济的生态共同体研究"（G01609-2309-298）。

数字经济
DIGITAL ECONOMY

A NEW PATH FOR
MACAO'S MODERATELY DIVERSIFIED
ECONOMIC DEVELOPMENT

澳门经济适度多元发展的新路径

贺培正　金　缦　翟　红　著

社会科学文献出版社
SOCIAL SCIENCES ACADEMIC PRESS (CHINA)

序　言

　　当前复杂多变的政治格局和全球经济下行，皆会对澳门经济的整体发展产生不利影响，而澳门长期以来依赖不均衡的产业结构和资本外向型经济，存在较大风险。如何增强经济韧性、利用多元产业快速提振澳门经济，是澳门要应对并妥善解决的重要问题。在众多选项中，发展数字经济和适度多元的产业经济，同时被摆在了突出位置。然而，技术转变为现实生产力是一个复杂的动态演进过程，产业结构调整为经济注入动力更是一个充满风险、不确定性和复杂的动态演进过程。因此，聚焦澳门经济适度多元发展，以澳门经济适度多元发展的实现路径为研究对象和研究主题就显得极为重要。

　　本书剖析澳门经济适度多元发展的历史沿革和发展机理，并在此基础上以数字经济高度发展为外生因素，有针对性地对当下澳门经济适度多元发展的路径优化进行理论分析，提出了一条有效解决澳门经济适度多元发展过程中存在问题的新路径，为澳门经济可持续发展建言献策。

刘　震

清华大学

2024 年 4 月 4 日

导　言

　　2019 年，习近平总书记在庆祝澳门回归祖国 20 周年大会暨澳门特别行政区第五届政府就职典礼上的讲话中指出："澳门回归祖国 20 年来，经济实现跨越发展，居民生活持续改善。'一中心、一平台、一基地'建设扎实推进，人均地区生产总值大幅增长，跃居世界第二。经济适度多元发展成效初显，会展、中医药、特色金融等新兴产业方兴未艾。参与共建'一带一路'和粤港澳大湾区建设取得积极进展。民生福利水平显著提升，免费教育、免费医疗、双层式社会保障等一系列政策惠及全社会，澳门居民获得感、幸福感越来越强。"这说明澳门已经明确了新时代经济适度多元发展的战略方针。2023 年 11 月 1 日，澳门特别行政区政府（简称澳门特区政府）公布《澳门特别行政区经济适度多元发展规划（2024—2028 年）》，这是澳门首个全面系统的产业发展规划，使推动经济适度多元发展成为澳门繁荣发展、民生持续改善的不二选择，并在澳门社会各界达成了普遍共识。这将成为全体澳门人民共同奋斗的适度多元发展规划，是在高质量的数字经济发展中逐步实现的适度多元发展。经济适度多元发展的内涵十分丰富，而数字经济及众多依托数字经济发展的产业在其中将发挥关键和重要的作用。然而，近几年的新冠疫情对澳门博彩业发展造成了极大冲击，澳门的整体经济增速和税收增速都大幅下降，东南亚国家逐渐蓬勃的网络赌博和可能合法化的声音也让澳门博彩业一枝独大的产业状况陷入较大的产业结构困境。此外，澳门会展、中医药、特色金融等基于数字经济发展的新兴产业在此期间也尚未起到支撑作用，引起了一部分澳门民众对"一国两制"思想认识上的动摇和对澳门经济复苏心理上的恐慌。那么，基于数字经济发展的新兴产业到底能不能在促进澳门经济适度多元发展的进程中发挥重要作用？影响它们参与澳门产业结构调整的主要因素有哪些？如何才能更好地发挥其作用呢？

首先，需要剖析近年来澳门的某些产业历程，从理论上指出单一产业结构的错误性和可能构成的危害。

单一产业结构使澳门的经济发展极度依赖外向资金及客源，澳门当前的经济形态并不稳定，经济风险非常大。受新冠疫情影响，2020年，澳门公共账目的政府总收入同比下滑27.75%，其中博彩业的政府总收入同比下滑73.55%，客流量下滑85%，博彩业税收贡献度从2019年的80.08%直线下滑至29.32%，直接导致澳门当年的经济增长率下降为-54%。高度依赖博彩业的澳门财政迎来了至暗时刻。2022年，澳门旅游业游客数量开始攀升，但过度依赖外部客源的单一经济结构给澳门经济带来的毁灭性打击仍在澳门人民心中盘桓。因此，寻求经济适度多元发展的有效路径不但是一个战略课题，还是亟待解决的民生问题。

在疫情之前，数字经济就已经在澳门适度多元的经济结构改革中占有重要地位，主要体现在跟紧国际数字经济发展的低成本跟随效率、数字经济可能形成的对低速增长的传统产业的转型加速作用的期望上。而疫情之后，澳门适度多元的经济发展则迫切需要数字经济在多个层面、多个领域发力。澳门的多个产业链不仅面临内地其他城市数字经济对其产业发展带来的挑战，还面临快速涌入的内地游客、会展商、"一带一路"的贸易国家（地区）、寻求高质量对话的葡语国家等多层次、多方面、多角度的数字经济服务需求。对澳门数字经济的服务需求不仅激活了澳门经济更大的潜力，也为澳门经济适度多元发展注入了动力。

整体而言，澳门经济随着疫情的有效控制而逐步恢复并持续提升。然而常态化反腐和澳门过度依赖博彩业的一元经济结构，使得澳门经济较经济多元发展的大湾区其他省市具有更大的脆弱性。诚然，影响澳门经济下滑的内外因素错综复杂，但如何应对澳门经济对外部风险的敏感性和单一产业结构的脆弱性、实现澳门经济高质量发展是现阶段以及未来一段时间内澳门经济持续健康发展所必须解决的难题。

同时，数字经济是伴随工业 4.0、人工智能、大数据和区块链技术的迅猛发展席卷而来的技术革命。在这新一轮的技术浪潮之下，澳门如何应对数字经济对博彩、旅游、制造以及贸易等澳门传统产业的组织冲击和动能冲击，如何激发澳门适应数字经济浪潮建立新兴产业链和产业集群、加快经济增长新旧动能转换、促进经济持续健康增长，是澳门经济实现高质量发展亟须解决的现实问题。因此，澳门经济适度多元发展如何与数字经济有机结合并通过科技驱动区域内多元经济共生共济显得非常重要。

显然，仅单一发展博彩业在澳门未来的经济发展过程中是站不住脚的。在粤港澳大湾区时代，可以看到澳门逐步壮大起来的基于数字经济的新兴产业如银行业、会展、文化和中医药等。一方面，澳门在努力地经营着自己的强势产业博彩业，并积极向善，努力践行着各种社会责任，自觉不自觉地以各种形式参与促进共生产业链和改善民生的实践。另一方面，新兴产业也在不断积蓄力量，并基于数字经济探寻澳门经济适度多元发展的实践经验和模式，解决澳门经济适度多元发展过程中遇到的种种问题，并为党和政府出台相关支持政策提供合理建议。

本书的第一至四章由金缦撰写；第五章由贺培正撰写，其中关于澳门数据的收集、整理和分析由金缦负责；第六章由金缦撰写；第七章由翟红撰写。本书前期内容策划与组织由贺培正负责，稿件审核与修改由金缦负责，与出版社沟通和合作由翟红负责。三位作者排名不分先后。

金　缦

巢湖学院

2024 年 4 月 4 日

目　录

第一章

经济适度多元发展的理论沿革

在探讨澳门经济适度多元发展的道路上，首先需要明确三个核心概念："经济适度多元发展"、"数字经济"和"经济适度多元发展生态理论"。这三个概念不仅是理论框架的基石，也是产业生态系统构建的关键所在。

本章详细分析"经济适度多元发展"，探讨其是否为简单的经济多元化；探讨澳门在保持经济稳定增长的基础上，如何既通过经济适度多元发展避免单一产业的风险，又能够充分发挥自身的优势和特色。

接下来，本章探讨"数字经济"在"经济适度多元发展"和"经济适度多元发展生态理论"中的概念定义和范围，并思考在澳门，数字经济对经济适度多元发展是否具有巨大的潜力和空间；如何通过加强数字技术的研发和应用，推动数字经济与传统产业的深度融合，以进一步提升澳门经济的竞争力和创新力。

明确上述概念之后，本章深入探讨"经济适度多元发展生态理论"的核心内涵，并探讨以经济适度多元发展为目标、以数字经济为重要驱动力，构建符合澳门实际的产业生态系统、搭建澳门经济适度多元发展的理论框架的可行性。

第一节　马克思产业经济理论

马克思的经济理论长期被排斥在西方主流经济理论之外，被视为经济学的异端。然而，资本主义的发展充分证明了西方主流经济理论的狭隘，随着资本主义内在矛盾的出现，以马克思主义为代表的经济学开始逐渐为西方主流经济学所接纳，并对其产生了重要影响（张丽伟，2019）。在马克思主义科学理论的指导下，我国取得了历史性的胜利，取得了改革开放的伟大成就。因此，充分分析马克思经济理论中关于经济多元发展的理论，将为澳门经济适度多元发展提供更坚实的理论基础，使得数字经济对澳门经济适度多元发展具有更强的历史性、现实性和科学性。

一　马克思产业经济理论中的经济多元发展

（一）马克思产业经济理论中经济多元发展的地位

马克思政治经济学对产业经济理论的论述，提供了一种深入理解社会经济发展内在机制的视角。马克思政治经济学指出，要将"经济的社会形态的发展理解为一种自然史的过程"①，以此强调经济发展的内在性，认为社会经济的发展源于其自身的内在矛盾，而决定经济发展的持久内生性动力是生产力与生产关系的矛盾运动。

赵莹（2020）指出，马克思产业经济理论为经济发展韧性的本质提供了理论依据。一方面，我国经济的多元发展，是具有时代的经济特征和历史条件的必然产物；另一方面，无论在任何社会，人的生存发展需要都是一切生产活动持续推进的原始动力，而这些生产活动需要多元的经济构成和生产关系。可以说，在马克思产业经济理论中，经济发展的多元化，不仅是满足作为主体的人的现实需求而内生的，也是社会主义经济发展过程中基于生产而内生的。为了更好地理解这一点，可以从几个方面展开分析。首先，从生

---

① 《马克思恩格斯选集》（第二卷），人民出版社，2012，第84页。

产关系的角度来看，多元化的经济发展模式能够容纳更多的生产关系，从而激发社会生产的活力。其次，从生产力的角度来看，多元化的经济结构有助于推动科技创新和产业升级，进而提升整体生产力水平。最后，从社会结构的角度来看，多元化的经济发展模式有助于构建更加和谐、包容的社会环境，为经济的持续发展提供稳定的社会基础。在这样的理论框架下，经济的多元发展成为满足作为主体的人的现实需求的必然结果。

（二）马克思产业经济理论中经济多元发展的机制

多元化的经济发展的动力保障为科技创新。马克思认为，"资本是以生产力的一定的现有的历史发展为前提的——这些生产力中也包括科学"[①]，"劳动的社会生产力……它既包括科学的力量，……还包括……生产力上的技巧"[②]。科学以及伴生的科学的使用——技术以及创新——是生产发展中提高劳动生产率的一种关键的革命力量，是在生产过程中不可或缺的动力。在经济繁荣的广阔舞台上，科技创新如同一股强大的推动力，引领着多元化的经济不断向前迈进。科学不仅代表着知识的积累，更象征着智慧的火花，为生产力的提升注入了源源不断的动力。

首先，科技创新是推动生产力提升的关键。在生产过程中，科技创新能够带来生产工具的改进和生产方法的革新，从而提高劳动生产率。以工业革命为例，蒸汽机、电力和自动化技术极大地推动了生产力的飞跃，为社会经济的快速发展奠定了坚实的基础。其次，科技创新对产业结构优化和转型升级具有重要意义。随着科技的不断发展，新兴产业不断涌现，传统产业也在经历着深刻的变革。科技创新不仅催生了一批新兴产业，同时也为传统产业的转型升级提供了技术支持和解决方案。这种转型升级不仅提高了经济的整体竞争力，也为经济发展注入了新的活力。最后，科技创新在促进就业和人才培养方面也发挥着重要作用。随着新兴产业的发展，大量新的就业机会应运而生。同时，科技创新也要求劳动者不断提高自身的技能水平，从而推动

[①]　《马克思恩格斯全集》（第四十六卷下），人民出版社，1980，第 211 页。

[②]　《马克思恩格斯全集》（第四十六卷下），人民出版社，1980，第 229 页。

了人才培养和教育事业的发展。这种人才培养和就业需求的良性互动，为经济的可持续发展提供了有力的人才保障。

此外，在马克思的经济发展理论中，科技创新被赋予了举足轻重的地位。他明确指出，科技创新不仅在生产过程中成为推动生产率提升的动力基础，而且直接引发了生产力与生产关系的深刻变革（赵莹，2020）。这一观点为理解科技与产业、经济之间的紧密关系提供了重要的理论支撑。首先，从生产力的角度来看，科技创新通过改进生产工具、提高生产效率、优化生产流程等方式，直接促进了生产力的提升。这种生产力的提升不仅体现在物质生产领域，也体现在知识生产、服务生产等非物质生产领域。例如，随着信息技术的飞速发展，现代社会中的信息生产、传播和利用已经成为生产力的重要组成部分。其次，科技创新还引发了生产关系的变革。科技创新作为一种革命性的力量，不仅能够打破旧的生产关系束缚，推动生产力的进一步发展，还能够建立起更加适应生产力发展的新的生产关系。这种生产关系的变革是科技推动产业创造性改变的本质事实之一。一方面，科技创新促进了生产力的提升和生产关系的变革，推动了资本主义经济的繁荣和发展；另一方面，科技创新也加剧了资本积累和无产阶级贫困的矛盾，从而加剧了资本主义经济的危机和不稳定性。这种辩证关系揭示了资本主义经济发展的动态性和多元性。

（三）马克思产业经济理论中经济多元发展的目的

马克思产业经济理论对资本主义经济危机的深入剖析，不仅揭示了资本主义经济体系内部的矛盾，还从另一个角度展现了单一经济结构下经济韧性不足的问题，以及这种结构最终引发社会矛盾和危机爆发的必然规律。马克思指出，劳动生产力的发展是推动资本主义经济发展的核心动力，但同时也带来了利润率下降的必然趋势。这一规律在某一点上与劳动生产力本身的发展产生了强烈的对抗，导致了经济体系的失衡和危机的发生。

在马克思的理论中，资本主义经济危机是资本主义经济体系内部矛盾的表现。资本主义经济体系以追求利润最大化为目标，这导致了生产的社会化和生产资料私人占有之间的矛盾。随着劳动生产力的提高，商品生产过剩成为常态，而资本家为了追求更高的利润率，不断压缩生产成本，加剧了市场的竞争。这种竞争不仅导致了资源的浪费，还加剧了工人阶级和资产阶级之间的矛盾。当面临经济危机等外部冲击时，经济体系难以迅速调整，从而加剧了危机的程度。

在经济发展的进程中，产业资本的发展状况始终是一个核心议题。马克思产业经济理论揭示了资本发展的周期性危机形式，其中包括产能过剩、商品过剩、货币支付断链以及资本泡沫破裂。这些周期性危机不仅会引发产业及产业链的波动，而且会通过产业周期传导到整个经济过程中，从而引发资本主义的严重波动和危机。在现实中，这些周期性危机形式的出现与产业资本自身的发展现状紧密相连。随着科技的进步和全球化的深入，产业发展逐渐呈现多元化的趋势。这种多元化的产业发展模式，能够在一定程度上降低单一产业危机对经济韧性的危害。例如，当某一产业出现产能过剩或商品过剩时，其他产业的繁荣发展可以为其提供一定的缓冲空间，从而减轻经济压力。

然而，尽管多元化的产业发展模式具有一定的积极作用，但根据马克思政治经济学的理论，它仍然无法最终化解资本主义经济危机。这是因为资本主义经济危机的产生，是资本主义生产方式内在矛盾的表现。在资本主义生产方式下，生产的盲目扩大与劳动人民购买力相对缩小的矛盾，必然会导致产能过剩和商品过剩等问题。综上所述，马克思主义经济发展理论，揭示了我国经济发展需要坚持多元化产业发展，引导产业结构调整升级。通过产业结构调整畅通国民经济循环、激发经济发展动能、提升经济发展水平。

二　马克思社会再生产理论中的经济多元发展

（一）马克思社会再生产理论对单一经济结构可能出现的社会矛盾做出深刻剖析

马克思社会再生产理论为理解单一经济结构可能出现的社会矛盾提供了深刻的剖析。这一理论不仅揭示了资本主义生产方式的内在逻辑，也为理解现代社会经济问题提供了重要的视角。在马克思社会再生产理论中，资本在生产过程中的循环往复被详细阐述。这一循环过程包括了货币资本、生产资本和商品资本三个阶段。这种循环不仅体现了资本在生产过程中的不断增值，也揭示了资本主义生产方式的本质特征。

货币资本作为生产的起点，通过购买生产要素（如劳动力、原材料等）转化为生产资本。在这一阶段，货币不仅作为交换媒介，更作为资本的一部分，参与到生产过程中。生产资本在生产过程中发挥作用，通过工人的劳动将原材料转化为商品。在这一阶段，劳动力成为资本增值的关键要素。接下来，生产出的商品进入市场，通过销售转化为货币资本，从而实现资本的增值。在这一阶段中，商品不仅具有使用价值，更重要的是具有交换价值，即商品能够转化为货币。这种转化使得商品具有了资本属性，能够执行资本的职能。

马克思社会再生产理论进一步指出，在单一经济结构中，这种资本循环往复的过程可能导致一系列社会矛盾。第一，资本的不断增值需求可能导致对劳动力和资源的过度剥削，从而加剧社会阶级矛盾。第二，对商品生产和交换的过度追求可能导致市场饱和和产能过剩，引发经济危机。第三，单一经济结构还可能限制技术创新和产业升级，阻碍社会经济的持续发展。为了缓解这些矛盾，马克思提出了通过社会主义革命建立生产资料的公有制和计划经济等的解决方案。这些方案旨在打破资本主义生产方式的束缚，实现经济的可持续发展和社会的全面进步。

如果以货币资本形式作为起点来理解经济发展中的产业生产过程，就会陷入单一产业过度扩张、外延式扩展即以规模追求收益的重商主义和货币主义的资本主义生产方式中。"货币资本的循环，是产业资本循环的最片面、从而最明显和最典型的表现形式。"[1] 马克思指出，货币是货币主义和重商主义理解资本主义生产方式的基础。货币是财富的唯一代表，如果从不断卖出商品赚取利润是资本家的唯一职能的错觉出发，经济体就会以产业利润率

---

[1] 《马克思恩格斯文集》（第六卷），人民出版社，2009，第70页。

排名来规划产业结构发展，并通过单一产业的规模扩张来外延式地增加经济体收入。当单一产业结构的生产在经济体内已经过剩，多出的产能只能通过殖民等方式向外倾销，从而造成"资本家个人只应该和工人一样消费，资本家国家应该把它们的商品让给其他比较愚昧的国家去消费和进行消费过程，而相反地应该把生产消费当做自己的终生事业"① 的经济思维，增加了全社会的人格异化现象，降低了整体社会关系中人与社会和谐共处的可能性。

（二）通过资本价值增值理论为经济多元发展的必要性提供理论依据

张晓倩（2020）指出，在商品资本循环中商品形式的资本是生产的前提，在这个循环中的第二个 W 上，它重新表现为前提。这个 W 大部分必须作为另一个产业资本的 W' 再生产出来，否则循环就会被阻止。在这个循环中，W' 不仅是循环的始极和终极，还是循环的经过点，因此它总是存在着，是再生产过程的经常性条件。在循环进行中总要有另一个商品资本存在，从而要求必须把这个形式当作社会总资本运动来看待。而商品资本循环体现了资本价值的增值过程。商品资本循环过程中既包含资本价值又包含剩余价值，因此它的运动既包括生产消费，也包括个人消费。

张晓倩（2020）详细阐述了商品资本循环的重要性及其在资本主义经济体系中的核心地位。在商品资本循环中，商品形式的资本不仅是生产的起点，而且在循环的第二个阶段，它再次以前提的形式出现。这个 W 大部分需要作为另一个产业资本的 W' 进行再生产，以确保循环的顺畅进行。若缺乏这一再生产环节，整个循环将受到阻碍，进而影响整个经济体系的稳定与发展。W' 在商品资本循环中扮演了多重角色。它既是循环的起点和终点，又是循环过程中的必经之路。因此，W' 的存在是再生产过程的持续条件，保证了经济的连续性和稳定性。同时，这也意味着在商品资本循环中，总是需要有另一个商品资本的存在。这就要求将这一循环视为社会总资本运动的一部分，从更宏观的角度来理解其运作机制。

---

① 《马克思恩格斯文集》（第六卷），人民出版社，2009，第69页。

商品资本循环的核心在于资本价值的增值过程。张晓倩（2020）强调，这一过程不仅涉及资本价值的增长，还包括剩余价值的产生。这意味着商品资本循环不仅关注生产消费，还关注个人消费。生产消费关注的是如何通过生产活动创造更多的价值，而个人消费则关注如何将产生的价值转化为实际的经济利益。二者相互关联，共同构成了商品资本循环的完整过程。为了更好地理解这一过程，可以参考一些具体的实例。例如，在制造业中，产业通过购买原材料、设备等生产要素进行生产活动，生产出具有市场价值的商品。这些商品在销售过程中实现了资本价值的增值，同时也产生了剩余价值。这些剩余价值的一部分以利润的形式归产业所有，一部分则以工资的形式支付给工人。工人在消费过程中将这些收入用于购买生活必需品，从而实现了个人消费。这一过程不仅推动了产业的再生产活动，还促进了整个社会的经济繁荣。

在深入探讨资本价值增值理论时，必须关注一个核心要素——人。人是生产过程中不可或缺的重要载体，他们的需求和欲望推动着经济的循环与发展。这一过程不仅满足了经济体中人们日益增长的消费需求，还构成了一个循环往复的生产链条。在这一链条中，本期的生产活动为下一期的生产奠定了坚实的基础。这意味着，在 W'（即商品资本）中，包含了自身再生产所需的各种形成要素。这些要素通过商品资本循环过程得以转化和再生，从而维持了经济体系的持续运转。

值得注意的是，这一过程并非孤立存在。相反，它紧密地与流通领域相连。具体来说，商品资本循环过程必须通过流通领域，用相同类型的商品来补偿已经消耗的生产要素。这种补偿机制确保了生产链条的连续性，也为经济的增长提供了源源不断的动力。然而，在这一切的背后，劳动者的实际需求才是推动商品资本循环以及产业结构发展的根本动力。在多元化的经济体中，不同的劳动者拥有各自独特的需求和期望。这些需求通过市场机制转化为具体的消费行为和产业投资，进而推动产业结构的多元化发展。这种多元化发展的产业结构，不仅能够内生地满足经济过程中人们的生活、生产和社会需求，还能够有效缓解资本与劳动之间的矛盾。通过调整产业结构，可以更好地满足劳动者的实际需求，提高他们的生活水平和工作满意度。同时，这也为资本提供了更多的增值空间，实现了经济增长与社会发展的双赢。

（三）马克思经济增长模型更加直观地显示出结构均衡的重要性

马克思的两部类资本有机构成理论是政治经济学中的经典理论，它深入剖析了资本主义经济中生产部门之间的关系和资本的运动规律。在两部类理论中，社会生产被划分为两大部类：第一部类（生产生产资料的部门）和第二部类（生产消费资料的部门）。这两大部类之间的相互作用和平衡是资本主义经济稳定运行的关键。

剩余价值率是剩余价值与可变资本的比率，它反映了资本家对工人的剥削程度。当两部类的剩余价值率相等时，意味着两个生产部门对工人的剥削程度相同，从而保证了资本家之间的公平竞争。在这种情况下，再生产图式将不会出现资本竞争导致的价值向生产价格的转化。资本竞争是指不同部门之间的资本家为了争夺市场份额而进行的竞争。这种竞争往往会导致价值转化为生产价格，即商品的价格不再完全由生产该商品所耗费的社会必要劳动时间决定，而是受到市场供求关系、竞争状况等多种因素的影响。然而，在两部类剩余价值率相等的情况下，资本竞争被有效抑制，价值得以保持在原有的水平上。此外，资本跨部类流动也会受到限制。在资本主义经济中，资本总是追求更高的利润率。当某个部门的利润率高于其他部门时，资本就会从低利润部门流向高利润部门。然而，在两部类剩余价值率相等的情况下，两个部门的利润率趋于一致，资本流动的动力减弱，从而保持了经济结构的稳定性。

在一般利润率规律的作用下，价值最终会转化为生产价格。生产价格是商品价值的转化形式，它反映了商品生产的社会平均成本和平均利润。在两部类剩余价值率相等的情况下，由于资本竞争和资本跨部类流动的限制，生产价格的形成更加平稳和有序。最终，两部类生产部门在这种稳态条件下达到了帕累托最优状态。帕累托最优是指资源分配的一种理想状态，在这种状态下，不可能通过改变资源的分配方式使得至少一个人的境况变好而不使其他人的境况变坏。在两部类理论中，当两部类生产部门达到帕累托最优状态时，意味着资源的配置达到了最优状态，经济效率达到了最高水平。

但张晓倩（2020）认为，这种两部类剩余价值率相等的假设过于理想化，故而从逻辑上并不能推出资本主义必然出现危机的结论，而两部类剩余价值率往往是不相等的，必然会出现多产业间生产效率时点上的显著差距。实际上，不同产业部门的生产效率往往存在差异。这种差异可能源于技术、资源、劳动力等多个方面的因素。例如，高新技术产业往往具有较高的生产效率，而传统产业则可能面临生产效率低下的问题。这种生产效率的差异，会导致不同产业部门之间的剩余价值率出现差距。而这种差距的产生，与资本对剩余价值率的单一追求目的密切相关。资本家为了追求更高的剩余价值率，可能会将资本投入生产效率更高的产业部门，从而导致其他产业部门的资本投入不足。这种资本的不均衡分配，可能会破坏经济的多元平衡发展，形成多元经济向单一产业的聚合。

然而，根据马克思主义的增长理论，无论剩余价值率是否存在两部门间的差异，经济多元发展都是社会持续性扩大再生产的必要条件。这意味着，为了保持经济的持续健康发展，必须保持经济的多元平衡发展。因此，我国在实践中坚持实施鼓励产业结构调整升级、多领域新技术互相交叉融合、新兴产业发展等的产业政策，以推动经济的多元平衡发展。这些产业政策的实施，不仅有助于优化产业结构，提高生产效率，还有助于推动技术创新和产业升级。通过鼓励多领域新技术的交叉融合，可以促进不同产业部门之间的技术交流与合作，提高整体生产效率。同时，新兴产业的发展也可以为经济增长注入新的动力，推动经济持续健康发展。

总而言之，马克思社会再生产理论为我国坚持社会主义特色的经济多元发展提供了理论基础，并通过践行马克思社会再生产理论中的增长理论，我国极大地增加了产业发展广度和深度，不仅有效满足了随着城乡居民收入水平持续提高，我国消费潜力释放和需求结构升级的需要，还为经济发展、就业扩大和民生改善提供了有力支撑。

第二节　产业理论下的经济适度多元发展理论

一　经济适度多元发展内涵

关于经济适度多元发展，目前学术界未有明确定义。从中华人民共和国驻澳门特别行政区联络办公室的官方网站公开文献数据库中检索"经济适度多元发展"关键词发现，首次明确提出"经济适度多元发展"概念为2013 年 11 月 4 日的中国新闻网的报道，国务院副总理汪洋会见了澳门特区行政长官崔世安，并表示："澳门正处于发展的关键阶段，特区政府要登高望远，未雨绸缪，继续推进经济适度多元发展……推动澳门经济社会发展再上新台阶。"① 总体而言，"经济适度多元发展"的概念，主要来源于中央政府和澳门特区政府的规划，并依托时代经济要求和整体规划目标，将澳门的"经济适度多元发展"内涵进行了三次调整。

（一）初步形成阶段

澳门的经济适度多元发展概念的初步形成阶段为 2001～2014 年。国家"十一五"规划、"十二五"规划中明确提出促进、支持"澳门推动经济适度多元化"。支持澳门推动经济适度多元化。

1. 回归后的十年

2001 年澳门特区政府提出"以旅游博彩业为龙头、以服务业为主体，带动其他行业协调发展"。在 2001 年目标中，澳门通过发展综合旅游休闲项目，推动旅游业与文化创意、会展等产业结合，促进关联产业互动发展，并形成旅游、文化、会展多产业结构带动澳门适度多元发展。

澳门特别行政区行政长官何厚铧于 2001 年下午在上海举行的 APEC 工商领导人峰会上发表了引人注目的演讲。他宣布，澳门特别行政区在 2001 年决定对其流动通信市场实行开放政策，这一重大举措展示了澳门在信息技

---

① 《汪洋：澳门要继续推进经济适度多元发展》，中国新闻网，2023 年 11 月 4 日。

术领域的开放态度和前瞻性决策。何厚铧在演讲中进一步透露，自 2002 年开始，澳门特别行政区将博彩业引入了竞争机制。这一决策不仅标志着澳门博彩业的新纪元，更象征着澳门在有序的市场开放中积极寻求更多的资金、人才、先进管理模式和创新理念。这一策略不仅增强了博彩业的活力，也为澳门经济的多元化发展注入了新的活力。

何厚铧强调，澳门特别行政区在回归后的几年里，已经积极调整经济结构，做好了在全球经济复苏时全速前进的准备。在澳门特别行政区的经济发展战略中，旅游博彩业被赋予了极其重要的地位。为了提升旅游博彩业的整体水平，澳门特别行政区在不断提升硬件设施的同时，也注重提高服务质量和创新能力，以此努力推动澳门 GDP 和资本总量的增长。值得一提的是，澳门的这一战略决策并非盲目跟风，而是基于深入的市场调研和科学的决策机制。澳门特区政府认识到，在全球经济一体化的背景下，开放和竞争是不可避免的趋势。因此，澳门决定通过引入竞争机制，激发市场活力，提升产业竞争力，从而在全球经济复苏中抢占先机。

2. 2012~2014 年

"十二五"规划对澳门经济适度多元发展的各产业部署提出了新的要求，明确提出将支持澳门加快发展休闲旅游、会展商务、中医药、教育服务、文化创意等产业的发展。至此澳门第一阶段的经济适度多元发展的产业结构框架初步形成，即以博彩业为强势产业，适度发展旅游、会展、中医药、教育服务和文化等产业。

2012~2014 年，澳门经济适度多元化的议题成为社会热议的焦点。随着博彩业的繁荣，澳门在全球范围内赢得了"赌城"之名，然而，这种单一的产业结构也带来了诸多隐患。为了应对这一挑战，中国社会科学院在2013 年发布的《中国城市竞争力蓝皮书》中明确指出，澳门应尽快推动经济适度多元发展。根据这份报告，澳门在 2014 年全国 287 个城市中的综合竞争力排名第十，可持续竞争力排名第六，同时在宜居、和谐、生态等方面也名列前茅。然而，值得注意的是，在知识城市排名中，澳门仅位列第 76。这一数据揭示了澳门在经济发展中面临的一个重要问题：知识经济的相对滞后。为了应对这一挑战，澳门需要尽快推动经济适度多元发展。这意味着澳门应引导博彩公司在竞争中提高水平，同时开发其他具有潜力的产业，如旅游、会展、文化创意等。通过区域合作，澳门可以消除土地和资源瓶颈，为经济多元化提供有力支持。

2011 年 3 月，随着《粤澳合作框架协议》的签署，澳门经济发展迎来了新的契机。作为澳门特区政府经济发展委员会委员、广东省政协委员以及澳门基金会研究所副所长杨道匡对此次合作寄予了厚望，并深入阐述了该协议对澳门经济发展的深远影响。

首先，杨道匡指出，《粤澳合作框架协议》的签署为澳门经济适度多元提供了新的发展空间。横琴产业园区的设立，不仅为澳门的企业家们提供了更广阔的舞台，也为澳门的经济发展注入了新的活力。通过这一平台，澳门的产业可以更加便捷地融入广东乃至整个大湾区的经济发展大局，实现资源共享、优势互补。其次，通过联合推广一程多站联机游，澳门的世遗历史城区得以提高知名度，进一步延伸了旅游业的产业链。澳门作为一个历史悠久、文化底蕴深厚的城市，拥有丰富的旅游资源。通过与广东的联合推广，不仅可以吸引更多的游客前来观光旅游，还能促进澳门与广东在旅游领域的深度合作，实现互利共赢。

此外，杨道匡还强调了会展、文化创意以及包括中医药在内的医疗保健产业合作的重要性。他认为，这些领域的合作将有助于改变澳门产业结构过于单一的现状，推动澳门经济向更加多元化、高质量的方向发展。通过加强与广东在这些领域的合作，澳门不仅可以引进更多的先进技术和管理经验，还能为自身的产业升级和转型提供有力支持。

（二）调整阶段

1. 总体规划

澳门经济适度多元发展的调整阶段为 2015～2020 年。"十三五"规划针对澳门的经济适度多元发展的阶段性成果以及经济发展遇到的新的机遇和挑战，提出了产业结构的调整意见。澳门特区政府还于 2016 年的施政方针中提出将在经济适度多元发展过程中"重点推进会展业、发展特色金融"①。

在《澳门特别行政区五年发展规划（2016—2020 年）》（以下简称《2016—2020 规划》）中明确要将澳门建设成"世界旅游休闲中心"，并以此为基础协调联动、均衡有序地推动落实经济适度多元，增进民生福祉，全国人大代表、澳门特别行政区经济财政司司长在 2017 年 3 月 2 日参加十二届全国人大五次会议接受采访说，"澳门可持续发展的道路必定是经济适度多元发展。可以说，经济适度多元发展既是中央政府的期盼，也是澳门全体社会的共识，更是澳门必走之路，也是唯一出路"②。

《2016—2020 规划》的出台具有必然性和必要性。正如澳门理工学院社会经济与公共政策研究所副教授鄞益奋所指出的那样，博彩业的一业独大对澳门城市竞争力的提升形成了掣肘。随着澳门经济结构进入深度调整，一些长期形成的深层次矛盾逐渐浮出水面，这使得特区政府和社会各界必须勇于承担、积极作为，以应对澳门转型期的挑战。

首先，需要明确《2016—2020 规划》出台的必然性。随着全球经济的不断变化和竞争的加剧，澳门作为一个特别行政区，必须紧跟时代步伐，调整经济结构，提高城市竞争力。而《2016—2020 规划》的出台，正是为了引导和规范澳门未来的发展方向，确保经济、社会、文化等各方面的协调发展。

其次，《2016—2020 规划》的出台也是必要的。澳门长期以博彩业为主导产业，虽然有着丰厚的经济收益，但也带来了一系列社会问题，如社会治安、人口结构失衡等。此外，博彩业的繁荣也掩盖了澳门其他产业的发展潜力，使得澳门在全球经济中的地位变得单一而脆弱。因此，通过《2016—2020 规划》的引导，可以促进澳门产业结构的多元化，提高城市的整体竞争力。

2. 产业布局

澳门第二阶段的经济适度多元发展的产业结构框架调整，增加了金融经

---

① 《姚坚谈澳门经济适度多元可持续发展》，《澳门日报》2016 年 1 月 23 日。
② 《澳门"财爷"：经济适度多元发展是澳门必走之路》，中国新闻网，2017 年 3 月 2 日。

济适度多元发展各产业，形成了以博彩业为强势产业，适度发展旅游、会展、金融、中医药和文化创意等产业。这是首次对澳门经济适度多元发展进行规划的一个阶段。在这一调整过程中，澳门不仅保留了博彩业作为强势产业，还适度发展旅游、会展、金融、中医药和文化创意等多个产业。这一战略转变不仅丰富了澳门的经济形态，也为其带来了更多的发展机遇和挑战。在经济适度多元发展的产业结构框架调整过程中，澳门特区政府还开始进行对多产业发展的官方统计。这些数据不仅为政府制定更加精准的经济政策提供了有力支持，也为社会各界了解澳门的经济发展状况提供了重要参考。本书的数据基于 2012 年的经济多元发展的阶段性建设，通过对这些数据的分析和研究，可以更加深入地了解澳门经济适度多元发展的现状和未来趋势。

澳门经济适度多元发展的产业结构框架调整是一项具有深远意义的战略举措。通过适度发展旅游、会展、金融、中医药和文化创意等多个产业，澳门不仅丰富了其经济形态，也给其带来了更多的发展机遇和挑战。未来，随着这些产业的不断发展壮大，澳门经济将迎来更加广阔的发展前景和更加美好的未来。

（三）巩固阶段

1. 总体规划

澳门经济适度多元发展的巩固阶段为 2021~2035 年。"十四五"规划提出，支持澳门发展中医药研发制造、特色金融、高新技术和会展商贸等产业，促进经济适度多元发展。这为解决澳门特区产业结构单一、经济韧性不足问题指明了方向，有利于澳门特区在服务国家战略中谋划实现新一轮发展。[①] 2022 年，党的二十大报告明确提出了针对澳门经济适度多元发展的政策指导，不仅为澳门的未来发展指明了方向，也为澳门的产业结构调整提供了强有力的支持。[②] 通过发展中医药研发制造、特色金融、高新技术和会展

---

① 《澳门经济适度多元发展前景光明——专访全国港澳研究会副会长郭万达》，《经济日报》2021 年 7 月 20 日。

② 《澳门各界热议：党的二十大报告为澳门发展提供行动指南》，南方网，2022 年 10 月 20 日。

商贸等产业，澳门将进一步丰富和多元化其经济结构，为城市的可持续发展注入新的活力。

2021年2月，中共广东省委、广东省人民政府发布《关于支持珠海建设新时代中国特色社会主义现代化国际化经济特区的意见》，以推动形成珠澳全方位合作新局面。这一决策不仅彰显了广东省对澳门经济发展的高度重视，也为珠澳两地提供了前所未有的发展机遇。根据该意见，到2025年，广东省将大力支持澳门经济适度多元发展取得重要进展。这一目标的实现离不开两地政府、产业和社会各界的共同努力。在两地政府的引导下，珠海和澳门将加强产业合作，共同打造优势互补、协同发展的产业体系。同时，两地将加强科技创新合作，推动科技创新资源在珠澳两地的高效配置，共同培育具有国际竞争力的创新型产业。

此外，珠澳两地还将在金融、旅游、教育、文化等领域展开深度合作。在金融领域，两地将共同推动金融市场的互联互通，为澳门金融业的发展提供更多机遇。在旅游领域，珠澳两地将加强旅游资源的整合与宣传，共同打造国际知名的旅游目的地。在教育领域，两地将加强教育资源的共享与交流，共同提升教育水平。在文化领域，两地将加强文化交流与合作，共同传承和弘扬中华优秀传统文化。

2. 产业布局

本书以《澳门特别行政区经济和社会发展第二个五年规划（2021—2025年）》（简称"二五"规划）和"1+4"经济适度多元发展策略为研究依据。澳门特区政府于2023年11月1日发布的《澳门特别行政区经济适度多元发展规划（2024—2028年）》（以下简称《2024—2028规划》）将澳门经济适度多元发展总体目标确定为："充分发挥澳门的特殊优势，把握国家发展机遇，围绕'一中心、一平台、一基地'发展定位，按照'二五'规划明确的发展方向，有效落实'1+4'经济适度多元发展策略，做优做精做强综合旅游休闲业，加快发展中医药大健康产业、现代金融业、高新技术产业、会展商贸及文化体育等产业，努力构建符合澳门实际、适度多元、可持续发展的产业结构。逐步提升四大产业的比重，不断增强经济的发展动能和综合竞争力，争取未来非博彩业占本地生产总值约六成的比重。"

《2024—2028 规划》共 8 章，产业布局涵盖规划期内综合旅游休闲业、中医药大健康产业、现代金融业、高新技术产业及传统产业转型升级、会展商贸及文化体育产业等重点产业板块需落实的主要任务和重点项目，并以保障措施的专章明确重点项目部门分工和实施主体责任，确保规划落到实处。《2024—2028 规划》提出，要推动综合旅游休闲业多元发展，促进博彩业依法健康发展，通过"旅游+"发展模式，加快建设集美食、度假、观光、购物、娱乐、文化、医疗、体育等于一体的综合旅游休闲目的地，不断丰富澳门世界旅游休闲中心内涵。

按照《2024—2028 规划》，澳门将促进中医药大健康产业方面的发展，要基本形成中医药产学研全链条发展，逐步建设"国家区域医疗中心"。按照《2024—2028 规划》，澳门将促进现代金融业发展，争取金融业态更加丰富，金融软硬基础建设更加完善，金融业在澳门本地生产总值及就业人口的占比进一步提高。《2024—2028 规划》明确提出，到 2028 年，特区高新技术产业发展取得实质进展，以更好融入国家科技发展战略，在大湾区科技创新走廊建设中发挥更重要作用。

澳门一直以其独特的中医药资源和传统医学知识而著称，这也是其发展中医药大健康产业的独特优势。根据《2024—2028 规划》，澳门将加强中医药产学研的合作与交流，促进中医药产业的创新发展。这意味着，从中药材的种植、采摘、炮制，到中药的研发、生产、销售，再到中医药服务的提供，都将形成一个完整的产业链条。在这个过程中，澳门还将逐步建设"国家区域医疗中心"，以提升其在中医药领域的国际影响力。

除了中医药大健康产业，澳门还将大力发展现代金融业。随着全球金融市场的不断发展和变革，金融业态也在不断丰富和完善。澳门作为一个国际金融中心，需要紧跟时代步伐，不断提升其金融业的竞争力和影响力。根据《2024—2028 规划》，澳门将进一步完善金融软硬基础设施建设，提升金融服务的质量和效率。这包括加强金融科技的研发和应用，提升金融服务的数字化和智能化水平。同时，澳门还将吸引更多的国内外金融机构入驻，丰富金融业态，提升金融业的国际竞争力。值得一提的是，《2024—2028 规划》还明确提出到 2028 年特区高新技术产业发展取得实质进展的目标。这意味着，除了中医药大健康产业和现代金融业，澳门还将大力发展高新技术产业，以更好地融入国家科技发展战略，并在大湾区科技创新走廊建设中发挥更加重要的作用。

《2024—2028 规划》还提出，积极培育一批具有国际影响力的会展品牌，会展业市场化、专业化、国际化、数字化、绿色化发展步伐加快。商贸领域的数字化营运水平持续加强，中葡商贸平台的功能进一步提升。"一基地"建设工作取得阶段性进展，推动开拓更多有助于提升澳门文化形象、带动文化产业发展的高品质项目。使澳门体育盛事活动的品牌效应和联动效应不断增强，社会经济效益显著提升。

在全新的发展规划中，明确提出了一个宏伟的目标：积极培育一批具有全球影响力的会展品牌。这不仅是对会展业发展的新要求，更是向国际市场展示自身实力、扩大影响力的重要抓手。为此，要加快会展业的市场化、专业化、国际化、数字化和绿色化的发展步伐，推动会展业实现全面升级。

二　经济适度多元发展的特点

结合党的二十大关于澳门经济适度多元发展的表述以及 2023 年澳门特别行政区经济适度多元发展规划的相关表述，将澳门经济适度多元发展的概念内涵的特点总结如下。

（一）经济适度多元发展是澳门产业环境的历史演变和时代背景的辩证统一

1. 经济适度多元发展是澳门产业持续性的演进过程

澳门经济适度多元发展，不仅是澳门经济产业结构发展中持续性的演进过程的时点呈现，更是澳门经济在数字经济浪潮下针对其所面临的机遇和挑战做出的适度产业结构调整。在 20 世纪 80 年代，澳门也曾是有名的工业城市，出口工业占 GDP 比重一度高达约四成。到 90 年代后，在竞争优势逐渐丧失、大量工厂北上的情况下，澳门的制造业急转直下。但澳门博彩业的发展却得以延续，并快速发展，最终一跃成为经济支柱，使澳门逐渐发展成为世界四大"赌城"之一。

回首这段历史，澳门居民在接受采访时纷纷表示，虽然澳门正处于一个历史上最好的时机，但博彩业的一业独大也让他们感到担忧。他们深知，鸡蛋不能放在一个篮子里，风险过于巨大。因此，寻求经济发展的多元化，已成为澳门社会的共同呼声。他们深知，过度依赖博彩业会给经济带来巨大风险。一旦博彩市场出现波动，整个经济体系都可能受到严重冲击。因此，他们呼吁政府和产业要寻求经济发展多元化，降低对博彩业的依赖。

2. 经济适度多元发展是澳门产业适应时代背景的变革过程

近年来，澳门的经济增长步伐放缓。国际货币基金组织（IMF）预测，澳门 2019 年经济增长 4.3%，较上年放缓 0.4 个百分点。在内外大环境的变化中，澳门也不能独善其身，亟须增长自身的持续发展和抗风险能力。早在 2016 年，澳门特区政府就制定了首个五年发展规划以对接国家"十三五"规划，其中最重要的原则就是"适度多元"，摆脱对博彩业的过度依赖。澳门特区政府提出了七大目标，在经济方面提出，整体经济稳健发展，产业结构进一步优化，旅游休闲大业逐步形成。澳门城市大学协理副校长、澳门社会经济发展研究中心主任叶桂平向时代财经诠释了他对"适度多元"含义的看法："经济适度多元是澳门经济社会长远健康发展的必然选择。澳门经济体量小的特点决定了经济多元化只能'适度'，要根据澳门的传统优势与当前国际发展趋势来选择新产业的突破口，适当调控博彩业发展的速度。"[1]

经济适度多元发展是澳门产业环境的历史演变和时代背景的辩证统一。澳门作为一个开放的经济体，其产业环境的历史演变始终与外部经济环境的

---

[1] 《澳门回归 20 周年｜从 1999 到 2019，"产业多元"引路澳门经济》，时代财经，2019 年 12 月 17 日，https：//baijiahao.baidu.com/s？id=1653143377372178240&wfr=spider&for=pc。

变化紧密相连。随着全球化的深入发展和内地经济的崛起，澳门需要不断调整自己的产业结构以适应新的时代背景。经济适度多元发展正是这一历史演变和时代背景相结合的产物。它既是澳门应对外部经济环境变化的重要举措，也是推动澳门经济持续发展的内在要求。

（二）经济适度多元发展是澳门经济与社会发展目标的辩证统一

1. 经济适度多元发展是实现澳门经济目标的重要环节

澳门经济适度多元发展是发展经济的必做题，也是澳门经济实现长期繁荣稳定的重要战略。随着全球化和区域一体化的深入发展，澳门经济面临前所未有的挑战和机遇。为了实现长期繁荣稳定，澳门经济必须走适度多元发展的道路。

首先，适度多元发展是澳门经济应对外部冲击的必然要求。在全球经济波动不定的背景下，单一的经济结构往往容易受到外部因素的冲击。而适度多元发展，意味着澳门经济不再过分依赖某一单一产业或市场，而是能够灵活应对各种外部变化。这样的经济结构不仅更具韧性，而且能够更好地抵御风险，为澳门的长期繁荣稳定提供坚实基础。

其次，适度多元发展有助于提升澳门经济的竞争力。随着科技的发展和产业的升级，新兴产业不断涌现，传统产业也在不断变革。澳门若想在激烈的国际竞争中脱颖而出，就必须紧跟时代步伐，推动经济多元化发展。通过发展新兴产业、提升传统产业、优化产业结构等措施，澳门经济将更具竞争力，从而在全球市场中处于更有利的位置。

2. 经济适度多元发展是澳门改善民生的重要环节

澳门经济适度多元发展，是改善民生、破解经济社会发展中的深层次矛盾和问题的重要战略。近年来，澳门特区政府提出的"适度多元发展"战略，不仅是对传统经济模式的优化升级，更是破解经济社会发展中深层次矛盾和问题的重要路径。适度多元发展，顾名思义，就是在保持现有优势产业的同时，积极探索和发展新的经济增长点，实现经济的多元化发展。这一战略的实施，对改善澳门民生具有深远的意义。

首先，经济多元化意味着更多的就业机会和更高的收入水平。随着新产业的不断涌现，澳门居民将有更多的职业选择空间，从而增加他们的收入来源。这将直接惠及广大澳门居民，提升他们的生活质量。其次，多元化的经济结构能够为居民提供更多元化的消费选择。随着新产业的发展，市场上将涌现出更多新颖、多样化的产品和服务，能满足澳门居民日益增长的物质文化需求。这将进一步提升澳门居民的消费水平，促进市场的繁荣和发展。此外，适度多元发展还有助于提高澳门经济的整体竞争力和抗风险能力。在经济全球化的大背景下，单一的经济结构往往容易受到外部冲击的影响，而多元化的经济结构则能更好地应对各种风险和挑战，确保澳门经济稳定发展。

经过十年的产业结构调整，澳门加快发展中医药大健康产业、现代金融业、高新技术、会展商贸和文化体育等产业，不仅是顺应新一轮科技革命和产业变革而做出的经济层面的产业结构规划，更是深入分析研究澳门社会发展深层次矛盾后做出的产业规划，是澳门经济与社会发展目标的辩证统一。

（三）经济适度多元发展能体现链式-生态发展的多功能和有机性的辩证统一

1. 经济适度多元发展能发挥澳门产业链式-生态发展的多功能

澳门经济适度多元发展，其链式-生态发展的经济多功能性在澳门产业转型升级中得到了充分体现，特别是在新兴产业对传统产业数字化转型的带动上。在新一轮科技革命和产业变革的"窗口期"内，澳门积极响应国际环境中大国博弈和新冠疫情的广泛深远影响，通过对新兴产业的鼓励和支持，不仅促进了数字经济下新兴产业的蓬勃发展，还为传统产业的数字化转型和产业结构调整提供了有力支撑。

首先，新兴产业作为链式-生态发展的重要组成部分，具有高度的创新性和前瞻性。在澳门，这些新兴产业涵盖了人工智能、大数据、云计算、物联网等多个领域，为澳门经济注入了新的活力。通过技术创新和产业升级，新兴产业为澳门经济的多元化发展提供了新的动力，为传统产业的数字化转型提供了重要的技术支撑。

其次，新兴产业的发展也带动了传统产业的数字化转型。在数字化浪潮的推动下，澳门传统产业积极拥抱新技术，通过引进智能化生产设备和信息化管理系统，实现了生产效率和产品质量的双提升。同时，新兴产业的技术创新也为传统产业提供了更多的商业模式和销售渠道，拓宽了市场发展空间。

2. 经济适度多元发展能使澳门各产业生态有机结合

在经济发展的大潮中，一个经济适度多元发展的产业链不仅能为各产业提供广阔的发展空间，还能在制度层面上优化产业间的生态位空间。这种优化能有效降低生态位重叠和资源争夺的现象，使得多产业的链式-生态发展具有多功能性。在这样的背景下，新兴产业和传统产业的数字化转型显得尤为重要。这些新兴产业和转型后的传统产业，对传统的土地、人力资源的争夺较少，而更多地依赖数据、技术、创新等非物质资源。这种转变不仅为各产业提供了更多的发展空间，还为产业间的融合发展提供了广阔的平台。

在澳门，这种经济适度多元发展的产业链正在逐步形成。通过优化各产业的生态位空间，降低生态位重叠和资源争夺，使得各产业能够独自扩大发展，同时又能够与其他产业进行有机融合。这种链式-生态发展的多功能性和有机性，正是澳门经济发展的重要方向。为了进一步推动这种链式-生态发展，澳门要不断完善其制度体系，提高政策的针对性和有效性。同时，还需要加强人才培养和科技创新，为新兴产业的发展提供强有力的人才和技术支持。

在澳门发展形势上，我国经济进入高质量发展新阶段，增长潜力和市场优势对全球形成了强大吸引，为澳门加快经济发展、提升在对外开放中的地位提供了广阔的空间和重大的机遇。而澳门自身发展的优势和禀赋所产生的产业结构调整规划，能够多功能、有机地应对以中国式现代化全面推进强国建设、民族复兴伟业的一系列新举措的共同协作，并能通过经济适度多元发展，在规划期内推进各产业稳步向前发展，提升特区的经济韧性，为实现经济适度多元可持续发展打造更好的基础。

第三节　数字经济驱动经济适度多元发展相关理论

一　创新驱动理论及在澳门的运用

（一）创新驱动理论

创新驱动理论中，创新驱动可分为外延式创新和内生式创新。提高经济效率、转变经济模式、实现绿色发展，从根本上说都需要以创新为支撑，以构建创新生态系统为基础（宋国超、李维梁，2022）。这也对经济多元发展提出了生态位发展的理论要求。

1. 我国的创新驱动理论具有独特性

随着全球科技竞争的日益激烈，创新驱动发展已经成为各国竞相追求的战略目标。在这一背景下，中国科学院科技战略咨询研究院研究员、中国科学院大学公共政策与管理学院教授眭纪刚（2020）深入探讨了创新驱动发展战略的理论依据和实践意义。他指出，中国的创新驱动发展战略与西方的创新理论存在明显差异，更多的是对马克思创新思想的继承和发展，并结合中国实际，形成了具有中国特色的社会主义政治经济学框架下的创新发展理论。

首先，需要明确创新驱动发展战略的理论基础。眭纪刚（2020）指出，这一战略的理论依据不仅包括对马克思创新思想的继承，还结合了中国的发展实践。马克思的创新思想强调科技创新在推动社会生产力发展和社会变革中的重要作用，这与当前中国全面建设社会主义现代化国家的目标高度契合。在此基础上，中国的创新驱动发展战略更加注重科技创新与经济社会发展的深度融合，强调科技创新在提升国家核心竞争力和实现可持续发展中的关键作用。

其次，创新驱动发展战略体现了新的时代特征和要求。随着全球科技革命的加速推进，科技创新已经成为引领未来发展的核心动力。中国的创新驱动发展战略正是在这一背景下应运而生，它强调以科技创新为核心，推动经济社会全面协调可持续发展。这一战略不仅符合新时代的发展要求，也为我国的科技创新政策和经济发展政策提供了重要指导。

最后，创新驱动发展战略在全面建设社会主义现代化国家新征程中发挥着重要作用。在这一进程中，创新驱动发展战略不仅为我国的科技创新和经济发展提供了强大动力，也为实现国家治理体系和治理能力现代化提供了有力支撑。通过加强科技创新和制度创新，推动产业结构优化升级和经济发展方式转变，我国的综合国力和国际竞争力得到了显著提升。

综上所述，创新驱动发展战略作为中国特色社会主义政治经济学框架下的新发展理论，既是对马克思创新思想的继承和发展，也是结合中国实际进行的创新实践。在全面建设社会主义现代化国家的新征程中，这一战略将继续发挥重要作用，引领我国科技创新和经济发展迈向新的高度。

2. 创新是变革和打造产业核心竞争力的关键因素

创新的本质是一种独特的力量，它不断推动社会向前发展，为人类的进步提供了源源不断的动力。创新的本质特征是革故鼎新，意味着在不断地回顾历史、总结经验教训的基础上，对旧有事物进行深入的反思和改造，同时勇敢地开创全新的事物，引领事物的发展潮流。创新的过程并非一蹴而就，它需要具备勇于尝试、敢于冒险的精神。只有在不断的尝试和摸索中，才能发现新的可能性，突破旧有的限制，实现真正的变革。同时，创新也需要具备深厚的专业知识和技能，只有拥有足够的知识储备和实践经验，才能在创新的道路上走得更远。

在现代社会中，创新已经成为推动产业发展的核心竞争力。无论是传统的制造业还是新兴的科技产业，都需要不断地进行技术创新、产品创新和服务创新，这样才能在激烈的市场竞争中立于不败之地。通过创新，产业可以不断提高自身的生产效率、降低成本、提升产品质量，从而获得更多的市场份额和利润。同时，创新还可以为产业带来新的增长点和商业模式，为产业的发展注入新的活力。

除此之外，创新对提高人民生活水平也具有重要意义。随着科技的不断进步和创新的应用，人民的生活变得越来越便捷、舒适和丰富多彩。例如，在医疗领域，创新技术的应用使得许多曾经难以治愈的疾病成为可治之症；在交通领域，创新的交通工具和智能交通系统的出现让出行更加安全、高效；在教育领域，创新的教育方式和教育技术的运用使得学习变得更加有趣、生动和个性化。

3. 创新引导是需要通过国家级别的投入规模来驱动的

在全球经济竞争日益激烈的今天，创新驱动发展不仅是中国，也是全球各国寻求突破与增长的关键战略。正如党的二十大报告所强调的那样："必须坚持科技是第一生产力、人才是第一资源、创新是第一动力，深入实施科教兴国战略、人才强国战略、创新驱动发展战略，开辟发展新领域新赛道，不断塑造发展新动能新优势。"在全球化、信息化、数字化、智能化的时代背景下，科技创新已经不仅仅是一个国家的竞争优势，更是其生存和发展的基石。这种转变不仅源于科技进步的日新月异，更是因为它对经济增长、社会进步和国家综合竞争力的提升具有决定性作用。

科技创新作为第一生产力，意味着它能够为经济发展提供源源不断的动力。例如，随着人工智能、大数据、云计算等技术的快速发展，许多传统行业正在经历深刻的变革，生产效率得到了极大的提升。同时，科技创新也催生了众多新兴产业，如智能制造、生物科技、新能源等，为经济增长注入了新的活力。人才作为第一资源，是科技创新的关键所在。一个国家的科技创新能力，在很大程度上取决于其人才的数量和质量。因此，必须高度重视人才培养和引进，打造一支规模宏大、结构合理、素质优良的创新人才队伍。这包括加强教育投入，优化教育结构，提高教育质量，完善人才激励机制等。

（二）产业发展中的创新驱动理论

1. 两大路径的理论之争

在创新驱动理论中，创新动力被划分为两大路径：外延式创新和内生式创新。这两种路径代表了两种不同的创新策略，它们各自在产业甚至国家层面上的实施，都对经济增长和技术进步起着至关重要的作用。在创新驱动理论中，创新被视为推动经济发展的核心驱动力。毕德（2000）提出了创新动力的两大路径：外延式创新和内生式创新。这两种路径在创新实践中各具特色，分别通过不同的方式推动技术进步和经济增长。

首先，外延式创新主要依赖外部资源和技术引进。产业通过与外部合作伙伴进行技术合作、技术购买或技术许可等方式，获取先进的技术和知识，从而提高自身的创新能力。卿陶和黄先海（2023）指出，随着全球化的深入发展，产业越来越能通过国际合作获取全球范围内的创新资源。这种创新路径的优点在于能够快速引入先进技术，缩短研发周期，降低创新风险。然而，它也可能导致产业在技术上过度依赖外部资源，丧失自主研发能力，从而陷入技术依赖的困境。

相比之下，内生式创新则侧重于依靠自身研发和创新能力来实现经济增长。这种创新路径强调产业自主创新能力的培养和提升，通过内部研发和技术创新来形成独特的竞争优势。内生式创新的优势在于能够形成自主知识产权，增强产业的核心竞争力，避免对外部技术的过度依赖。然而，这种创新路径通常需要投入大量的研发资金和人力资源，并且研发周期长，风险较高。

在实际应用中，外延式创新和内生式创新并不是孤立存在的，而是常常相互交织、相互促进。产业可以根据自身的实际情况和发展需求，灵活运用这两种创新路径。例如，在初创阶段，产业可能更多地依赖外部资源和技术引进，以快速积累经验和资金。随着规模的扩大和实力的增强，产业可以逐渐加大内部研发的投入，培养自主创新能力，形成独特的竞争优势。

2. 外延式创新驱动

在全球化的浪潮下，产业寻求创新的路径愈加多元化，其中一种显著的方式便是依赖外部资源和技术引进。这种方式不仅拓宽了产业的创新渠道，也为整个产业带来了前所未有的发展机遇。国际贸易作为全球化的重要推动力，为产业带来了与世界接轨的机会。通过参与国际市场竞争，产业可以接触最前沿的技术和产品，从而为自己的研发和创新提供源源不断的灵感。例如，许多发展中国家利用国际贸易平台，成功引进了国外先进的生产线和制造工艺，大幅提升了本土产业的竞争力。

技术合作则是另一种有效的创新路径。产业可以与国内外的高校、研究机构等建立紧密的合作关系，共同研发新技术、新产品。这种合作模式不仅可以加速科技成果的转化，还能培养一批高素质的研发人才，为产业的长远发展打下坚实基础。直接投资则是一种更为直接的创新方式。产业可以通过在海外设立研发中心、收购兼并等方式，直接获取到国外先进的技术和知识产权。这种方式虽然风险较高，但一旦成功，将给产业带来巨大的收益和市场竞争优势。

当然，外延式创新也面临不少风险和挑战。过度依赖外部资源可能导致产业在自主创新方面变得懈怠，甚至失去自主创新的能力。一旦外部资源供应出现问题，产业可能会面临巨大的困境。此外，在技术引进过程中，产业还需要面临知识产权、技术壁垒等复杂问题。如果处理不当，可能会引发一系列的法律纠纷和经济损失。

3. 内生式创新驱动

在当今快速发展的全球经济中，创新已成为产业获取竞争优势的关键。与外延式创新侧重于通过并购、合作等方式实现增长不同，内生式创新更注重产业自身的研发和创新能力，致力于通过技术和产品的自主创新来推动经济增长。这种创新路径的核心在于产业的自主性，即产业能否依靠自身的力量在技术和产品领域取得突破，形成核心竞争力。内生式创新的重要性在于，它可以帮助产业积累知识和技术，形成独特的竞争优势。通过不断投入研发资金和人力资源，产业可以开发出具有自主知识产权的技术和产品，从而在市场上获得更高的利润和更大的市场份额。这种创新方式虽然需要长期的投入和努力，但一旦成功，就可以为产业带来持久而稳定的竞争优势。

当然，内生式创新并非一帆风顺。它需要产业具备强大的研发实力和市场洞察力，能够准确把握市场趋势和用户需求，同时也需要承担高风险和高成本。在研发过程中，产业可能会面临技术难题、资金短缺、市场变化等各种挑战。因此，要想成功实施内生式创新，产业需要具备坚定的决心和毅力，以及灵活的战略和执行力。

4. 路径间的辩证统一

在实际的经济活动中，外延式创新和内生式创新各自扮演着不同的角色，但它们并不是相互排斥的，而是可以相互补充和协调的。这两种创新路径的选择，往往取决于产业的实际情况和发展需求。

首先，要深入理解这两种创新驱动方式。内生式创新驱动主要依赖产业内部的研发能力、技术积累和创新文化，通过不断挖掘内部潜力，实现产品和服务的升级换代。这种方式的优点在于能够紧密结合产业的实际情况，确保创新的针对性和实效性。然而，它也可能受限于产业内部的资源、技术和人才储备，导致创新速度较慢，难以应对快速变化的市场环境。

而外延式创新驱动则更加注重外部资源的整合和利用，通过与外部合作伙伴、研究机构等建立紧密的合作关系，共同推动创新进程。这种方式能够迅速引入外部的新技术、新理念和优秀人才，加速创新步伐。当然，过度依赖外部资源也可能导致产业对外部环境的敏感度过高，难以形成稳定的创新能力和竞争优势。

尽管这两种创新驱动方式在表面上有所不同，但它们在实际操作中却是相辅相成、互为补充的。一方面，内生式创新驱动为外延式创新驱动提供了坚实的基础和保障。只有当产业具备了一定的内部研发能力和技术积累，才能更好地与外部合作伙伴进行交流和合作，共同推动创新进程。另一方面，外延式创新驱动也为内生式创新驱动提供了源源不断的动力和支持。通过与外部伙伴的合作，产业可以不断引入新的技术和理念，激发内部员工的创新意识和热情，从而推动产业内部创新能力的提升。

此外，这两种创新驱动方式在实际应用中也需要相互平衡和协调。如果产业过于依赖内生式创新驱动，则可能会陷入创新僵局，难以突破技术瓶颈和市场困境。而如果产业过于依赖外延式创新驱动，则可能失去对创新的掌控力，导致创新方向与产业战略脱节。因此，产业需要在实践中找到两种方式的平衡点，根据自身情况和市场需求灵活调整创新策略。

（三）创新驱动理论在澳门的运用

1. 澳门是否能通过内生式创新驱动总体经济发展

作为微型经济体，澳门的土地、人口资源相对有限，这在一定程度上限制了其内生式创新驱动的自循环生态系统的形成。澳门在地理空间上的局限性使得其难以像大型经济体那样，通过规模效应来推动创新活动的蓬勃发展。此外，从澳门现有的发展条件来看，其缺乏创新科技、科研人才储备、产业结构和创新产品需求等关键因素。这些要素的缺失，使得澳门的内生式创新驱动力显得捉襟见肘。创新科技的不足限制了澳门在高新技术领域的发展；科研人才储备的匮乏使得澳门的研发能力难以得到提升；产业结构的不合理使得澳门的经济增长过度依赖传统行业，难以形成新的增长点；创新产品需求的不足则使得澳门的创新活动缺乏市场动力。

然而，尽管面临诸多困难，但澳门仍然具备发展内生式创新驱动的潜力和优势。首先，澳门拥有独特的地理位置和资源优势，可以利用其作为国际旅游胜地的地位，发展旅游相关产业的创新。例如，通过引入先进的科技手段，提升旅游服务的品质和体验，吸引更多游客前来消费。其次，澳门作为中国的特别行政区，享有高度的自治权和政策灵活性，这为澳门发展内生式创新驱动提供了有力的制度保障。澳门可以充分利用这一优势，制定符合自身实际情况的创新政策，吸引国内外优秀的创新资源和人才。

2. 澳门是否能通过外延式创新驱动总体经济发展

引进技术与自主创新之间存在辩证统一。

一是引进技术作为自主创新的基础和条件，为澳门提供了一个良好的起点。作为一个开放的经济体，澳门可以充分利用其经济和政治环境的优势，吸引外部资本和技术的流入。通过规模性资本的投入，澳门可以持续大规模地引进生产线、生产技术和相关管理知识。这种方式可使澳门在短时间内缩短与发达国家或地区的技术差距，为澳门经济的快速发展奠定基础。

二是仅仅依靠引进技术是不够的。自主创新是提高引进技术效益的关键。澳门需要在引进技术的基础上，加强自主研发和创新能力，提高技术的吸收和再创新能力。这样，澳门不仅能够更好地利用引进技术，还能够形成自己的技术优势，为经济的长期发展提供源源不断的动力。当然，也需要注意到澳门作为微型经济体的特殊性质。澳门在资源、人口等方面相对有限，这使得内生式创新驱动发展在澳门相对较难。

但是，外延式创新过度依赖外部资源，容易受外部环境变化的影响，不稳定因素较大，这将造成澳门小微经济体受外部冲击的可能性加强（杨震宁、赵红，2020）。此外，发展外延式的创新驱动并不意味着澳门无法发展自主创新。相反，澳门可以通过与外部创新资源的合作，吸引和培养高端人才，提升自主创新能力。同时，澳门还可以充分利用其独特的地理位置和人文优势，发展具有特色的产业和技术，形成自己的竞争优势。

综上所述，澳门完全有可能通过外延式创新来驱动其总体经济的发展。在引进技术与自主创新之间找到平衡点，充分发挥澳门作为微型经济体的优势，加强与外部创新资源的合作与交流，澳门一定能够在科技水平和新兴产业发展上实现跃迁，迎来更加繁荣的未来。

（四）创新驱动理论在澳门运用的难点

1. 外延式创新驱动可能只是第一步

尽管外延式创新驱动将是澳门经济适度多元发展路径选择的第一步，但不是重点。如何选择创新驱动的方式，平衡外延式创新与内生式创新的关系，成为澳门经济发展的一项重要挑战。

首先，外延式创新主要是指通过引进外部技术、资本等资源，推动经济的快速增长。这种方式的优点在于可以迅速引入新技术和先进的管理模式，推动经济的快速发展。然而，过度依赖外延式创新容易导致产业同质化竞争，使得经济体系缺乏内生增长的动力（卿陶、黄先海，2023）。相比之下，内生式创新则更注重通过内部研发、技术创新等方式，培育本土产业的竞争力。这种方式虽然见效较慢，但能够形成独特的产业生态，实现经济的可持续发展。

在澳门经济适度多元发展的过程中，外延式创新驱动将作为第一步。通过引进外部资源和技术，可以迅速提升澳门经济的整体实力，为后续的多元发展打下基础。然而，外延式创新并不是发展的终点，而是起点。要真正实现经济的多元发展，必须注重内生式创新的培养。当然，强调内生式创新并不意味着完全放弃外延式创新。在全球化背景下，澳门仍需充分利用外部资源和技术，推动经济的快速增长。但关键在于如何找到两者之间的平衡点，使外延式创新与内生式创新相互补充、相互促进。

2. 不同创新驱动路径的动态调整

在当今全球经济日新月异的背景下，产业转型升级已不再是选择，而是必由之路。正如王海龙等（2023）所强调的，这一转型过程实质上是从外延式创新驱动向内生式创新驱动的深刻变革。这一转变不仅仅是技术进步或产业升级的简单叠加，而是涉及整个经济体系的深层次重构。外延式创新，主要依赖外部资源的投入，如资本、技术引进等，它能在短期内迅速提升产业规模和产值，但往往缺乏持久性和自我更新能力。相对而言，内生性创新则更加注重内部研发、人才培养和体制机制创新，通过激发经济体系的内生动力和创新能力，推动产业向更高层次、更宽领域发展。

对于澳门而言，在经济适度多元发展过程中，其产业布局、产业结构和产业生态的构建与创新驱动路径的动态结合显得尤为重要。这意味着，澳门不仅要关注单一产业的升级，更要从整个经济体系的角度出发，构建一个协同、高效、可持续的产业生态。此外，澳门还需要重视创新驱动路径的动态调整，紧跟时代步伐，不断调整和完善自身的创新体系和发展路径，确保能够持续、稳定地推动产业转型升级和经济发展。

二　创新驱动颠覆性技术理论

（一）创新驱动颠覆性技术理论

1. 颠覆性技术理论战略地位

2024 年 1 月，习近平总书记在中共中央政治局第十一次集体学习时强调："必须加强科技创新特别是原创性、颠覆性科技创新，加快实现高水平科技自立自强，打好关键核心技术攻坚战，使原创性、颠覆性科技创新成果竞相涌现，培育发展新质生产力的新动能。"不同于连续性科技创新和突破性科技创新，颠覆性科技创新是科技创新塔尖上的明珠。如果说连续性科技创新是新长出的一片树叶，那么突破性科技创新就是新长出的一个树枝，而颠覆性科技创新则是新长成的树干，这个新树干的出现完全改变了由原来的树干所设定的游戏规则，这正是颠覆性科技创新的颠覆意义所在。[1]

2. 创新驱动中的颠覆性技术理论

颠覆性技术，以其科学技术的新原理、新组合和新应用为基础，开创了一个全新的技术轨道。它不仅具有前沿性和超前性的特点，更是推动社会进步和经济发展的强大引擎。在 21 世纪的今天，颠覆性技术已成为各国保持科技竞争力的关键，是发展中国家实现技术弯道超车的重要途径。

首先，颠覆性技术对技术进步和产业发展具有革命性的引领作用。正如崔靖华和朱学芳（2022）所指出的，颠覆性技术以其独特的创新性和颠覆性，能够突破传统技术的局限，引领产业向更高效、更智能、更环保的方向发展。例如，人工智能、区块链、量子计算等颠覆性技术的出现，正在改变着人们的生活方式和工作方式，推动着社会的快速发展。

其次，颠覆性技术为发展新质生产力注入了强大动力。随着科技的不断进步，传统生产力的发展已经遇到了瓶颈。而颠覆性技术的出现，为生产力的提升提供了新的可能。例如，通过应用人工智能技术，可以实现生产过程的自动化和智能化，提高生产效率和质量。同时，颠覆性技术还可以促进产业升级和转型，推动经济向更高层次、更宽领域发展。

最后，颠覆性技术对塑造高质量发展的新竞争优势具有重要意义。在当前全球竞争日益激烈的环境下，只有加强颠覆性科技创新，才能占领科技创新的制高点，为发展新质生产力注入强大动能，不断塑造高质量发展新的竞争优势。因此，各国应加大对颠覆性技术的投入和支持力度，加强国际合作与交流，共同推动全球科技革命和产业变革的深入发展。

---

[1] 《颠覆性科技创新激发新质生产力强大动能》，中国社会科学网，2024 年 3 月 25 日，https://baijiahao.baidu.com/s？id＝1794504426809886482&wfr＝spider&for＝pc。

3. 颠覆性技术理论与数字经济

在创新驱动理论中，数字经济等技术创新在经济领域的高增长、高利润可能将成为颠覆性技术创新的重要经济驱动力，并通过颠覆性技术的大力发展，将进一步加快实现关键核心技术的弯道超车和经济跨越式发展。

在创新驱动的理论框架下，数字经济及其所引领的技术创新正逐渐成为推动经济领域实现高增长和高利润的重要动力。这一趋势预示着颠覆性技术创新将成为经济发展的核心引擎，为关键核心技术的跨越式发展提供强有力的支撑。数字经济所引领的技术创新还具有颠覆性特点，这种颠覆性不仅体现在对传统产业的改造升级上，更体现在对经济发展模式的深刻变革上。在数字经济时代，传统的经济增长模式正在被打破，以数据为驱动、以创新驱动的新型经济增长模式正在形成。这种新型经济增长模式更加注重技术创新和产业升级的作用，更加强调经济发展的质量和效益，从而为关键核心技术的弯道超车和经济跨越式发展提供有力支撑。

此外，数字经济所引领的技术创新还具有全球化特征。在数字经济时代，技术创新的成果可以迅速传播到全球各地，推动全球经济的协同发展。同时，各国之间的技术交流和合作也日益紧密，共同推动着全球技术创新的步伐。这种全球化特征不仅有助于提升各国的技术水平，也为全球经济的稳定增长和可持续发展提供了有力保障。

（二）颠覆性技术理论在澳门的运用

为了创造颠覆性技术所必需的战略生态空间，必须深入理解这一空间对技术成功的重要性。正如图 1-1 所揭示的，颠覆性技术的成长过程是一个复杂而精细的生态系统，其中政策引导和生态位管理扮演着至关重要的角色。而对于澳门这样的经济体来说，追求经济适度多元发展，各产业生态位的动态平衡也同样关键。

颠覆性技术的生态系统中，技术不仅仅是一个孤立的创新，而是与周围环境、资源、政策等因素相互作用的产物。政策引导在这个过程中发挥着不可替代的作用。它能够为技术的发展提供方向，为其创造一个有利的环境，同时也能够规范市场秩序，确保技术的健康成长。生态位管理则是确保技术

市场份额

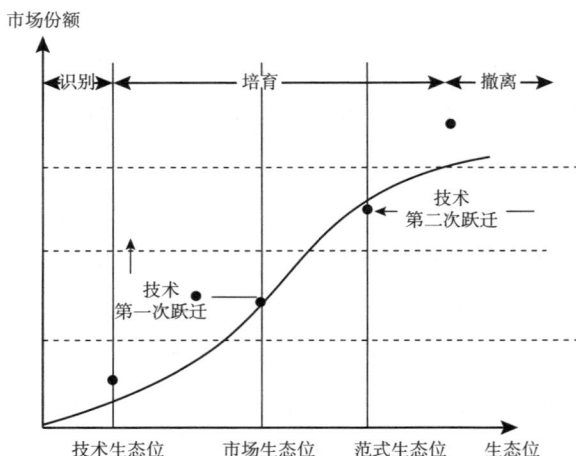

图 1-1 颠覆性技术的成长过程

在生态系统中找到自己的位置，与其他技术、产业协同发展，避免恶性竞争和资源浪费。在这个过程中，各产业生态位的动态平衡显得尤为重要，需要通过政策引导和生态位管理，确保各个产业在经济发展中都能找到自己的位置，实现协同发展。

（三）颠覆性技术理论在澳门运用的难点

崔靖华和朱学芳（2022）认为，颠覆性技术是一种新技术。而作为一种新技术，颠覆性技术的成长过程注定不是那么地一帆风顺，而是充满风险和挫折，甚至在迈进市场的时候容易夭折。

1. 颠覆性技术较难被准确识别和培育

颠覆性技术，如同黑夜中的流星，璀璨而难以捉摸。它们具有改变产业格局、重塑经济生态的巨大潜力，然而如何准确识别和培育这些技术，却是一项极具挑战性的任务。

首先，要深入了解颠覆性技术的成长机理。这需要关注技术发展的前沿动态，分析不同领域的创新趋势。在这一过程中，外延式技术创新成为不可忽视的驱动力。外延式技术创新，指的是通过技术的跨界融合、交叉创新，产生全新的技术形态和应用场景。这种创新方式具有高度的灵活性和不确定性，因此对颠覆性技术的识别和培育提出了更高的要求。

　　为了有效推动颠覆性技术的发展，政策扶持显得尤为重要。政府应建立一套完善的创新政策体系，为颠覆性技术的成长提供必要的政策支持和资源保障。例如，可以通过税收优惠、资金扶持、人才培养等方式，为创新产业创造一个良好的创新生态环境。同时，还需要加强对颠覆性技术的知识产权保护，确保创新成果能够得到合理的回报。除了政策扶持，构建合适的保护空间也是培育颠覆性技术的关键。这包括为创新产业提供足够的市场空间、资本空间和时间空间。市场空间意味着要为颠覆性技术创造一个广阔的应用场景，让其在实践中不断完善和优化。资本空间则要求金融机构加大对创新产业的投资力度，为其提供充足的资金支持。时间空间则是指要给予颠覆性技术足够的发展时间，避免过度干预和急功近利的心态。

　　其次，在澳门经济适度多元发展中，还需准确识别产业生态中的资源重叠，为部分产业可能的颠覆性技术资源争取协同空间。在澳门这个多元化的经济体中，不同的产业之间往往存在资源的竞争和重叠。这些资源包括资金、技术、人才等各个方面。如果缺乏有效的规划和协调，这种资源重叠可能会导致资源的浪费和效率的降低。因此，需要通过深入研究和分析，找出这些资源重叠的地方，为后续的协同发展奠定基础。随着科技的快速发展，颠覆性技术不断涌现，为各个产业带来了巨大的机遇和挑战。在澳门这样的经济体中，如何抓住这些机遇，应对这些挑战，成为澳门特区政府需要思考的问题。特别是在资源争夺方面，颠覆性技术可能会带来资源的重新配置和整合。需要密切关注这些变化，为部分产业在资源争夺中争取协同空间。

　　2. 颠覆性技术成长需要动态调整产业结构

　　在培育颠覆性技术的过程中，产业结构可能会面临重组的挑战。一方面，这些新兴技术有可能对传统产业带来一定的冲击，进而引发资源的重新配置和产业结构的调整。因此，在积极推动颠覆性技术发展的同时，必须高度重视对传统产业的保护和转型工作。另一方面，颠覆性技术的成功并非一蹴而就，而是需要经历反复的试错和迭代过程。这就要求必须保持足够的耐心和信心，为创新产业提供持续的支持和帮助。当新兴产业在短期内难以实现颠覆性技术突破时，需要根据实际情况动态调整产业结构，以实现澳门经济的适度多元发展，使传统与现代在辩证中达到统一。

三　数字经济驱动经济适度多元发展相关理论

（一）数字经济发展理论

1. 数字经济的增长驱动

在过去的十年里，数字经济的研究呈现前所未有的繁荣，成为各个领域学者关注的焦点。它不仅引领了一场产业革命，更在推动传统产业的转型升级、促进经济多元发展和产业结构调整方面展现出了巨大的潜力和价值。

数字经济作为一种新型的经济形态，正在各个领域不断渗透，改变了传统的经济运行方式。这种转型并不仅仅是技术的更新换代，还是对整个产业结构的深刻调整。在产业结构升级方面，Grosse（2018）、Ding 和 Wu（2018）的研究都指出了数字经济对推动产业结构由低附加值向高附加值转变的重要作用。例如，通过大数据分析、云计算等数字化手段，产业能够更准确地把握市场需求，实现精细化运营，从而提升产品附加值和市场竞争力。

同时，数字经济也在推动产业结构的优化。Hu 等（2020）的研究表明，数字经济通过促进产业间的深度融合，推动了产业结构向更高级别的方向发展。在这一过程中，传统产业通过引入数字化技术，实现了生产效率的提升和资源的优化配置，从而实现了产业结构的优化升级。

除了对产业结构的影响，数字经济还在推动多元经济内生螺旋式发展方面发挥着重要作用。Hsieh 等（2017）的研究指出，数字经济通过打破信息壁垒、促进资源共享，为经济多元发展提供了强大的动力。在这种模式下，不同产业之间能够形成更加紧密的联系和互动，共同推动经济的持续发展。此外，数字经济还在可持续多元经济生态圈建设方面发挥着关键作用。Sammut 等（2020）、Barbulescu 和 Constantin（2019）的研究都强调了数字经济在促进资源循环利用、推动绿色发展方面的重要作用。通过数字化手段，产业能够更加精准地管理资源、降低能耗和减少排放，从而实现可持续发展的目标。

2. 数字经济驱动产业生态位创新

有研究人员强调了数字经济与科技创新环境之间的区别，增加了生态位这种新兴概念在数字经济方面的研究（Maloney et al.，2016）。其中 Yin 等（2020）描述了基于数字经济打造绿色城市和绿色产业链的生态位理论分析，并指出数字经济能帮助城市开发质量更清晰、更绿色的商品，它不仅在产品和服务方面，在生产的全过程中皆会因数字经济而形成更有效的竞合关系。

随着全球化和数字化的深入推进，数字经济与科技创新环境之间的关系日益成为学术界和产业界关注的焦点。一些前沿的研究者如 Maloney 等（2016）已经强调了这两者之间的区别，并进一步推动了生态位这一新兴概念在数字经济领域的研究。这种研究不仅提供了全新的视角，也揭示了数字经济在构建绿色城市和绿色产业链中的巨大潜力。

Yin 等（2020）的研究描绘了一个基于数字经济的绿色城市和绿色产业链的生态位理论分析框架。他们指出，数字经济以其独特的优势，如信息的高效流通、资源的优化配置、生产的智能化等，能够帮助城市开发出质量更高、更环保的商品。这种变革不再局限于产品和服务层面，它贯穿了整个生产过程，使得每一个环节都变得更加高效、绿色。

此外，部分国外学者通过构建和建模生态系统布局来扩展数字经济理论，将数字经济作为生态环境中的一个环节，构建开放创新的生态位体系（Maloney et al.，2016）。数字经济能在促进核心能力实现的特殊行为、各经济体（或经济适度多元发展各产业）的执行活动组织、生态环境（固定的竞合地点）和合作发展状态四个方面驱动产业生态位创新。

首先，数字经济通过促进核心能力实现的特殊行为，驱动产业生态位创新。例如，大数据、人工智能等数字技术的应用，使得产业能够更准确地把握市场需求，提高产品和服务的质量，从而增强其核心竞争力。其次，数字经济通过影响各经济体的执行活动组织，驱动产业生态位创新。在数字经济时代，产业之间的合作与竞争关系发生了深刻变化。通过构建数字平台、建立数字生态系统等方式，产业能够更有效地整合资源、优化流程、提高效率，从而推动整个产业的升级和转型。

此外，数字经济还通过改变生态环境和合作发展状态来驱动产业生态位创新。数字技术的普及和应用，使得产业能够跨越地域、行业等界限，实现更广泛的合作和发展。这种跨界的合作和创新，不仅能够推动产业生态位的拓宽和深化，还能够促进整个生态系统的繁荣和发展。

（二）数字经济促进产业发展理论

1. 数字经济促进产业协同

数字经济有助于更好地理解关键产业间的协作竞争，补充结构化产业间的隶属关系，使整体经济在数字的生态环境中，形成多元产业人力和资本在数字经济平台中合理资源配置。Suseno 等（2018）认为，数字经济促进了产业经济结构的优化，有利于各产业间的协同发展。通过数字经济多价值的网络连接，能促进区域内相关产业和经济适度多元发展各产业共享科技创新的成果，促进各产业披露更多内部信息，并增加多元经济体彼此间的合作，使得所有的产业和经济适度多元发展各产业在数字经济网络中获益（Miller and Toh，2020）。

然而，具体这方面的实证研究还处于空白，本书将有助于数字经济作用于澳门经济适度多元产业结构的自适应系统，以更好地了解结构化数字经济如何在调整澳门经济结构中发挥阶段化作用和对澳门经济的整体拉动作用。将产业经济和数字经济置在生态位理论下，能使澳门实际问题获得更全面的理论分析。

2. 数字经济促进产业组织优化

数字经济对产业经济的协同发展，还体现在对产业经济结构的组织优化上。很大一部分数字经济的历史研究集中在如何安排结构化数字经济以及如何在数字经济中创建结构化技术和工具，以作用于单独的产业经济，带动整体产业经济的组织创新。

首先，数字经济可成为主导产业主体间竞合关系的"关键性"结构。Kwak 等（2018）认为，数字经济参与外部的中介来协调组织内的变革，最终导致数字经济成为主导产业经济各多元主体间竞合关系的"关键性"结构。Gawer（2014）将结构（公司、生产线和部门）概念化为开发具有简单形式和基本角色的机构或宏观机构。数字经济将在构建产业主体间竞合关系时充当中介变量，通过数字过程应用于人际活动、商业活动和经济过程（Okpalaoka，2023）来构建主体间竞合关系。

其次，数字经济能动态地监控和调整主导产业主体间竞合关系的"关键性"结构。尽管"数字"在各产业间所涵盖的科学技术存在较大的理论差异，但数字经济的定义强调无论在任何科学技术领域，数字经济都需要遵循将信息从模拟转换为数字，并将数字化的过程应用于人际活动、商业活动和经济过程（Okpalaoka，2023）。这种更为广泛的数字经济定义，可将数字经济对主导产业主体间竞合关系的动态监控和调整功能的可运用领域，从传统的电子业务（信息和通信技术提交的业务交易）、电子商务（信息和通信技术外部业务交易）、业务分析决策以及数字自动化技术扩展到所有产业，使得如工业4.0和精准农业等产业，基于数字经济的发展，调整相互间的"关键性"结构。

3. 数字经济促进产业组织创新

周敏等（2023）指出，科学技术的创新取决于许多组织间协作模式的最佳位置，故而能够通过数字经济促进产业组织创新。此外，Adner和Kapoor（2016）研究发现，数字经济能通过从旧技术到新技术的变化，就是逐步对产业经济结构进行组织创新的过程。Okpalaoka（2023）认为，它们跨系统的统一，不仅能促进整体经济的多元发展的可持续性，还可通过动态、内生的对当前经济结构化代表和竞合关系间的比较优势进行数字平台工具的创新和调整，进而推动数字经济对产业生态系统的动态演进。

此外，数字经济能增加产业组织创新对技术要素的适应性。例如，Gao和Yunchen（2022）通过衡量各产业对外部技术变化的反应程度来构建区域内数字技术要素适应指数，并获得数字经济促进区域内产业组织创新的有效证据。Eggers（2020）也指出，产业组织创新的关键是适应新的技术要素的发展趋势，而数字经济的发展能有效促进产业组织创新的适应性。

（三）数字经济对产业的结构性破坏

1. 数字经济促进新兴产业对传统产业的替代

数字经济催生了新兴产业和新业态。随着数字经济的发展，一批新兴产业涌现出来。新兴产业的兴起，在短期内为传统产业提供新的增长点和发展机遇，但通过新业态的催生，将逐渐改变传统行业的格局，促进新兴产业对传统产业的替代。

数字经济，作为当今时代的鲜明特征，正在以前所未有的速度催生出一批批新兴产业和新业态。这些新兴产业的崛起，不仅为传统产业注入了新的活力，提供了全新的增长点和发展机遇，更在悄然间改变着传统行业的格局，推动着新兴产业对传统产业的替代。新兴产业的兴起，短期内为传统产业提供了新的增长点和发展机遇。传统产业可以借助新兴产业的技术和模式创新，实现产业升级和转型。例如，传统制造业可以通过引入智能制造技术，提高生产效率，降低成本，提升产品质量；传统零售业可以通过数字化转型，拓展线上销售渠道，提升客户体验。

然而，新兴产业的崛起并不仅仅满足于为传统产业提供短期的增长点和发展机遇。随着新业态的不断产生，新兴产业将逐渐改变传统行业的格局。新业态是指基于数字经济的新型商业模式和服务形态，如共享经济、平台经济、无人经济等。这些新业态的出现，打破了传统行业的边界和限制，推动了产业融合和创新发展。以共享经济为例，它通过将闲置资源进行有效利用，降低了生产成本和消费成本，提高了资源的利用效率。共享经济的发展不仅催生了一批新兴产业，也对传统行业产生了深远的影响。例如，共享单车、共享汽车等新型交通方式的出现，改变了人们的出行方式，对传统的交通行业产生了冲击；共享住宿、共享办公等新型服务模式的出现，也为传统的住宿和办公行业带来了新的竞争和挑战。

在新业态的推动下，新兴产业将逐渐实现对传统产业的替代。这种替代并不是简单的取代，而是在技术创新和模式创新的基础上实现的产业升级和转型。

2. 数字经济促进传统产业的消亡

数字经济下的新业态，以其高效、便捷、低成本的特点，迅速吸引了大量的消费者和产业。然而，这种变革并非总是对传统产业有益。当某些产业因为利润下滑、竞争压力增大等无法适应数字经济的浪潮时，它们可能会选择退出这一网络结构（Mantovani and Ruiz-Aleda，2016）。这种退出行为，不仅会对该产业自身的组织结构造成破坏，还可能给整个产业经济带来连锁反应，导致更多受害者出现。

历史研究提供了丰富的案例。例如，随着电子商务的兴起，传统的实体零售店面临巨大的压力。许多实体店因为无法与电商平台竞争而陷入困境，最终不得不关闭。这种消亡现象在多个国家或地区都有发生，成为数字经济对传统产业冲击的生动写照。除了实体零售店，还有其他一些传统产业也受到了数字经济的冲击。例如，传统的传媒产业在面临数字媒体、社交媒体的竞争时，也遭遇了巨大的挑战。广告收入的下滑、读者群的流失等问题，使得许多传统媒体不得不进行转型或缩减规模（Rong et al.，2015；Sun and Wei，2019；Hou et al.，2020）。当然，也不能否认数字经济带来的积极影响。它催生了新的业态，为经济增长提供了新的动力。同时，数字经济也为传统产业提供了转型升级的机会。那些能够适应数字化转型的产业，往往能够在激烈的市场竞争中脱颖而出，实现可持续发展。

数字经济的新业态发展对传统产业的影响具有双面性。一方面，它为经济发展注入了新的活力，促进了新业态的崛起；另一方面，它也给传统产业带来了巨大的挑战，甚至可能导致某些产业的消亡。

第四节　经济适度多元发展生态理论

一　产业生态理论

产业生态（Industrial Ecology）是一门对生产活动中自然资源代谢全过

程进行研究，涵盖组织管理体制，生产、消费、调控行为的动力学机制、控制论方法及其与生命支持系统相互关系的系统学科，最早来源于生物新陈代谢的模拟过程与生态系统循环的"工业代谢"研究。产业生态在经济活动与自然环境互相作用中发挥着不可替代的作用，是研究产业活动与环境关系的重要学科。

（一）产业要素生态性变革

1. 要素生态性变革

在产业生态理论中，要素生态性变革主要体现在两个方面。首先，劳动主体正在由经济人向生态人转变。这一转变意味着劳动者在参与经济活动时，不再仅仅追求经济利益，而是将生态保护纳入考量。这种转变使得劳动、资本等生产要素在各产业之间的流动具备了生态理念。换句话说，要素流动不再仅仅依赖市场的经济影响，而是更多地依赖总体环境中的结构影响。这种新的流动模式有助于实现资源的优化配置，提高资源利用效率，减少资源浪费和环境污染。其次，劳动对象也在发生变革，正由不可再生资源转向可再生资源。在传统的经济发展模式下，劳动对象主要依赖不可再生资源，这不仅导致了资源的快速枯竭，还引发了严重的环境问题。随着劳动主体和要素配置理念的改变，劳动对象的配置效率已不再是最关键的因素。相反，维护要素生态的稳定和要素配置的可持续成为配置的关键点之一。这种转变促使更加关注可再生资源的开发和利用，推动经济向更加绿色、低碳的方向发展。

通过要素生态性变革，可以实现全要素生态率的增长。这意味着不仅要扩展经济增长的涵盖范围，还要注重提高资源的利用效率。生产要素在各产业部门之间流动的过程中形成再配置效应，有助于实现结构红利（许光清、陈晓玉，2021）。这种结构红利不仅体现在经济效益的提升上，更体现在生态效益和社会效益的改善上。

2. 资本要素生态性变革

近年来，随着全球经济的日益复杂化和多样化，对资本要素配置的研究变得愈加重要（张少华、陈慧玲，2021）。其中，要素市场的发育程度和全要素生产率成为决定资本要素配置效率的关键因素。

　　要素市场的发育程度直接关系到资本要素的配置效率。一个发育良好的要素市场能够确保资本在不同产业、不同地区、不同经济主体之间的自由流动和合理配置。这种流动性和配置的灵活性有助于优化产业结构，提高资源配置效率，进而推动经济增长。相反，要素市场发育不足会导致资本要素配置的不合理，甚至可能引发市场失灵，阻碍经济的发展。此外，全要素生产率是衡量资本要素配置效率的重要指标。全要素生产率反映了生产过程中资本、劳动、技术等要素的综合效率。在资本要素配置中，全要素生产率的提高意味着资本的使用效率得到了提升，从而能够带来更高的经济效益（刘汶荣，2021）。通过提高全要素生产率，可以优化资本要素的配置，实现经济的可持续发展（陈经伟、姜能鹏，2020）。

　　资本要素配置的不合理，常常表现为资本要素市场的扭曲现象，这一现象在近年来的经济研究中备受关注。刘汶荣（2021）指出，资本要素市场的扭曲不仅意味着资本无法有效地在不同经济主体要素间市场流动，更会抑制不同市场主体的资源配置创新能力。而这又往往会对整个经济系统的运行效率和创新能力产生深远影响。

　　首先，资本要素市场是推动经济发展的重要动力，而资本则是创新活动的重要支撑。然而，当资本要素市场出现扭曲时，资本的配置效率会大大降低，这意味着创新项目可能因为缺乏足够的资金支持而无法顺利进行。此外，资本市场的扭曲还可能导致资金过度集中于某些行业或地区，从而限制了创新活动的多样性和广泛性。因此，要促进经济体的创新能力，必须高度重视资本要素市场的合理配置问题。

　　其次，资本要素配置的不合理还会对产业结构升级产生不利影响。产业结构升级是实现经济高质量发展的重要途径，它要求资本、劳动力等生产要素在不同产业间进行合理配置。然而，当资本要素市场出现扭曲时，这种合理配置就会受到阻碍。陈经伟和姜能鹏（2020）的研究表明，资本市场扭曲会导致资源过度流向传统产业，从而限制了新兴产业的发展空间。这种资源配置的不合理，不仅会影响经济结构的优化升级，还可能加剧经济发展的不平衡、不充分问题。

3. 劳动要素生态性变革

有学者从人力资源的角度出发，对劳动要素生态性变革进行了深入探究。他们不仅关注了人口空间集聚程度、人力资本的传递作用以及人力资源对环境的影响，还试图通过对人力资本的配置经济效率加入对生态效率的追求，以实现劳动要素流动和配置更加合理和可持续。

首先，人口空间集聚程度对劳动要素生态性变革产生了显著影响。刘晔等（2021）指出，随着城市化进程的加速，大量人口涌入城市，形成了人口空间集聚现象。这种集聚现象不仅提高了劳动力市场的活跃度和效率，还促进了知识的溢出和技术的传播。然而，过度的人口集聚也可能导致城市环境恶化、资源紧张等问题，从而对劳动要素生态性变革产生负面效应。因此，在推动人口空间集聚的同时，需要合理规划城市布局，促进人口与资源的协调发展。

其次，人力资本的传递作用在劳动要素生态性变革中发挥着重要作用。Emmanue 等（2021）的研究表明，人力资本作为劳动者技能、知识和经验的体现，对于提高劳动生产率和促进产业升级具有重要意义。通过教育和培训等手段，可以有效提升劳动者的人力资本水平，进而推动劳动要素生态性变革。此外，人力资本的传递作用还有助于实现知识、技能和经验的跨行业、跨地区传递，为劳动要素生态性变革提供有力支持。

最后，人力资源对环境的影响也是劳动要素生态性变革研究的重要内容。随着人类活动的不断扩大，环境污染、生态破坏等问题日益严重。作为经济活动的重要参与者，劳动者在生产过程中的行为方式直接影响着环境的状况。因此，在劳动要素生态性变革中，也同时会关注人力资源对环境的影响，倡导绿色、低碳的生产方式，降低污染排放，保护生态环境。

（二）产业结构生态性变革

1. 合理化产业结构生态性变革

在 21 世纪的今天，数字经济正以其独特的魅力和强大的力量，将产业生态结构调整和要素生态配置推向一个更加合理和绿色的方向。这一转变不仅标志着技术进步的巨大飞跃，更是对可持续发展理念的深刻践行。这些技术的应用，不仅有效降低了生产过程中的能耗和排放，减少了对环境的负面影响，而且通过提高资源利用效率，实现了经济增长与环境保护的双赢。此外，数字经济还促进了产业链上下游产业之间的信息交流和合作。通过构建信息共享平台，产业之间可以实时传递生产、销售、库存等信息，加强了供应链的协同管理。这种协同合作不仅提高了整个产业链的运作效率，还降低了库存成本和运营风险，增强了产业的市场竞争力。

在数字经济的推动下，产业结构和产业间要素流动的结构也在发生深刻变革。传统的重污染、高能耗产业逐渐被清洁能源、环保产业等绿色产业所替代，经济生产过程中各产业发展所面临的生态环境质量得到了显著提升。此外，数字经济还催生了许多新兴的绿色产业和绿色职业，为多元产业的可持续发展注入了新的活力。

随着数字经济的迅猛发展，产业结构和产业间要素流动的结构正在经历着一场前所未有的深刻变革。这一变革不仅重塑了经济发展的模式，还促进了产业间的协同创新和生态环境的持续改善。在过去，重污染、高能耗产业曾一度占主导地位，给生态环境带来了沉重的负担。然而，随着数字技术的广泛应用和绿色理念的深入人心，这些传统产业正在逐步被清洁能源、环保产业等绿色产业所替代。这一转变不仅有助于减少污染排放、降低能源消耗，还推动了经济生产过程中各产业发展所面临的生态环境质量的显著提升。

数字经济为绿色产业的发展提供了强大的动力。一方面，数字技术如大数据、云计算、人工智能等为绿色产业提供了创新的解决方案，如智能电网、智能交通、绿色建筑等。这些技术的应用不仅提高了绿色产业的效率和竞争力，还推动了传统产业的绿色化改造。另一方面，数字经济催生了许多新兴的绿色产业和绿色职业，如绿色金融、绿色供应链管理、绿色咨询等。这些新兴产业的崛起为多元产业的可持续发展注入了新的活力，也为人们提供了更多的就业机会和职业发展路径。

2. 高级化产业结构生态性变革

产业结构的生态性变革主要体现在其高级化方面。这种高级化不仅是经济体内部向高生产率、高技术水平演进的过程，更代表着产业结构由低端向高端的发展趋势。盖骁敏和李爱（2021）指出产业结构生态性变革的高级化，是指经济体内部产业由低附加值、低技术含量向高附加值、高技术含量转变的过程。这一过程通常通过高技术产值的占比来衡量，因为它直接反映了经济体中技术密集型产业的比重和发展水平。高级化的趋势体现在总体产业结构的调整上，更深入多元产业以及产业内部结构的调整。通过加入要素生态性变革的理论，可更全面地理解这一过程。要素生态性变革强调在产业发展过程中，不仅要注重经济效益，还要考虑环境效益和社会效益。这意味着在产业结构调整中，不仅要关注产业的技术水平和附加值，还要关注其对环境、资源和社会的影响。

为了实现这种生态性的产业结构变革，需要对多元产业进行有针对性的调整。例如，对于高污染、高能耗的传统产业，可通过技术创新和产业升级来降低其环境压力；对于新兴产业，可以加大投入和支持，促进其快速发展。同时，产业内部结构也需要进行优化，以提高整体产业的竞争力和可持续发展能力。通过这种生态性的产业结构变革和高级化过程，可获得更大的生态型产业空间溢出效应。这意味着产业结构的优化不仅会带来经济效益的提升，还会促进生态环境的改善和社会的可持续发展。

（三）产业生态系统理论

1. 产业生态系统构成

产业生态系统是一个复杂而庞大的网络，由产业环境与产业生物群落两部分紧密交织而成。这两部分相互作用、相互依赖，共同塑造了一个动态、平衡且持续发展的系统。

产业生态环境是整个生态系统的基石。它是指那些以产业为中心，对产业生产、存在和发展起到制约和调控作用的环境因子集合。这些环境因子包括但不限于产业相关政策、市场需求、经济情况、技术水平、法律法规等。它们像无形的手，调控着产业的生长、繁衍和演化。

产业政策是产业生态环境中的重要组成部分。政府通过制定一系列的政策措施，如税收优惠、资金扶持、市场准入等，来引导和调控产业的发展方向。这些政策不仅影响着产业的竞争格局，还直接关系到产业的生存与发展。例如，对于新能源产业，政府通过提供研发资金、税收减免等优惠政策，鼓励产业加大创新力度，推动产业的快速发展。

市场需求是产业生态环境的另一个关键因素。市场需求的变化直接影响着产业的兴衰。随着消费者需求的不断升级和变化，产业必须紧跟市场步伐，调整产品结构和生产模式。例如，随着健康意识的提高，消费者对健康食品的需求不断增加，这就促使健康食品产业迅速崛起。

经济情况也是影响产业生态环境的重要因素。经济的繁荣与衰退直接影响着产业的景气。在经济繁荣时期，市场需求旺盛，产业盈利空间增大，产业发展迅速。而在经济衰退时期，市场需求萎缩，产业盈利压力增大，产业发展面临挑战。

产业生物群落也是产业生态系统的重要组成部分。产业生物群落指的是在同一产业领域内相互关联、相互依存的产业群体。这些产业之间通过竞争与合作，形成了复杂的生态关系。一些产业通过技术创新、品牌建设等方式脱颖而出，成为行业的领军者；而另一些产业则通过寻找合作伙伴、发挥自身优势等方式在竞争中求得生存与发展。产业生物群落是产业生态系统的核心组成，它是由相互间存在物质、能量和信息沟通的产业和组织种群相对于外来物种所形成的整体，如客户、供应链、生产者、流通者等参与实体。产业生物群落主要由以下三方面进行表征。

种群：是指在一定时空范围内栖居的同种个体的集合群。在产业生态系统中它是指同种产业的集合。

物种多样性：泛指特定生态系统中生物群落的物种丰富程度。在产业生态系统中它指不同类型产业的丰富程度。

产业价值网：是指生态系统中物质循环、能量流动和信息传递的表现形式。产业价值网的本质是在专业化分工的生产服务模式下，由利益相关者间相互影响形成的价值生成、使用、分配和转移关系及结构。

在纷繁复杂的产业生态系统中，各种产业生物群落与种群之间构建了一个错综复杂的产业价值网。这一网络在一定的时间与空间范围内，通过能量转换和物质循环，相互交织、相互作用，共同构成了一个统一而富有活力的整体。

产业生态系统，作为一种特殊的网络化生态经济系统，其构建基于生态系统的承载能力，并遵循生态系统的基本原理。它不仅追求高效的经济过程，还注重生态功能的和谐共生。这种系统通过优化产业结构功能实现产业整体效益的最大化，从而协同提升环境质量和经济效益。

首先，产业生态系统强调产业活动与资源、环境之间的和谐关系。在传统的产业发展模式下，资源消耗和环境破坏往往难以避免，而产业生态系统则致力于通过技术创新和管理优化，降低产业活动对环境的负面影响。例如，通过推广循环经济、实施资源回收和再利用等措施，产业生态系统能够在保障经济发展的同时，实现资源的节约和环境的保护。

其次，产业生态系统注重产业结构的优化和功能的提升。通过科学规划和合理布局，产业生态系统能够推动产业链上下游的协同发展和产业间的互补合作。这种协同合作不仅提高了产业的整体竞争力，还有助于实现资源的优化配置和经济效益的最大化。同时，产业生态系统还鼓励产业之间进行技术创新和合作，推动产业技术的升级和转型，从而提升整个产业生态系统的创新能力和可持续发展能力。

最后，产业生态系统还强调生态系统的承载能力。这意味着产业生态系统的建设和发展必须在生态系统能够承受的范围内进行，避免对生态系统造成不可逆转的损害。因此，产业生态系统需要建立科学的评估机制和管理体系，对产业活动进行严格的监管和评估，确保产业生态系统的健康、稳定和可持续发展。

2. 产业生态系统建设

产业生态系统，作为一个复杂的功能体，其内部结构和动态行为呈现丰富多样的特征。这些特征共同构成了其独特的生态格局，为产业间的互动与协同发展提供了坚实的基础。以下从整体性、竞合性、开放性和丰富性四个方面对产业生态系统的多维特征进行深入的探讨和分析。

首先，产业生态系统的整体性特征体现在其成员之间的紧密关联和协同作用。在这个统一的整体中，各个产业不再是孤立的个体，而是相互依存、相互影响的有机组成部分。这种整体性不仅表现在产业间的物质、能量和信息的流动与交换，还体现在共同面对外部环境变化时的应对策略和协同行动。产业生态系统的整体性特征有助于提升整个系统的稳定性和适应性，从而实现可持续发展。

其次，竞合性是产业生态系统的另一重要特征。在这个生态系统中，产业间既存在激烈的竞争关系，又有着广泛的合作空间。竞争能够激发产业的创新活力，推动产业不断发展和进步；而合作则有助于实现资源共享、优势互补，提升产业的整体竞争力。通过有效的合作机制，产业生态系统可以降低产业活动对环境的负面影响，实现资源的节约和生态环境的保护，从而推动循环经济的发展。

再次，产业生态系统的开放性特征使其成为一个不断进化和发展的动态系统。系统内的成员在不断更换和接纳新的成员，利益集团也在不断地重组和调整。这种开放性使得产业生态系统能够不断适应外部环境的变化，保持系统的活力和创新力。一般来说，社会经济发展水平越高，产业系统的开放程度就越高，这有助于吸引更多的资源和要素进入系统，推动产业的升级和转型。

最后，产业生态系统的丰富性特征体现在系统内产业种类的多样化上。多样化的产业种类不仅能够满足市场需求的多样性，还能够提高系统的稳定性和抗风险能力。在面对外部环境变化时，多样化的产业生态系统能够更快地适应和应对，减少系统受到的冲击和损失。同时，多样化的产业生态系统还能够促进创新和技术进步，推动产业向更高层次、更广阔领域发展。

二　生态位理论研究

（一）种群生态学中的生态位理论

1. 基本概念

生态位（Ecological Niche）是种群生态学中的一个核心概念，它描述了某个物种在特定环境范围内与其他物种及环境之间的相互作用和关系。这一概念最早由 Grinnell 于 1917 年提出，随后 Hutchinson 进一步拓展，将生态位划分为空间、食物、天敌等多个维度（陈红梅、郭伟，2009）。随着生态位理论的发展，其概念及原理被逐渐引入管理学领域，尤其是在产业和区域竞争力分析中发挥了重要作用。

在生态学中，一个物种的生态位反映了其在生态系统中的地位和功能，包括其生存空间、食物来源、天敌种类等。同样地，一个产业或地区的生态位体现了其在经济系统中的地位和功能，包括其产业结构、资源禀赋、市场需求等。通过对生态位的深入研究，可以更好地了解产业或地区的竞争优势和劣势，进而为其发展提供有针对性的建议和措施。

2. 生态位理论的意义

宋国超和李维梁（2022）认为，生态位是指每个个体或种群在种群或群落中的时空位置及功能关系。源于养分、生存空间的生物资源竞争使得每个生物物种为生存而占据了特定的空间或区域。生态位理论在产业竞争力分析中的应用主要体现在以下几个方面。

首先，生态位理论可以帮助识别产业的竞争优势。某个产业的生态位越独特，其在市场中的竞争力就越强。例如，某些地区凭借其独特的自然资源或历史文化优势，发展出了独具特色的产业，如旅游、特色农业等。这些产业在市场上具有较高的竞争力，成为当地经济发展的重要支柱。

其次，生态位理论可以帮助分析产业的竞争劣势。某个产业的生态位过于狭窄或过于宽泛，就可能导致其竞争力下降。例如，某个产业过于依赖某一特定资源或市场，一旦这些资源或市场发生变化，该产业就会面临巨大的风险。相反，某个产业生态位过于宽泛，缺乏核心竞争力，就难以在市场中立足。

最后，生态位理论还能提供产业发展和转型升级的思路。通过对产业生态位的深入研究，可以发现其潜在的发展空间和机会，进而为其制订有针对性的发展策略。例如，对生态位过于狭窄的产业，可以通过拓展其产业链、开发新产品等方式来拓宽其生态位；对于生态位过于宽泛的产业，可以通过聚焦核心业务、提高产品质量等方式来增强其核心竞争力。

在区域竞争力分析中，生态位理论同样具有重要的应用价值。一个地区的生态位反映了其经济发展的特色和优势，包括其产业结构、资源禀赋、人才储备等。通过对地区生态位的深入研究，可以发现其经济发展的潜力和空间，进而为其制订有针对性的发展策略。例如，对于生态位独特的地区，可以利用其独特的资源或文化优势来发展特色产业；对于生态位较为普通的地区，可以通过引进先进技术、优化产业结构等方式来提升其竞争力。

3. 生态位理论与产业竞争间的相似性

在自然界中，生态种群间的竞争是一个复杂而精细的过程，各种生物通过争夺有限的资源，如阳光、空气、水等来维持其生存和繁衍。这种竞争不仅存在于生物种群之间，而且在人类社会的产业种群之间也表现出惊人的相似性。

首先，生态种群与产业种群都面临资源的稀缺性问题。在生态系统中，阳光、空气、水等自然资源是有限的，各种生物必须通过竞争来获取这些资源，以保证其生存和繁衍。同样，在社会经济系统中，社会资源如资金、技术、人才等也是有限的，各个产业必须通过竞争来获取这些资源，以实现其发展和壮大。这种竞争在生态系统和经济系统中都扮演着重要的角色，推动着物种和产业的进化和升级。

其次，生态种群与产业种群在竞争中都表现出动态的组织创新。在生态系统中，物种通过适应环境、进化变异等方式来提高其竞争力；而在经济系统中，产业则通过技术创新、管理创新、市场创新等方式来提高其竞争力。这种动态的组织创新是生态种群和产业种群得以生存和发展的关键所在。运用生态位理论可深入研究产业创新生态系统的供给、需求和环境因素如何影响创新资源配置的绩效，从而提出相应的改善方法。

最后，需要注意的是，虽然生态种群与产业种群间的竞争存在相似性，但二者之间也存在明显的差异。生态系统中的竞争主要受到自然规律的制约，而经济系统中的竞争则受到市场规则、政策法规等多种因素的影响。因此，在类比分析的过程中，需要保持清醒的头脑，避免简单地将生态系统的规律套用到经济系统。

（二）产业发展中的生态位理论

1. 社会发展生态位理论

在深入探索社会发展的脉络时，会发现其与生物生态位系统惊人相似。正如生态学被誉为"进化科学"，社会发展同样可以被看作一个复杂的自适应系统的演变过程。这种系统的核心特征在于，各个组成部分通过相互间的竞争和合作，不断调整和适应，共同塑造出一个动态平衡的整体（Cohen and Levinthal，1989）。在这个生态位系统中，社会发展所需的资源和关系网构成了其基本状态。这些资源包括物质资源、人力资源、技术资源等，它们在社会发展的各个阶段都发挥着不可或缺的作用。而关系网则是指各种社会组织和个体之间所形成的复杂网络，这些网络通过信息的传递和共享，促进了资源的有效配置和利用。

在生态位系统中，各个生物种群通过自身的特性在资源和生产能力方面表现出独特的竞争优势。同样，在社会发展中，各个社会主体（如产业、政府、个人等）也通过自身的资源、能力和策略，在生态系统中拥有了一席之地。这些社会主体之间的竞争和合作，不仅推动了资源的优化配置，也促进了社会整体的进步和发展。具体来说，产业作为社会发展的重要力量，通过技术创新和市场竞争，不断提升自身的生产能力和市场份额。政府在维护社会秩序、提供公共服务等方面发挥着关键作用，同时也通过政策调控和财政支持等手段，引导和推动社会的发展。个人则通过自身的努力和才能，在社会系统中实现自我价值，同时也为社会的发展做出贡献。在这个复杂的自适应系统中，社会发展不仅依赖各个社会主体的独立行动，更需要它们之间的协同合作。这种协同合作不仅有助于实现资源的共享和优势互补，更能够激发社会的创新活力，推动社会的持续进步。

尽管在系统构建、资源获取和竞合关系上，社会发展的生态位与生物系统的生态位展现出一定的相似性，但黄喆诚（2022）深刻地指出了两者在本质上的显著区别。这一观点对于全面理解生态位概念及其在不同领域中的应用，具有重要的启示意义。

首先，自然系统的生态位主要由自然生态系统生态单元的生理特征以及不同个体之间的交互作用所决定。这种生态位是个体在环境系统长期演变过程中所形成的，因此个体通常处于被动适应状态。在自然生态系统中，生物个体的生态位具有一定的相对稳定性，因为它们往往受到生物进化、生态位竞争和生态位分离等自然法则的制约。

而社会发展的生态位则呈现截然不同的特征。它取决于各社会主体自身的战略调整以及主动适应市场的能力。这意味着在社会发展中，每一个社会主体的生态位都受到其技术力量、资源禀赋（如劳动、资本等）的影响，而且这些因素都是可以改变的。因此，相较于自然生态系统，社会发展中每一个社会主体的生态位更可能时刻处于变化之中。

2. 产业发展生态位理论

我国经济发展生态位理论的深度历史研究尚显不足，但已有的文献在产业升级、产业集群分析、产业竞争力分析和产业间竞争合作分析等方面为本书提供了宝贵的参考。Adner 等（2006）在经济学领域中将生态学理论应用于产业链延伸，构建了一个创新生态系统，认为产业链上的各产业在创新投入与回报上共同面对风险和收益，这种经济适度多元发展的模式有助于增强整个系统的稳定性和竞争力。武晓辉等（2006）进一步将生态学的生态位理论引入产业集群的研究中，建立了区域产业生态位模型，并对其进行了比较分析。这一模型有助于深入理解产业集群内部各产业之间的关系和互动，为区域经济发展提供了新的视角。

周彬和钟林生等（2014）在生态旅游领域运用了生态位理论，评价了中俄边境城市旅游的生态位宽度和重叠度，并结合旅游资源、旅游环境、旅游社区、旅游市场、旅游区位和旅游交通等六个指标，深入挖掘了黑龙江省中俄界江的生态旅游潜力。这一研究不仅丰富了生态旅游的理论体系，也为实践提供了指导。万伦来（2004）则从经济适度多元发展的角度出发，建立各产业综合生态位的评价方法，将各产业生态位分解为生存力、发展力、竞争力三个层面，为全面评估产业生态位提供了有力工具。

赵长轶和王莹（2021）利用省际面板数据和高技术产业生态位评价了

高技术产业创新生态系统的竞争力，将生态位评价指标划分为三级，对省际创新能力进行了比较研究。这一研究有助于了解各省份在高技术产业创新生态系统建设方面的优势和不足，为政策制定和实践操作提供了依据。刘和东和陈洁（2021）则引入了门槛效应来测度生态位适宜度与经济高质量发展之间的关系，通过实证分析发现，生态位适宜度对经济高质量发展具有显著的正向影响，且存在门槛效应。这一研究揭示了生态位适宜度与经济高质量发展之间的内在联系和规律。

3. 技术发展生态位理论

黄子洋等（2019）的研究提供了一个深入理解产业发展生态与技术创新之间关系的独特视角。基于生态位和技术创新理论，黄子洋等（2019）的研究结果显示，一个健康的产业发展生态能够为那些具有发展潜力的新技术提供一个宝贵的临时保护空间，即所谓的"生态位保护空间"。这一空间的存在，为新技术在竞争激烈的市场环境中提供了一个缓冲区域，使得利益相关者可以在此环境中进行持续的学习和实验，进而迅速提升其技术的竞争力，并最终成长为主导市场的优势技术。

从生态位的角度来审视新技术的市场化、产业化过程时，不难发现，新技术需要经历两次关键的跃迁。第一次跃迁，是技术生态位向市场生态位的转变（许泽浩等，2018）。这一跃迁标志着新技术从研发阶段向成熟技术的过渡，它不仅实现了技术的完善和优化，更为新技术开辟了广阔的新市场。在这一跃迁过程中，新技术需要逐渐适应市场的需求，解决实际应用中的问题，并在市场的检验下不断完善自身。而第二次跃迁，则是从市场生态位向范式生态位的跃升。这一次跃迁，意味着新技术已经完成了从市场接受到产业化的过程。新技术开始对整个产业产生深远影响，引领产业的发展方向，甚至可能催生全新的产业模式。在这一过程中，新技术需要解决更多与产业化相关的问题，如技术标准的制定、产业链的完善、产业链的整合等。

值得一提的是，这两次跃迁并不是孤立存在的，而是相互关联、相互促进的。第一次跃迁为第二次跃迁打下了坚实的基础，使得新技术在产业化的过程中能够更加顺利地进行。而第二次跃迁的成功，则进一步巩固了新技术在市场中的地位，为其未来的发展提供了更加广阔的空间。综上所述，一个健康的产业发展生态，不仅能够为新技术提供保护空间，更能够推动新技术经历两次关键的跃迁，最终实现技术的成熟和产业化。这对于理解产业发展的规律，以及如何在实践中推动技术创新和产业升级具有重要的指导意义。

三　生态位理论与经济多元发展

（一）产业结构中的生态竞合关系

1. 产业生态演化

在过去的十年里，经济系统结构的变化已催生出多种经济思想链。这些思想链之间虽然各有侧重，但都在为理解现代经济的复杂性提供独特的视角。制度经济学对文化演变和权力运动的影响进行了深入研究，认为这些因素在塑造经济格局中起着不可忽视的作用。新结构经济学则强调了个体创造力在应对基本不确定性时的重要性，认为个体的创新和创造力是推动经济发展的关键力量。新凯恩斯主义经济学则重视时间不可逆性对经济的影响，指出经济系统的演变是一个不断向前发展的过程，而非简单的循环。新熊彼特学派则专注于研究创新过程和相关的非线性动力学，认为创新是推动经济演化的核心动力。新古典经济学派则倾向于使用形式博弈论、遗传算法和人工生活模拟来探究经济演变的竞争方面，通过数学模型和计算机模拟来揭示经济系统的内在规律和机制（Foster，1997）。

然而，尽管这些理论在解释经济系统结构变化方面各有千秋，但它们都存在一个共同的缺陷：无法全面解释产业演变中的生态进化过程。产业生态位理论提供了一个全新的视角，帮助人们更深入地理解产业间的相互关系及其演化过程。比方说各产业间的生存空间的重叠是否只能带来产业间的竞争？产业间的资源争夺如何演进，是否对产业数量和结构产生动态变化？产业结构中为何存在共生、为何存在寄生？共生的产业在何种情况下存在竞争？资源的重叠度到达何种地步将会引发产业间马太效应？这些都需要通过产业生态位理论进行分析。

2. 产业生态进化

越来越多的文献指出了生态位理论的这种进化思维在经济学中的潜力（Hodgson，1993；Nelson，1995；MacGlade，2002；Adner et al.，2006；黄子洋等，2019；丁雪、杨忠，2023）。产业生态位理论中针对产业协同进化方法提出了独到的见解。其借鉴性运用生物生态学的研究结果，指出产业间也存在复杂的自适应系统，这种自适应系统将会促进产业间的协同、进化、交互，使得产业生态系统中各产业可共同进化。为了更好地理解这一区别，可以从以下几个方面进行深入分析。

首先，自然生态系统中的生态位往往具有固定性和稳定性。生物个体通过长期的自然选择和进化，逐渐形成了适应特定环境的生理特征和行为模式。这些特征和行为模式在很大程度上决定了生物个体在生态系统中的地位和角色。例如，狮子作为顶级捕食者，在食物链中占有重要的生态位。相比之下，产业生态位的动态性和可变性则更加明显。在社会系统中，各社会主体（如产业、国家等）在面对市场变化、技术进步和竞争压力时，需要不断调整自身战略以适应环境变化。这种战略调整往往伴随资源重新配置、技术创新和市场拓展等过程，从而改变了产业生产主体的生态位。例如，随着数字技术的快速发展，许多传统产业纷纷转型升级，通过数字化转型来拓展新的市场领域。

其次，自然生态系统中的生态位竞争和生态位分离等现象对产业发展生态位也产生了重要影响。在自然生态系统中，不同物种通过竞争有限的资源（如食物、栖息地等）来维持自身的生存和繁衍。而在产业结构中，各产业主体之间的竞争则主要体现为市场份额、技术创新和人才争夺等。这种竞争往往导致一些产业主体在生态位上占有优势地位，而另一些则可能面临被淘汰的风险。

此外，生态位分离现象也在社会系统中得到体现。在自然生态系统中，不同物种通过生态位分离来减少竞争压力，从而实现共存。在社会系统中，各产业生产主体也通过寻找独特的市场定位、发展特色产业等方式来实现生态位分离。这种分离不仅有助于减少竞争压力，还能促进产业生产系统和产业结构的多元。

（二）产业间生态竞合关系

1. 产业生态位态势

生态位态势理论在生态学领域早已被广泛应用，是评价物种综合竞争力的重要指标（李建春等，2018；丁雪、杨忠，2023）。近年来，这一理论也被引入经济学领域，特别是产业经济学，被称为产业生态位态势理论。在生态学中，生态位是指一个物种在生态环境中所占有的空间和资源的总和，包括其与其他物种的关系。而生态位态势理论中的"态"则代表某一物种在某一时点上的现实状态，即其在生态位中的位置和所占有的资源状况。这一状态反映了物种在当前环境下的生存能力和竞争力。

与"态"相对应的是"势"，它代表某一物种在某一时间段中的发展趋势。这种趋势可能受到多种因素的影响，如环境变化、资源竞争、天敌压力等。一个物种的"势"可以是正面的，也可以是负面的，这取决于其在面对挑战时的适应能力和应对策略。将生态位态势理论引入经济学领域后，可以将各经济主体（如产业、行业、地区等）视为生态位中的物种。通过生态位态势分析，可以评估其在市场竞争中的地位和发展潜力。这种分析不仅考虑了经济主体的当前状态，还关注其未来的发展趋势，从而提供更全面的竞争力评价。以澳门旅游业为例，旅游的"态"可以反映其在主流旅客出行市场中的份额、盈利能力、创新购买能力等状况。而"势"则可能涉及澳门旅游的线路研发投入、文旅拓展策略、人才储备等未来发展因素。通过对这些因素的深入分析，可更准确地评估澳门旅游业的综合竞争力，并预测其未来的发展趋势。

同样地，对于澳门产业来说，生态位态势理论也可以提供有益的竞争力评价。一个产业的"态"可能包括其市场规模、产业链完善程度、政策环境等，而"势"则可能涉及技术创新、产业升级、国际竞争力等。对于区域的总体经济而言，"态"可能涉及其发展水平、资源优势、基础设施等，而"势"则可能与其创新能力、人才流动、政策支持等因素相关。

2. 产业生态位宽度

在生态学中，生态位宽度是一个核心概念，用于量化描述某一物种在其所在生态环境中占有和利用资源的程度（孙丽文、任相伟，2020）。简而言之，生态位宽度越大，意味着该物种能更有效地利用和适应各种资源环境，其生存和繁衍的能力也越强（李菲菲等，2019）。

深入剖析生态位宽度，需要从生态位的概念入手。生态位是物种在特定生态环境中的位置和角色，包括物种的食物来源、栖息地选择、行为习性以及与其他物种的关系等多个方面。而生态位宽度，则是对这些方面的一种综合量化表达。一个产业的生态位宽度，反映了它对不同资源环境的适应能力和利用范围。一个具有宽生态位的产业，通常能够在多种资源环境中生存和发展，比如既能在多头市场中发展，也能在空头市场中生存。这种广泛的资源利用能力，使得产业在面对外部经济冲击和经济环境变化时，具有更强的生存发展能力。例如，像文化产业这样的产业，其生态位宽度通常较大。它们可以在经济衰退的时期，以泛娱乐化的形式吸引注意力，还可以在经济繁荣的时候，为各行业提供广告、宣传等服务。这种广泛的适应性，使得文化产业能够在多种产业生态环境中生存和繁衍。相比之下，像博彩业这样的产业，其生态位宽度则较窄，其生产和发展的环境也相对受限。

然而，生态位宽度并不是衡量产业发展能力的唯一指标。在某些情况下，具有窄生态位的产业，通过对其特定资源的深度利用和高度适应，也能在经济多元发展生态系统中占有重要地位。例如，某些特定的产业（如酒店业），虽然其生态位宽度较窄，但在其特定的产业链中，却发挥着不可替代的作用。总的来说，生态位宽度是描述产业在资源利用和生态适应性的重要指标。它不仅反映了产业的发展能力，也揭示了产业与多元经济生态环境之间的复杂关系。

3. 产业生态位重叠度

在生态学中，生态位宽度和生态位重叠度是两个重要的概念，它们分别描述了物种在生态系统中的资源利用情况和物种间的竞争关系。与生态位宽度不同，生态位重叠度是一个衡量两个物种之间关系的概念，它反映了两个物种在资源利用上的相似程度（周彬等，2014）。这个概念同样可以应用到产业生态学领域，帮助理解不同产业之间的竞争和共生关系。

生态位重叠度越大，表示两个产业对同一类资源共同利用的程度也越高。这种情况可能引发激烈的竞争，因为资源是有限的，两个产业都想尽可能地占有更多的市场份额（田家林、韩锋，2012）。然而，竞争并非总是负面的，它也可以推动产业创新和升级，提高整个生态系统的效率。此外，当某一产业占有和利用的资源种类越少时，该产业与其他产业之间发生生态位重叠的可能性越大，重叠度可能也越高。这是因为资源种类越少，不同产业之间的资源竞争就越激烈，生态位重叠度也就越高。在这种情况下，产业需要更加精细地管理资源，提高资源利用效率，以在竞争中保持优势。

在创新链的层面上，生态位重叠度同样具有重要意义。如果不同地区之间的创新链所掌握和利用的平台、技术、资金、人力资源种类及数量较相似，那么这些地区之间就可能产生创新链竞争力生态位重叠。这种重叠可能带来一系列的问题，如技术同质化、市场饱和等，但同时也为地区间的合作提供了可能。通过共享资源、互相学习、协同创新，不同地区可以共同提升创新链的竞争力，实现共赢。

4. 产业生态位适宜度

在生态学中，生态位适宜度是一个核心概念，它反映了物种在特定环境中对其资源需求的满足程度。这种满足程度越高，物种对该环境的适应性就越强（周全，2019）。同样，在经济领域，尤其是当谈及产业和创新的竞争时，生态位适宜度的概念也显得尤为重要。特别是在像澳门这样的多元经济体中，不同产业主体在获取创新资源时的可得性，即创新链竞争力生态位适宜度，成为决定其能否成功发展的关键因素（孙丽文、李跃，2017）。

在澳门这样一个资源有限、竞争激烈的多元经济体中，每个产业都需要不断地进行创新和升级，以获取更多的市场份额和利润。然而，这种创新并不是无中生有的，而是需要依托一定的资源和环境条件。这些资源包括技术、人才、资金、政策等，而环境条件则涵盖了市场需求、政策导向、国际环境等多个方面。只有当产业所处的生态环境能够满足其资源需求时，该产业才能获得更高的生态位适宜度，从而拥有更强的创新链竞争力。如果某一时期产业生态位适宜度过低，就会面临资源短缺、市场萎缩、创新乏力等多重困境。这些问题不仅会阻碍该产业获取澳门经济资源，还会对其长期发展造成严重的负面影响。因此，对于澳门这样的多元经济体来说，提高不同产业主体的创新链竞争力生态位适宜度，就显得尤为重要。

四　经济适度多元发展生态理论与数字经济的理论结合

（一）数字经济创新带动产业生态构建

1. 数字经济带来产业新生态

在数字经济日益繁荣的今天，科技创新和产业结构创新成为推动社会进步的重要力量。为了更好地理解这些创新背后的演化路径，部分学者引入了生态位理论中的协同进化方法，试图从生态、社会和制度系统的相互作用中寻找答案（Rennings，2000）。生态位理论强调生物种群在生态系统中的位置和功能，以及它们与其他种群之间的相互关系。在数字经济领域，产业也可以被视为生态系统中的种群，它们通过技术创新、市场竞争和合作共生等方式相互作用，形成了复杂而多元的网络结构。

在这样的生态系统中，科技创新和产业结构创新不断推动着产业的演化和升级。例如，随着数字技术的不断发展，新兴产业如人工智能、大数据、云计算等不断涌现，为经济增长提供了新的动力。同时，传统产业也在数字化转型的推动下，实现了生产效率和产品质量的提升。然而，这些创新并不是孤立存在的，而是与生态、社会和制度系统紧密相连。首先，数字经济对生态环境的影响不容忽视。例如，大数据中心的能耗和排放问题，以及数字技术的广泛应用对隐私保护和信息安全带来的挑战等。因此，在推动科技创新的同时，还需要关注生态创新的影响，实现经济与环境的协同发展。

其次，社会和制度创新在数字经济中也扮演着至关重要的角色。随着数字技术的普及和应用，人们的生活方式、消费习惯和社会结构都发生了深刻的变化。这就要求政府和社会各界在制度层面进行创新，以适应数字经济的发展需求。例如，通过完善法律法规、优化政策环境、加强人才培养等方式，为数字经济的健康发展提供有力保障。

2. 数字经济扩展产业生态边界

张爱英（2022）在其研究中深入探讨了新技术、新知识对制造业适度多元发展的影响。随着科技的飞速进步和知识的不断更新，制造业各个产业之间的界限逐渐模糊，微小经济体的内部结构也变得日益复杂。这一现象不仅改变了传统制造业的生产方式，还对整个经济体系的稳定性提出了新的挑战。因此，需要寻找新的视角来理解经济多元发展的内部结构体系，以便为优化其结构提供新的思路。

生态位理论提供了一个很好的视角。生态位是指一个物种在生态系统中所占有的位置和所发挥的功能。将这个理论应用于经济领域，可将每个产业看作一个物种，而整个经济体系则是一个复杂的生态系统。在这个生态系统中，各个产业通过相互竞争和合作，形成了复杂的网络结构。这种网络结构不仅提高了整个经济体系的稳定性和韧性，还促进了创新和进步。经济适度多元发展是一个不断适应环境变化的过程。随着新技术和新知识的不断涌现，经济环境也在不断变化。为了保持竞争力，各个产业需要不断调整自身的结构和战略，以适应这些变化。生态位理论提供了一种理解这种调整过程的框架。在生态系统中，物种通过适应环境、与其他物种竞争和合作来生存和繁衍。同样地，在多元经济中，各个产业也需要通过适应环境、与其他产业竞争和合作来保持自身的竞争力。

此外，生态位理论还强调了多样性和协同作用的重要性。在生态系统中，物种的多样性可以提高整个生态系统的稳定性和生产力。同样地，在多元经济中，各个产业的多样性也可以提高整个经济体系的稳定性和创新力。同时，各个产业之间的协同作用也可以促进资源的优化配置和创新发展。

（二）数字化带动产业生态构建

1. 数字化对传统产业生态的重塑

在生态位理论的指导下，不再将焦点局限于传统产业在经济发展中的贡献度和价值判断。正如在草原自然生态系统中，狼、羊、草的数量关系构成了维系整个生态环境的基石，而非纠结于谁吃谁、谁对谁错的道德争议。同样地，在澳门经济适度多元化的过程中，博彩业作为财政税收的主要来源和支柱产业，其存在与发展具有其内在的合理性和必要性。

博彩业在澳门经济中的地位不言而喻，它与其他产业如旅游、娱乐等形成了紧密的产业链关系，共同推动着澳门经济的持续增长。然而，不能仅仅停留在对博彩业的单一评价上，而应通过生态位理论，全面分析多元经济体间的竞合关系以及动态增长路径。

在澳门这样的特殊经济体制下，博彩业与其他非博彩业之间存在复杂而微妙的互动关系。博彩业的繁荣不仅为澳门带来了丰厚的财政收入，还为旅游业、酒店业、餐饮业等相关产业创造了巨大的市场需求。同时，这些产业的发展也为博彩业提供了更加完善的配套服务和更广阔的市场空间。然而也应看到，博彩业在澳门经济中的比重过高，可能会对其他产业的发展造成一定的挤压效应。为了避免这种情况的发生，澳门特区政府应该采取积极措施，促进非博彩业的发展，实现经济多元化。

2. 数字化有效融合新兴产业和传统产业的生态环境

在生态位理论中，"数字化"不仅仅是一个技术趋势，更是一个能够促进产业间融合的客观标准。在数字化浪潮的推动下，各行各业之间的界限逐渐模糊，新兴的数字技术和应用正在重塑产业格局，形成了一种全新的生态位态势。在产业领域，生态位可以理解为产业在市场竞争中的地位和角色。每个产业都有自己的生态位，而数字化则提供了一种非价值判断下的客观标准，以衡量和评估产业间的融合程度。

数字化对产业间融合的影响不仅体现在技术层面，还体现在商业模式、市场结构等多个方面。在数字化时代，产业的商业模式不再局限于单一产业，而是可以通过跨界合作、产业链整合等方式，实现多元化发展。这种跨界融合不仅有助于产业拓展市场、降低成本，还能提高整体产业的竞争力和创新能力。当然，也要看到数字化对产业间融合带来的挑战。随着数字技术的广泛应用，产业间的竞争也日趋激烈。产业需要在保持自身核心竞争力的同时，不断适应和应对数字化带来的变革。此外，数字化也要求产业更加注重数据安全和隐私保护，以避免潜在的风险和纠纷。

综上所述，数字化作为生态位理论中的一个重要标准，为产业间融合提供了有力的支持。在数字化时代，产业需要紧跟时代步伐，充分利用数字技术推动产业融合和创新发展。同时，政府和社会各界也应加强对数字化发展的引导和监管，为产业融合发展创造更加良好的环境和条件。展望未来，随着数字技术的不断发展和普及，产业间的融合将更加紧密和深入。数字化将成为推动产业转型升级的重要力量，助力构建更加高效、智能、绿色的产业生态系统。在这个过程中，需要不断探索和创新，以适应和引领数字化时代的新要求和新挑战。

本章小结

一是通过经济适度多元发展的理论沿革的树立，对数字经济引导澳门经济适度多元发展问题研究的必要性和紧迫性进行深入探讨，并结合中国特色马克思主义政治经济学的范式，指出研究数字经济如何引导澳门经济适度多元发展问题，具有重大的现实意义和理论价值。之后结合数字经济和澳门经济的特点，为构建科学的研究框架提供了研究基础，以确保研究的前沿性和针对性。

二是通过中国现代产业体系发展理论的梳理，为澳门经济适度多元发展的产业理论研究奠定基准原则和研究范式。中国现代产业体系发展理论成为本次研究的方向性理论。研究中国产业发展的历程，将澳门"经济适度多元发展"作为研究概念中的重点，能聚焦于澳门经济所面临增长乏力问题的本质，围绕澳门特殊的政治体制、经济平台、地理位置优势等特殊功能，结合澳门产业结构实际，提出问题并解决问题。

三是通过数字经济驱动经济适度多元发展相关理论的分析，为数字经济作用于澳门经济适度多元发展提供理论基础。通过分别对数字经济对产业结构调整、产业协同发展和传统产业转型等的积极作用的探讨，为澳门发展依托数字经济的新兴产业以及多元产业结构调整和优化提供合理路径。

　　四是在数字经济迅猛发展的时代背景下，为了进一步明确澳门经济适度多元法中各产业在协同、竞争与合作方面的具体路径，构建了经济适度多元生态发展理论。该理论以生态位理论为基础，通过跨学科的运用，为各产业间日益紧密和深入的融合提供了更具操作性的解决方案和理论支撑。这一理论的构建，不仅有助于澳门经济在新时代背景下实现适度多元发展，也能为其他地区的经济发展提供有益参考和启示。

　　经济多元发展路径是指一个国家或地区在经济发展过程中，采取多种不同的策略、模式和手段，以实现经济的全面、协调、可持续发展。这些路径包括但不限于产业结构优化、创新驱动发展、区域协调发展、对外开放合作等。这些理论为理解中国经济多元发展提供了重要的视角。通过对相关理论的梳理和总结，以及对中国经济多元发展路径的理论分析，为后续产业生态模型的构建和实证分析提供坚实的理论基础。

第二章

经济适度多元发展各产业共生模型

近年来，部分国内外学者就经济适度多元发展各产业具体共生模式进行了理论分析，并尝试运用寄生共生模式、竞争共生模式（Pianka，1974）、独立共生模式（张群祥等，2017）等对经济适度多元发展各产业、产业链和经济适度多元发展各产业协同发展的生态关系进行创新研究，获得了传统治理理论中关于非线性动态竞合路径中的盲点部分的有效解答，说明跨领域模型与课题研究的主要内容相契合，且能借鉴生态学模型的全套理论构架，研究方法具有学术可行性。

第一节　经济适度多元发展各产业生态模型

一　生态位态势模型

生态位态势理论是评价物种综合竞争力的一个重要指标（李建春等2018；丁雪、杨忠，2023）。"态"代表某一物种在某一时点上的现实状态；而"势"代表某一物种在某一时间段中的发展趋势。研究经济多元发展各产业，要进行竞争力生态位态势分析，并依照生态位态势模型，对经济多元发展各产业进行熵值法处理，具体模型结构如下（丁雪、杨忠，2023）。

$$N_i = \frac{T_i + A_i S_i}{\sum_{i=1}^{n}(T_i + A_i S_i)} \qquad (2-1)$$

式中，N_i为第 i 个经济适度多元发展各产业的生态位，T_i为第 i 个经济适度多元发展各产业生态位的"态"值，S_i表示第 i 个经济适度多元发展各产业生态位的"势"值，A_i为量纲转化系数，鉴于所有指标均经过标准化处理，这里的量纲转化系数恒为 1（李建春等，2018）。

$$M_i = \frac{\sum_{j=1}^{m} N_{ij}}{m} \qquad (2-2)$$

式中，M_i为第 i 个经济适度多元发展各产业的综合生态位，N_{ij}为第 i 个经济适度多元发展各产业的生态主体、资源以及环境三个维度的生态位，m 是一级指标的数量，并参考丁雪和杨忠（2023）的研究，将 m 设定为 3。

二　生态位宽度模型

生态位宽度代表了某一物种占有和利用资源的程度（孙丽文和任相伟，2020）。生态位宽度越大，表明物种占有和利用资源的程度越高（李菲菲等，2019）。研究（丁雪和杨忠，2023）采用改进 Shannon 模型（Shannon and Weaver，1963）对澳门经济适度多元发展各产业生态位宽度进行计算，具体如下。

$$B_i = -\sum_{j=1}^{r} P_{ij} lg(P_{ij}) \qquad (2-3)$$

式中，B_i为第 i 个经济适度多元发展各产业的生态位宽度，r 为三级指标的数量，P_{ij}为第 i 个经济适度多元发展各产业利用第 j 维度的资源占第 i 个经济适度多元发展各产业在澳门经济贡献度的比重。$B_i \in [0,1]$，B_i越大，表明生态位越宽，即该经济适度多元发展各产业生态位宽度能够利用的资源种类越多样化，在生态圈中的综合实力也越强。

三　生态位重叠度模型

与生态位宽度不同，生态位重叠度是一个衡量两个物种之间关系的概念，它表明两个物种在生态上的相似程度（周彬等，2014）。生态位重叠度越大，表示两个物种对同一类资源共同利用的程度也越高。此外，当某一物种占有和利用的资源种类越少时，该物种与其他物种之间发生生态位重叠的可能性越大，重叠度也越高（田家林、韩锋，2012）。如果不同地区之间创新链所掌握和利用的平台、技术、资金、人力资源种类及数量较相似，那么就会产生创新链竞争力生态位重叠。研究采用 Pianka 模型（丁雪、杨忠，2023；Pianka，1974）对创新链竞争力生态位重叠度进行计算，具体如下。

$$\alpha_{st} = \frac{\sum_{j=1}^{r} P_{sj} P_{tj}}{\sqrt{\sum_{j=1}^{r} P_{sj}^2 \sum_{j=1}^{r} P_{tj}^2}} \qquad (2-4)$$

式中，α_{st} 为第 s 个经济适度多元发展各产业和第 t 时期经济适度多元发展各产业间生态位重叠度，P_{sj} 和 P_{tj} 分别代表第 s 个经济适度多元发展各产业和第 t 时期该经济适度多元发展各产业掌控的澳门资源 j 的数量。$\alpha_{st} \in [0, 1]$，α_{st} 越大，表明生态位重叠度越高，即两个经济适度多元发展各产业在同时期内在澳门的生态圈中竞争越激烈。

四　生态位适宜度模型

生态位适宜度代表了占有一定资源谱系的物种对其所处环境的适应程度，生态位适宜度越高，生态环境对物种资源需求的满足程度也越高（周全，2019）。创新链竞争力生态位适宜度标志着澳门经济多元发展各产业获得创新资源的可得性。如果某时期某产业生态位适宜度过低，则会阻碍该产业获取澳门经济资源，并阻碍其发展（孙丽文、李跃，2017）。澳门经济适度多元发展各产业生态位适宜度的计算模型如下（丁雪、杨忠，2023）。

$$F_{ij} = \begin{cases} 0, N_{ij} < N_{ijmin} \\ 1 - \dfrac{|N_{ij} - N_{oj}|}{N_{oj}}, N_{ijmin} \leq N_{ij} < N_{oj} \\ 1, N_{ij} \geq N_{ijmax} \end{cases}$$

$$F_i = \sum_{j=1}^{r} W_j F_{ji} \qquad (2-5)$$

式中，F_{ij} 为第 i 个经济适度多元发展各产业第 j 类资源维度的生态位适宜度，N_{ij} 为第 i 个经济适度多元发展各产业第 j 类资源维度的生态位，N_{ijmin} 为第 i 个经济适度多元发展各产业第 j 类资源维度生态位的最小值，N_{ijmax} 为第 i 个经济适度多元发展各产业第 j 类资源维度生态位的最大值，N_{oj} 为第 i 个经济适度多元发展各产业第 j 类资源维度最适宜的生态位。F_i 为第 i 个经济适度多元发展各产业的生态位适宜度，W_j 为第 j 类资源维度的权重，$\sum_{j=1}^{r} W_j = 1$。

第二节　经济适度多元发展各产业静态竞合模型

一　生态网络基准模型

（一）原模型

Lotka-Volterra 模型由著名生态学家 Lotka 和数学家 Volterra 共同提出，用来模拟生物界中种群之间的关系（Robert and John，1985）。之后，Lotka-Volterra 模型被运用到社会体系和经济体系中。在产业集群系统中，也同样遵循 Logistic 规律。特别是在讨论竞合关系的模型，皆较符合 Lotka-Volterra 原理。吉敏和胡汉辉（2011）、李健和金占明（2006）通过对 Lotka-Volterra 模型基础上的改进来更真实地描述经济适度多元发展各产业间的竞争合作关系的演化过程，使用生态位理论中 Lotka-Volterra 模型构建的经济适度多元发展各产业生态位演化模型群，能有效获得经济适度多元发展各产业间合作共生模式稳态条件。研究参考姚晶晶和孔玉生（2017）对 Lotka-Volterra 模型的改进，将模型具体公式设计如下。

$$\mathrm{d} M_i(t)/\mathrm{d}t = r M_i(1 - M_i/B) = r M_i(1 - \alpha_{st}) = r M_i(t) F_i(t) \qquad (2-6)$$

式中，$M_i(t)$ 表示澳门经济适度多元发展各产业在 t 时刻获得的综合生态位值；r 表示经济适度多元发展各产业综合生态位值的固有增长率；B 表示经济适度多元发展各产业综合生态位值占有澳门资源的最大容量，即澳门经济适度多元发展各产业的生态位宽度；α_{st} 表示澳门经济适度多元发展各产业的生态位重叠度；F_i 表示澳门经济适度多元发展各产业的生态位适宜度。

（二）基准模型构建

在澳门的有限资源下，经济适度多元发展各产业会产生竞合现象。在经济适度多元发展的大背景下，合作和竞争有时会很难区分，找到明确的划分标准也有难度。如何在生态网络中占有生态位优势将是多元经济的内生增长问题。以下将通过基准模型引进一个竞合因子，将竞合因子加入 Lotka - Volterra 模型，以此来研究澳门经济适度多元发展各产业的发展规律。

$$\begin{cases} \dfrac{\mathrm{d}\,M_A(t)}{\mathrm{d}t} = r_A\,M_A(t)\,F_A(t) + \dfrac{\alpha_{AB}\,M_B(t)}{1 + M_B(t)} \\[4mm] \dfrac{\mathrm{d}\,M_B(t)}{\mathrm{d}t} = r_B\,M_B(t)\,F_B(t) + \dfrac{\alpha_{BA}\,M_A(t)}{1 + M_A(t)} \end{cases} \quad (2-7)$$

式中，r_A 和 r_B 分别表示经济适度多元发展各产业 A 和经济适度多元发展各产业 B 在生态网络中自身生态位的固有增长率；$F_A(t)$ 和 $F_B(t)$ 分别表示经济适度多元发展各产业 A 和经济适度多元发展各产业 B 在生态网络中自身占有的生态位适宜度；α_{AB} 和 α_{BA} 分别表示经济适度多元发展各产业 A 和经济适度多元发展各产业 B 与其他经济适度多元发展各产业之间的竞合重叠度。$\dfrac{\alpha_{AB}\,M_B(t)}{1 + M_B(t)}$ 表示经济适度多元发展各产业 B 对经济适度多元发展各产业 A 的竞合系数做出的反馈，反映出经济适度多元发展各产业 A 的竞合系数对经济适度多元发展各产业 B 的影响；同样，$\dfrac{\alpha_{BA}\,M_A(t)}{1 + M_A(t)}$ 表示经济适度多元发展各产业 A 对经济适度多元发展各产业 B 的竞合系数做出的反馈，反映出经济适度多元发展各产业 B 的竞合系数对经济适度多元发展各产业 A 的影响。

二　各产业静态竞合状态分析

假设澳门共有 M 个多元发展的产业在集群生态网络中。其中 $M = 2$，

3，m；$m \geqslant 2$。从 M 个经济适度多元发展各产业中每抽出两个经济适度多元发展各产业 A 和 B，进行经济适度多元发展各产业间的竞合系数分析，并分别计算两个经济适度多元发展各产业在生态网络中的静态竞合状态系数 cc_{AB}。

$$cc_{AB} = \alpha \frac{\Delta T_{AB}}{\sum T_i} + \beta \frac{\Delta G_{AB}}{\sum G_i} + \gamma \frac{\Delta \alpha_{AB}}{\sum \alpha_{AB}} + \epsilon \qquad (2-8)$$

生态网络中两两经济适度多元发展各产业间的静态竞合系数为 cc_{AB}，其中 ΔT_{AB} 表示经济适度多元发展各产业 A、B 在合作过程中所获得的超额利润，$\sum T_i$ 表示经济适度多元发展各产业对澳门总税收的贡献。ΔG_{AB} 表示经济适度多元发展各产业 A、B 在竞争过程中所消耗的成本，$\sum G_i$ 表示总体经济适度多元发展各产业对澳门上一期 GDP 的贡献，也间接衡量了澳门多元经济正常运行所需要的初始成本。α、β、γ、ϵ 均为常数，其中 α 为 A、B 两经济适度多元发展各产业对整个澳门多元经济集群生态网络利润的影响因子，β 为 A、B 两经济适度多元发展各产业对整个澳门多元经济对整个集群生态网络成本的影响因子，γ 为 A、B 两经济适度多元发展各产业在整体澳门经济中的生态重叠度，ϵ 为模型的修正参数。当 cc_{AB} 值越接近 1，说明生态网络中经济适度多元发展各产业间的合作程度越高；当 cc_{AB} 达到 1 时，经济适度多元发展各产业间达到完全合作关系。相反，当 cc_{AB} 值越接近 -1，说明生态网络中经济适度多元发展各产业间的竞争程度越高，经济适度多元发展各产业间共享生态网络中所有的资源，经济适度多元发展各产业间出现生态位完全重叠现象；当 cc_{AB} 达到 -1 时，经济适度多元发展各产业间达到完全竞争关系，经济适度多元发展各产业各自占有自身的资源维、时间维、空间维等各维度，不存在任何生态位重叠现象，经济适度多元发展各产业间维持生态位分离状态。当 cc_{AB} 达到 0 时，说明经济适度多元发展各产业间同时存在合作关系和竞争关系，并且处于平衡状态。经济适度多元发展各产业间的不同静态竞合状态如表 2-1 所示。

表 2-1　经济适度多元发展各产业间的不同静态竞合状态

cc_{AB}	竞合状态	生态位	静态多元战略
$[-1, -0.66]$	竞争强势	生态位分离	确立生态位
$[-0.66, -0.33]$	竞争大于合作	生态位重叠较少	拓展生态位
$[-0.33, 0.33]$	竞合对等	生态位差距最小	巩固生态位
$[0.33, 0.66]$	合作大于竞争	生态位重叠较多	整合生态位
$[0.66, 1]$	合作强势	生态位重叠最多	分离生态位

第三节　经济适度多元发展生态圈竞合动态模型

一　产业链多种共生模式的动态参数条件

根据蒙诚霖等（2023）的理论分析，真实情况下种群的生存环境会受到白噪声的干扰，而白噪声可能会影响种群的增长率等生物参数，因此应在动态的生态位模型中考虑具有白噪声的系统，并可假设白噪声干扰系统的内生增长率，基于式（2-8），提出如下具有时滞和反馈控制的比率依赖随机两个种群 Lotka-Volterra：

（一）静态竞争-合作模型

$$\dot{M}_A(t) = M_A(t)\left[r_A(t) - a_A(t)M_A(t) - \frac{b_A(t)M_B(t-\tau_A)}{c_A(t)M_B(t-\tau_A) + M_A(t-\tau_A)} - f_A(t)u_A(t)\right]$$

$$\dot{M}_B(t) = M_B(t)\left[r_B(t) - a_B(t)M_B(t) - \frac{b_B(t)M_A(t-\tau_B)}{c_B(t)M_A(t-\tau_B) + M_B(t-\tau_B)} - f_B(t)u_B(t)\right],$$

$$u_A(t) = q_A(t) + p_A(t)u_A(t) + h_A(t)M_A(t)$$

$$u_B(t) = q_B(t) + p_B(t)u_B(t) + h_B(t)M_B(t) \tag{2-9}$$

式中 $r_i(t)$ 为 t 时刻澳门经济适度多元发展各产业 i 的生态位密度，$a_i(t)$ 表示澳门经济适度多元发展各产业 i 的内禀增长率，$c_i(t)$ 表示澳门经济适度多元发展各产业 i 的内部竞争系数；澳门经济适度多元发展各产业 A、B 为竞争或合作关系，竞合系数为 $b_A(t)$、$b_B(t)$；$u_i(t)$ 为反馈控制变量，q_i、p_i、h_i、f_i 为反馈控制变量系数；τ_i 为时滞且为正常数。

（二）动态竞争-合作模型

动态竞争-合作模型主要讨论澳门适度多元经济系统形态持久性、周期解等性态。加入白噪声、时滞和反馈控制，构建比率依赖随机 Lotka - Volterra 动态模型，公式如下：

$$M_A(t) = M_A(t)\big[\, r_A(t) - a_A(t) M_A(t) - \frac{b_A(t) M_B(t - \tau_B)}{c_A(t) M_B(t - \tau_B) + M_A(t - \tau_B)} -$$
$$f_A(t) u_A(t) - k_A(t) M_A(t - \tau_A)\,\big]\mathrm{d}t + \sigma_A(t) M_A(t) \mathrm{d} B_A(t),$$

$$\mathrm{d} M_B(t) = M_B(t)\big[\, r_B(t) - a_B(t) M_B(t) - \frac{b_B(t) M_A(t - \tau_C)}{c_A(t) M_B(t - \tau_C) + M_A(t - \tau_C)} -$$
$$f_A(t) u_A(t) - k_A(t) M_A(t - \tau_B)\,\big]\mathrm{d}t + \sigma_A(t) M_A(t) \mathrm{d} B_A(t),$$

$$\mathrm{d} u_A(t) = \big[\, q_A(t) - p_A(t) u_A(t) + h_A(t) M_A(t)\,\big]\mathrm{d}t,$$
$$\mathrm{d} u_B(t) = \big[\, q_B(t) - p_B(t) u_B(t) + h_B(t) M_B(t - \tau_D)\,\big]\mathrm{d}t \qquad (2-10)$$

式中，$r_i(t)$ 为澳门经济适度多元发展各产业 i 的内部密度制约系数，时滞 τ_i 为正常数，$B_i(t)$、σ_i^2 分别代表白噪声和白噪声的强度。式（2-11）中其他所涉及的相关系数的具体生物学意义可参看式（2-10）。研究假定 $r_i(t)$、$a_i(t)$、$f_i(t)$、$p_i(t)$、$q_i(t)$、$h_i(t)$、$k_i(t)$、$\sigma_i(t)$ 和 $b_i(t)$、$c_i(t)$ 是连续有正的上下界的非负函数，式（2-11）具有如下初始条件：

$$x_i(t) = \varphi_i(t), \varphi_i(0) > 0, t \in [-\tau, 0], i = 1, 2$$
$$u_i(t) = \varphi_i(t), \varphi_i(0) > 0, t \in [-\tau, 0], i = 1, 2 \qquad (2-11)$$

参考张群祥等（2017）相平面法对生态位的动态共生不同模式进行模型构建，其中 $\tau > 0$。分析式（2-11），能获得澳门经济适度多元发展各产业间四个均衡点，具体见表 2-2。

表 2-2　四个均衡点的稳态条件

均衡点	Det(J)	Tl(J)	稳定条件
P_1	$a_k^L - \dfrac{f_k^M}{2} > 0$	$x_1(t), x_2(t), x_3(t),$ $u_1(t), u_2(t), u_3(t)$	稳态

续表

均衡点	Det(J)	Tl(J)	稳定条件
P_2	$a_1^L - \dfrac{h_1^M}{p+1} > 0$	$p_1^L - \dfrac{p\, h_1^M}{p+1} > 0$	不稳定点
P_3	$a_k^L - \dfrac{p f_k^M}{p+1} > 0$	$p_k^L - \dfrac{f_k^M}{p+1} > 0$	不稳定点
P_4	$f_2^M u_2 x_2^P = \dfrac{f_2^M}{p+1} u_2^{p+1} + \dfrac{f_2^M}{p+1} x_2^{p+1}$	$\eta_3 = \dfrac{q_3^M}{p_3^L}$, $\eta_2 = \dfrac{q_2^M}{p_2^L}$	灭绝点

二 产业链多种共生模式的稳态条件

设定稳态点趋势线为

$$l_1 = 1 - \left(\frac{X}{X^*}\right) + (B_1 - k_1)\frac{Y}{Y^*} = 0$$

$$l_2 = 1 - \left(\frac{Y}{Y^*}\right) + (B_2 - k_2)\frac{X}{X^*} = 0 \qquad (2-12)$$

将式（2-12）中 P_1 点作为稳态点，在条件不同路径下，存在如下五种情况。

（一）独立共生模式

当稳定条件为 $B_1 - k_1 = 0$，$B_2 - k_2 = 0$ 时，两个经济适度多元发展各产业的生态位重叠度、阻滞系数冲抵。现实含义是经济适度多元发展各产业之间各自为战，彼此对双方无影响，经济适度多元发展各产业间关系仅是上下游中的买方和卖方，缺乏多领域的合作，因此既没有因紧密合作而产生正外部性，也没有负外部性出现。此时双方的生态位宽度分别为 X^*、Y^*。利用相平面图对均衡点稳定状态进行佐证，如图 2-1 所示，在 S_1 区域，$\dfrac{\mathrm{d}X}{\mathrm{d}t} > 0$，$\dfrac{\mathrm{d}Y}{\mathrm{d}t} > 0$，非博彩业和博彩业（强势产业）的生态位宽度增长值大于 0。在 S_2 区域，

$\dfrac{\mathrm{d}X}{\mathrm{d}t}>0$，$\dfrac{\mathrm{d}Y}{\mathrm{d}t}<0$，非强势产业生态位宽度增长值大于 0，而强势产业的生态位宽度增长值则小于 0。在 S_3 区域，$\dfrac{\mathrm{d}X}{\mathrm{d}t}<0$，$\dfrac{\mathrm{d}Y}{\mathrm{d}t}<0$，经济适度多元发展各产业的生态位宽度增长值都小于 0。在 S_4 区域，$\dfrac{\mathrm{d}X}{\mathrm{d}t}<0$，$\dfrac{\mathrm{d}Y}{\mathrm{d}t}>0$，非博彩业生态位宽度增长值小于 0，而博彩业（强势产业）的生态位宽度增长值则大于 0。若非博彩业和博彩业（强势产业）初始状态位于 S_1 区域，经济适度多元发展各产业生态位宽度都处于增长阶段，生态位宽度值要么趋向 E 点，要么进入了 S_2 区域；在 S_2 区域，生态位宽度值进入 S_3 区域或者趋向 E 点；在 S_3 区域，生态位宽度值趋向 E 点或者进入了 S_4 区域；在 S_4 区域，生态位宽度值同样符合上述规律，要么趋向 E 点，要么进入了 S_1 区域。通过如此循环，生态位宽度值将趋向于均衡点 E 点。由此发现，双方都可以实现最大生态位宽度，符合独立共生行为模式的设定。

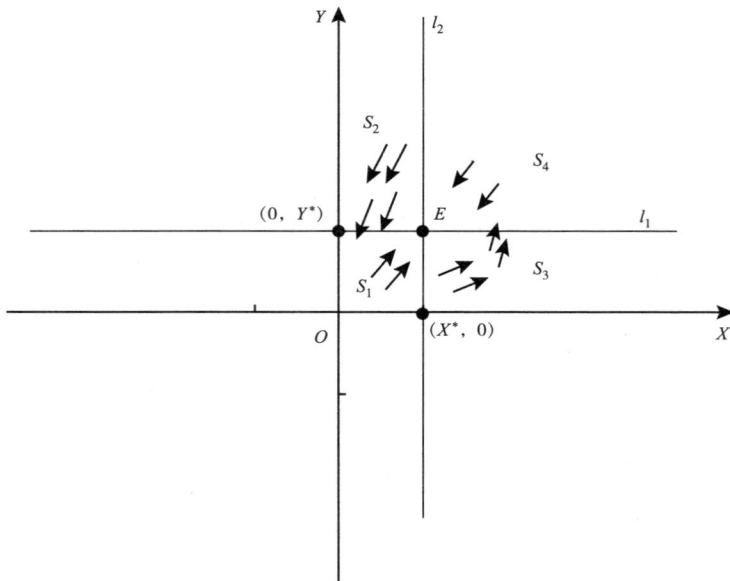

图 2-1　独立共生模式

（二）互惠共生模式

当稳定条件为$0<B_1-k_1<1$，$0<B_2-k_2<1$时，经济适度多元发展各产业的生态位重叠度大于阻滞系数，表明双方合作带来正效益为主，相关负面影响降低。现实意义是强势产业为非强势产业生产性环节的资金帮助，给予最新生产技术支持等，非强势产业则提供更安全的产品和服务，在产品交易价格上对强势产业予以优惠。表明此时产生了"1+1>2"的效益，因此可以判定为互惠共生的行为模式（见图2-2）。

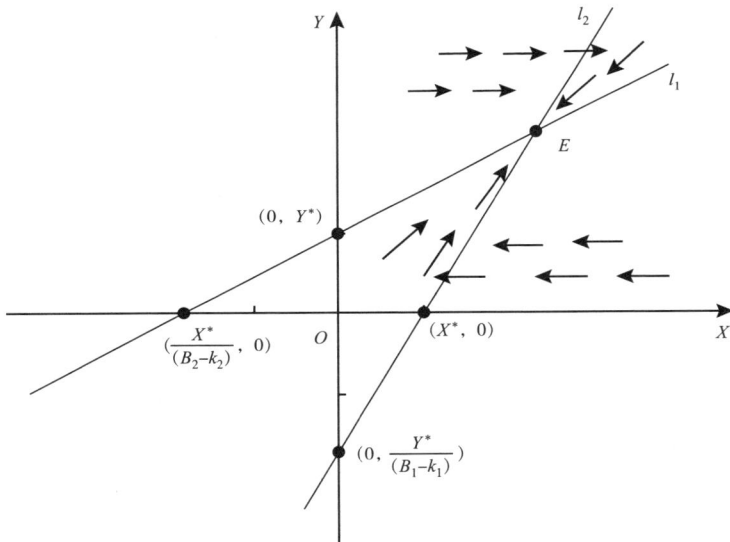

图 2-2　互惠共生模式

（三）竞争共生模式

当稳定条件为$-1<B_1-k_1<0$，$-1<B_2-k_2<0$时，双方在合作中对彼此的损害程度较高，而正向促进作用相对较小。现实解释为强势产业对非强势产业产品质量要求高，交易成本超过非强势产业预期，相互合作价格不合理，产品收购数量未符合订单要求；非强势产业则在交易中未能使产品数量与质量符合订单约定，或超过事先约定的交割日期。稳态条件表明此时两个经济适度多元发展各产业虽然可以相互生存、相互合作，但是双方的

生态位宽度都比独立共生时小，因此经济适度多元发展各产业间没有达成最优的共生合作关系，但效益却高于寄生共生，此时双方为竞争共生的行为模式（见图 2-3）。

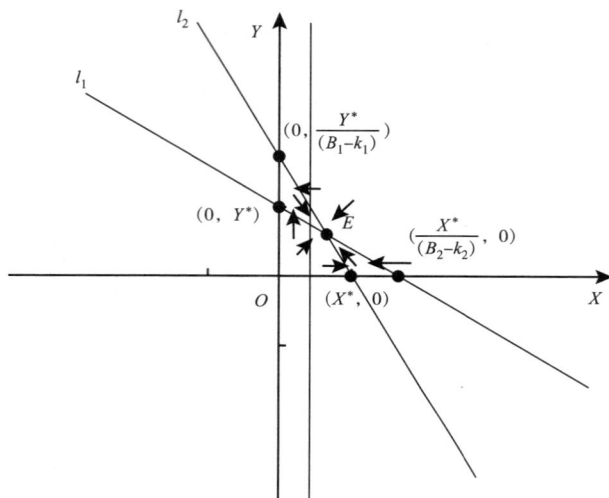

图 2-3　竞争共生模式

（四）偏利共生模式

当稳定条件为 $0 < B_1 - k_1 < 1$，$B_2 - k_2 = 0$ 或 $B_1 - k_1 = 0$ 时，两个稳定条件分别表示强势产业偏利非强势产业，非强势产业偏利强势产业。现实解释是强势产业的行为对非强势产业有正向的促进作用，为非强势产业提供生产成本补贴，给予生产技术支持，降低非强势产业交易过程成本，而非强势产业对强势产业既无正向推动，也无负面影响。在此稳定条件下，非强势产业生态位宽度比非强势产业生态位宽度更大，这说明非强势产业在强势产业的帮扶下自身生态位宽度扩大，产生的效益高于独立共生时的状态，而强势产业则因为没有从非强势产业中得到优惠或者损害，与独立共生相比较，生态位宽度并无变化，其行为模式可以判定为偏利共生模式（见图 2-4）。

（五）偏害共生模式

当稳定条件为 $-1 < B_1 - k_1 < 0$，$B_2 - k_2 = 0$ 或 $B_1 - k_1 = 0$，$-1 < B_2 - k_2 < 0$ 时，现

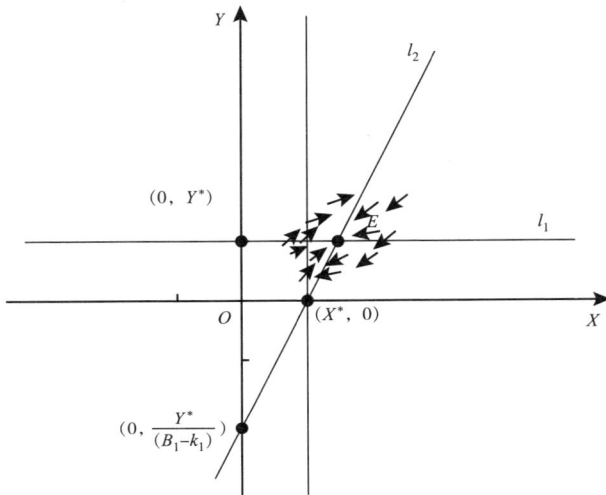

图 2-4　偏利共生模式

实解释是强势产业对非强势产业在资金、技术等领域加强支持，但由于在交易领域仍存在不信任，如要求非强势产业提供的产品质量过高、交易环节过多、合作价不合理等，非强势产业对强势产业无影响。考虑此时生态位宽度，非强势产业绝对小于强势产业生态位宽度 Y^*，说明非强势产业在强势产业的损害中自身生态位宽度减小，产生的效益低于独立共生时的状态，而强势产业则因为没有从非强势产业中得到优惠或者损害，生态位宽度并无变化，因此该模式可以界定为偏害共生模式（见图 2-5）。

三　经济适度多元发展的共生模式不稳定情况

由于点 P_2，P_3 是不稳定点，长期来看，两个经济适度多元发展的产业生态位宽度都将趋向于 0，不符合现实意义，故不做讨论。

式（2-12）显示的两直线分别必过点 $(X^*, 0)$，$(0, Y^*)$。考虑到相平面中相轨迹趋向均衡点 $P4$，两个经济适度多元发展各产业对彼此的损害程度大于支持力度，但是强势产业对其他经济适度多元发展各产业的阻滞程度更大，在交易过程中非强势产业会因为亏损而首先退出市场，强势产业虽

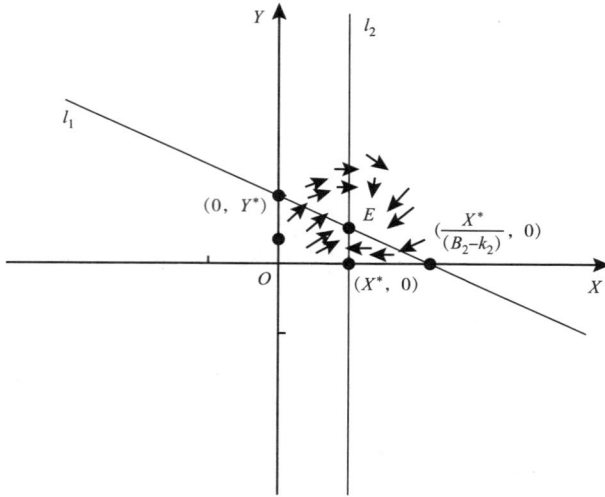

图 2-5　偏害共生模式

然受到一定程度的损害，但仍然能在一段时间内存活下来。在这类现象中，存在一方受益、一方受害的局面，此处受益为相对受益，即相对于受害方而言受到的损害程度低，说明该条件下两个经济适度多元发展各产业间的共生行为模式为寄生共生（见图 2-6）。

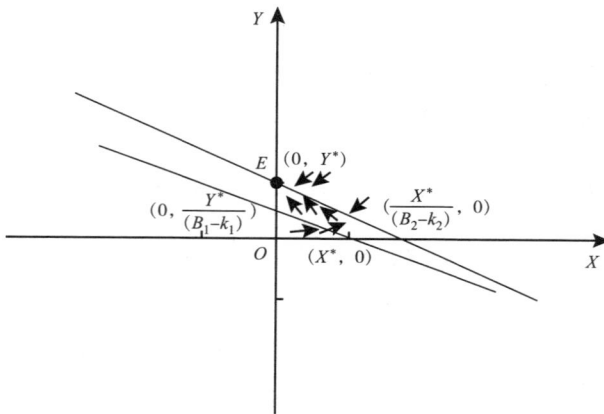

图 2-6　寄生共生模式

本章小结

澳门作为中国的特别行政区，拥有独特的地理和经济位置。在数字经济浪潮中，其如何构建与区域经济适度多元发展各产业结构相匹配的生态系统，成为一个值得深入探讨的问题。本章围绕这一主题，结合生态阻滞增长模型（Lotka-Volterra 模型）、马尔科夫链序贯决策模型（Q-LDA 模型）和贝叶斯的生态位模型（ENM 模型），对澳门经济适度多元发展各产业间的竞合、共生关系进行深入研究。

为了更深入地研究这些产业间的竞合、共生关系，引入了生态阻滞增长模型、马尔科夫链序贯决策模型和贝叶斯生态位模型。这些模型可以帮助分析不同产业间的共生关系，以及资源禀赋和动态路径，从而找出澳门经济适度多元发展各产业有效匹配的最佳路径。通过模型分析发现，澳门经济适度多元发展各产业共生行为模式受到生态位重叠度和阻滞系数的影响。这意味着不同产业在发展过程中，需要找到适合自己的生态位，避免与其他产业产生过度的竞争和冲突。同时，阻滞系数的存在也提醒在推动产业发展时，需要注意各种潜在的风险和挑战，以确保产业健康、稳定发展。

共生行为模式的演化过程分为四个阶段：寄生共生、竞争共生、独立共生和互惠共生。这四个阶段反映了产业间从相互依赖到相互独立再到相互支持的转变过程。偏利共生和偏害共生则是过渡阶段的行为模式，它们不会长久保持，而会逐渐向互惠共生和独立共生转变。

综上所述，在数字经济支撑下，澳门产业结构生态系统构建是一个复杂而富有挑战性的任务。通过深入研究和分析，可找到适合澳门的发展路径，推动其经济适度多元发展，实现产业间的和谐共生和互利共赢。这将为澳门的未来发展奠定坚实的基础，也可为其他地区提供有益的借鉴和参考。

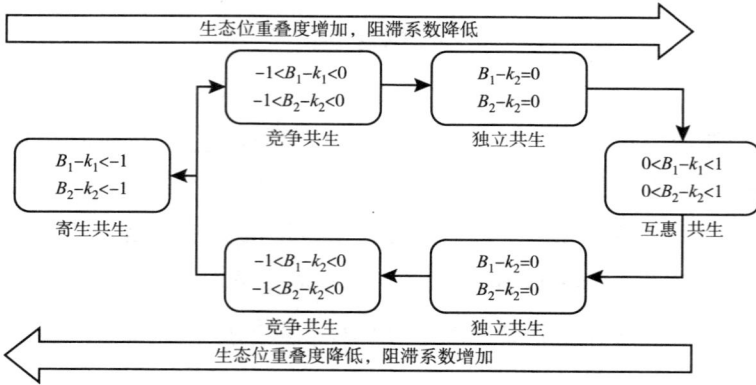

图 2-7 澳门经济适度多元发展各产业间的共生模式

第三章

中国经济多元发展实践

第一节　中国经济多元发展历程

一　改革开放前的产业结构调整理论

张丽伟（2019）认为，从新中国成立到改革开放前夕，是我国产业结构理论的探索阶段。在苏联重工业型产业发展战略的指导下，毛泽东在这一阶段提出了一系列产业经济发展思想。1956年，毛泽东在《论十大关系》中着重对"通过农业反哺工业、以农业补充工业的方式优先发展生产资料促进国民经济的发展"的产业结构进行分析，并区别于当时苏联的主流经济理论，将可能存在更低单位劳动生产价格的粮食生产，提高到会对整体国家经济起到支撑作用的重要程度。不以单一产业的生产效率和单位劳动生产价格来衡量产业结构发展的思想，成为我国经济适度多元发展的经济思想基础。

（一）特色产业结构调整理论

1956年，毛泽东在《论十大关系》中强调了农业在国民经济发展中的重要作用，并主张通过农业反哺工业、以农业补充工业的方式来优先发展生产资料，从而促进整个国民经济的进步。这一思想在当时具有深远的意义，不仅为我国经济的适度多元发展奠定了思想基础，也为理解产业结构的复杂性提供了全新的视角。

在毛泽东看来，农业并不仅仅是提供粮食等生活必需品的产业，它还具有支撑整个国家经济的重要作用。他指出，虽然粮食生产的单位劳动生产价格可能相对较低，但它在国家经济中的地位却不容忽视。粮食是人民生活的基石，是稳定社会秩序和保障国家安全的重要基础。因此，农业的发展不仅关系到农民的生活水平，也直接关系到整个国家的经济繁荣和社会稳定。

与当时苏联主流的经济理论不同，毛泽东并没有将农业仅看作工业发展的附庸。他认为，农业和工业是相互依存、相互促进的关系。农业的发展可以为工业提供原材料和市场，而工业的发展则可以带动农业的技术进步和产业升级。这种相辅相成的关系，使得农业和工业在经济发展中具有同等重要的地位。

（二）我国经济多元发展的产业结构特征

1962 年，我国经济多元发展战略思想已经初见端倪，这一战略思想不仅体现了国家对经济发展的全面规划，也预示了未来 30 年产业结构现代化的方向。在这一时期，毛泽东提出的产业结构平衡发展战略，意在确保经济体系的和谐与健康。然而，历史的进程并不总是如人所愿，这一重要的战略思想并未得到充分的贯彻与实施。

当时，我国在一定程度上受到了苏联的影响，片面地执行了苏联的建议，将生产资料生产的优先增长置于至高无上的地位。这种做法忽视了消费资料生产的相应增长，导致了产业结构的失衡。这种失衡的产业结构，使得重工业在脱离了农业和轻工业的基础上片面发展，形成了畸形的产业结构。在这一背景下，农业和轻工业的发展受到了限制，无法与重工业保持协调的发展速度。这种不平衡的产业结构，不仅影响了人民的生活水平，也阻碍了经济的持续健康发展。因此，对产业结构的调整和优化，成为当时中国经济面临的重要问题。

（三）产业结构调整的经验

我国逐步探讨中国特色的社会主义经济发展道路，并在此后更多地强调依托本国的资源禀赋和国民需求来进行产业结构调整和优化，制定适合自身发展的产业结构发展政策。

中国特色社会主义经济发展道路的核心在于，结合我国的国情，制定适合自身发展的产业结构调整发展政策。这意味着不能盲目追求所谓的"高科技""新兴产业"，而是要立足于我国的资源优势和市场需求，进行有针对性的产业发展。例如，我国拥有丰富的劳动力资源，在制造业领域具有巨大的竞争优势。因此，在产业结构调整中，应当注重发展劳动密集型产业，提高制造业的技术水平和附加值。同时，也要看到，随着人口老龄化的加剧和劳动力成本的上升，我国必须逐步向高技术、高附加值产业转型。此外，我国还拥有广阔的国内市场。这为发展内需经济提供了有利条件。这种历史经验为我国改革开放后制定产业发展政策提供了经验数据。使得之后的现代产业发展理论，更充分考虑我国国内市场的需求和潜力，并同时也形成了产业理论中对国内产业结构优化的监管和调控机制，并一定程度上促进了我国独特的现代产业发展理论的构成，并在之后屡次成功地防止了产业发展中的市场失灵和过度竞争。

二 改革开放至新时代的现代产业发展理论

党的十一届三中全会以后，党和国家在重新调整国家经济发展战略的同时，也针对性地提出了多个产业结构的发展思路。

（一）改革开放初期的产业结构调整方针

在改革开放初期，邓小平同志敏锐地洞察到了我国产业结构存在的严重失调问题，他明确指出这是制约我国经济持续健康发展的关键因素。为了应对这一挑战，邓小平提出了对产业结构进行调整的迫切需求，旨在优化资源配置，提高经济效率。

为解决工业与农业、重工业与轻工业之间出现的断裂问题，邓小平提出了产业链延伸机制这一创新思路（汪延明，2023）。他认为，通过产业链的延伸和整合，可以有效促进不同产业之间的协同发展和资源共享，从而实现经济的整体进步。为了具体实施这一机制，邓小平还给出了一系列产业链发展的具体践行模式，为后来的经济发展提供了宝贵的指导。在"七五计划"中，邓小平进一步强调了跨界商品流通和农工商结合的重要性。他鼓励大力发展跨界商品流通，推动不同产业之间的合作与交流，实现资源的优化配置。同时，他还提倡建立农工商不同结合形式的商业模式，以促进农业、工业和商业的深度融合，为经济的适度多元发展奠定了坚实的产业基础。

这些政策措施不仅为各产业建构了完整的产业链，还为经济的多元化发展指明了方向。在邓小平的引领下，我国逐渐形成了具有中国特色的社会主义市场经济体系，为后来的经济腾飞奠定了坚实的基础。

（二）信息技术革命下的产业结构调整

自 20 世纪 90 年代以来，信息技术革命如狂风骤雨般席卷全球，将人类社会带入了一个崭新的时代。在这场革命中，以信息产业和互联网产业为代表的高技术产业，迅速崛起并成为美国、欧洲等发达国家的主导产业，为全球经济格局带来了深刻的变化。在这一大背景下，中国共产党第十五次全国代表大会首次全面系统地提出了"实现工业化和经济的社会化、市场化、现代化"的战略目标。这一目标旨在推动我国经济结构的战略性调整，实现基本工业化，并大力推进信息化，以加快建设现代化的步伐。这一战略目标的提出，不仅为我国产业结构调整和优化指明了方向，也加速了我国经济发展的步伐。

在信息技术革命的时代要求下，我国经济发展的重心逐渐转向了高技术产业。通过引进和自主创新，我国在信息技术领域取得了显著进展，培育了一批具有国际竞争力的产业和品牌。这些高技术产业的快速发展，不仅为我国经济增长注入了新的动力，也为我国的全球经济地位提升奠定了坚实基础。党的十六大会议中，江泽民总书记进一步提出了"走新型工业化道路"的战略思想。这一思想强调，在推进工业化的过程中，要注重信息化与工业化的深度融合，以信息化带动工业化、以工业化促进信息化。这一战略思想的提出，为我国经济多元发展指明了方向，也为加快新兴技术产业发展奠定了坚实基础。

在新型工业化道路的引领下，我国不断加大对新兴技术产业的投入和支持力度。通过实施一系列政策措施，如税收优惠、资金扶持、人才引进等，我国新兴技术产业得到了快速发展。

（三）现代产业发展理论的不断演进

1. 产业结构调整的方针

随着我国经济多元发展的逐步推进，产业结构的多元化不仅推动了生产要素的优化组合，加快了地区产业结构的调整步伐，为经济适度多元发展各产业和政府破解产业低端和落后困局、形成优势产业及各类产业协调发展格局、建构产业链与创新链融合发展的战略路径奠定了基础（汪延明，2023）。"十三五"期间，针对产业结构规划的方针政策为：新阶段产业结构升级的战略方向，就是由着力推动我国产业由价值链低端向中高端跃升，推进要素驱动向创新驱动转换、由价格竞争向质量技术品牌服务竞争提升、由高碳模式向低碳模式转型，实现更高质量和更高效益的经济增长。王岳平（2014）认为，"十三五"时期，新阶段产业结构升级的战略方向，就是以追求更高增长质量和效益为核心、由要素驱动向创新驱动转换、由价格竞争向质量技术品牌服务竞争提升、由高碳模式向低碳模式转型，推动我国产业由价值链低端向中高端跃升，实现创新发展、高效发展、绿色发展。

2. 产业结构的阶段性问题

当时的产业结构中遇到了一些关键问题，并可能形成对未来发展的制约。主要是产能过剩严重、服务业发展滞后、国际分工固化在价值链低端，导致分配效应不理想、环境问题比较突出。

第一，长期依靠投资规模扩张和固化在加工制造环节导致产能过剩问题突出。我国制造业产能过剩呈现涉及行业多、范围广，不仅是钢铁、水泥、汽车等行业产能扩张与过剩矛盾突出，即使是新兴产业也呈现低端产能快速扩张的特征。2014 年 7 月 11 日，工业和信息化部就产能严重过剩行业产能置换答问中指出，据中国钢铁工业协会统计，2011～2012 年全国新投产炼钢产能约 1.25 亿吨。而同期淘汰炼钢产能约 3700 万吨，新增产能近 9000 万吨。这些行业产能盲目扩张，不仅带来了产能严重过剩，造成社会资源的严重浪费，还导致能源、资源消耗大幅增加，污染物排放增长过快，引发不少地区雾霾频发等环境问题。针对这一产业结构问题，在 2010 年国务院印发的《关于进一步加强淘汰落后产能工作的通知》（国发〔2010〕7 号）中，就已提出产能等量或减量置换。但由于没有明确要求和可操作的路径，各地在执行中标准不一，程序不够规范，甚至存在多次置换的问题，没有达到控制产能总量、遏制盲目扩张的目的。答记者问中也指出产能等量或减量置换是在当前部分行业产能严重过剩的情况下，国家为严禁新增产能、控制产能总量、逐步化解产能过剩矛盾出台的一项过渡性措施，而不是永久性政策。为做好与国发〔2013〕41 号文件的衔接，明确产能等量或减量置换实施期限暂定至 2017 年底，并根据产业发展情况适时修订。

第二，服务业发展滞后。国家发改委在 2014 年 8 月召开的"加快发展生产性服务业，促进产业结构调整升级"新闻发布会上表示，服务业的快速发展，对稳增长、促改革、调结构、惠民生发挥了重要作用。但我国生产性服务业发展仍相对滞后，发改委下一步将抓紧落实《国务院关于加快发展生产性服务业　促进产业结构调整升级的指导意见》（国发〔2014〕26 号）。为了进一步加快发展生产性服务业，促进产业结构优化升级，从 2013 年 8 月以来，国家发改委会同 27 个部门就推动生产性服务业加快发展的重大问题进行了深入调研，作了大量创新性工作。国发〔2014〕26 号文提出了三条发展导向，从鼓励产业向产业价值链高端发展、推动农业生产和工业制造现代化、加快生产制造与信息技术服务融合这三个方面提出了发展的主攻方向，并在第三部分明确了与产业转型升级密切相关、迫切需要加快发展的 11 个重点领域，并提出了发展目标。

发改委统计数据显示，"十二五"期间，中国生产性服务业发展短板较为突出，总体实力相对较弱、规模偏小。我国生产性服务业占 GDP 比重不到 20%，供给还无法充分满足消费升级和产业转型需要，且内部结构不合理，贸易竞争力不强。在生产性服务业中，房地产业和金融业所占比重偏高，信息服务、科技服务、商务服务等比重较小，高技术生产性服务业对外依赖大。此外，制造业与服务业融合程度还不高，过度依赖加工制造环节，而有限的分工深化细化所产生的对研发、设计、营销、供应链管理等生产性服务业的需求又对外依赖，导致生产性服务业发展滞后。同时，产业链高端环节的缺失和过度依赖价格竞争，使得国民收入水平难以提高，制约了生活服务业的发展。

第三，在2013年前后，我国在国际分工中遭遇了困境，被困在价值链的低端环节。这一时期，产业之间的竞争主要依赖价格手段，导致了价格贸易条件和要素贸易条件的不断恶化，贸易摩擦也随之加剧。这种局面对我国的对外贸易增长带来了严峻的挑战。在这一背景下，我国对外贸易的增长主要依靠数量的增加来弥补价格上的劣势。尽管通过这种方式实现了一定程度上的收入贸易条件的改善，但这种增长方式对社会福利的带动作用却十分有限。因为数量增加并不能完全抵消价格劣势带来的负面影响，也无法从根本上提升我国在全球价值链中的地位。

一方面，外资通过控制技术、品牌、供应链管理和营销渠道，再加上我国对外资产业的税收优惠和外资利用价格转移，外资获得了参与全球分工的主要利益。另一方面，我国出口的高速增长在很大程度上是建立在过度使用资源、环境恶化和牺牲劳动者福利的基础之上的。这种以资源消耗和环境破坏为代价的发展模式，不仅不利于我国的可持续发展，也对劳动者的权益造成了损害。此外，随着我国在全球经济中地位的不断提升，我国遭遇的国外贸易救济调查数量也连续多年位列世界第一。特别是在国际金融危机之后，全球贸易保护主义倾向逐渐加强，针对我国的贸易摩擦也呈现增多的趋势。这不仅影响了我国出口的稳定增长，也对我国的国际形象造成了负面影响。

第四，资源环境问题达到了难以为继的地步。2013年前后，我国煤炭、铁矿石、铝土矿等资源消费量已分别占全球的48%、55%和40%，原油、铝土矿对外依存度超过50%，铁矿石、铜精矿超过60%。这一数据令人震惊，它清楚地表明了中国在全球资源消费中的重要地位，同时也揭示了资源短缺和环境压力的严峻性。从2000年到2011年，我国资源环境损耗占国民收入的比重由 5.3% 上升到 8.4%，这一趋势表明，随着经济的发展，资源环境问题的压力也在逐步加大。与此同时，全国各地雾霾天气频繁出现，波及范围不断扩大，影响程度日益加深。这些现象都是资源环境问题加剧的明显表现，它们不仅影响了人们的日常生活，也对人们的身体健康造成了严重威胁。

此外，各地的水体和土壤污染累积性负面效应不断显现，这也是资源环境问题的一个重要方面。水是人类生存的基本条件，土壤则是农业生产的基础。然而，随着工业化和城市化的加速推进，水体和土壤的污染问题日益严重。这不仅影响了人们的日常生活，也对农业生产和社会经济发展造成了严重阻碍。

3. 产业结构调整的主要成效

2013 年前后，我国经济进入新常态，在新发展理念的指导和供给侧结构性改革的作用下，我国产业结构升级取得明显进展，创新驱动、服务引领、制造升级的产业结构正在形成。

一是从三次产业结构看，第三产业在国民经济中的地位日益凸显，成为各产业增速的领跑者。从数据上看，第三产业的增速一直保持着领先地位。2013 年，第三产业比重首次超过第二产业，成为国民经济最大的产业部门。到了 2015 年，第三产业的占比已经超过了 50%，进一步巩固了其在国民经济中的主导地位。这种趋势在随后的几年中得到了延续，2013～2018 年，我国三次产业结构由 10.0∶43.9∶46.1 调整为 7.2∶40.7∶52.2，呈现继续优化升级的态势。

第三产业的崛起并不意味着其他产业的衰退。相反，这种转型升级是一个相互促进的过程。随着服务业的发展，它为农业和工业提供了更多的市场需求和服务支持，推动了这些产业的升级和发展。同时，农业和工业也为服务业提供了更多的资源和基础支撑，形成了良性的产业生态。除了产业结构的优化升级，这种转型升级还体现在经济的质量和效益上。随着第三产业的不断发展，经济的附加值和效益也在不断提高。服务业的发展带来了更多的就业机会和收入来源，提高了人民的生活水平。同时，服务业的创新和发展也推动了经济的数字化转型和智能化升级，为经济的可持续发展注入了新的动力。

二是从工业内部结构看，我国工业正在经历从传统工业向现代工业的转型升级。在这一过程中，高耗能行业和采矿业的比重逐渐下降，而装备制造业和高技术制造业的比重不断上升。这种变化不仅体现了我国工业结构的优化升级，也预示着我国经济发展的新动能和新方向。在此阶段，我国从过去以能源原材料为主的高耗能行业和采矿业为主导，逐渐转向装备制造业和高技术制造业的崛起。这一转变不仅反映了我国工业结构的优化升级，也体现了我国经济发展的新动能和新方向。

高耗能行业和采矿业的发展空间逐渐受限，同时也面临环境污染、能源消耗大等问题。因此，它们的比重在工业结构中逐渐下降，以 2016 年为例，六大高耗能行业和采矿业增加值占规模以上工业的比重分别为 28.1% 和 7.2%，比 2012 年下降了 1.5 个和 6.7 个百分点。这一数据充分说明了我国工业结构正在发生深刻的变化。在这一过程中，装备制造业和高技术制造业的崛起成为新的亮点。

装备制造业和高技术制造业的快速发展，不仅提高了我国工业的技术水平和核心竞争力，也为我国经济的可持续发展注入了新的活力。这些行业具有技术含量高、附加值大、资源消耗少等特点，对推动我国工业向高端化、智能化、绿色化方向发展具有重要意义。政府通过加大政策支持、优化产业环境、提高创新能力等措施，为这些行业的发展提供了有力的保障。同时，产业也积极响应政策号召，加大研发投入，提高自主创新能力，为我国工业结构的进一步优化升级做出了积极的贡献。

三是产业新旧动能转换加快。顺应消费升级的新产业、新产品和新业态保持高速增长，旧动能转换的步伐正在加快。这种转换不仅体现在传统产业的升级和转型，更在于新兴产业的崛起和发展。其中，顺应消费升级的新产业、新产品和新业态成为推动经济发展的重要力量，保持了高速增长的态势。据统计，近年来我国工业机器人市场保持了高速增长，市场规模不断扩大，预计未来几年仍将保持强劲增长势头。在 5G、物联网等新兴技术的推动下，光电子器件市场需求不断增长，产业发展前景广阔。此外，新能源汽车也是近年来异军突起的新兴产业之一。随着环保意识的不断提高和政府对新能源汽车的政策扶持，新能源汽车市场呈现爆发式增长。从电动汽车到混合动力汽车，再到氢能源汽车，新能源汽车技术的不断创新和突破，为产业发展注入了强大的动力。

此外，在此期间产业结构的调整同时提速了一、二、三产业劳动生产率，1995~2014年，三次产业劳动生产率分别增长3.07倍、6.76倍和3.03倍，年均增速分别为16.16%、35.58%、15.95%。① 这说明产业结构调整合理化、产业结构随科技水平发展而持续升级，增加更多新兴产业，鼓励持续多元发展的重要性。

三　新时代产业结构的现代化理论

（一）中国现代产业体系

现代产业体系的发展，是顺应时代潮流、适应全球经济发展趋势的必然选择。随着科技革命的深入发展，以信息技术、生物技术、新材料技术为代表的高新技术产业迅速崛起，成为全球经济发展的新引擎。在这一背景下，我国要想在全球经济竞争中处于有利地位，就必须加快发展现代产业体系，提高产业的整体素质和核心竞争力。

同时，发展现代产业体系也是我国经济发展方式转变的必然要求。传统的经济发展方式以高能耗、高污染为代价，难以实现可持续发展。而现代产业体系则注重绿色、低碳、循环发展，有利于实现经济、社会和环境的协调发展。因此，发展现代产业体系不仅是推动我国经济持续健康发展的关键，也是实现我国经济发展方式转变的重要途径。

（二）中国现代产业体系理论的历史沿革

党的十七大报告首次提出了"发展现代产业体系"的重要命题。这一

---

① 《我国改革开放40年产业结构演进历程》，商业前沿看点，2018年6月26日，https：//baijiahao. baidu. com/s？id = 1604303 599994574406&wfr = spider&for = pc。

命题不仅为我国未来的经济发展指明了方向，而且为我国产业结构优化升级奠定了坚实的理论基础。报告将产业现代化与我国经济发展方式转变的方针政策相互呼应，充分显示了党中央对我国经济发展的深刻理解和全面把握。

党的十八大进一步明确了建设现代化产业体系的重要内容，并明确提出推进经济结构战略性调整（李娅、侯建翔，2023）。这一战略决策，为我国经济发展指明了方向，也为全球经济的复苏与增长注入了新的动力。

在新一代领导集体的指引下，我国将产业链发展作为培育战略优势主导产业的主要方式和手段。特别是在培育新兴产业过程中，我国紧密结合网络化和智能化的发展趋势，积极推动形成关键领域的产业链（汪延明，2023）。这一举措不仅有助于提升我国在全球产业链中的地位和影响力，也为我国经济的持续健康发展提供了有力支撑。

习近平总书记在二十届中央财经委员会第一次会议上强调，现代化产业体系是现代化国家的物质技术基础；加快建设以实体经济为支撑的现代化产业体系，关系在未来发展和国际竞争中赢得战略主动。2023 年 7 月，习近平总书记在江苏考察时强调："要把坚守实体经济、构建现代化产业体系作为强省之要，巩固传统产业领先地位，加快打造具有国际竞争力的战略性新兴产业集群，推动数字经济与先进制造业、现代服务业深度融合，全面提升产业基础高级化和产业链现代化水平，加快构建以先进制造业为骨干的现代化产业体系。"

上述关于建设现代化产业体系的重要论述精神，皆是理解中国式现代产业体系理论的重要指导思想，也是准确把握产业结构现代化、加快建设现代化产业体系的总体要求。

（三）现代产业体系理论中的产业结构现代化

李娅和侯建翔（2023）认为，"现代"是与"传统"相对的概念，是对产业中技术密集程度和先进性的描述，侧重于"现代性"的特征表达；实践中主要体现为传统产业结构的转型升级，产业体系中相对高级的产业逐渐成为主导产业，即产业结构的高级化。而"现代化"是一个过程、体系和系统，是动态的与时俱进的概念，更强调的是产业之间复杂的内在联系和系统演化过程，并与全面建成社会主义现代化国家的总体目标保持一致。说明我国基于时代发展的要求，对经济多元发展过程中出现的单一产业的生态位重叠不断调整优化，从而为有效增加经济多元发展的整体竞争力打下基础。

其中，针对产业结构的现代化，需要以建设以实体经济为支撑的现代化产业体系为基础进行。一方面，现代化产业体系作为物质支撑，既是中国式现代化的基础条件，也是中国式现代化的发展需要。而中国每一次产业结构的调整都是为了有效解决产业结构的阶段性问题。如新中国成立之初，党中央提出了以工业、农业、交通运输业和国防现代化为主的四个现代化目标，到后来提出农业、工业、国防和科学技术的现代化，为我国产业体系建设打下了基础和根基。改革开放以来，中国共产党带领全国人民致力于现代化建设，从解决温饱问题到基本小康、从总体小康再到全面小康，都将群众就业和居民收入等实体经济指标作为衡量发展进步的关键标准，以实体经济为支撑的现代化产业体系随之不断完善，社会生产力得到不断解放和发展，物质财富持续积累，人民生活持续改善，为我国未来现代化建设提供了实体产业支撑。另一方面，现代化产业体系是一个完整的有机体，产业结构的现代化也体现在一、二、三产业协同发展、融合互动的良好格局下的现代化产业体系。农业、工业、服务业和基础设施各居其位、各有其用，并将按照产业演进的规律朝着融合化方向发展。其中工业核心竞争力显著增强。2022年我国制造业增加值占国内生产总值比重达27.7%，占全球制造业比重近30%，连续13年位居世界首位。我国目前具有的强大的制造能力和完善的配套能力，正由"跟跑者"向"并跑者""领跑者"转变。其中数字经济和实体经济加速融合，成为推动工业高质量发展的重要引擎。我国的产业协同发展中也不断巩固了农业的基础地位，农业综合生产能力稳步提升，粮食产量连续8年稳定在1.3万亿斤以上，谷物基本自给、口粮绝对安全，确保中国人的饭碗牢牢端在自己手中。此外，在上一个产业结构调整的阶段性目标中，服务业的高质量发展被摆在一个较为重要的地位，目前我国服务业质量效益提升显著，即使遭受疫情严重冲击，2022 年服务业增加值占国内生产总值比重仍为 52.8%，对经济增长的贡献率为 41.8%，撑起国民经济"半边天"。此外，我国服务贸易快速增长，2022 年服务进出口总额近 6 万亿元，连续多年位居世界第二位。生产性服务业向专业化迈进，生活性服务业向高端化延伸。上述成绩皆表明，在我国现代化产业体系的发展下，三次产业融合持续加深，为经济发展注入了新动能。

（四）中国现代产业体系的阶段性问题

经过多年发展，我国实体经济无论是总量规模还是结构质量，都取得了巨大成就。制造大国的地位持续凸显，制造业增加值由 2012 年的 16.98 万亿元增长到 2022 年的 33.5 万亿元，占全球比重从 22.5% 提高到近 30%，连续多年位居全球首位，"中国制造"在全球产业链供应链中的影响力持续攀升。服务业带动经济高质量发展的成效更加明显，行业结构、产业结构、区域结构日趋协调优化。但我国现代化产业体系建设仍存在诸多挑战，实体经济发展还存在一些短板和弱项。

1. 部分领域协调发展不够

我国部分产业体系内部协调性欠缺。尽管我国拥有相对独立完整的产业体系，并且是唯一拥有联合国认定的全工业门类的国家。但是，各产业间的关系缺乏协调性，制造业缺乏现代服务业的支撑。数字技术对各产业的渗透度不同，造成各产业对先进数字技术的应用程度参差不齐。同时，随着劳动力成本的逐渐提高，一部分劳动密集型的加工制造业转移至东南亚国家，在一定程度上影响了我国产业体系的完整度。

此外，我国部分领域的产业要素配置效率低。现代化产业体系要求实体经济、科技创新、现代金融、人力资源协同发展，而我国的部分领域在这四个方面存在配置效率低的问题。现代金融对实体经济的支撑作用欠缺，科技创新存在尖端技术短板，人力资源的结构性供需矛盾逐渐凸显，高端科研技术人才匮乏。经济要素流动需要遵循服务于实体经济的原则，但要素流动在地区间、产业间都存在一定障碍，导致要素间无法协同发挥出最大效能。

进一步分析发现，部分领域的产业要素协同发展的运行机制不健全。如长三角地区农业产业协同问题研究的历史成果显示，产业协同达成的协议缺乏强制性约束力。2020 年，虽然长三角设立了包括产业和食品安全在内的 12 个重点合作专题，并已经在越来越多的领域，如工商、人事、生态治理等方面已经形成了制度性的协议，但总的来说缺乏法律效力。此外，从合作内容上来看，所缔结的行政契约内容过于原则，很多只是一种意向或认识，各方事后应采取的具体措施不多。① 构建现代化的产业体系是一项系统工程，不仅需要产业加强创新成果转化、教育系统加强各级劳动力的培养力度，而且需要加强要素市场的协同运行机制改革，而目前我国部分领域的产业缺乏要素协同的平台建设。只有物质、人才、金融资源更好地服务于实体经济，才能解决要素资源在数量、质量、结构方面的问题，这就需要加快畅通要素资源的流动渠道。

2. 地区之间同质化竞争严重

地区间的同质化竞争将会对整体区域经济和产业结构产生不利影响。

一是引发无序竞争。以服装制造业为例，金华、义乌在产品类型、产业规模、市场定位上高度同质化，使得都市区产业链纵向协作不紧密，如金华市 2020 年规上产业纱、布的产量分别为 21.6 万吨、18.4 亿米，温州市规上产业服装产量为 2.8 亿件，规模皆较大，然而事实上，金华纺织业基础更好，温州服装业专业性更强，但两地未能有效形成在产业链纵向上的纺织环节（上游）与成衣制作环节（下游）的专业化协作。

二是抑制了产业的总体技术创新。以技术型产业为例，温州高端装备制造产业规模较小，缺乏骨干龙头产业。以奶业举例，2021 年前三季度牛奶产量 2514 万吨，同比增长 8%；乳制品产量 2254.5 万吨，同比增长 10.3%；乳制品产业主营业务收入 3499.8 亿元，同比增长 10.5%。面向全面振兴和高质量发展，2021 年，奶业实现了良好的"十四五"开局。然而各地区间奶业的同质化竞争较为严重，各地区奶业在产品结构、核心生产技术，如实

---

① 樊福卓：《长三角产业发展协同的战略问题和战略路径》，长三角与长江经济带研究中心，2020 年 11 月 20 日，https：//cyrdebr. sass. org. cn/2020/1120/c5530a99284/page. htm。

现乳糖、乳铁蛋白、低聚糖、DHA 等产品的国产替代方面和原料乳的营养物质的分离等方面皆存在较大的同质化。而以乳业为载体，生产出更具营养、更有针对性的有机产品，更好地增强国民体质、到资源优势的国家建立生产基地、在生态保护上构建中国乳业绿色、环保的可持续发展这些部分，则皆在尝试，尚未有显著的差异化产业结构和产业链。如金华装备制造产业研发投入不足，自主创新能力较弱，其科技活动经费支出在主营业务收入的占比远低于发达国家 4%~10% 的区间水平。温州与金华的创新产业多以中小型为主且布局分散，无法实现规模效应和技术溢出。

三是削弱了产业效率。以资源型产业为例，温州、台州缺乏钢、铁、锰等黑色金属资源，两市 2020 年黑色金属冶炼及压延加工业营业收入利税率分别为 3.27% 和 6.61%，远低于浙江省 26.06% 的平均水平。两市与资源丰富的地市在劳动力、资本等方面展开竞争，打造资源型产业，不仅造成了生产要素价格扭曲，也阻碍了资源丰富地区比较优势的发挥。

3. 部分行业附加值不高且长期处于产业链中低端

2021 年 12 月 12 日，由凤凰网主办、凤凰网财经承办的"2021 凤凰网财经峰会"中，中国工业经济联合会会长李毅中在该次峰会上发表了题为《新变局下我国工业制造业的使命和担当》的主旨演讲，指出产业多处于全球价值链的中低端，低端产品过剩，高端产品不足。德国一家机构去年评估我国有 5 大类，20 多种细分行业严重依赖进口，比如说电子信息、高端装备制造、航空航海发动机、智能仪表仪器、医药和医疗器械等等。其中像高端芯片，半导体的关键设备材料，90% 以上依赖进口，这也是实际情况。

干勇等（2022）指出，我国基础产业集群同质化现象比较突出，存在低端产品产能过剩、品种结构单一、低水平重复建设等问题，更为严重的是，这些产业集群普遍面临科技创新动力不足的困境。以河北省唐山市的钢铁产业为例，该地区拥有 60 余家钢铁产业，但产业规模普遍偏小，产业集中度相对较低。这种情况导致了研发创新能力的不足，使得高附加值产品的缺乏成为常态。这样的产业结构不仅限制了产业的盈利能力，更对整个地区的经济持续发展构成了威胁。

另一个值得关注的例子是各地化工材料聚烯烃项目的快速投产。近年来，随着化工产业的快速发展，聚烯烃项目如雨后春笋般涌现。然而，这些项目中真正能够生产高端产品的并不多。大多数产业仍然停留在比拼建设速度和成本优势的阶段，而忽视了高附加值产品的重要性。这种低水平的竞争不仅浪费了资源，还阻碍了整个行业的升级换代。此外，我国部分行业附加值不高且长期处于产业链中低端的问题也日益凸显。这种现象不仅影响了产业的盈利能力，还对现代产业的发展提出了巨大的挑战。在全球化竞争日益激烈的今天，如果不能及时提升产业链的整体水平，我国的基础产业集群将面临被边缘化的风险。

4. 部分产业关键核心技术仍面临"卡脖子"问题

突破"卡脖子"问题，实现科技自立自强，是国家强盛之基、安全之要。习近平总书记曾这样比喻"卡脖子"风险："一个互联网产业即便规模再大、市值再高，如果核心元器件严重依赖外国，供应链的'命门'掌握在别人手里，那就好比在别人的墙基上砌房子，再大再漂亮也可能经不起风雨，甚至会不堪一击。"①

在科技飞速发展的今天，我国的多个产业面临诸多"卡脖子"难题。这些难题不仅关乎技术突破，更涉及产业链、创新链的深度融合与协同。为了有效应对这些挑战，我国的现代产业发展不仅要强化基础，还要在创新链和产业链之间实现"双链融合"，增强整个系统的韧性，加强科技创新与产业链供应链各层次之间的耦合性。

首先，产业结构中若不能实现充分的产业融合，就无法充分发挥公众用户的创新潜能。以新能源智能网联汽车、高端医疗设备、智能终端产品等为代表的高端制造领域为例，这些领域的技术进步往往受到某些关键技术的制约，导致产业链的发展受阻。

其次，软硬件发展的产业融合受阻也是导致"卡脖子"难题的重要原

---

① 《只争朝夕突破"卡脖子"问题》，共产党员网，2022年8月19日。

因。如果无法形成由设备制造商、龙头生产产业、骨干应用产业、科研机构、高等院校等构成的关键产业联盟，那么在产品创新、技术创新、人才培养等方面就难以实现相对闭环且具备一定兼容性的协同。这将对集成电路、基础软件、量子计算等关键核心技术领域的发展造成严重影响。

此外，不同产业链之间的创新协同问题也是导致"卡脖子"难题的关键因素。在工程师技能、机器设备、生产线和零部件等方面的核心技术研发制造过程中，如果各产业链之间缺乏协同，就可能导致研发进度受阻，甚至引发一系列连锁反应。

综上所述，解决"卡脖子"难题需要从多个方面入手，强化基础、促进创新链与产业链的深度融合、加强产业融合与协同等。只有这样，才能有效应对当前面临的挑战，推动科技创新和产业升级，实现可持续发展。

5. 资本脱实向虚现象仍然存在

习近平总书记在主持召开二十届中央财经委员会第一次会议时就加快建设现代化产业体系强调，"要坚持以实体经济为重，防止脱实向虚"。蒲实（2023）指出，一段时间以来，随着土地、劳动力成本上升，资源、环境约束趋紧，实体经济回报率下降，经济领域出现重虚轻实、脱实向虚苗头。而实体经济是一国经济的立身之本、财富之源，实体经济水平越高，经济实力越强，抵御风险的能力也越强，这是现代经济发展的硬道理。要重视发展实体经济，加快产业转型升级，推进产业基础高级化、产业链现代化，发展战略性新兴产业，建设更具国际竞争力的现代化产业体系，不断增强经济整体实力和抗风险能力。

纵观历史可以发现，从 20 世纪 80 年代开始，欧美主导的"去工业化"一度很时髦，虚拟经济自我膨胀、超常发展甚至成为一种全球化现象。大量产业甚至政府部门纷纷"重虚轻实""脱实向虚"，房地产投资热潮涌动，金融市场迅猛扩张，实体经济严重弱化退化，大量就业人口转向金融和金融服务业，曾经一派繁荣的一些重工业中心沦为"铁锈地带"。其结果，就是引发了 2008 年国际金融危机。面对金融灾难，几乎所有发达国家都认识到，制造业才是立国之本，必须将"去工业化"彻底扭转为"再工业化"。

2015年，中国经济面临了一场前所未有的挑战。一场被称为"去实业化"的风潮席卷而来，资本纷纷逃离实体经济，转而投入金融领域。在这一时期，影子银行、表外业务和同业业务呈现急剧扩张的态势，非金融产业纷纷涉足金融领域，试图通过参股或控股金融机构来获取更高的利润。不少上市公司甚至偏离了自身的主业，转而依赖理财产品和房地产投资来维持利润增长，甚至实现扭亏为盈。大量的资金在金融体系内部循环和空转，形成了一个封闭的金融生态圈。一方面，金融套利行为层出不穷，令人咋舌；另一方面，实体经济却遭受冷落，资金难以流入。这种明显的产业"空心化"苗头和实体经济的弱化问题，成为当时中国经济面临的巨大风险。

2022年9月，央行宣布经过集中攻坚，一批紧迫性、全局性的突出风险点已经得到了有效处置。金融脱实向虚、盲目扩张的局面得到了根本扭转，金融风险整体收敛、总体可控。尽管金融风险得到了有效控制，但在推进现代产业体系发展的过程中，仍需警惕脱实向虚的潜在风险。有时候，会陷入一种片面的思维，即只关注实体经济或只关注制造业的发展，而忽视了它们与其他产业的紧密联系和相互影响。这种片面的产业思维可能会导致资源的错配和浪费，不利于经济的可持续发展。

（五）中国现代产业体系的未来发展方向和趋势

1. 统筹好三次产业发展

在全球化与科技进步的推动下，现代化产业体系已成为国家竞争力的重要标志。这一体系犹如一个精密的钟表，每个部分都有其独特的功能，相互依存、协同工作，共同推动经济社会的持续健康发展。农业、工业、服务业和基础设施作为现代化产业体系的四大支柱，各自扮演着不可或缺的角色。

农业作为国民经济的基石，不仅为国家和人民提供了必需的生活物资，还是保持经济稳定和社会和谐的重要力量。在现代化产业体系中，农业的发展需要融入更多的科技元素，提升农业生产的智能化、高效化水平，从而确保粮食安全和食品安全。工业是现代化产业体系的核心，承载着国家经济发展的主要任务。增强工业核心竞争力和抵御风险能力，需要不断推动工业技术创新，提高产品质量和附加值，同时加强产业链上下游的协同合作，形成产业集群效应，提升整体竞争力。服务业的繁荣是现代化产业体系发展的重要标志。随着消费结构的升级和人们生活水平的提高，服务业的需求日益旺盛。强化服务业和基础设施的支撑保障作用，需要不断创新服务模式，提高服务质量，同时加强基础设施建设，为服务业的发展提供坚实的基础。

在完善新发展阶段的产业政策时，必须坚持三次产业和上下游之间融合发展的原则。通过补齐阻碍协同耦合的短板弱项，提升产业体系整体效能，推动三次产业协同发展、融合互动。这样不仅能有效避免经济出现空心化、泡沫化等风险，还能促进资源的优化配置和经济的可持续发展。

2. 统筹好传统产业转型升级和新兴产业培育壮大

必须统筹兼顾传统产业的转型升级和新兴产业的培育壮大。这两大板块共同构成了我国制造业的主体，是推动经济发展的重要引擎。

首先，对于传统产业，不能一概而论地贴上"低端落后"的标签。传统产业在我国经济发展中扮演着举足轻重的角色，不仅具有较强的国际竞争力，还是建设现代化产业体系的重要基石。因此，量大面广的传统行业产业需要引导和支持，让它们与时俱进，积极采用先进适用技术，加快改造升级的步伐。只有这样，才能不断提升传统产业的市场竞争力，实现持续稳健的发展。对于部分升级困难但具备转型条件的传统行业，需要因地制宜、因势利导，及时推动其转型发展。通过转型与升级共同发力，形成新的发展动力，打造竞争新优势。例如，一些传统制造产业可以通过引入智能化、自动化技术，提高生产效率，降低成本，实现向高端制造的转型。同时，政府也应加大对传统产业的支持力度，提供政策、资金等方面的帮助，为产业转型升级创造有利条件。

其次，新兴产业作为引领未来发展的新支柱，同样需要高度重视。在新兴产业的培育和发展过程中，必须坚持稳中求进的原则，避免盲目追求规模扩张和速度提升。在谋划发展战略、集聚高端要素、优化市场环境、培育产业生态等方面持续发力，为新兴产业的健康发展提供有力保障。

3. 促进数字经济和实体经济深度融合

在 21 世纪的今天，数字经济和实体经济的深度融合已经成为全球经济发展的重要趋势。这种融合不仅改变了传统的产业模式，也为经济增长注入了新的活力。为了推动这一进程，我国将采取一系列措施，加快数字产业化的步伐，加强数字技术的基础研究，并大力培育新兴产业。

其一，加强数字技术的基础研究。只有掌握了核心技术，才能在国际竞争中处于有利地位。因此，加大对人工智能、物联网、量子计算等领域的研发投入，培养一支高素质的研发团队，推动这些领域的技术突破和成果转化。

其二，培育壮大新兴产业。培养一批具有巨大的发展潜力和市场前景的新兴产业，如人工智能、物联网、量子计算等，通过政策扶持、资金投入、人才培养等措施，促进这些产业的快速发展，形成具有国际竞争力的数字产业集群。同时，积极稳妥推进产业数字化，利用数字技术对传统产业进行全方位、多角度、全链条的改造。例如，在制造业中，可以通过引入智能制造、工业互联网等技术，提高生产效率和产品质量；在服务业中，可以利用大数据、云计算等技术，提升服务水平和客户满意度；在农业中，可以运用物联网、农业信息化等技术，提高农业生产效率和农产品质量。

其三，大力开拓数字化转型场景并不断探索新的应用场景，将数字技术应用到各个领域中去，这种转型不仅有助于提高效率和竞争力，更能够推动社会进步和发展。如在智慧城市建设中，借助云计算、大数据、物联网等前沿技术，实现城市管理的智能化和精细化。通过智能传感器和数据分析，实时监测交通流量、空气质量、公共安全等关键指标，为政府决策提供有力支持。

其四，数字技术还能助力城市规划、公共服务和应急管理等，为城市居民提供更加便捷、高效的生活体验。如在医疗领域，通过远程医疗、健康管理等创新服务模式，使得医疗资源得以更加合理地分配和利用。患者可以通过互联网平台进行咨询、挂号、购药等操作，省去了烦琐的线下流程。医生则可以利用数字技术进行远程诊疗、病例分析等工作，提高了工作效率和质量。

其五，在金融、教育、交通、能源等众多领域，数字经济也可对现代产业体系发展发挥重要作用。例如，在金融领域，数字货币、区块链等技术的应用正在重塑金融体系；在教育领域，在线教育、智能课堂等模式的兴起为学生提供了更加灵活多样的学习方式；在交通领域，智能交通系统、自动驾驶等技术的发展将极大地提高交通效率和安全性；在能源领域，智能电网、分布式能源等创新应用将有助于实现能源的可持续发展。

总之，数字化转型已成为时代发展的必然趋势，通过深入研究和应用数字技术，可推动各个领域实现更加高效、智能和可持续的发展，为构建美好未来贡献力量。

第二节　中国数字经济发展历程

一　中国数字经济发展已步入成熟期

（一）数字经济萌芽

1994 年，中国正式接入了国际互联网，这标志着中国正式步入了数字经济时代。随着互联网的普及和技术的不断进步，互联网经济逐渐成为中国经济发展的重要引擎之一。

随着互联网经济的不断发展，各种产业也开始崭露头角。阿里巴巴、京东、百度、腾讯、新浪、搜狐、网易等如今知名的互联网产业，都是在这个阶段纷纷崛起的。这些产业通过不断创新和发展，逐渐形成了自己的核心竞争力，成为互联网经济的中坚力量。

互联网经济的发展主要经历了用户规模的原始积累阶段。在这个阶段，互联网产业通过各种手段不断扩大自己的用户规模，为后续的发展奠定了坚实的基础。同时，在这个阶段，互联网产业也积累了大量的数据和经验，为后续的技术创新提供了有力的支持。

到了 2003 年，中国数字经济的技术发展开始进入高速发展期。在这个阶段，各种新技术不断涌现，如云计算、大数据、人工智能等，这些技术的出现为互联网经济的发展注入了新的动力。在这个阶段，互联网产业也开始积极探索新的商业模式，如电商、社交、共享经济等，这些新模式的出现也为互联网经济的发展带来了新的机遇和挑战。

（二）数字经济发展情况

在中国互联网经济的迅猛发展过程中，其对市场需求的开发和产业供给协同体系的构建，皆为数字经济发展奠定了坚实的基础。这种快速发展的态势，不仅推动了互联网经济的适度多元发展，还促进了各产业的转型，为数字经济积累了大量用户。

一方面，互联网经济发展时期，中国网民数量呈现年均两位数增长的态势，这一庞大的用户基础为数字经济提供了广阔的市场。随着用户数量的不断增加，数字经济的交易额和用户需求也呈现爆发式增长。这种增长不仅推动了我国数字经济的 C 端发展，还使得数字经济在整体经济中的地位越来越重要。

另一方面，伴随数字经济产品和服务出现的新兴业态带来了创新的产业结构、产业组织形式和产业协作模式，使得数字经济的发展相对于传统产业，具有组织和产业结构上的独立性。尽管数字经济产业与传统产业间存在一定的生态位重叠，但两者在产业发展空间上并不存在重合性挤压。相反，数字经济产业的出现和发展，为传统产业提供了新的发展机遇和空间。通过数字技术的运用，传统产业可以实现更高效、更智能的生产和管理，提高产业竞争力。

（三）数字经济的产业结构特征

随着中国数字经济的蓬勃发展，其宽度和深度不断增加，逐渐显现出两大鲜明的产业结构特征。这些特征不仅体现了数字技术与传统产业的深度融合，还揭示了数字经济对传统商业模式的颠覆性影响。

首先，众多传统经济产业正在经历一场适度多元发展的变革。在数字技术的推动下，这些产业展现出巨大的融合性学习状态，这种融合性学习状态不仅提升了传统产业的竞争力，也为数字经济的发展注入了新的活力。该趋势使得"互联网+"逐渐淡出视线，"数据×"逐渐成为热点词语。众多产业纷纷利用移动互联网进行传统业务链条的转型。2020年发布的《关于构建更加完善的要素市场化配置体制机制的意见》将数据列为五大生产要素之一。大数据产业的发展，消除了传统经济模式中的时空限制，降低了信息获取、分析的难度，让信息在地区、单位、行业、领域之间无障碍流动，缩短了产业链优化进程，推动产业结构全面升级。同时，得益于大数据产业，各传统行业的运营成本不断降低，"一次办好"成为新常态。此外，通过大数据，大到经济社会小到用户日活率等各项指标以及未来的发展趋势一目了然，产业战略部署的实施效果也清晰可见，为我国各产业高质量发展战略决策提供了强有力的支撑。

其次，数字经济的商业模式正逐步对传统商业模式产生组织替代性。随着共享出行新业态、网络直播等经济形式的兴起，新兴商业模式不断涌现。这些新兴模式为消费者提供了更加丰富的选择，快速提升了传统商业模式的服务质量和颗粒度。以共享出行为例，通过整合闲置车辆资源，实现了出行方式的便捷化、绿色化，受到了广大消费者的青睐。而网络直播则通过实时互动、内容创新等方式，吸引了大量年轻用户的关注，成为品牌营销、产品推广的新阵地。这些新兴商业模式不仅降低了运营成本，提高了效率，还为消费者带来了更加独特的体验。当然，数字经济的崛起并不意味着传统商业模式的消亡。相反，传统商业模式在经过数字化转型后，仍然具有强大的生命力和市场潜力。许多传统产业通过引入数字技术、创新业务模式，成功实现了转型升级，焕发出新的活力。

再次，2023年之后，随着中国数字经济的蓬勃发展，商业模式的生态位重叠现象正逐步向工业生产领域渗透。这一现象不仅推动了工业4.0、新零售、直播、在线体育、互联网医疗、云服务、短视频等新兴数字产业的迅猛发展，还为中国的数字经济注入了更多活力，促使现代化产业结构发生了全面而深刻的调整。

工业4.0作为第四次工业革命的核心，以智能制造为主导，通过大数据、物联网、人工智能等技术的应用，实现了生产过程的数字化、网络化和智能化。这不仅提高了生产效率，降低了成本，还使得工业生产更加灵活、可定制。同时，工业 4.0 的发展也促进了商业模式生态位的重叠，推动了制造业与服务业的深度融合，为产业创造了更多商业机会。新零售、直播、在线体育、互联网医疗等新兴数字产业的崛起，进一步丰富了数字经济的内涵。新零售通过线上线下融合，为消费者提供了更加便捷、个性化的购物体验；直播则借助互联网平台的优势，为品牌和消费者搭建了一个直接的沟通桥梁；在线体育和互联网医疗则通过技术手段，为人们提供了更加健康、科学的生活方式。这些新兴产业的发展，不仅推动了商业模式的生态位重叠，也为数字经济注入了新的活力。

最后，云服务作为数字经济的重要基础设施，为产业提供了高效、灵活的计算和存储服务。随着云计算技术的不断发展，越来越多的产业开始将业务迁移到云端，实现了资源的共享和高效利用。这不仅降低了产业的运营成本，还提高了业务的灵活性和可扩展性。在文化产业的发展中，通过短视频、AI 视频音频制作等新兴媒介形式，为各行业提供了品牌宣传、营销推广的重要渠道，推动了商业模式的生态位重叠和数字化转型。

综上所述，随着商业模式的生态位重叠逐步渗透至工业生产领域，以及新兴数字产业的快速发展，中国的数字经济正迎来一个崭新的发展阶段。这不仅将推动现代化产业结构的全面调整，还将为产业和消费者带来更多商业机会和生活便利。

二 中国数字经济发展逐步上升至国家战略高度

（一）数字经济推进国家信息化建设

1. 信息化建设和数字经济推进同步性

随着信息化建设的逐步深入，中国政府积极推动数字经济的发展。在信息化建设的起步阶段，国务院办公厅分别在 1999 年、2001 年和 2002 年转发了国务院有关部门的相关意见和有关行动的通知，以国家政策的形式为移动通信、空间信息基础设施、软件产业等数字经济形态的发展提供了有力支持。这些政策的出台，标志着中国在数字经济领域迈出了坚实的步伐，为后来的信息化建设打下了坚实的基础。

在电子商务发展与信息化建设深入阶段，国务院继续加大政策扶持力度。2005 年，国务院发布了产业政策意见，以推动电子商务的快速发展。这一举措不仅促进了电子商务的广泛应用，也为产业创新和转型升级提供了有力支撑。随后，在 2006 年和 2007 年，国务院又通过批复和条例的方式，推动了文化信息资源共享和政府信息公开，进一步推动了信息化建设的深入推进。

这些政策的实施，不仅为中国数字经济的发展提供了强大的政策支持，也为中国在全球化竞争中赢得了更多的先机。随着信息技术的不断发展和应用，数字经济已经成为全球经济发展的重要引擎。在这样的背景下，中国政府的这些政策举措，无疑为中国的数字经济发展注入了强大的动力。

2. 数字经济成为信息化建设和变革中的关键力量

2022 年，我国大数据产业规模达到了 1.57 万亿元，同比增长 18%，这一数字充分展示了大数据产业在我国数字经济中的核心地位。大数据产业的迅猛发展，不仅推动了我国数字经济的快速增长，更成为引领全球数字经济发展的重要力量。在我国，大数据产业已经深植于数字经济的各个领域，从金融、医疗到交通、教育等，都留下了大数据的深刻烙印。在全球经济增速放缓的背景下，我国的大数据产业却展现出了强大的韧性和蓬勃的生机，成为推动我国经济高质量发展的重要引擎。与此同时，也能清晰地看到，数字经济已经成为推动信息化建设和变革的关键力量。随着信息化建设的深入推进，数字经济已经渗透社会的方方面面，为人们的生活带来了极大的便利和改变。

在生产方式方面，数字经济的崛起使得生产方式发生了深刻的变革。传统的生产模式正在被数字化、智能化的生产方式所替代，生产效率得到了极大的提升。例如，智能制造、工业互联网等新型生产模式的出现，使得制造业的生产过程更加智能化、精细化，大大提高了生产效率和产品质量。

在生活方式方面，数字经济为人们提供了更加便捷、高效的生活方式。从在线购物、在线支付到在线教育、在线医疗等，数字经济已经渗透到人们生活的各个方面，为人们的生活带来了极大的便利。同时，数字经济也催生了众多新型职业和就业模式，为人们提供了更多的就业机会和创业空间。

在治理方式方面，数字经济为政府治理提供了全新的手段和工具。通过大数据、云计算等先进技术，政府可以更加精准地了解社会需求和民意动态，实现更加科学、高效的决策。同时，数字经济也推动了政府服务的数字化转型，使得政府服务更加便捷、高效，提升了政府的公信力和形象。

3. 信息化建设将大数据产业作为产业发展重点

在信息化建设的浪潮中，大数据产业被赋予了重要的战略地位。作为数字经济的重要基石，大数据产业不仅涵盖了数据的生成、采集、存储、加工、分析和服务等多个环节，更成为激活数据要素潜能、推动数字经济发展的关键支撑。

随着大数据产业的持续繁荣，数据资源日益丰富，为数字经济的蓬勃发展提供了坚实的基础。在数据资源日益丰富的背景下，大数据产品和服务的应用场景日益广泛，不仅涵盖了商业、金融、医疗、教育等传统领域，还向智能制造、智慧城市、智能交通等前沿领域拓展。这些应用的深入发展，为数字经济提供了更为广阔的发展平台，进一步促进了数字经济的快速增长。

此外，大数据产业的快速发展还带来了明显的乘数效应和倍增作用。随着数据资源的不断积累和应用场景的不断拓展，大数据产品和服务的需求也不断增加，进一步推动了大数据产业的繁荣和发展。这种良性的循环机制，不仅加速了大数据产业的自身发展，还带动了相关产业的协同发展，为整个经济社会的可持续发展注入了新的动力。

（二）数字经济推进现代产业体系发展

1. 数字经济拓展产业政策空间

在数字经济发展新阶段，党中央和国务院多次出台产业政策，推动数字经济高速发展，习近平总书记和李克强总理在多个重大场合和重要讲话中强调推进数字经济发展。比如，习近平总书记在 2016 年中共中央政治局集体学习时指出，"要做大做强数字经济，拓展经济发展新空间"；2023 年习近平主持召开二十届中央财经委员会第一次会议中指出："要把握人工智能等新科技革命浪潮……高效集聚全球创新要素，推进产业智能化、绿色化、融合化，建设具有完整性、先进性、安全性的现代化产业体系。"① 数字经济发展已经成为中国落实国家重大战略的关键力量，并将逐步发挥对现代化产业结构调整的中坚力量。

一方面，数字经济基于效率变革和组织变革，形成了对传统产业发展的生态位重叠和生态位冲击，这无疑是对传统产业发展模式的一种挑战。王如玉等（2018）指出，虚拟集聚将成为我国产业升级的资源空间配置的重要方式，并可能成为中国产业转型升级的新路径。这意味着，数字经济时代的产业集聚不再局限于地理空间，而是通过虚拟空间实现了资源的优化配置，为我国产业升级提供了新的可能性。

另一方面，数字经济对经济时空和物理时空的有效扩展，也为我国现代化产业发展提供了新的空间和领域，这是数字经济作为一种新兴产业发展的重要机遇。王希元和赵茂（2023）的研究表明，数字经济通过改变中国产业的组织方式，实现了虚拟集聚替代地理邻近，这不仅为新兴产业提供了广阔的发展空间，也为传统产业利用数字经济转型提供了新的组织形态、运作机制、规模和能力。这种无边界的发展模式，将为我国传统产业的转型升级提供强大的支持。

2. 数字经济引导重点产业数字化转型

在我国的数字经济规划中，数字经济的目标是，到 2025 年，数字经济核心产业增加值占 GDP 比重达到 10%，且数字技术与实体经济融合取得显著成效，我国数字经济竞争力和影响力稳步提升等。在立足不同产业特点和差异化需求时，数字经济的发展将具有对重点产业数字化转型的引导性。不仅通过数字经济能引导重点产业的数字化转型，推动传统产业全方位、全链条数字化转型，还能通过数字经济对经济、社会、文化等的全面影响，进一步提高重点产业数字化转型中的全要素生产率。如在数字经济的规划中提到，我国将大力提升农业数字化水平，推进"三农"综合信息

---

① 《习近平主持召开二十届中央财经委员会第一次会议》，新华社，2023 年 5 月 5 日。

服务，创新发展智慧农业，提升农业生产、加工、销售、物流等各环节数字化水平。同时，将纵深推进工业数字化转型，加快推动研发设计、生产制造、经营管理、市场服务等全生命周期数字化转型，加快培育一批"专精特新"中小产业和制造业单项冠军产业。深入实施智能制造工程，大力推动装备数字化，开展智能制造试点示范专项行动，完善国家智能制造标准体系。这些都体现了通过数字经济对重点产业数字化转型的关键引导作用。

此外，数字经济还将培育推广个性化定制、网络化协同等新模式。大力发展数字商务，全面加快商贸、物流、金融等服务业数字化转型，优化管理体系和服务模式，提高服务业的品质与效益等。推动产业互联网融通应用，培育供应链金融、服务型制造等融通发展模式，以数字技术促进产业融合发展。

3. 数字产业化促进产业结构高级化、合理化、生态化

首先，数字经济所代表的技术不是单一的，而是簇生在各新兴产业中的一系列技术的总称（陈伟雄等，2023）。而多元化的技术也在不同程度上促进了多元新兴产业的高度发展，从而形成多产业共生发展的状态，并有效促进新兴产业对传统产业的升级替代。

其次，数字经济中的各个技术，皆存在对多产业结构现代化的促进作用。如人工智能在工业4.0上，可实现从"自动化"到"智能化"转型，自动化生产过程、优化生产流程、预测生产故障等，从而提高生产效率和质量。数字经济技术促进了经济适度多元发展各产业的快速发展。

最后，数字经济将形成网状技术矩阵，通过交互技术作用，有效提升多个产业的链式发展以及互补协同。王希元和赵茂（2023）认为，物联网、区块链、人工智能、云计算、大数据等数字技术族群，承载了数据采集、存储传输、计算分析、安全保障等多重功能，系统化、专业化地为多个产业的生产和生活提供技术服务。说明数字产业化不仅能重塑产业发展的技术基础、运行效率、组织模式以及生产交易方式，还能为产业结构的高级化、合理化和生态化贡献力量。

三　中国数字经济发展持续影响经济社会生活

（一）数字经济持续高速发展将改变我国人民生活

数字经济迅猛发展，对我国人民生活的改变已经深入方方面面，展现出无比巨大的潜力和活力。这一变革不仅改变了人们的消费习惯，还推动了社会经济的转型升级，成为推动国家发展的重要力量。

首先，数字经济相关议题在社交媒体上广泛传播，引发了人们的热烈讨论和关注。从"第三方支付的市场争夺大战"到"外卖 App 的激烈竞争"，再到"网约车经济适度多元发展各产业规范"，这些话题都成了公众关注的焦点。人们开始关注数字经济的发展趋势，讨论其对社会经济生活的影响，这也体现了数字经济在人们心中的重要地位。

其次，数字经济的发展为消费者提供了更为便利的生活方式和更美好的消费体验。在衣食住行等各个领域，数字化、网络化和智能化转型已经成为趋势。例如，通过在线购物平台，消费者可以足不出户购买到各种商品；通过外卖 App，人们可以享受到快捷方便的美食配送服务；而网约车服务的普及，也为人们的出行提供了更多选择。这些变革不仅让人们的日常消费更为便利快捷，也极大地提升了消费者的生活品质。

最后，数字技术的普及和数字经济的发展为中国经济形态的转型升级和商业模式的变革创新注入了强大动力。随着大数据、云计算、人工智能等数字技术的广泛应用，越来越多的产业开始尝试数字化转型，以适应市场的变化和消费者的需求。这种转型不仅提升了产业的运营效率和服务质量，还推动了整个产业链的升级和创新。同时，数字经济也为创业创新提供了更加广阔的空间和平台，吸引了越来越多的年轻人加到数字经济的行列。

总的来说，数字经济对我国人民生活的改变是深刻而广泛的。它不仅改变了人们的消费习惯和生活方式，还推动了社会经济的转型升级和商业模式的创新变革。

（二）数字经济将持续产业化

数字经济对经济的附加值不断攀升，成为推动全球经济发展的重要引擎。这种趋势预示着数字经济将加速产业化。紧跟科技发展的步伐，加强数字经济关键技术的创新能力，特别是在传感器、量子信息、网络通信、集成电路、关键软件、大数据、人工智能、区块链、新材料等战略性前瞻性领域，必然会不断地推动产业化进程，以数字技术与各领域的融合应用为导向，引领行业产业、平台产业和数字技术服务产业跨界创新。

此外，数字经济的产业化能更好地构建创新成果的快速转化机制。通过数字经济的产业化集群，能将数字经济的创新链与产业链进行深度融合，加快创新技术的工程化、产业化步伐。数字经济的产业化还将构建高效的创新生态系统，鼓励更多的新兴产业崛起，激发更多的新型创新主体进入行业。强大的数字化产业集群，将在未来不断为我国的现代产业体系发展提供更多实现多元化参与、网络化协同、市场化运作的创新生态系统，推动创新资源的共建共享，促进创新模式的开放化演进。

（三）数字经济将持续影响澳门经济适度多元发展

第一，从经济层面来看，在数字经济的推动下，澳门将能够接触到更多的新兴产业发展思路，这些新兴产业包括但不限于电子商务、云计算、大数据、人工智能等。这些产业的兴起将为澳门经济适度多元发展提供强有力的支撑。数字经济的产业化将成为澳门多元产业发展的关键。随着数字技术的不断革新，澳门将能够优化传统产业的生产流程，提高生产效率，降低生产成本。同时，数字经济还能为澳门带来新的增长点，推动澳门经济向更高层次发展。

第二，从社会层面来看，数字经济的崛起将对澳门经济、社会、文化等各个领域产生深远的影响。数字经济的发展也将对澳门的社会制度产生积极的影响。随着数字技术的普及和应用，政府治理、公共服务等领域也将实现数字化转型，提高治理效率和公共服务水平。这有助于完善澳门的社会制度，提升民众的生活质量和幸福感。此外，数字经济的发展还将显著增强澳门民众的国家认同感和民族凝聚力。随着数字技术的广泛应用，澳门与内地的联系将更加紧密，文化交流、人员往来等将更加频繁。这有助于增强澳门民众对国家的认同感和归属感，促进澳门与内地的融合发展。

第三，在文化层面，数字变革将为澳门的文化多样性提供更好的传承与发扬。通过数字化手段，澳门的传统文化、历史遗迹、民间艺术等将得到更好的保护和传播。同时，数字技术还将为澳门文化创意产业发展提供新的机遇和空间，推动澳门文化产业的创新和发展。

第四，澳门作为我国的一个窗口，通过数字经济发展能形成与葡语"一带一路"共建国家更加紧密的经济联系。数字经济作为一种新兴的经济形态，正以其高效、便捷、跨界的特点，深刻地改变着世界经济的发展格局。澳门，凭借其开放的经济环境和优越的地理位置，积极响应国家发展战略，大力发展数字经济，不仅推动了自身经济的转型升级，也为葡语"一带一路"共建国家提供了更多的合作机会和发展空间，还为我国数字经济发展和现代产业体系发展做出积极贡献，为中华民族伟大复兴贡献力量。

第三节　内地经济多元发展实践之于澳门

一　积极作用

中国经济适度多元发展的理论和实践，对澳门有着积极的借鉴意义。

（一）数字经济拓展了产业发展空间和领域

1. 数字经济的虚拟集聚能拓展产业发展的空间

随着信息技术的迅猛发展和互联网的普及，数字经济以其独特的虚拟集聚特点，逐渐改变了传统产业的集聚模式，为新兴产业提供了广阔的初期发展空间。这种虚拟集聚不仅有效降低了多产业间的空间挤压和生态位重叠所形成的发展阻力，还通过利用网络外部性替代了地理集聚的外部性，进一步推动了产业结构的优化升级。

首先，数字经济的虚拟集聚特点主要体现在其突破了传统地理空间的限制，实现了信息和资源的快速流动与共享。通过网络平台，产业可以轻松地实现跨地域的协作与整合，形成一种新型的产业集聚形态。这种虚拟集聚不仅减少了产业间的物理距离，还降低了沟通成本和交易成本，为产业提供了更为灵活和高效的发展环境。

其次，数字经济的虚拟集聚有助于降低新兴产业在发展初期所面临的种种困难。通过虚拟集聚，新兴产业可以迅速聚集起一批具有创新能力和市场潜力的产业，共同开拓市场、分享技术成果并应对风险。这种集聚效应有助于降低新兴产业的市场准入门槛，加快其成长速度，从而推动整个产业结构的调整与发展。

最后，数字经济的虚拟集聚还促进了技术创新的系统化、创新组织的网络化和产业组织的虚拟化。在虚拟集聚的环境下，产业可以更加便捷地获取和利用各类创新资源，加强跨领域、跨行业的合作与交流。这种合作与交流不仅有助于推动技术创新的深入发展，还有助于形成更加紧密、高效的创新网络。同时，随着虚拟集聚的不断发展，产业组织的虚拟化趋势也日益明显。产业可以通过虚拟化手段实现资源的优化配置和业务流程的再造，进一步提高生产效率和市场竞争力。

2. 数字经济为产业发展提供了更加优质的人力资源保障

数字经济对大量产业具有提高生产要素质量的特点，在改变产业组织形态的同时，可重塑产业空间的效率模式（王希元、赵茂，2023）。陈伟雄等（2023）认为，数字经济可通过充分激活数据要素潜能的方式，改善生产要素的种类和结构，提高各相关产业的劳动力等生产要素的供给质量，使得"劳动生产力是随着科学和技术的不断进步而不断发展的"[1]。

首先，数字经济对生产要素质量的提升具有显著作用。在生产过程中，数字经济能够充分激活数据要素的潜能，通过大数据分析、云计算等技术手段，实现对生产要素种类和结构的优化。这不仅包括劳动力等传统生产要素，还包括知识、技术、信息等新型生产要素。随着数字经济的深入发展，这些新型生产要素的作用将越来越重要，成为推动产业升级和经济发展的关键力量。

其次，数字经济能够重塑产业空间的效率模式。传统的产业空间布局往往受到地域、交通等因素的限制，而数字经济则打破了这些限制，使得产业

---

[1] 马克思：《资本论》（第一卷），人民出版社，2004，第698页。

空间布局更加灵活和高效。通过数字化平台，产业可以实现远程协作、在线办公等新型工作模式，降低空间距离带来的成本和时间损耗。同时，数字经济还推动了产业链的数字化转型，实现了各环节之间的无缝衔接和高效协同，进一步提高了产业整体效率。

最后，数字经济还促进了劳动生产力的提升。随着科学技术的不断进步，数字经济为劳动者提供了更加丰富的工具和手段，使得劳动者能够更加高效地完成工作任务。同时，数字经济还推动了劳动力结构的优化，提高了劳动力素质和技能水平，为产业发展提供了更加优质的人力资源保障。

3. 数字经济有助于催生新产业新业态新模式

欧阳日辉（2022）认为数字经济具有四大核心效应：扩散效应、溢出效应、普惠效应和网络效应。这些效应共同推动了新产业、新业态和新模式的诞生，进而促进了实体经济的形态高级化、分工模块化和结构合理化。这一观点为深入理解数字经济的价值和潜力提供了重要视角。

首先，扩散效应意味着数字经济的创新和成果能够迅速传播到各个行业和领域，带动整体经济的增长。例如，互联网技术的普及使得信息传播更加迅速和广泛，电子商务、在线教育、远程医疗等新型业态应运而生，为经济发展注入了新的活力。

其次，溢出效应体现了数字经济对其他领域的积极影响。数字经济的发展不仅提高了自身的生产效率，还通过技术创新、模式创新等方式，推动传统产业转型升级。例如，工业互联网的发展使得传统制造业实现了智能化、网络化，提高了生产效率和产品质量。

再次，普惠效应则是指数字经济能够降低门槛，让更多人享受到经济发展的红利。数字技术的普及使得信息获取更加便捷，金融服务更加普惠，创新创业更加活跃。例如，移动支付、网络借贷等新型金融服务的出现，让更多人享受到了便捷、高效的金融服务。

最后，网络效应强调了数字经济中网络连接的重要性。在数字经济时代，网络连接成为经济增长的重要基础设施，为各种新业态、新模式的诞生提供了有力支撑。例如，物联网技术的发展使得各种设备、系统实现互联互通，推动了智能家居、智能交通等领域的快速发展。

数据作为数字经济范式的关键生产要素，与传统生产要素、算法和算力深度融合，产生了倍增效应、替代效应和协同效应。这种深度融合不仅提高了生产效率，还推动了质量变革、效率变革和动力变革。

（二）呈现三、二、一产业逆向渗透

1. 数字经济下产业结构的整体优化

数字经济作为一种新兴的经济形态，在我国经济发展中发挥着日益重要的作用。其独特的扩散效应、溢出效应、普惠效应和网络效应（欧阳日辉，2022），使得数字经济进入的产业领域往往以第三产业为主，并在数字产业化过程中，明显呈现"三、二、一"产业的逆向渗透趋势。在数字经济的浪潮下，观察到了一个引人注目的现象：原本以第三产业为主导的行业，正逐渐渗透到第二、第一产业，形成了一种逆向渗透的趋势。这一趋势不仅体现了数字经济的自身特性，也反映了现代化产业结构调整的必然需求。

首先探讨数字经济的特性。数字经济以信息、数据为核心资源，通过互联网、大数据、人工智能等先进技术手段，实现了对传统产业的深刻改造。数字经济的出现，极大地提高了生产效率，降低了交易成本，使得资源配置更加高效。同时，数字经济还具有高度的渗透性和创新性，能够迅速渗透到各个产业领域，推动产业结构的升级和转型。

在这种背景下，原本以第三产业为主导的行业，如服务业、金融业等，开始利用数字经济的优势，向第二、第一产业延伸。例如，通过应用大数据和人工智能技术，服务业可以实现对制造业生产过程的精准监控和优化，提高生产效率和产品质量。同时，金融业也可以利用区块链技术，实现更加安全、高效的资金流转和风险管理。

此外，第二、第一产业也在积极拥抱数字经济，推动产业结构的整体优化。在农业领域，通过应用物联网技术和智能农业装备，可以实现精准种植、智能灌溉、智能收割等，大幅提高农业生产效率和产量。在制造业领域，通过应用工业互联网技术和智能制造技术，可以实现生产过程的自动化、智能化，提高生产效率和产品质量。这种逆向渗透趋势的出现，不仅优

化了产业结构，也推动了经济的持续健康发展。一方面，逆向渗透使得第三产业能够更好地服务于第二、第一产业，提高了整个经济体系的效率和质量。另一方面，逆向渗透也促进了第二、第一产业的转型升级，推动了经济的可持续发展。

2. 逆向渗透为传统产业注入新的活力

在数字化浪潮的推动下，产业的逆向渗透趋势愈加明显，这为传统产业的数字化转型提供了广阔的技术空间。数字经济的迅猛发展，如同一股强大的引擎，推动着第三产业中的各行各业驶向数字化的快车道。随着信息技术的不断革新，大数据、云计算、人工智能等前沿技术日益成熟，它们如同一座座桥梁，将第三产业与数字化紧密相连，使得第三产业能够充分享受到数字化带来的便捷与效益。不仅如此，数字经济的蓬勃发展也为第二产业和第一产业带来了前所未有的机遇。传统产业的数字化转型不再仅仅局限于提升生产效率、降低成本等单一目标，而是向着智能化、网络化、服务化等更高层次迈进。数字产业开始逐步向第二、第一产业渗透，为这些传统产业注入了新的活力，推动了产业结构的优化升级。

在第二产业中，数字技术的应用正在助力制造业的转型升级。智能制造、工业互联网等新模式不断涌现，使得生产流程更加高效、灵活。例如，通过数字化技术的应用，产业可以实现生产线的自动化、智能化，提高生产效率和产品质量。同时，数字技术还有助于实现供应链的透明化和协同化，优化资源配置，降低运营成本。

在第一产业中，数字技术的引入也为农业现代化带来了新的希望。智慧农业、农业物联网等技术的应用，使得农业生产更加精准、高效。通过实时监测土壤、气候等数据，农民可以更加科学地进行种植和养殖，提高农作物的产量和质量。此外，数字技术还有助于实现农产品的溯源和品牌建设，提升农产品的市场竞争力。

3. 数字化差异促进产业间的内生链式融合

在数字化浪潮中，观察到一种逆向渗透的趋势，正悄然改变着产业生态。这种趋势源于不同产业之间差异化的数字化水平，为产业间的融合提供了前所未有的可能性。这种融合，可以称为内生链式融合，它在数字经济的大背景下显得尤为突出。

首先，探讨数字化水平的差异。在 21 世纪的今天，数字化已经渗透到了各行各业，但不同产业的数字化进程和水平却大相径庭。例如，信息技术、电子商务等行业早已实现了高度数字化，而传统制造业、农业等则相对滞后。这种差异，为产业间的融合提供了巨大的空间。

那么，这种差异如何促进产业间的融合呢？一方面，高度数字化的行业可以通过先进的技术和模式，为传统行业提供数字化转型的解决方案。例如，信息技术产业可以为制造业提供智能制造的解决方案，提升生产效率和产品质量。另一方面，传统行业也可以通过与数字化程度较高的行业合作，实现自身的转型升级。例如，农业可以通过与电子商务产业合作，实现农产品的在线销售和品牌化。这种融合不仅有助于提升产业链的整体效率，还有助于催生新的商业模式和业态。例如，在智能制造的推动下，传统的制造业可以实现定制化生产，满足消费者日益个性化的需求。在农业领域，通过数字化技术的应用，可以实现精准农业，提高农产品的产量和质量。

总的来说，数字经济的逆向渗透趋势对于我国产业结构调整具有重要意义。它不仅为数字产业提供了广阔的发展空间，也推动了产业链的优化升级，为我国经济的持续发展注入新的动力。然而，这种趋势也带来了一定的挑战，如数字化技术普及、人才培养等方面的问题。因此，在推动数字经济发展的同时，也要关注这些问题，确保数字经济能够健康、有序发展。

（三）呈现明显"链式-生态系统"结构

汪延明（2023）指出我国的产业结构是在具有中国特色产业链经济学基础上发展起来的，中国特色产业链经济学是以马克思主义政治经济学、中国特色社会主义政治经济学、习近平经济思想为理论基础，依托产业链研究中形成的具有中国文化、中国智慧、中国能力、中国实践等诸多中国特色要素的产业链理论优势，将产业链为经济主体，以资源配置、价值创造、经济运行效果、产业链命运共同体构建等为学科内容，集案例、定性与定量、实证与规范等研究方法于一体的产业链经济知识创造、应用与传播相结合的新兴社会科学交叉学科。在链式-生态系统中，中国经济的多元发展具有更强的韧性。

1. 链式-生态系统能有效解决可能的产业链断裂问题

中国特色的链式-生态系统，作为一种具有鲜明中国特色的经济发展模式，是在我国农业、重工业与轻工业间发展链断裂的大背景下逐步形成的。这一系统不仅具有深刻的理论性，还展现出强大的实践性，为解决我国经济发展中的实际问题提供了有力的理论指导和实践路径。

首先，链式-生态系统是在我国经济转型和产业升级的过程中应运而生的。传统的农业、重工业与轻工业之间的断裂，严重制约了我国经济的持续发展。为此，我国积极探索并构建了一种以产业链为核心的发展模式，通过产业链的扩展和延伸，形成了一种独特的经济动力（汪延明，2023）。这一动力不仅促进了产业间的融合与协调，还推动了我国经济结构的优化和升级。

其次，链式-生态系统具有强烈的实践性和理论性。它紧密结合我国经济发展的实际情况，深入研究产业链的发展规律，提出了一系列具有针对性的发展策略。这些策略不仅为我国的经济发展提供了有力的理论指导，还在实践中得到了广泛的应用和验证。这种理论与实践的紧密结合，使得链式-生态系统在我国经济发展中发挥了重要的作用。

最后，链式-生态系统的发展模式不仅有助于解决我国经济发展中的问题，也能为其他发展中国家提供借鉴。我国作为一个发展中国家，在经济发展过程中面临许多共性问题。链式-生态系统的成功实践，能为其他发展中国家提供一种新的发展思路和方法。它们可以通过借鉴我国的经验，结合自身实际情况，构建符合自身发展的链式-生态系统，推动经济的持续发展。

2. 链式-生态系统符合全球化产业结构发展

在全球化的浪潮中，中国积极参与国际分工，通过不断调整产业结构，形成了具有鲜明全球化特点的经济多元发展模式。这种发展模式的核心，就是中国特色的链式-生态系统。这一系统不仅在全球范围内展现了其独特的结构和形态，而且为我国经济的持续快速增长提供了有力支撑。

首先，要明确什么是链式-生态系统。简而言之，它是指由多个相互关联、相互依存的经济实体组成的网络结构，这些实体包括但不限于产业、产业链、供应链、金融机构、科研机构等。这些实体之间通过复杂的链式关系，形成了一个庞大的生态系统，共同推动着经济的发展。

其次，中国的链式-生态系统是在全球化分工的大背景下逐步形成的。改革开放以来，中国积极参与国际经济合作与竞争，通过引进外资、技术和管理经验，推动了产业结构的优化升级。在这一过程中，中国不仅成为全球制造业的重要基地，还在金融、科技、文化等领域取得了显著成就。这些成就不仅提升了中国的全球经济地位，也为链式-生态系统的形成奠定了坚实基础。

中国特色的链式-生态系统具有鲜明的全球化特点。一方面，它充分吸收了全球化分工的精髓，形成了高效、灵活、创新的产业链和供应链。另一方面，它紧密结合中国国情，充分发挥了政府在资源配置、政策引导等方面的作用，为经济发展提供了有力保障。此外，中国特色的链式-生态系统还展现出强大的适应性和韧性。面对全球经济的波动和挑战，中国能够迅速调整产业链和供应链布局，保持经济的稳定增长。同时，通过加强自主创新、提升核心竞争力等方式，推动链式-生态系统不断向更高层次、更宽领域发展。

3. 链式-生态系统可以优化国内产业循环结构

在中国特色的发展道路上，链式-生态系统的形成并非一蹴而就，而是在分散和非均衡的发展过程中逐步实现的（汪延明，2023）。这一转变背后，体现了我国对产业结构的深刻理解和巧妙调整。为了更好地推动经济的全面发展，我国积极优化国内产业循环的分工结构、产业关联结构、产业组织结构。这种优化促进了产业链-生态系统的跨区域、跨经济适度多元发展，更使得各产业空间得到了均衡发展，形成了具有中国特色的多产业链式-生态系统。

在这一过程中，我国产业链-生态系统配合绿色产业政策引导进一步加快了数字经济的发展，推动了区域链、经济适度多元发展各产业链、资金链、信息链、价值链、供应链、技术链、生态链、治理链等产业链内含链体系的建构。我国作为全球制造业大国，具有完整的产业链和强大的制造能力。在数字经济时代，我国将这一优势发挥得淋漓尽致。在绿色产业政策的引导下，我国产业链的内涵不断丰富，形成了包括资金链、信息链、价值链、供应链、技术链、生态链、治理链等在内的全方位产业链内含链体系。在绿色产业政策的引导下，产业纷纷加大研发投入，推动产品和服务向高端化、智能化、绿色化方向发展，进一步提升了整个价值链的竞争力。

总之，中国特色的链式–生态系统是在解决实际问题、积极参与全球化分工和实现均衡发展的过程中逐步形成的，它为我国经济发展提供了有力支撑。这一系统以其独特的优势，为我国在全球经济舞台上树立了良好形象，也为其他国家或地区提供了可借鉴的发展经验。在未来，我国将继续深化链式–生态系统的发展，推动经济持续繁荣，为实现全面建设社会主义现代化国家目标贡献力量。

二　内生差异

中国依托数字经济快速发展逐步形成的均衡多元的产业链具有相对的内生优势，与澳门小微经济体存在较大差异。

（一）澳门产业结构调整可能不具备庞大产品需求

1. 产品结构调整与庞大产品需求量密切相关

中国的产业结构调整链式发展是一个复杂而漫长的过程，其中经历了许多波折和挑战。在过去的几十年里，中国经济发展取得了令人瞩目的成就，但同时也面临许多问题和挑战，其中最为突出的问题就是产业结构的不均衡和数字经济与传统产业结合不够紧密。在中国的经济发展历程中，产业结构调整起到了至关重要的作用。这一过程的实施，不仅顺应了当时国内消费升级和出口贸易快速上涨的趋势，更是推动着国家经济的持续健康发展。

首先，对国内消费升级的影响。随着中国经济的快速发展，人民群众的生活水平不断提高，消费需求也在逐步升级。消费者对产品质量、功能、品牌等方面的要求越来越高，这就对产业结构提出了更高的要求。为了满足这些需求，产业不得不进行产业结构调整，提高产品的技术含量和附加值，以满足消费者对高品质产品的追求。这种产业结构调整不仅提高了产业的竞争力，也为国家经济的持续发展注入了新的动力。

其次，出口贸易的快速上涨也为产业结构调整提供了有力的支撑。随着全球经济的深度融合，中国的出口贸易量不断增长，尤其是在加入世界贸易组织后，中国的出口贸易更是迎来了快速增长期。这种快速增长的出口需求，要求产业必须具备更强的生产能力和更高的技术水平，以应对国际市场的竞争。因此，必须进行产业结构调整，提高产品的技术含量和附加值，以满足国际市场的需求。这种产业结构调整不仅增强了产业的国际竞争力，也为我国经济的国际化发展提供了有力保障。

产业结构调整，提高了产品的技术含量和附加值，实现了产品结构的优化升级。这种优化升级的产品结构，不仅满足了国内消费升级和出口贸易快速上涨的需求，也为产业带来了更高的利润和更大的市场份额。这种正向激励，进一步推动了产业结构调整的积极性，形成了螺旋型的发展态势。

2. 澳门产业结构调整错失了以物质驱动技术的时代红利

全球经济快速演变，以物质驱动技术飞速发展，但澳门似乎错过了这一重要的时代红利。与此同时，疫情之后的全球政治经济格局发生了深刻变化，中美贸易战、中长期再工业化、反全球化等不确定因素交织在一起，对澳门经济多元发展造成了严峻的挑战。在这样的背景下，澳门经济想要获得巨大的增量需求市场变得异常困难。全球产业回迁的趋势日益明显，这种梯度性、阶段性的变化不仅推动了产业链加速向各地区优势产业和内生需求的区域化、本土化回归，还可能加速形成反全球供应链一体化的常态化格局。这意味着，澳门需要重新思考其经济发展战略，以适应这一全球趋势。澳门目前的经济适度多元发展将在全球供给侧疲软的国际背景下进行，使得产业结构调整的巨大成本难以被当期需求所消化。这一现状不仅推动了澳门经济从单一外向型产业向内产业结构调整的转型，同时也为澳门经济多元发展带来了挑战和机遇。

一方面，看这一转型的必要性。长期以来，澳门的经济高度依赖旅游和博彩业，这种单一的外向型产业结构使澳门的经济稳定性受到外部经济环境的严重影响。在全球经济波动的大背景下，澳门经济面临巨大的风险。因此，适度多元发展成为澳门经济稳定增长的必然选择。然而，产业结构调整并非一蹴而就。这需要大量的资金投入，同时也需要时间来培养新的产业。在全球供给侧疲软的情况下，这些成本难以被当期的需求所消化。这就需要澳门特区政府和产业共同努力，通过政策引导、资金投入、人才培养等方式，推动产业结构的调整和优化。同时，也应看到，澳门产业结构调整和优化所贡献的产能，不仅有利于澳门自身的经济发展，也为其他经济体提供了更多的市场需求和支持。这是因为，随着产业结构的优化，澳门的产业将更加多样化，吸引更多的国际投资和贸易机会。这有助于提升澳门的国际竞争力，推动经济持续增长。

另一方面，这种产业结构的调整和优化也可能降低其他经济体对澳门经济多元发展的市场需求和支持力度。这是因为，随着产业结构的调整，澳门出口的产品和服务可能会发生变化，这可能会影响其他经济体的利益。因此，澳门需要在推动产业结构调整的同时，积极与其他经济体进行沟通和合作，以寻求更多的共赢机会。此外，澳门在经济多元发展的过程中，还需要向内地学习。内地经济发展取得了举世瞩目的成就，其产业结构的调整和优化为澳门提供了宝贵的经验和启示。澳门可以通过学习内地的成功经验，加快自身的产业结构调整和优化进程。

（二）澳门经济多元发展缺乏持续教育投入的"根部"效应

经济发展往往要经历长周期回报，需要高研发投入和高水平人才。中国从1985年开始进行教育体制改革，到党的十四大提出"必须把教育摆在优先发展的战略地位"，再到科教兴国、人才强国以及2035年建成教育强国的战略部署，持续推进对高水平人才的长期培养。

而同期澳门内生人力资源投入相对缺乏，人力资源在产业发展中的受重视程度较低。封小云（2006）认为，澳门的人力资源供给的质方面短缺更加严重，可能直接导致澳门未来新兴产业的形成和发育，并对长远的发展产生重大负面效应。而之后Sheng（2017）也指出，澳门的博彩业低学历人才的大量招聘策略，使得赌场繁荣推动的劳动力成本上升，加上技术水平低下，加速了澳门制造业的衰落，减少了澳门发展多元经济的技术"根部"人才，使得澳门经济多元适度发展在短期难以内生性地发生颠覆性变化。

三　如何借鉴

尽管澳门依托数字经济的经济适度多元发展与内地在人才、市场规模等禀赋资源上具有巨大差异，但仍可在大湾区经济协同发展的契机下，借鉴内地产业结构链式-生态系统的发展实践，使澳门经济获得持续发展。

（一）对产业发展过程中的引进—吸收—再创造模式进行借鉴

1. 引进—吸收—再创造模式是中国产业结构调整的成功要素之一

中国产业结构的调整与发展，与全球化的40年进程紧密相连。全球化不仅为中国带来了外部市场的机遇，更推动了国内产业结构的深刻变革。在这一进程中，中国始终采用引进—吸收—再创造模式，不断推动产业结构的优化升级。

首先，全球化给中国带来了先进的技术和管理经验。通过引进国外先进的技术和设备，中国得以迅速提升产业链的整体水平。例如，在汽车产业中，中国通过引进外资和技术，成功实现了从零部件生产到整车制造的跨越式发展。同时，全球化还促进了中国与其他国家在产业领域的合作，推动了产业链的完善和优化。其次，中国在引进外部资源的基础上，注重吸收和消化这些资源。通过学习和借鉴国外先进的管理经验和技术创新，中国不断提升自身的产业竞争力。例如，在电子信息产业中，中国通过引进国外先进的技术和设备，结合自身的研发实力，成功打造了一批具有全球竞争力的电子信息产业。最后，中国在吸收外部资源的基础上，注重再创造和创新。通过自主研发和技术创新，中国不断推动产业结构的升级和转型。例如，在新能源产业中，中国通过引进国外先进的太阳能和风能技术，结合自身的研发实力，成功开发出了具有自主知识产权的新能源技术和产品。

李柏洲和李新（2014）提供了一个关于技术与经济发展的深刻见解。

他们认为，技术作为推动经济适度多元发展各产业的重要战略资源，对产业结构的形成和发展具有至关重要的作用。特别是在当前技术创新水平受限的情况下，产业结构可能从一开始就面临产业发展的瓶颈，制约其进一步发展壮大。为了突破这一瓶颈，实现技术赶超，许多国家或地区选择引进先进技术，并在此基础上进行吸收和再创造。这种引进—吸收—再创造模式不仅有助于快速提升本地技术水平，还可以形成自身研发为长期基础、引进技术为补充的技术获取模式，从而实现技术与经济的双重增长。在中国，这种模式的成功实践为澳门经济适度多元发展提供了宝贵的借鉴。澳门作为一个特别行政区，其经济发展同样需要寻找适合自身特点的发展路径。通过引进内地及其他国家或地区的先进技术，澳门可以迅速提升自身产业的技术水平，同时积极吸收和再创造，形成具有澳门特色的产业结构和经济发展模式。

2. 澳门借鉴中国的外部技术具有引进环境较低的敏感性

尽管科技是全人类的，但与产业升级相关的先进技术不是全人类的，对于发展中国家来说，如何有效地引进和消化先进技术，进而实现技术再创造，是一项极具挑战性的任务。Cohen 和 Levinthal（1989）深入探讨了发展中国家在技术引进过程中所面临的挑战。他们指出，大部分引进的先进技术都包含隐性的知识和配套设施的沉没部分，这些因素使得技术的吸收和再创造变得困难重重。

隐性知识，是指那些难以通过文字、图表等形式明确表达的知识，它们往往需要通过实践、经验积累或口耳相传的方式来获得。而配套设施的沉没部分，则是指与技术紧密相关的各种辅助设备、软件、服务等，这些也是技术成功应用不可或缺的部分。这些隐性和沉没的部分，往往对环境有着极高的敏感性，不同的社会、文化、经济背景都可能导致技术的吸收和再创造出现障碍。发展中国家在技术引进过程中，常常面临资金、人才、基础设施等多方面的限制。资金短缺可能导致无法购买昂贵的先进设备和技术；人才匮乏可能使得技术的消化和吸收变得困难；基础设施的不完善则可能影响到技术的实际应用效果。这些因素共同构成了发展中国家在技术引进和再创造过程中的主要障碍。

数字经济：澳门经济适度多元发展的新路径

在我国的产业发展历程中，走过了一条富有智慧和独特性的道路。这是一条从引进到吸收到再创造的循环往复、不断升华的路线。这一内生再创造路径不仅展现了我国产业的创新精神，也体现了国家对产业进步的坚定决心和不懈追求。引进技术是产业发展的起点。在技术日新月异的今天，封闭自守只会让与世界脱轨，而积极引进国外先进技术则能站在巨人的肩膀上，看得更远，走得更快。通过引进，能够接触到最新的科研成果，了解最前沿的技术趋势，为国内产业的发展注入新的活力和动力。

当然，引进技术只是第一步，真正的挑战在于如何将这些技术消化吸收，转化为自己的核心竞争力。这需要进行深入的研究，理解技术的本质和精髓，同时结合我国的实际情况，进行有针对性的改进和创新。这种引进—吸收的过程，不仅提升了国内产业的技术水平，也推动了产业结构的调整和优化，为我国经济的适度多元化发展奠定了坚实的基础。而"再创造"，则是在吸收的基础上进行更高层次的创新。不仅要学习别人的长处，更要发挥自己的优势，创造出真正属于自己的核心技术和品牌。这种再创造的过程，既是对引进技术的升华，也是对我国产业实力的展示。通过再创造，不仅能够缩小与发达国家的技术差距，更能够在某些领域实现领先，引领世界技术进步。

在这个过程中，澳门作为一个特殊的经济区域，依托大湾区的协同发展战略，具有独特的优势和地位。大湾区的协同发展战略为澳门提供了更加广阔的平台和机遇，使其能够降低外部技术在引进过程中对环境的敏感性。这意味着，在引进先进技术的过程中，澳门能够享受到更低的吸收门槛和更高的技术转化率。通过借鉴内地的外部技术，澳门有可能实现快速缩小与大湾区内数字经济强省的技术差距。同时，澳门还可以有效发挥数字经济在经济适度多元发展中的产业结构调整作用。数字经济作为一种新兴的经济形态，具有高度的创新性和渗透性，能够推动传统产业的转型升级，促进新产业的快速发展。澳门通过发展数字经济，不仅能够提升自身的产业竞争力，还能为整个大湾区的产业升级和经济发展做出重要贡献。

总的来说，我国的产业发展历程是一条充满智慧和挑战的道路。通过引进、吸收和再创造,不断提升自己的技术水平,推动产业结构的调整和优化,实现经济的适度多元化发展。而澳门作为大湾区的重要组成部分,通过依托大湾区的协同发展战略,发挥自身优势,有望在数字经济领域实现快速发展和突破。这不仅将为澳门自身带来繁荣和发展,也将为整个大湾区的产业升级和经济发展注入新的活力和动力。

(二)借鉴产业技术资本化的局部性应用策略,加速澳门新兴产业发展

1. 我国内地产业结构调整能为澳门提供宝贵经验

在辽阔的中华大地上,产业的技术资本化过程犹如一条曲折而坚定的河流,在时空的长河中逐步均衡化发展。这一过程不仅揭示了我国社会主义统一市场经济调控下的智慧与力量,更体现了多产业在局部性技术应用策略推动下不断创新演进和产业融合的壮丽画卷。长期以来,我国的产业结构在技术和资本的双重驱动下,逐步实现了从低附加值向高附加值的转变。这种转变并非一蹴而就,而是在社会主义市场经济的宏观调控下,通过一系列精准的政策措施,逐步引导资源向高新技术产业聚集,推动产业结构优化升级。

在这个过程中,局部性技术应用策略发挥了至关重要的作用。这些策略往往根据不同产业的实际情况,因地制宜、因时制宜,旨在通过技术创新和应用,提升产业的核心竞争力。例如,在制造业领域,通过引入智能制造、工业互联网等先进技术,不仅提高了生产效率和产品质量,还推动了制造业向高端化、智能化方向发展。在农业领域,则通过推广农业物联网、精准农业等技术,提高了农业生产的智能化水平和产出效益。当然,产业技术资本化并非一帆风顺。在不同时空背景下,由于局部性应用的差异,产业技术规模呈现动态不均衡的现象。这种不均衡既体现在不同产业之间的技术水平差距,也体现在同一产业内部门之间的技术实力差异。为了应对这种不均衡,需要进一步加大技术研发和应用的力度,特别是在那些技术相对薄弱的领域和产业,要采取更加有力的措施,推动技术创新和应用,实现产业的全面均衡发展。

胡振雄(2021)指出,产业技术资本化的过程是一个复杂而系统的工程,需要政府、产业和社会各方的共同努力。在当今全球化的经济体系中,局部性不均衡的现象逐渐显现，尤其在产业技术领域。当然，这种不均衡并非全然不利，从某种角度看，它顺应了市场经济规律，为我国产业技术的资本化进程注入了高效动力。这种高效性不仅体现为资源的优化配置，还推动了我国经济的持续多元化发展，为未来的繁荣稳定奠定了坚实的基础。

局部性不均衡，实际上是一种市场自我调节的表现。在市场经济中，资源的分配往往受到供求关系的影响，当某一领域的需求超过供应时，资源会自发地向这一领域流动。这种流动不仅促进了资源的有效利用，还推动了相关产业的发展。在我国，这种不均衡现象在产业技术领域尤为明显，一些前沿技术领域的投资和发展速度远超其他领域，形成了局部性的技术资本聚集。当然，局部性不均衡并不意味着应该忽视其他领域的发展。相反，应该借鉴这种不均衡现象，通过数字技术和强势产业的实际需求，推动其他领域的技术进步和资本积累。这样，不仅可以实现产业结构的全面优化，还可以提高整个经济体系的韧性和抗风险能力。

对于澳门而言，其经济适度多元发展也可以从我国内地产业技术的局部性应用策略中汲取经验。通过利用数字技术和强势产业的实际需求，澳门可以获取局部性的技术资本，从而以点带面地推进产业结构调整的持续发展。例如，澳门可以加强在金融科技、医疗健康、文化创意等领域的投入和发展，利用这些领域的技术优势和市场需求，推动经济的多元化发展。同时，澳门还可以与我国内地城市加强合作，共同探索产业技术的新应用和新模式，实现资源共享和优势互补。

2. 通过借鉴澳门可降低产业技术资本化的试错成本

在数字技术的浪潮中，澳门正处于一个转型的关键时刻。随着数字技术的广泛应用，澳门有望构建具有市场化需求、充满澳门特色的新兴产业链式结构。这一变革不仅能促进澳门经济的内生螺旋增长，还将为澳门的可持续发展注入强大动力。澳门的这一转型并非偶然。在全球化和数字化的大背景下，数字技术已成为推动经济增长和产业转型的重要力量。澳门作为一个国际化城市，具有得天独厚的地理位置和资源优势，加上其独特的文化背景和历史遗产，为澳门发展具有特色的新兴产业链式结构提供了得天独厚的条件。

该产业链式结构的形成，将使澳门经济更加具有韧性和可持续性。产业链式结构强调各环节之间的协同和整合，通过优化资源配置、提高生产效率、降低成本等方式，实现经济效益的最大化。同时，这种结构还能激发产业链的创新活力，推动新技术、新产品、新业态不断涌现，为澳门经济发展注入源源不断的动力。

在这一过程中，我国内地产业技术资本化的高效性可为澳门提供宝贵的经验和借鉴。产业技术资本化是指将科技成果转化为现实生产力，实现技术价值和经济价值的有机结合。我国在这一领域积累了丰富的经验，形成了一套完善的理论体系和实践模式。澳门可以通过借鉴这些经验，降低产业技术资本化的试错成本，提高转型的效率和成功率。此外，澳门在推动经济适度多元发展的过程中，也可以从我国的成功案例中汲取智慧。经济适度多元发展是指在保持经济稳定增长的前提下，通过发展新兴产业、优化产业结构、拓展国际市场等方式，实现经济的多元化和均衡发展。我国在这一过程中取得了显著成果，为澳门提供了有益的参考。

3. 内地产业技术资本化能为澳门提供坚实资本基础

内地产业技术资本化与澳门经济适度多元发展之间的互动需要澳门强有力的适度多元的产业结构支撑，在合理的产业结构和生态系统中，才有望为两地经济的繁荣与发展注入新的活力。在这个过程中，澳门产业政策是否能充分发挥市场机制的作用，推动技术资本的高效流动与配置，将成为决定澳门实现产业结构优化升级、内地和澳门持续良性互动的坚实基础。

首先，从产业资本的角度来看，内地的高科技产业资本对澳门有着极高的吸引力。这主要得益于两者之间的亲缘关系。这种亲缘关系不仅体现在文化、历史等方面，更体现在经济、贸易等多个领域。因此，当中国有着的高科技产业资本在寻找新的投资和发展机会时，澳门无疑成为一个具有极高潜力的目标。同时，由于这种亲缘关系的存在，产业资本相互流转的沟通成本较低。无论是资金、技术还是人才，都可以在这种亲缘关系的推动下更加顺畅地流动和配置。

其次，澳门独特的窗口地位和"一国两制"政策的稳定性，也对内地高科技产业资本有着极大的吸引力。作为连接中国内地与东南亚的重要桥梁，澳门具有得天独厚的地理优势和政策优势。这种优势不仅为高科技产业资本提供了广阔的市场空间和发展机会，更为其提供了稳定的政治环境和法律保障。特别是在当前全球经济不确定性增强的背景下，澳门"一国两制"政策的稳定性更成为一种稀缺资源。这种稳定性不仅可以为投资者提供长期的保障，更可以为其带来更加可靠的投资回报。

最后，澳门作为一个国际化的旅游城市，其独特的城市魅力和丰富的旅游资源，也为高科技产业资本提供了新的发展机遇。例如，随着科技的不断发展，智慧旅游、虚拟现实旅游等新兴业态逐渐兴起。这些新兴业态不仅可以为澳门带来更多的游客和收入，更可以为其高科技产业资本提供新的投资方向和发展空间。

（三）依托大湾区协同发展战略优化澳门适度多元的产业结构

1. 区域经济的产业协同能降低澳门经济适度多元发展的重复建设

我国产业结构对数字技术的驱动方式，在初期发展过程中通过利益驱动来提高数字经济在各产业的发展广度和深度，激发各行业的创新活力。这一方式为我国数字经济的蓬勃发展奠定了基础，同时也为后续的产业结构优化提供了有力支撑。在新时期的发展战略中，大湾区协同发展扮演着举足轻重的角色。作为我国经济布局的重要组成部分，大湾区通过区域间的紧密合作与协调，不仅推动了各产业的创新与发展，还优化了区域经济内各城市、地区的产业协同结构，为澳门经济适度多元发展提供了坚实基础。

首先，大湾区协同发展的核心在于促进产业创新。通过整合区域内的资源、技术和人才优势，大湾区致力于打造具有国际竞争力的产业集群。例如，在高新技术产业领域，大湾区通过加强产学研合作，推动科技创新成果转化为实际生产力，为区域经济增长注入新动力。同时，大湾区还注重发展现代服务业，提升金融、物流、旅游等产业的国际化水平，为区域经济的持续发展提供了有力支撑。

其次，大湾区协同发展有助于降低数字经济基础建设的重复建设成本。

在数字经济日益成为经济发展新引擎的背景下，大湾区各城市、地区积极推进数字基础设施建设，如5G网络、数据中心等。通过协同规划、共享资源，大湾区避免了盲目投资和重复建设，提高了数字基础设施的利用效率，为澳门经济适度多元发展提供了坚实基础。

最后，大湾区协同发展还促进了区域内各城市、地区的产业协同结构。在区域经济一体化的大背景下，大湾区各城市、地区根据自身优势和发展需求，明确了产业发展定位和分工，形成了优势互补、错位发展的产业格局。这种协同发展的模式不仅提高了区域经济的整体竞争力，还有助于实现各城市、地区的共赢发展。在这一战略部署下，数字经济的推进不再仅仅依赖利益驱动，而是逐步转向产业生态、技术创新和价值驱动等多方面。这种转变体现了整体国家数字经济发展的深度和广度，同时也为绿色经济和数字经济的有机结合创造了条件。

2. 大湾区协同发展能推动澳门新兴产业链的优化和升级

在产业链方面，大湾区协同发展推动了产业链的优化和升级。其中澳门可根据自身优势，发展特色产业，形成互补发展的格局。并基于大湾区数字技术的协同发展进行应用型工具的开发，使得澳门经济适度多元发展下的新兴产业的产业链更加高效、智能，进一步提高了产业的竞争力。

在技术创新方面，大湾区能为数字经济的发展发挥科技创新的引领作用。大湾区通过产业技术资本化的资本聚集，能花大钱办大事儿，通过政策引导、资金支持等手段，推动产业和科研机构加大研发投入，培育出一批具有国际竞争力的创新型产业。这些产业在5G、人工智能、大数据等领域取得了重要突破，为整个地区的数字经济发展提供了强大动力，也使得澳门经济适度多元发展站在了一个巨人的肩膀上。

在价值驱动方面，大湾区协同发展强调绿色发展、共享发展，推动数字经济与绿色经济的有机结合。澳门在经济适度多元发展的过程中，通过优化产业结构，能利用大湾区的协同发展减少资源消耗和环境污染，实现经济效益和社会效益的双赢。这种价值驱动的发展模式，既为澳门的数字经济提供了广阔的市场空间，也为澳门经济适度多元发展的绿色、环保和可持续性提供了有力支持，降低了澳门新兴产业发展的阻力。

总之，我国在大湾区协同发展的战略部署下，成功地将数字技术融入各产业，实现了产业结构的优化和升级。在利益驱动的基础上，我国数字经济正在向产业生态、技术创新和价值驱动等多方面发展，逐步实现现代产业体系发展与数字经济的有机结合。这一成功经验能为澳门数字经济适度多元的产业结构优化提供宝贵的借鉴。

本章小结

首先，本章分析了中国经济多元发展中产业结构调整的原因。随着全球化和科技革新的快速发展，我国经济面临巨大的转型升级压力。产业结构的调整不仅是适应国际经济环境变化的必要手段，也是推动我国经济持续健康发展的内在要求。通过优化产业结构，提高经济的质量和效益，实现经济的多元化发展，是我国经济发展的重要方向。

其次，本章介绍了在产业结构调整过程中所面临的时代背景和解决的实际问题。当前，我国正处于经济转型升级的关键时期，面临资源环境约束加剧、人口红利逐渐消失等多重挑战。因此，产业结构调整必须紧密结合时代背景，以创新驱动、绿色发展为导向，推动传统产业转型升级和新兴产业快速发展。

再次，本章通过对经济多元发展中产业结构调整实现路径的内在构成进行深入剖析，明确了澳门经济多元发展可能遇到的运行机制和卡点。澳门作为一个特别行政区，其经济发展面临独特的机遇和挑战。在产业结构调整的过程中，澳门需要充分发挥自身优势，积极对接国家发展战略，推动经济适度多元发展。

最后，本章探讨了中国经济多元发展路径的实践，为下文研究内容的模型理论分析提供了重要依据。后续的分析将基于本章的研究结果，对澳门经济适度多元发展的机制进行具体化和深化。通过实证研究和案例分析，探讨澳门经济多元发展的可行路径和有效策略，为澳门经济的未来发展提供有益参考。

第四章

澳门经济适度多元发展的历程

第一节　澳门经济概况

一　澳门经济

（一）澳门概况

澳门特别行政区（SAR），简称"澳"，全称中华人民共和国澳门特别行政区，位于中国南部珠江口西侧。澳门占地面积 32.9 平方公里，人口约68 万人。自 1999 年回归祖国以来，澳门在"一国两制"的伟大构想下，以其独特的地位和优势，在我国的经济发展和政治稳定中发挥着极为特殊的作用。它保持原有的资本主义制度和生活方式，五十年不变，享有行政管理权、立法权、独立的司法权和终审权。"一国两制"的创新，不仅为澳门的繁荣稳定提供了坚实的制度保障，也为世界范围内解决类似问题提供了宝贵的经验和参考。

经济方面，澳门凭借其独特的地理位置和历史文化优势，迅速发展成为国际旅游、贸易、金融和娱乐中心。根据国家税务总局《中国内地居民赴澳门特别行政区投资税收指南》对澳门经济的介绍，澳门目前已被世贸组织评为全球最开放的贸易和投资体系之一，是中国的主要国际贸易自由港之一，也是连接中国和国际市场的重要窗口和桥梁。此外，澳门是多个国际性组织的成员，与葡语国家的关系良好，同时它与欧盟签有合作协议，并与许多国家（地区）签订了多个贸易合作协议。

澳门的产业结构以第三产业为主，发展持续稳定。传统产业包括博彩业、旅游业、金融业、房地产业等，其中最为知名的是它的博彩业和旅游业。博彩业是澳门的经济支柱产业。此外，澳门新兴行业也在稳步成长。据统计，2020年在澳门举办的会展活动达362场，平均会期或展期为1.2天，入场观众和与会者人数多达91.39万。澳门的旅游业尤其发达，吸引了大量的国内外游客前来观光、购物和娱乐。同时，澳门的金融、贸易和娱乐业也发展迅速，为澳门的经济增长做出了巨大的贡献。

文化方面，澳门独特的地理位置和历史文化背景形成了澳门中西合璧的共融文化。澳门的官方语言为汉语和葡萄牙语。官方资料显示，以粤语为日常用语的居住人口约占80.1%，这反映了澳门与广东地区深厚的文化联系。使用普通话的居民占5.5%，反映了内地与澳门之间的交流与合作日益密切。能流利使用葡萄牙语的居民占2.3%，虽然比例不高，但显示了澳门与葡萄牙之间的深厚渊源。除了汉语和葡萄牙语，菲律宾语也是澳门常见的语言。使用菲律宾语的居民占3.0%，与澳门历史上的劳工输入有关，许多菲律宾人在澳门工作和生活，为这座城市注入了新的活力。

澳门文化的共融性还体现在建筑、艺术、美食等各个方面。这里的建筑风格既有中国传统建筑的韵味，又有西方建筑的精致。艺术方面，澳门的艺术家们不断融合东西方文化元素，创作了许多独具特色的艺术作品。美食方面，澳门的菜品既有中国南方的经典美食，也有葡萄牙风味的菜肴，还有来自世界各地的美食，满足了不同口味的需求。

鉴于特殊的历史背景，澳门目前尚无完全统一的教育制度，而是根据学校的需要和目标，灵活采用中式、英式和葡式等多种教育制度。这种多元化的教育制度，正是澳门独特历史背景的产物，也是其国际化发展的重要基石。澳门的学校在教育制度的选择上，既注重传承中华文化，又积极吸收西方教育的精髓。中式教育注重学生德育、智育和体育的全面发展，强调培养学生的道德品质和综合素质；英式教育则强调学生的自主学习和创新能力，注重培养学生的批判性思维和解决问题的能力；葡式教育则以其独特的文化和语言魅力，为澳门学生提供了更多了解葡萄牙和欧洲文化的机会。这种多元化的教育制度，不仅丰富了澳门的教育资源，还为澳门的社会经济发展提供了有力的人才保障。学生在不同的教育制度下，可以接触到不同的文化、思想和观念，从而培养出更加开放、包容和创新的思维方式。这种思维方式，正是澳门作为国际化城市所必需的。

此外，澳门的宗教文化也呈现多元化的特色。在澳门，宗教派别繁多，佛教、道教和儒教等传统宗教在澳门人中拥有广泛的信仰基础。这些传统宗教在澳门社会中发挥着重要的道德教化和社会稳定作用，为澳门的和谐发展提供了精神支撑。另外，天主教、基督教和伊斯兰教等也在澳门拥有一定的信徒群体，不仅丰富了澳门的宗教文化，还为澳门人提供了更多了解和接触西方文化的机会。这种文化的交流与融合，有助于促进澳门社会的多元化和国际化发展。澳门还在文化交流和国际合作方面发挥着重要的作用。作为一个多元文化交融的城市，澳门在"一国两制"的体制下，将持续在推动祖国繁荣富强、促进世界和平与发展的道路上发挥更加重要的作用。

（二）澳门的殖民经济

从 1557 年葡萄牙人在澳门定居开始至 1999 年，澳门被葡萄牙人侵占了 400 多年，经济经历了复杂变迁。

1. 非法招工下不稳定的产业结构

在殖民初期，葡萄牙殖民者为了满足其在远东的利益需求，非法从中国大量招工，使澳门的人口结构发生了巨大变化。这些被招募的劳工在恶劣的条件下工作，为殖民地的建设和发展做出了巨大贡献。然而，这种非法的招工制度也导致了社会矛盾的加剧，对澳门的经济发展产生了深远的影响。

在探究非法招工现象的同时，也要正视它所带来的问题之一：产业结构的不稳定性。杜俊华（2015）《抗战时期葡萄牙的远东政策及对澳门经济的影响》就为此提供了一份宝贵的统计数据。数据显示，在 1937 年之前，澳门地区的工厂数量仅为 120 家，且这些工厂以手工业为主。这背后所反映的，就是澳门经济结构中的深层次问题。

首先，以手工业为主的产业结构，意味着生产力水平和生产效率相对较低。在这样的背景下，澳门经济难以形成规模效应，更难以在国际市场上获得竞争力。同时，手工业对廉价劳动力的依赖，使得非法招工现象得以滋生。为了降低成本，一些产业主选择通过非法渠道招工，这进一步加剧了产业结构的不稳定性。

其次，政府对原料的低课税政策虽然在短期内给产业带来了一定的收益，但从长远来看，这种政策并不利于产业结构的升级和优化。低课税政策导致产业缺乏创新动力，难以进行技术升级和产品研发，这使得澳门经济在面对外部冲击时，显得异常脆弱。

2. 产业发展遭受冲击

在二战的硝烟中，澳门保持了相对稳定的社会政治环境。然而，在这种看似平静的水面下，暗流涌动，殖民政府看中了澳门的地理位置，将这里变成了一个毒品交易的集散地。

毒品交易的盛行，使澳门的国际形象受到了严重损害，也对澳门的产业发展造成了巨大的冲击。合法的商业活动受到排挤，创新精神和企业家精神被压制，澳门的发展潜力被严重束缚。

赌博业也是澳门殖民时期的一个重要产业。葡萄牙殖民者将赌博合法化，并大力发展赌博业，吸引了大量游客前来澳门赌博。赌博业的繁荣给澳门带来了巨额的财富，但同时也滋生了犯罪、腐败等社会问题。

3. 战后产业逐步多元发展

二战后，澳门经历了经济的适度多元发展。随着香港经济的多元发展以及广州的资金回流，澳门经济呈现新的活力。然而，这种繁荣并没有持续太久，随着广州和香港逐渐增强的竞争优势，澳门除博彩业外的其他产业发展增速迅速下滑，重回缓慢增长的态势。在二战后的一段时间里，澳门的经济主要依靠博彩业，但随着社会的发展和经济的多元化，澳门的产业结构开始发生变化。一方面，随着香港经济的多元发展，越来越多的产业开始兴起，这为澳门提供了更多的经济机会和发展空间。另一方面，广州的资金回流也为澳门的经济发展注入了新的活力。这些因素共同推动了澳门非博彩业的其他产业发展。然而，随着时间的推移，广州和香港的竞争优势逐渐增强，澳门的经济发展面临新的挑战。广州作为中国南方的经济中心，具有雄厚的产业基础和创新能力，吸引了大量的资金和人才。而作为国际金融中心和贸易枢纽，香港独特的地理位置和开放的经济政策使其在全球经济中占有重要地位。相比之下，澳门的产业结构相对单一，创新能力不足，这使其在与广州和香港的竞争中逐渐处于劣势。

（三）回归后的澳门经济

1. 经济高速发展

1999 年，澳门 GDP 仅有 519 亿澳门元，人均 GDP 也只有 12 万澳门元。然而，在回归祖国后，澳门迅速融入国家发展大局，依托中国巨大的市场和资源优势，实现了跨越式发展。回归祖国 20 多年，澳门交出了一份亮丽成绩单：全球经济增长最快的地区之一；人均 GDP 最高的地区之一。回归祖国 20 年，澳门成为全世界经济增长最快的地区之一，GDP 从 1999 年的 519 亿澳门元增加到 2018 年的 4447 亿澳门元，实现了跨越式发展；人均 GDP 也由 1999 年的 12 万澳门元跃升至 2018 年的 67 万澳门元。这个曾经的葡萄牙殖民地，如今已经跻身全球经济增长最快的地区之一，同时也是人均 GDP 最高的地区之一。这一成就的背后，是澳门特区政府和人民的共同努力，也是中国强大实力和智慧治理的充分体现。

首先，在澳门回归后，澳门特区政府开放了博彩专营权。2002 年以公开竞标的方式，批出三个专营牌照，打破了澳门何鸿燊 40 年对该产业的垄断经营。这一重大决策，不仅打破了澳门博彩业的垄断局面，更为澳门博彩业注入了新的活力与竞争力。回顾历史，自 20 世纪 50 年代起，何鸿燊家族便一直垄断着澳门的博彩业，长达 40 多年。在这期间，由于缺乏竞争，澳门博彩业设备陈旧，服务水平滞后，难以与国际先进博彩市场相抗衡。此外，20 世纪 80 年代中后期，澳门社会治安环境恶化，游客数量锐减，博彩业竞争力更是雪上加霜。为了改变这一局面，澳门特区政府经过深思熟虑，决定以公开竞标的方式，批出三个博彩专营牌照。这一举措立即引起了国内外众多博彩业巨头的关注与参与。经过激烈角逐，最终三家具有强大实力和丰富经验的博彩业成功获得了专营权。

这一改革给澳门博彩业带来了翻天覆地的变化。新的专营产业带来了更先进的设备、更优质的服务、更丰富的博彩产品，为游客提供了更多元化、更高品质的娱乐体验。同时，为了争夺市场份额，各家产业纷纷加大投入，提升服务品质，形成了良性竞争的局面。此外，新的博彩专营权政策还促进了澳门经济的多元化发展。博彩业不再是一家独大，而是与其他产业如旅游、酒店、餐饮等形成了良好的互动与共赢。这一变革不仅提升了澳门的国际形象，也给当地民众带来了更多的就业机会和生活福祉。如今，澳门博彩业已经发展成为世界知名的博彩旅游胜地，吸引着来自世界各地的游客前来体验。在竞争与合作的双重推动下，澳门博彩业正焕发出勃勃生机与活力，为澳门的繁荣发展注入了新的动力。从 2002 年到 2013 年澳门博彩业毛收入一直保持着高速增长的趋势，2014 年和 2015 年收入有所下降，2017 年开始回升。2018 年澳门博彩业实现毛收入 3038.79 亿澳门元，同比增长 13.98%。目前澳门的博彩业规模位居世界第一，收入是拉斯维加斯的 7 倍。

其次，CEPA 的签署使得澳门旅游业高度发展。2003 年 10 月 17 日，中央政府与澳门特区政府签署了 CEPA，开放内地居民赴澳门个人游，使大量内地游客涌入澳门，给当地的餐饮业、酒店业、零售业等服务行业带来巨大商机。随着政策的落地实施，大量内地游客纷纷涌入澳门，给这座美丽的城市带来了勃勃生机。

在餐饮业方面，澳门以其独特的葡式美食、地道的粤菜以及琳琅满目的各地佳肴闻名于世。内地游客的到来，让澳门餐厅的客流量大幅提升，各类餐厅纷纷推出特色菜品，以满足不同口味的需求。这不仅促进了餐饮业的繁荣，也为澳门的美食文化注入了新的活力。酒店业同样受益匪浅。随着游客数量的增加，澳门各大酒店入住率持续上升，酒店业迎来了发展的黄金时期。为了吸引更多游客，各大酒店纷纷提升服务质量，加大设施投入，打造独具特色的住宿体验。此外，零售业也迎来了蓬勃发展的好时机。从奢侈品到特色手工艺品，从时尚服饰到地道特产，澳门的购物中心和商业街热闹非凡。内地游客的购买力旺盛，给澳门零售业带来了丰厚的收益，推动了当地经济的快速增长。

除了以上行业，CEPA 的签署还给澳门带来了更多的发展机遇。例如，旅游业的发展带动了交通、旅游导览、文化娱乐等相关产业的繁荣；中国与澳门的经贸合作也给澳门带来了更多的投资机会和合作伙伴。从 1999 年至 2019 年，这短短的 20 年间，澳门旅游业实现了惊人的跨越，成为一个备受世界瞩目的旅游胜地。一方面，澳门旅游业的崛起得益于涉澳政策的不断利好；另一方面，澳门旅游业的成功也离不开澳门旅游服务的转型。在过去的 20 年里，澳门旅游业不断推陈出新，不断创新服务模式和旅游产品，满足了不同游客的需求。从传统的观光游到如今的休闲度假游、文化体验游等多元化旅游产品，澳门旅游业不断转型升级，使得游客在澳门能够享受到更加丰富多彩的旅游体验。在这 20 年的发展中，澳门旅游业的成绩也是喜人的。从最初的年接待游客数量 700 万人次，到如今已经增长到 3500 万人次。这一数字的增长，不仅体现了澳门旅游业的快速发展，更显示了澳门在国际旅游市场上的影响力和吸引力。如今，澳门已经拥有了"世界文化遗产"和"美食之都"两张响亮的名片。作为世界文化遗产，澳门的历史文化遗产得到了保护和传承，为游客提供了丰富的文化体验。而作为美食之都，澳门的葡式蛋挞、猪扒包等特色美食也成为游客们争相品尝的美食佳肴。

最后，依托大湾区建设，澳门经济具有巨大的想象空间。作为微型经济体，"小"是澳门发展的最大瓶颈。2009 年国务院将横琴规划为"一国两制"下探索"粤港澳合作新模式"的示范区，大大开拓了澳门的发展空间。泛珠三角地区合作促进了澳门经济增长，包括香港、澳门和珠三角 9 城市在内的粤港澳大湾区，给澳门带来巨大想象空间。澳门人少地小，与周边城市合作才能发挥优势、规避短板。面对这样的现实条件，澳门要想实现更大的发展，就必须寻求与周边城市的合作，共同发挥各自的优势，规避短板。幸运的是，澳门可以融入粤港澳大湾区这一庞大的经济体。大湾区的人口规模达到了惊人的 7000 万人，人才济济，市场广阔。这样的规模不仅为澳门提供了丰富的资源，更吸引了大量的资金流入。在这样的背景下，澳门的产业和创业者们迎来了前所未有的发展机遇。

以澳门特色的牛腩面为例，在澳门本地，这款美食最多只有来自 60 万人的需求。然而，随着澳门融入大湾区，这款美食的市场空间将得到极大的拓展。未来，牛腩面不仅可以在西安、南宁、重庆等城市风靡，更有可能遍布整个中国市场，让更多的人品尝澳门的独特风味。这样的发展前景令人充满期待。澳门与周边城市的合作不仅将促进经济的繁荣，更将推动文化的交流与融合，成为连接中国与世界的桥梁和纽带。

2. 高速发展下蕴藏着危机

自 1999 年澳门回归祖国以来，中央政府对澳门的经济发展一直保持高度关注。在过去的几十年里，澳门经济主要依赖外部资金和客源，以及单一的博彩业，这种极度不平衡的经济结构使澳门在面对外部冲击时显得异常脆弱。中央政府对这一现象的担忧来自对澳门经济长期可持续发展的深入思考。

为了推动澳门经济适度多元可持续发展，中央政府和澳门特区政府共同努力，采取了一系列措施。这些措施旨在促进澳门经济的多元化发展，减少对外部资金和客源的依赖，降低单一博彩业对经济的影响。通过这些努力，澳门经济已经开始展现更加均衡和可持续的发展态势。

2014 年，在庆祝澳门回归祖国 15 周年大会上，习近平总书记发表了重要讲话。他强调，要继续统筹谋划，积极推动澳门走经济适度多元可持续发展道路。这一重要讲话为澳门经济的未来发展指明了方向，也为澳门特区政府制定经济发展政策提供了重要指导，拉开了澳门经济适度多元发展的"序幕"。

二　澳门财政

（一）税收主力军

根据《中国内地居民赴澳门特别行政区投资税收指南》对澳门税制

的介绍，澳门拥有独立的税收体系，具有低税收的特征。作为自由港，澳门不对进口货物征收关税。在澳门收税的 14 个税种中，以直接税为主、间接税为辅，目前有如下主要税种：所得补充税、营业税、职业税、房屋税、消费税、机动车辆税、印花税、旅游税等。其中与博彩相关的税收是税收的主力军。尽管目前没有专门的税务方面的规章规定关于博彩税的税务相关事项，但澳门颁布的《娱乐场幸运博彩经营法律制度》中提到纳税人应在取得毛收入次月前 10 日内前往澳门财税厅申报缴纳税款。

在新冠疫情前的 2019 年，澳门特区政府总收入达到了 1335 亿澳门元（约合 166 亿美元），其中博彩业收入占近 80% 的比重。博彩业无疑是澳门税收的坚实支柱，为澳门的经济繁荣做出了巨大贡献。然而，高度依赖单一收入来源也使澳门经济面临巨大的外部风险。2020～2022 年新冠疫情肆虐，澳门博彩业遭受了前所未有的冲击，博彩业收入下滑了近 90%，博彩业在澳门经济中的占比迅速下降，从原本的近 80% 锐减至不到 30%。这一变化无疑给澳门经济带来了巨大的冲击，但同时也为澳门提供了一个转型发展的契机。

面对这一困境，澳门特首在《2023 财政年度施政报告》中明确提出了未来的发展目标：未来非博彩业将占澳门 GDP 的 60% 左右，税收收入占比也将逐步下降至一个合理的水平。这一目标的提出，标志着澳门特区政府已经意识到单一依赖博彩业的风险，并开始寻求经济多元化的发展道路。虽然这一过程充满艰辛，但只有通过不断调整和优化经济结构，澳门才能实现可持续发展。相信在澳门特区政府和全社会的共同努力下，澳门一定能够迎来更加美好的未来。

表 4-1 澳门博彩业税收收入占比年度趋势显示，从 2012 年到 2019 年，澳门博彩业税收收入占总税收收入的比例基本上保持在 80% 以上。特别是在 2013 年，博彩业税收收入占比更是高达 99.68%。这一数据充分说明博彩业在澳门经济中占有重要地位，其对澳门税收收入做出了巨大贡献。然而，从 2020 年开始，澳门博彩业税收收入占比出现了断崖式下跌。2020 年，博

彩业税收收入占比锐减至 29.32%，随后的两年更是分别仅为 35.77% 和 17.51%。这一变化不仅表明澳门博彩业面临前所未有的风险，也反映了博彩业收入受到了巨大的冲击。

澳门博彩业税收收入占比的下降，对澳门经济和社会发展的影响也是深远的。首先，博彩业税收收入的减少将直接影响到澳门特区政府的财政收入，进而影响公共服务和基础设施的建设。其次，博彩业税收收入占比的下降也将对澳门经济的多元化发展产生积极的影响。政府将有更多的资源和空间去支持其他产业的发展，从而推动澳门经济的多元化和可持续发展。

表 4-1　澳门博彩业税收收入占比年度趋势

单位：千澳门元，%

年份	总税收收入	博彩业税收收入	占比
2012	115218602	113377724	98.40
2013	134807982	134382483	99.68
2014	153619701	136709865	88.99
2015	119969628	89572573	74.66
2016	103251523	84375145	81.72
2017	102944056	99844784	96.99
2018	119169944	113512365	95.25
2019	140730200	112710362	80.09
2020	101670380	29808160	29.32
2021	94810627	33909574	35.77
2022	109139893	19114894	17.51

资料来源：澳门统计暨普查局。

（二）人均 GDP 的奇迹

骆伟建在《小康》的一次专访中，深情地回顾了自己在澳门的 15 年历程，这也是澳门回归祖国的 15 年。他亲眼见证了这座城市从社会动乱到繁荣稳定的巨大转变，成为澳门回归后发展的见证者和参与者。回归前，骆伟建担任全国人大澳门特别行政区筹备委员会委员，经常需要在内地与澳门两地往返。他描述道，20 世纪 90 年代的澳门社会动荡不安，街头巷尾充斥着打打杀杀的场面，经济持续下滑，失业率长期在 7.8% 徘徊。人们生活在恐惧和不安之中，对未来的发展充满了担忧。

然而，2005 年成了澳门回归后发展的一个重要拐点。从那一年开始，澳门经济迎来了快速腾飞的黄金时期。博彩业大放异彩，吸引了大量外资涌入澳门，为这座城市注入了新的活力。骆伟建提供了一组令人瞩目的数据：在短短十年间，澳门人的工资增长了 60%。2005 年，中等水平的工资是 6000 多澳门元，而到了 2013 年，这一数字已经攀升至 1.2 万澳门元左右。人均 GDP 更是达到了惊人的 5.7 万澳门元，使澳门在亚洲排名第二、世界排名第四。骆伟建见证了澳门回归后的发展历程，也亲身感受到了这座城市日新月异的变化。他说："我很高兴能够在澳门工作生活，见证这座城市的繁荣与发展。我相信，在未来的日子里，澳门将会更加美好。"①

在深入分析表 4-2 所提供的数据后，可以清晰地看到澳门特别行政区在 2002~2022 年的人均 GDP 变化轨迹。2022 年的人均 GDP 为 34 万澳门元，相较于 2013 年的水平确实有所下滑，但仍然远高于 2009 年及之前的数值。这一变化表明，尽管澳门经济在某些年份面临挑战，但其经济基础依然稳健，具有强大的恢复能力。通过购买力平价（PPP）的调整，可以更准确地比较不同国家或地区之间的经济水平。根据这一调整，2023 年澳门的人均 GDP 在全球排名中位列第七，甚至在某种程度上超过了香港。这一排名不仅凸显了澳门经济的国际化程度，也反映了其经济结构的多元化和高效性。值得一提的是，在 2018 年和 2019 年，澳门经济迎来了巅峰时期。这两年的人均 GDP 在全球排名中攀升至第三，创下了历史新高。这一成就不仅彰显了澳门经济的活力和韧性，也反映了其在全球经济中的重要地位。

---

① 梁市：《国务院港澳办澳门司前副司长骆伟建专访——人均 GDP 亚洲第二 实现 15 年免费教育》，《小康》2014 年第 17 期。

表 4-2　澳门人均 GDP

单位：澳门元，%

年份	人均 GDP	同期变动率	同期差值
2002	133583		
2003	145364	8.82	11781
2004	176909	21.70	31545
2005	191442	8.22	14534
2006	213229	11.38	21787
2007	278572	30.64	65343
2008	274973	-1.29	-3599
2009	285767	3.93	10794
2010	371251	29.91	85484
2011	460661	24.08	89410
2012	509839	10.68	49178
2013	574696	12.72	64857
2014	592457	3.09	17760
2015	500944	-15.45	-91512
2016	503137	0.44	2192
2017	554495	10.21	51358
2018	596657	7.60	42162
2019	583937	-2.13	-12720
2020	352366	-39.66	-231572
2021	361617	2.63	9252
2022	342586	-5.26	-19032

资料来源：澳门统计暨普查局。

　　图 4-1 揭示了澳门与内地、台湾、香港之间的经济差异。在修正购买力平价后，这四个地区的人均 GDP 年度趋势呈现了不同的特点。澳门的人均 GDP 波动较大，但大部分时间都处于较高水平。相比之下，同期的内地、台湾和香港虽然呈现稳步增长的态势，但总体人均 GDP 的水平仍然显著低于澳门特别行政区。虽然 2023 年澳门的人均 GDP 相较于 2013 年有所下滑，但人均 GDP 仍然显著较高。这一成就不仅体现了澳门经济的稳健和高效，也为其未来的发展奠定了坚实的基础。

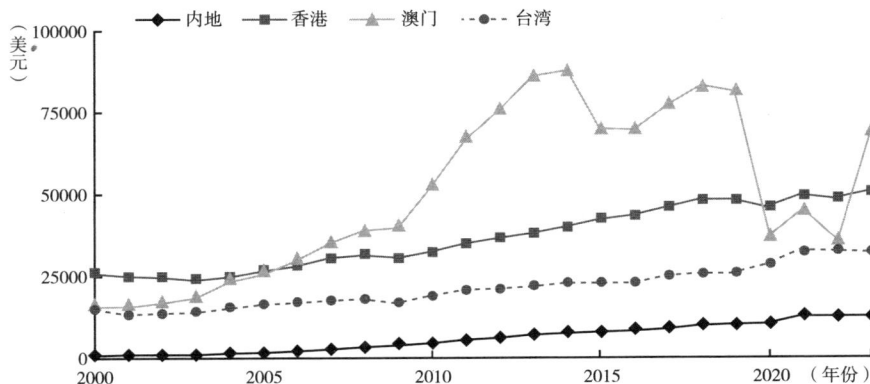

图 4-1　各地人均 GDP

资料来源：CEIC 数据库。

（三）如何用于民生

1. 政治稳定

澳门具有"一国两制"的制度优势。"一国两制"是澳门稳定发展的基石。这一制度确保了澳门在保持其独特的社会制度、经济体系和文化传统的同时，也能享受到祖国的支持和保障。在这样的制度框架下，澳门特区政府得以灵活应对各种挑战，维护了社会的稳定和繁荣。

澳门，这座充满历史与文化底蕴的城市，自回归祖国以来，凭借其独特的"一国两制"优势，不仅成功抵御了亚洲金融危机、"非典"疫情、国际金融危机以及新冠疫情等多重冲击，更在政治稳定与社会和谐方面取得了令人瞩目的成绩。在经历了一系列危机后，澳门不仅没有被击垮，反而展现出强大的韧性和生命力。这得益于特区政府的高效治理、社会各界的团结协作以及广大市民的共同努力。随着"一带一路"建设的深入推进，澳门作为连接中国与葡语国家的桥梁，发挥着越来越重要的作用。作为粤港澳大湾区的重要一员，澳门凭借其独特的地理位置和人文优势，积极参与区域合作，推动经济一体化进程。同时，横琴粤澳深度合作区的建设为澳门提供了新的发展机遇，有助于澳门进一步提升其在国际舞台上的地位和影响力。

此外，澳门的爱国主义教育一直持续并不断夯实，"爱国者治澳"，持续巩固爱国者主导的社会根基一直是澳门爱国教育的基础。爱国爱澳的优良传统，凝聚升华为澳门社会的核心价值。这种爱国爱澳的精神在澳门社会的各个方面都得到了充分体现。在教育领域，许多学校都开设了国情教育课程，向学生们传授祖国的历史文化和优良传统。回归祖国之初，澳门特别行政区就制定了《国旗、国徽及国歌的使用及保护》法律，并因应国歌法出台，于 2019 年 1 月修改原有法律，让国旗、国徽和国歌的权威更深入人心。今天，所有澳门大、中、小学的校园里，都飘扬着鲜艳的五星红旗，爱国爱澳优良传统代代传承。

在文化领域，澳门同胞们积极保护和传承中华文化，推动文化交流与合作。在过去的数百年乃至数千年的发展中，澳门较为完整地保留了唐宋以来很多彰显中华传统文化的符号。这些符号既体现在建筑风格、宗教信仰上，也体现在澳门同胞的日常生活和节日习俗中。如著名的土地诞、北帝诞、娘妈诞、醉龙节等，每一个节日都承载着澳门民俗对中华文化传统节日的传承和尊重。这些节日习俗不仅丰富了澳门市民的精神文化生活，也成了澳门独特的文化名片。澳门同胞们通过这些节日，传承了中华文化的精髓，弘扬了中华民族的优秀传统。同时，澳门通过举办各种文化活动、艺术展览、学术研讨会等方式，向世界展示中华文化的博大精深和独特魅力，吸引了众多国内外游客前来参观，促进了澳门爱国主义文化和教育的传播，使得澳门政治的稳定性不仅体现在制度方面，还更广泛地体现在文化、教育等多个方面。

2. 社会治安

总体而言，澳门严重暴力犯罪依然保持低案发率。澳门特区司法警察局发布的《2022 年刑事立案、执法工作及社区警务工作简况》及相关附件显示，2022 年严重犯罪依然维持零案发或低案发。在网上搜索关于澳门旅游安全的相关问题发现，被人称为亚洲最安全的城市。在知乎上关于澳门是否安全的帖子，也获得近乎 99% 以上的赞同票。一方面，澳门特区政府高度重视治安问题，将其作为重要的政策目标，还投入大量资源和精力来维护社会治安，保障公共安全。另一方面，警务建设完善，澳门特区政府的警力数量和素质都是相对高的，警察在维护治安和打击犯罪方面发挥重要作用。

此外，澳门在新冠疫情的阴霾下，不仅展现了强大的防疫能力，更在维护社会治安方面做出了显著成绩。与其他同样以特色博彩和旅游业著称的国家或地区相比，澳门的警力在防疫和打击犯罪双重任务下，展现出了高超的协调能力和应变能力。这种能力不仅确保了游客在澳门旅行的安全，也为澳门博彩和旅游业的复苏提供了有力保障。在疫情期间，澳门的警力部门积极响应政府号召，全力投入防疫工作。他们不仅负责巡逻、维持秩序，还协助卫生部门开展疫情防控宣传、检查等工作。同时，面对犯罪活动的威胁，澳门警力也毫不松懈，坚决打击各类违法犯罪行为，为游客营造了一个安全、和谐的旅游环境。

值得一提的是，澳门在加强本地警力建设的同时，还积极与广东、香港开展警务合作。2023年9月，在香港签署的《粤港澳应急管理合作暨大湾区应急救援行动合作框架协议》就是这一合作的重要成果之一。这一协议不仅总结了澳门与广东省在应急救援方面的合作经验，还为推动构建大湾区城市的整合应急救援力量、建立更加系统化的紧急应变行动机制提供了有力支持。通过这一合作机制，粤港澳三地可以充分发挥各自城市的优势，实现应急救援人员、装备和物资在应急反应时的畅通流动。这种跨境救援的合作模式不仅提高了救援效率，还有效地降低了灾害损失。对于游客而言，这意味着在面临突发情况时，他们可以得到更加及时、专业的救援帮助，极大地提高了旅游的安全系数。

总的来说，澳门不仅具有较高的社会治安水平，还能协调现有警力妥善兼顾防疫和打击犯罪工作。此外，澳门也在积极通过加强与粤港澳三地的警务合作，提高旅游的安全系数。这种全面的安全措施不仅让游客在澳门旅行时更加安心、舒心，也为澳门的长远发展奠定了坚实基础。

3. 教育发展

澳门特区政府及居民重视教育投资，整体人口素质高且当地人外语使用程度高，使得澳门工商业及服务业能迅速吸收消化世界各地的先进技术和经验，适应经济社会的发展要求。《泰晤士高等教育》公布2014年度世界大学排名榜，澳门大学晋身世界大学前300，这是澳门大学建校33年以来首次进入泰晤士高等教育世界大学排名榜。澳门大学的跃进展现了其软、硬实力的进步，良好的发展势头。2023 年其在泰晤士高等教育世界大学排行榜已跃升 193 位，全球年轻大学排名第 26，亚洲大学排名第 37，在葡萄牙语大学联会中排名第一。此外，澳门特区政府对基础教育的投入带来了显著的成效。据了解，2013 年以来每年有 200 多位澳门学子考入全球排名前 100 的大学，这相对于澳门 54.57 万的人口来说，是一个非常高的比例。高等教育发展是整个澳门教育的一个缩影，从侧面反映了澳门整体的教育发展水平。

4. 劳动力市场

根据澳门统计局的就业调查结果，2020 年澳门的失业率仅为 2.5%，就业不足率为 3.5%，这两项关键指标均持续保持在低位，显示了澳门劳动市场的稳健与活力。首先，2.5% 的失业率意味着在澳门，每 100 名劳动人口中仅有 2.5 人处于失业状态。这样的数字不仅远低于全球许多国家或地区的平均水平，也反映了澳门经济的强劲增长和就业机会的丰富。而 3.5% 的就业不足率也显示了澳门劳动力市场的灵活性和适应性，即使在经济波动时，也能保持相对的稳定。进一步观察，2020 年澳门的劳动人口达到了 40.54 万人，劳动参与率为 70.5%。[①] 这意味着大部分有劳动能力的澳门居民都积极进入了就业市场，为澳门的经济发展做出了贡献。失业人数仅为 10300 人，这个数字相较于整体劳动人口来说显得微不足道，进一步证明了澳门劳动市场的稳健性。除了失业率，通货膨胀率也是衡量一个地区经济状况的重要指标。2020 年澳门的通货膨胀率仅为 0.8%，这意味着澳门居民的消费水平基本保持稳定，没有受到严重的物价上涨压力，这一数字不仅低于全球许多国家或地区，也反映了澳门特区政府在经济管理上的高超水平，澳门的低失业率和低通货膨胀率充分证明了澳门经济的稳定和劳动市场的活力。

此外，澳门还以其稳健的劳动保障制度而备受称赞。这些法律和制度确

[①] 澳门统计暨普查局官网，https://www.dsec.gov.mo/ts/#!/step2/PredefinedReport/zh-CN/5。

保了劳动者在较低失业率的环境下享有稳定的工作和生活条件。自 2020 年 11 月 1 日起，澳门开始实施《雇员的最低工资》法案，这是澳门首个法定全面最低工资标准。根据这一法案，澳门的法定最低时薪为 32 澳门元，每日最低工资为 256 澳门元，每月最低工资则高达 6656 澳门元。这一制度的实施，确保了劳动者的基本生活需求得到满足，同时也为澳门的社会稳定和经济发展提供了坚实的支撑。

尽管工资水平主要由市场供求关系决定，但澳门众多工作岗位还为员工提供了丰富的福利待遇。这些福利包括但不限于膳食津贴、勤工奖、有薪休息日及交通津贴等。这些福利的存在，不仅提高了劳动者的生活水平，也增强了他们的工作动力和归属感。值得一提的是，在澳门，许多行业还遵循着一种传统做法，即在农历新年期间向员工发放相当于一个月工资的额外薪酬奖金。这一做法不仅体现了雇主对员工的关爱和尊重，也给员工带来了一份特别的喜悦和期待。此外，部分澳门雇主还为雇员提供免费住宿或房屋津贴。这一福利对于那些从外地来澳门工作的员工来说尤为重要，它大大减轻了他们的生活压力，使他们能够更加专注于工作。澳门通过实施一系列法律和劳动保障制度，成功地维持了一个在较低失业率下的稳定劳动环境。这些制度不仅确保了劳动者的基本权益，也促进了澳门社会的和谐与繁荣。

三　澳门经济体特色

（一）微型经济体

1. 微型经济体定义

20 世纪 90 年代初，澳门的一些学者开始深入探讨一个名为"微型经济"（Mini-economy）的命题（郑华峰，2010）。这一概念旨在描述那些经济活动规模相对较小，不具有全球或地区性影响力的国家（地区）。尽管这些经济体在规模上相对较小，但它们仍然能够自成体系、独立运作。微型经济体的定义涵盖了人口较少、经济规模相对较小的国家（地区）。这些国家（地区）可能位于世界的边缘地带，其经济活动的影响力无法与全球性或地区性大国相比。然而，这些微型经济体在自身的范围内，却能够形成一套完整的经济体系，实现自给自足和独立运作。

微型经济体作为一种独特的经济形态，在全球经济中发挥着不可或缺的作用。尽管它们在规模上相对较小，但通过发展自身独特的经济模式和产业结构，微型经济体仍然能够实现经济的稳步增长和独立运作。在未来的发展中，期待看到更多微型经济体在全球经济中崭露头角，为世界的繁荣和稳定贡献自己的力量。澳门学者杨允中和萧志成（1997）在其合著的英文版专著 *Macau：A Model of Mini-Economy* 中将微型经济界定如下。

（1）人口数量少于 100 万。顾名思义，"微型经济"的重点在于"微型"二字。"人"作为经济发展最重要的载体，所有的经济活动都靠其实现。因此，人口数量很自然成为界定经济体系大小时最重要的参数。

（2）经济活动的内部容量较小。这与人口的多少存在很大的相关性，受到人口数量约束，本地市场的容量存在很大的局限性。

（3）经济运行体制有着相对独立性。在国际贸易中，"微型经济"往往是价格接受者，它们的供应与需求难以影响世界价格的形成，而它们的经济活动也难以跟经济大国形成正面的竞争和矛盾，因此得以保持较为独立的内部经济运行体制。

（4）产业结构有着对外依赖性。虽然它们能保持内部经济运行的独立性，但基于其内部市场和资源（人口、资金、物资）的局限性，难以自给自足，它们一般都较积极参与国际贸易并采取出口导向的经济政策，因此其产业对外存在较大依赖性，外围经济的商业周期明显地影响着"微型经济"的发展。

（5）对外经济地位得到了国际认同。特殊的生存环境决定"微型经济"基本上都要积极融入周边的世界经济体系，甚至成为世界贸易组织（WTO）或其他国际组织的一分子，其独特的地位也得到外界广泛认同。

按照上述定义，结合世界银行的统计，全球现有 208 个经济体中，至少有 54 个符合微型经济体的标准，约占总数的 1/4。这些经济体分布在世界各地，包括欧洲、非洲、亚洲等地区，例如冰岛、卢森堡、摩洛哥等。这些经济体虽然经济规模较小，但是它们在全球经济中却有着不可忽视的地位。

微型经济体在全球经济中的作用主要体现在以下几个方面。首先，微型经济体是全球经济的重要组成部分。尽管它们的经济规模相对较小，但是在国际贸易、投资、文化交流等方面都扮演着重要的角色。其次，微型经济体对全球经济稳定和发展也起着重要的作用。例如，一些微型经济体拥有丰富的自然资源和人力资源，这些资源的开发和利用可以为全球经济的发展提供重要的支撑。此外，微型经济体还可以通过与其他经济体的合作和交流，促进全球经济的多元化和平衡发展。

2. 微型经济体的产业特点

在针对微型经济体的历史研究中发现，微型经济体往往具有以下几个共同的特点。

（1）产业单一

郑华峰（2010）在其研究中深入探讨了微型经济体的特点和发展策略。他指出，由于微型经济体通常受其经济规模的限制，它们往往特别注重资源整合，并倾向于集中力量发展某一产业，将其作为主导产业，以引导整个经济的发展。

以摩洛哥为例，这个微型经济体就采用了这种策略。在摩洛哥的产业结构中，磷酸盐、旅游业和渔业被确立为国家的三大支柱产业。通过集中资源和精力发展这些产业，摩洛哥成功地实现了经济的快速增长和转型。尽管摩洛哥的面积仅为45.9万平方公里，人口数量也有限，但凭借其三大支柱产业的强劲发展，该国在非洲的经济地位逐渐上升。截至2022年，摩洛哥的GDP达到了1428.7亿美元，人均GDP也达到了3900美元，位列非洲经济总量第五，北非第三。三大支柱产业中，磷酸盐作为摩洛哥的传统优势产业，长期以来都是该国的重要经济来源。摩洛哥拥有丰富的磷酸盐资源，因此出口磷酸盐产品不仅给国家带来了大量的外汇收入，还带动了相关产业的发展，为就业和经济增长做出了积极贡献。此外，旅游业是摩洛哥近年来快速发展的产业之一。摩洛哥拥有独特的自然和人文景观，吸引了大量的国内外游客。政府加大了对旅游业的投入和支持，提升了旅游基础设施和服务水平，进一步促进了旅游业的发展。旅游业的发展不仅增加了外汇收入，还促进了当地的就业和经济增长，成为摩洛哥经济发展的重要引擎。渔业也是摩洛哥经济的重要支柱之一。摩洛哥拥有广阔的海域和丰富的渔业资源，而发展渔业不仅为摩洛哥创造了大量的就业机会，还为国家带来了可观的经济收益。政府也积极采取措施，加强对渔业资源的保护和管理，推动渔业产业的可持续发展。这三大支柱产业为摩洛哥提供了85%以上的税收，其他产业，如农业、工业和服务业等，尽管政府通过制定优惠政策、提供资金支持等措施鼓励国内外产业投资和发展，但仍然收效甚微。

再如卢森堡的产业结构中金融业是支柱产业。根据经合组织最新的统计，卢森堡是世界排名第四的国际金融中心，是全球第二大基金管理中心、投资信托中心和欧元区最大私人银行业务中心。银行、保险和证券在服务贸易中占举足轻重的地位。除了欧洲法院、欧洲议会秘书处、欧洲投资银行和欧洲投资基金等设在卢森堡，全球最大的多边贷款方发行的债券就在卢森堡证交所上市，且卢森堡拥有近150家上市银行，其中外国银行占七成，近100家保险公司和超过200家再保险公司组成了卓越的金融服务网络。截至2024年3月，卢森堡的银行业总资产达到14845亿欧元，银行存款等私人债务是GDP的443倍，上缴税收占国家财政收入的40%，金融业产值约占GDP的25%。此外，卢森堡的钢铁和广播电视业，作为支柱产业，也对GDP发挥着重要作用。从19世纪中叶到20世纪70年代中期，钢铁业在卢森堡工业结构中一直占有绝对统治地位，尤其是第二次世界大战后，钢铁业成为战后卢森堡经济增长的火车头。1960年钢铁业GDP占整个经济31.1%，1974年钢铁业从业人数2.5万人，占全国就业人数的16%。1975年由石油危机引发的钢铁危机使卢森堡钢铁业遭受沉重打击，十年间约1.5万人离开该产业。此后卢森堡钢铁业经历了艰难改造重组，努力创新和开发新技术，并成功转型，成为具有竞争力的重要工业部门，目前就业人数约6000人。卢森堡本土钢铁业以炼钢设备整体设计制造、开发生产技术程序软件见长。2016年，卢森堡国内钢铁产量217.5万吨，产值占

GDP 比重为 1.5%。① 此外，卢森堡广播电视业与德国 UFA 公司、英国 Pearson 电视公司合并组成欧洲最大免费电视和广播电视集团 RTL 后，在 10 个国家（地区）拥有 52 个电视台和 29 家广播电台，节目覆盖整个欧洲。通过卢森堡的欧洲卫星公司运营 ASTRA、AMERICOM 及 NEW SKIES 等卫星系统，使得卢森堡的卫星运营服务居欧洲首位、世界第二。

再以冰岛为例，2023 年 9 月冰岛共计人口 39.7 万人，且仅拥有 10.3 万平方公里的土地。1995~2000 年，冰岛经济进入高速增长期，GDP 年均增长近 4%，在经济合作与发展组织（OECD）中名列前茅。2023 年，GDP 共计 278 亿美元，GDP 增长率为 6.4%，人均 GDP 高达 7.4 万美元，与中国澳门 2013 年的水平不相上下。

冰岛的经济之所以如此成功，与其独特的产业结构密不可分。冰岛的产业结构也主要由三个产业构成：渔业、工业和服务业。其中，渔业是冰岛的支柱产业，其产值在 GDP 中占有重要地位。冰岛拥有丰富的海洋资源，其海洋捕捞量和产值都非常可观。联合国粮农组织《2022 年世界渔业和水产养殖状况》中的数据显示，2022 年冰岛的海洋捕捞量达到了 141.6 万吨，产值则高达 1950 亿冰岛克朗，相比 2021 年分别增长了 23% 和 20%。主要捕捞品种包括鳕鱼、鲭鱼、鲱鱼等。渔业及其相关服务业的总产值占 GDP 的 64.4%，这足以看出渔业对冰岛经济非常重要。除了渔业，冰岛的工业也具有一定的规模。其中，炼铝等高能耗工业是冰岛工业的重要组成部分。这些产业的发展不仅为冰岛的经济增长做出了贡献，同时也为冰岛创造了大量的就业机会。此外，冰岛的渔产品加工业也是工业领域的一个重要分支，它与渔业紧密相连，共同构成了冰岛经济的两大支柱。

上述经济体的产业结构中，均有一个产业或相关联产业约占总比重的三成。总的来说，部分微型经济体的经济之所以如此成功，得益于较为集中的产业结构，这种产业结构的成功经验对于其他小微经济体来说具有一定的借鉴意义。

---

① http://be.mofcom.gov.cn/article/jmjg/ztdy/201804/20180402735132.shtml.

（2）经济外向度较大

经济外向度，亦被称为外贸依存度，是一个用以衡量一个国家或地区经济开放程度的关键指标。这个指标是通过计算一个国家或地区的对外贸易总额占 GDP 的比重得出的。经济外向度的高低，不仅反映了该国或地区经济与国际经济的联系紧密程度，还体现了该国或地区开放型经济的发展规模和发展水平。当经济外向度较高时，说明该国或地区的经济与国际经济联系紧密，开放程度高。这意味着该国或地区的进出口业务在整体经济中占有较大比重，对国际市场的依赖程度也相对较高。这种高度的依赖，使该国或地区能够更充分地利用国际市场的资源和机会，推动经济快速发展。同时，高度的经济外向度也促进了国际技术交流和合作，有助于提升该国或地区的整体经济水平。

然而，过高的经济外向度也可能带来潜在的风险。当一个国家或地区的经济外向度过高时，意味着该国或地区更容易受到国际经济波动的影响。一旦发生国际经济危机，如全球性的金融风暴或贸易战等，该国或地区的经济可能就会受到严重冲击。例如，当国际市场需求下降时，高度依赖国际贸易的国家或地区可能会面临出口下滑、经济增长放缓甚至经济衰退的风险。此外，过高的经济外向度还可能导致资源过度集中在少数几个贸易伙伴身上，加大了对特定市场的依赖风险。一旦这些贸易伙伴出现经济问题或政治变动，该国或地区的经济也可能受到波及。

在全球经济的大棋盘上，各个国家或地区的面积、人口数量、经济结构和地理位置等不同，它们扮演着不同的角色。尤其值得一提的是那些面积相对较小、人口数量有限的微型经济体。在对摩洛哥、卢森堡、冰岛等国家的经济外向度水平考察后发现，相较于其他面积更大和人口众多的国家，微型经济体的经济外向度更高，且更易受到国际极端风险事件的负面冲击。这意味着它们的经济增长和发展在很大程度上依赖国际贸易和外部市场的需求。

例如，冰岛的经济发展历程因外部冲击和高度的经济外向度而充满了波折与变革。2008～2020 年，冰岛经济经历了从高峰到低谷再到逐渐复苏的过程，而这一切都与全球金融危机紧密相连。2008 年 9 月，冰岛的经济遭遇了前所未有的打击。由于高风险投资失败，该国的三大银行纷纷破产，最终被政府收归国有。该事件引发了冰岛严重的经济危机，整个国家的经济秩序陷入了混乱。面对这一危机，冰岛政府迅速采取行动，对内全力应对，采取了一系列措施来稳定经济。为了缓解财政压力，冰岛政府开始节约行政开支，减少浪费。为了重建金融体系，政府着手整顿金融市场，加强对金融机构的监管，确保金融体系的稳定运行。为了鼓励传统行业的发展和对外贸易，政府出台了一系列扶持政策，帮助企业渡过难关。经过几年的努力，冰岛经济终于逐渐回稳，并在 2011 年开始恢复增长。这一成就的取得，离不开冰岛政府的果断决策和有力措施，也得益于国内外投资者的信心和支持。2017 年 3 月，冰岛政府正式宣布结束所有针对公民、产业及养老基金的资本管制措施，这标志着冰岛重新回归国际金融市场，开始与国际经济接轨。

微型经济体的抗冲击能力与面积、人口等具有较强的相关性。此外，更为集中的产业和较强的对外依赖也使微型经济体的自给自足能力较弱，更易受到外部冲击对国内经济的影响。

（二）微型经济体产业优势

上述以摩洛哥、卢森堡、冰岛为例，对微型经济体的产业结构进行了分析，发现通过注重资源整合、集中发展主导产业、加大对支柱产业的投入和支持等策略，微型经济体能成功实现经济的快速增长和转型。可见，微型经济体产业集中模式的存在具有一定的意义和价值。

第一，将资源集中于三个以上的产业，能在人口资源较少、资源有限的情况下为微型经济体提供发展的可能性和空间。在全球经济的宏大舞台上，微型经济体常常因其规模、资源和影响力的限制而被边缘化。然而，这些看似微不足道的经济体却以其独特的产业集中模式，展现了一种顽强而富有成效的发展路径。

第二，微型经济体通常面临人口资源稀少、资源有限的双重困境。在这样的背景下，如何将有限的资源最大化利用成为微型经济体发展的关键。产业集中模式应运而生，它通过将资源集中在三个或更多的产业上，形成规模经济和协同效应，从而提高了资源的利用效率。这种模式的出现，不仅为微型经济体提供了发展的可能性和空间，也在一定程度上打破了其固有的发展瓶颈。

第三，尽管微型经济体在全球经济中可能处于边缘地位，但这并不意味着它们无法实现经济的稳步增长和人民生活的改善。通过集中资源发展优势产业，微型经济体可以形成自身的核心竞争力，进而吸引外部投资和合作，推动经济的持续发展。此外，产业的发展也会带动就业机会的增加，提高人民的生活水平，形成良性循环。

第四，微型经济体的产业集中模式还具有其独特的社会价值。这种模式鼓励社区和地方政府更加关注本地产业的发展，从而增强地方经济的韧性和可持续性。通过发展本地产业，微型经济体可以更好地满足当地人民的需求，提高社会福利水平，实现经济与社会的协调发展。

第五，微型经济体更为集中的产业结构对于经济体制的稳定性也具有一定的贡献。在微型经济体中，更为集中的产业结构能使微型经济体在区域内更快速地形成其独特的角色和价值，通过发展自身独特的经济模式和产业结构，为区域经济增添多样性，也在一定程度上促进了其在区域经济中的稳定性。

第六，微型经济体产业结构的集中性对经济体制的稳定起到了积极的推动作用。微型经济体通常规模较小，资源有限，因此更为集中的产业结构有助于它们在有限的资源条件下形成独特的经济模式和角色。这种集中性不仅促进了微型经济体内部的高效协作和资源整合，还使其在区域内更快速地发挥其独特的价值和作用。集中的产业结构使得微型经济体能够专注于某一特定领域或产业，形成专业化的生产和服务。这种专业化有利于提升微型经济体的生产效率、降低成本，从而增强其市场竞争力。同时，专业化的产业结构还有助于形成产业集群效应，吸引相关产业和资源聚集，进一步推动微型经济体的发展。

第七，微型经济体通过发展自身独特的经济模式和产业结构，为区域经济增添了多样性。多样性是区域经济稳定发展的关键因素之一，它有助于抵御外部经济冲击、降低风险，提高整体经济的韧性和稳定性。微型经济体通过其独特的产业结构，为区域经济提供了更多的增长点和动力源，有助于实现经济的多元化和平衡发展。此外，微型经济体集中的产业结构还促进了区域经济中的合作与协同。微型经济体之间可以通过产业链上下游的合作关系、技术交流和资源共享等方式，实现优势互补、互利共赢。这种合作与协同不仅有助于提升整个区域的经济发展水平，还有助于形成更加紧密、稳定的区域经济联系。

（三）微型经济体产业弊端

微型经济体集中的产业结构也有着显著的弊端，具体如下。

首先，微型经济体的内部市场规模较小，这使得它们难以满足自身的生产和消费需求。这种局限性使得微型经济体不得不依赖国际贸易来弥补国内市场的不足。尽管国际贸易为微型经济体提供了获取资源、技术和市场的机会，但同时也增加了对外部经济变动的敏感性。一旦国际市场出现波动，微型经济体的经济稳定和发展就可能受到严重影响。

其次，微型经济体集中的产业结构往往导致产业单一化，缺乏多样性和灵活性。在这种情况下，微型经济体的经济增长更加依赖少数几个主导产业。一旦这些主导产业受到冲击，整个经济体系就可能陷入困境。此外，产业结构的单一化也使得微型经济体更容易受到国际市场价格波动和贸易政策变化的影响。例如，当国际市场上的原材料价格发生变动时，依赖这些原材料的微型经济体就可能面临生产成本上升或经济下滑的风险。

再次，微型经济体通常具有较低的产业韧性，这意味着它们在面对国际极端风险事件时，更容易受到负面冲击。这些风险事件包括但不限于全球金融危机、地缘政治冲突、自然灾害等。当这些事件发生时，微型经济体的经济稳定性将受到严重考验，甚至可能引发连锁反应，导致整个经济体系的崩溃。以近期美国加息导致的全球通货膨胀为例。2022年美国不断加息，大量的资本回流导致许多微型经济体在此期间持续通货膨胀，遭受了巨大的损失。此外，地缘政治冲突也可能导致微型经济体的经济受到冲击。例如，当两个大国之间的关系紧张时，它们可能会采取贸易制裁等措施，这将给依赖这些大国市场的微型经济体造成巨大的经济损失。

最后，微型经济体的高度经济外向度也是其经济脆弱的一个重要原因。这些经济体的强势产业通常与国际贸易紧密相连，一旦国际市场需求下降或贸易伙伴发生变化，这些产业将面临巨大的挑战，从而导致微型经济体的经济面临严重困境。此外，微型经济体还面临资源短缺、技术落后等问题。由于缺乏足够的资源和技术支持，这些经济体很难实现产业的多元化和升级。这进一步加剧了其经济脆弱性，使其在面对外部冲击时更加难以应对，也使得微型经济体难以实现可持续发展。

（四）"一国两制"下澳门微型经济体的产业特殊性

澳门作为上述定义的微型经济体，因其在"一国两制"的独特制度体系下，与卢森堡、冰岛等国家经济和产业结构还有一定的差异。党的二十大报告提出，"一国两制"是中国特色社会主义的伟大创举，是港澳回归以来保持繁荣稳定的最佳制度安排，要长期坚持。"长期坚持"是中央对"一国两制"内在国家理性和制度效能的权威确认，也是对港澳实践"一国两制"具体成效与全球化作用的高度肯定。

首先，"一国两制"的制度创新不仅赋予了澳门独特的政治地位，更在横琴粤澳深度合作区框架内为澳门带来了前所未有的发展机遇与便利。这些优势为澳门经济产业的适度多元发展奠定了坚实的基础，使澳门得以在全球化的大潮中独树一帜，展现了其独特的魅力。

自 1999 年澳门回归祖国以来，中央政府始终坚持实行"一国两制"、"澳人治澳"、高度自治的方针，确保澳门长期繁荣稳定。在这一方针的指引下，澳门特别行政区在维护国家主权、安全、发展利益的同时，也充分行使了高度自治权，实现了经济的快速发展和社会大局的和谐稳定。在横琴粤澳深度合作区框架内，澳门更是迎来了前所未有的发展机遇。这一合作区作为粤港澳大湾区的重要组成部分，旨在推动粤港澳三地深度合作，实现互利共赢。在这一框架下，澳门得以充分利用其独特的国际地位和优势，与内地及香港实现资源共享、优势互补，共同推动区域经济的繁荣发展。根据"十四五"规划和《粤港澳大湾区发展规划纲要》中提出的港澳发展定位与目标，澳门在融入国家发展大局方面具有得天独厚的条件。这些规划不仅为澳门指明了发展方向，更为其提供了有力的政策支持。在"一国两制"的制度创新下，澳门得以在集聚了一个多亿人口的大湾区中，既享受区域内制度创新的红利，又畅通连接具有巨大潜能的腹地，为其经济产业的多元发展提供了极佳的基础条件。例如，在旅游业方面，澳门凭借其独特的文化魅力和丰富的旅游资源，吸引了大量游客前来观光旅游。在"一国两制"的制度创新下，澳门得以与内地及香港实现旅游资源的共享，共同打造具有国际竞争力的旅游品牌。此外，在金融业、会展业等领域，澳门也充分利用其特殊地位和优势，实现了产业的快速发展和升级。随着"一国两制"实践的深入推进和粤港澳大湾区建设的加速推进，澳门的未来必将更加美好。

其次，"一国两制"所提供的制度型开放空间以及澳门自身具有的国际化背景，使得澳门具有得天独厚的优势。一方面，澳门在"一国两制"的制度框架下，拥有了一个开放、包容的经济发展环境。这种制度型开放空间，不仅吸引了全球众多具有世界眼光、把握发展前沿动态的高素质人才，更为澳门注入了源源不断的创新活力。这些人才来自各行各业，他们带着丰富的经验和专业知识，为澳门的经济社会发展提供了强有力的支撑。另一方面，澳门自身的国际化背景也是其得天独厚的优势之一。作为一个历史悠久的国际旅游城市，澳门一直以其独特的文化魅力和丰富的旅游资源吸引着世界各地的游客。这种国际化的氛围，使得澳门人民具备了开放的心态和全球化的视野，为澳门的经济社会发展提供了源源不断的动力。

最后，基于"一国两制"在过去25年成功实践的经验和政治政策的稳定性，澳门作为微型经济体，展现了强大的产业多元化和持续的发展潜力。在国家的支持下，澳门不仅在旅游业等传统产业上保持着领先地位，还在金融、会展、文化创意等新兴产业上取得了显著成绩。这些产业的蓬勃发展，为澳门的经济社会发展奠定了坚实的基础。

第二节　澳门产业结构

一　澳门产业结构概述

（一）澳门产业发展历史

回归后，在博彩业开放带动下，澳门各行业都取得了很大发展，GDP持续增长，居民就业稳定，收入提高，财政储备不断增加。但同时，澳门经济结构单一，高度依赖博彩服务出口的特点令经济增长呈现高波动性，这种高波动性说明澳门经济抗风险能力相对不足。

《光明日报》在1999年的一篇题为《回眸：发展历程与四大支柱》的文章中，详细描绘了澳门这个古老而富有传奇色彩地方的发展历程。澳门，早在450年前的明代就已经开埠，成了东西方经贸文化交流的重要通道。然而，尽管有着得天独厚的地理位置和悠久的历史文化背景，澳门的产业发展却相对缓慢。

这背后的主要原因在于澳门的殖民国葡萄牙的统治政策。在长达几个世纪的时间里，澳葡政府对澳门经济的发展采取了无所作为、放任的态度。这导致澳门长期缺乏相对独立、完整的经济体系，经济发展受到了严重的制约。

然而，历史总是充满了转折。进入20世纪60年代，随着香港经济的崛起和产业的转移，澳门经济开始迎来转机。特别是80年代以来，在中国改革开放和经济强劲发展势头的带动下，澳门经济获得了前所未有的发展机遇。

在这一时期，澳门经济迅速崛起，形成了四大支柱产业：旅游博彩业、出口加工业、金融保险业和建筑地产业。其中，旅游博彩业作为澳门的特色产业，吸引了大量国内外游客前来观光和娱乐，为澳门带来了巨大的经济效益。出口加工业则依靠其独特的地理位置和资源优势，成为澳门经济发展的重要支撑。金融保险业和建筑地产业也在这一时期得到了快速发展，为澳门的经济繁荣做出了重要贡献。

回顾澳门的发展历程，可以看到，尽管历史上曾经历过曲折和困难，但澳门凭借着其独特的地理位置和资源优势，尤其在中国改革开放的推动下，成功地实现了经济的腾飞。如今，澳门已经成为一个充满活力和魅力的现代化城市，其四大支柱产业也为澳门的未来发展奠定了坚实的基础。①1996 年四大支柱产业创造的产值占 GDP 的 70% 左右，容纳就业人口达 10 万人之多，占本地就业人口的一半左右。2023 年四大产业创造的产值仍占 GDP 的 70% 左右，容纳就业人口达 25 万人之多，占本地就业人口也近一半。

1. 旅游博彩业

在回归之后，旅游业和博彩业作为澳门的两大经济支柱，为澳门的经济繁荣和社会发展做出了巨大的贡献。作为世界四大赌城之一，澳门不能不提博彩业，但在澳门有着 150 多年历史的博彩业，却是个难言的话题。一方面，2002 年澳门特区政府做出适度开放博彩业经营权的决定，使博彩业几年间呈井喷式发展。2007 年，博彩业毛收入一度高达每月 100 亿澳门元，几乎占 GDP 的 70%；博彩税也由 1999 年的 48 亿澳门元增加到 2008 年的 418.8 亿澳门元。新的博彩业修建了诸多大型娱乐城、展场，带动了澳门建筑、服务等行业的发展。另一方面，即使不谈博彩业的社会成本，博彩业一枝独秀，整个经济结构过于单一，让微型经济体的澳门蕴藏着极大风险。

博彩业在澳门经济中占有举足轻重的地位。自 1996 年以来，博彩、旅游、娱乐、酒店等行业所创造的产值已占澳门本地总值的 40% 以上。博彩业税收收入更是政府财政收入的重要来源之一，一般占政府财政收入的 30% ~ 50%。此外，在外汇收入中，博彩业税收收入也是主要来源之一。这些数据显示了博彩业对澳门经济的巨大贡献。

博彩业的繁荣不仅带动了澳门旅游业的蓬勃发展，还促进了相关行业的兴盛。1996 年，来澳游客达到 815 万人次，相当于本地人口的 20 倍。这一

---

① https://www.gmw.cn/01gmrb/1999-12/16/GB/GM%5E18272%5E6%5EGM6-1605.HTM.

庞大的游客群体给澳门的酒楼、零售、客运等行业带来了巨大的商机。旅游业的发展不仅增加了就业机会，还为澳门经济的多元化发展注入了新的活力。

随着时间的推移，澳门的旅游博彩业继续保持强劲的增长势头。2023年，来澳游客数量达到2823万人次，日均7.7万人次，相当于本地人口的47倍。这一惊人的数字再次证明了澳门旅游博彩业的强大吸引力。与此同时，相关的零售、餐饮、酒店、客运等行业也迎来了前所未有的发展机遇，全年上升幅度达到了127.9%。这不仅带动澳门GDP增长80.5%，还进一步巩固了旅游博彩业在澳门经济中的地位。

2. 出口加工业

澳门的工业历史悠久且充满传奇色彩，为当时的海上贸易和航海探索提供了坚实的物质基础。澳门造船业的辉煌，不仅体现在其精湛的技艺和卓越的制造能力上，更在于其对海洋文化的深刻理解和独特诠释。澳门造船工匠以精湛的技艺，打造出了一艘艘坚固耐用、造型美观的船只，为澳门的海上贸易和渔业发展提供了坚实的支撑。然而，随着时代的变迁和技术的革新，澳门的造船业逐渐走向了衰落。在20世纪60年代以前，澳门的工业发展仍停留在手工作坊阶段，主要生产神香、爆竹、火柴等传统产品。这些产品虽然在一定程度上满足了当时市场的需求，但难以跟上工业化和现代化的步伐。

为了改变这一局面，澳门特区政府和社会各界开始积极寻求工业转型升级的道路。澳门的现代工业发展始于20世纪60年代，以制衣、针织、鞋业、玩具和电子产品等几个门类为主。这些产业都是劳动密集型的，工厂规模相对较小，产品主要依赖配额出口。在80年代中期，澳门工业发展达到了高峰，一度成为澳门经济的第一大产业，其增加值占GDP的34%，为澳门提供了8万多个就业机会。

然而，随着时间的推移，澳门的工业发展逐渐放缓，并出现了下降的趋势。这主要由全球贸易环境的变化、技术革新的冲击以及劳动力成本的上升等因素所致。到了90年代，旅游博彩业逐渐崛起，取代工业成为澳门的第一大产业。如今，工业增加值占澳门 GDP 的比重已经下降到了 9% 左右，就业人数也减少到了 4.5 万人左右。

3. 金融保险业

澳门，自古以来就是东西方贸易的重要枢纽。然而，在 20 世纪 70 年代以前，澳门的金融生态却相对单一，仅有一家银行支撑着整个金融系统，而其他金融机构也主要以钱庄、银票和货币找换店等形式存在。这些传统的金融机构在当时的澳门经济中扮演着重要的角色，但其规模较小、服务有限，使澳门的金融业发展受到了很大的限制。

20 世纪 80 年代以来，随着澳门经济的快速发展，金融业的发展也迎来了新的契机。澳门特区政府采取了一系列措施，鼓励金融机构在澳门设立分支机构，同时也在政策上给予了一定的支持。这些措施为澳门金融业的蓬勃发展提供了条件。据澳门统计暨普查局的相关数据，截至 1998 年底，全澳银行存款达到了 862 亿澳门元，贷款为 479 亿澳门元。这些数字不仅反映了澳门金融业的蓬勃发展态势，也说明了澳门金融业在支持澳门经济发展中的重要地位。

澳门的金融业具有较高的外部依存度，由于其曾经的葡萄牙殖民历史和二战期间相对中立的地位以及远东地区的地缘位置，其金融业的资本构成相对多元化。在澳门，金融业的繁荣不仅仅依赖本地资本，更汇聚了来自世界各地的金融力量。从华资、港资、中资、葡资，到英、美、法、德等国的资本，都在这里找到了发展的舞台。国际知名银行、保险公司纷纷在澳门设立分支机构，共同书写着这座城市金融业的辉煌篇章。作为澳门历史四大支柱性产业之一，金融业在澳门经济中的地位举足轻重。据统计，金融业创造的产值占澳门 GDP 的 10% 左右，为澳门经济的稳定增长提供了有力支撑。

值得一提的是，澳门长期以来实行自由港政策，没有外汇管制，资金进出自由。这种开放的经济环境为澳门金融业的国际化提供了得天独厚的条件。澳币与港币挂钩，银行利率也跟随香港升降，这进一步增强了澳门金融市场的稳定性和吸引力。在澳门市场流通的货币中，港币约占 60%，这一比例不仅反映了澳门与香港之间紧密的经贸联系，也为澳门银行业的独立性和中立性提供了坚实基础。在这样的背景下，澳门金融业得以在多元文化的交融中蓬勃发展，成为远东地区乃至全球金融领域的一颗璀璨明珠。

4. 建筑地产业

20 世纪 60 年代澳门经济的发展给建筑地产业带来发展良机，80 年代发展迅猛。在 1992 年，澳门有建筑公司 300 余家，房地产公司 500 多家，从业本地雇员 600 多人。其行业产值占 GDP 的 10%，成为四大支柱产业之一。通过人工填海，澳门土地面积从回归前的 21.45 平方公里增至 29.6 平方公里。然而，随着澳门经济发展、政府法规和外资流入金额等因素的变化，澳门建筑地产业经历了几番起落。

首先，1963~1966 年，在香港经济发展的带动下，澳门人口急剧增长，并有一批海外华侨到澳门定居，房地产业有了较大发展，开始兴建四层以上的楼房。但在 1966 年末，由于社会动荡和资金不足等，房地产业又急剧衰落。1975~1980 年，由于澳门经济的总体形势较好，出口总值创历史最高纪录，旅游博彩业得到良好的发展，居民就业情况理想，购买力增长，大大刺激了对住宅和工商楼宇的需求，澳门房地产开始复兴。此外，1978 年内地改革开放，由内地到澳门居住的新移民大批涌入，也进一步推动了澳门建筑地产业的发展。

其次，1981 年之后的三年，澳门房地产经历了萧条期。1985 年，中葡两国发表有关谈判解决澳门回归问题的联合公报，投资者信心增强，澳门建筑地产业再度复兴。进入 20 世纪 90 年代，澳门房地产业呈井喷式发展态势。澳门特区政府修订了土地法及土地竞投规则，刺激了地价、楼价上升，同时受香港新一轮房地产热潮带动，大量外资、中资、港资蜂拥而至，把澳门房地产发展推至巅峰。1991~1993 年，澳门的房地产代理、建筑、投资等各种公司由 200 多家猛增至近千家，而澳门在十年前后土地价格升幅也高达 269 倍。1993 年 7 月，在中国开始进行宏观调控和紧缩货币政策时，澳门房地产开始进入去库存周期，进行了全面消化调整。

在进入 21 世纪后，澳门建筑地产业稳步发展，总体趋势平缓。2023 年第三季度，澳门完成缴纳印花税程序的楼宇单位及停车位买卖共 1030 个，总值 50.9 亿澳门元，住宅单位买卖有 628 个，成交总值 40.7 亿澳门元，现货住宅成交数目（609 个）和金额（39.4 亿澳门元）、住宅楼花成交数目（19 个）和金额（1.3 亿澳门元）均出现了不同程度的下跌，但总体供需平衡。

（二）澳门产业历史沿革特点

首先，澳门的产业结构体现了微型经济体的特点，在这片繁华的土地上，资源被巧妙地集中在四大优势产业中，形成了相对的产业集中度。这一特点不仅使澳门在全球经济舞台上崭露头角，也为其经济的稳定发展奠定了坚实的基础。其中，博彩业作为特色产业，在回归后逐步发展为强势产业，在 2015 年，博彩业更是独领风骚，成为澳门经济的"领头羊"。这一产业的崛起并非偶然，而是得益于澳门独特的地理位置、丰富的文化底蕴以及政府的大力支持。澳门博彩业的发展，不仅为当地带来了大量的外汇收入，还促进了旅游、酒店、餐饮等相关产业的繁荣。

其次，澳门的产业总体对外依存度较高。博彩业作为澳门的支柱产业，对外国投资的依赖尤为明显。在博彩业经营许可权的竞标过程中，外国的投资规模成为竞标内容中权重较高的一项。这意味着，澳门的博彩业在很大程度上受到了外国资本的控制和影响。这种高度的依赖性不仅使得澳门的博彩业发展受到外部因素的制约，也增加了产业发展的风险。此外，除了博彩业，澳门的其他产业对外依存度也较高。这使得澳门的产业结构相对单一，缺乏自给自足的能力。一旦外部市场环境发生变化，澳门的整体经济发展就可能受到严重的冲击。因此，加强澳门产业的多元化发展，降低对外依存度，成为澳门经济发展亟待解决的问题。

最后，澳门特区政府始终致力推动产业结构的适度多元化，积极推动新兴产业的发展，以实现经济的持续稳定增长。会展、文化、中医药和银行业等新兴产业在澳门的发展过程中扮演着重要的角色，为澳门经济的繁荣注入了新的活力。

会展业作为澳门的新兴产业之一，不仅促进了澳门与世界各地之间的经济交流与合作，还为澳门带来了大量的国际游客和商机。通过举办各类国际会议和展览活动，会展业为澳门当地创造了大量的就业机会，推动了相关产业的发展。然而，外部风险事件如新冠疫情使会展业遭遇了前所未有的挑战。在疫情防控的背景下，澳门会展业灵活调整策略，以适应新的市场环境。

文化产业是澳门的另一重要新兴产业，具有深厚的历史底蕴和独特的文化魅力。澳门特区政府积极推动文化产业的发展，不断扶持文化创意产业，加强文化遗产保护等，为文化产业的发展提供良好的环境。然而，外部风险事件如文化市场的波动、版权纠纷等问题，也对澳门文化产业的发展造成了一定的冲击。因此，澳门特区政府需要进一步完善相关法律法规，加强对文化产业的支持和引导，以促进其健康发展。

中医药产业作为澳门的特色产业之一，具有悠久的历史和独特的资源优势。澳门特区政府积极推广中医药产业，加强与国际市场的合作与交流，努力提升中医药产业的国际竞争力。然而，外部风险事件如国际贸易摩擦、市场需求波动等，也对澳门中医药产业的发展产生了一定的影响。因此，澳门特区政府需要加强对中医药产业的扶持力度，推动技术创新和产业升级，以提高其应对外部风险的能力。

银行业作为澳门金融服务业的重要组成部分，为澳门的经济发展提供了有力的支撑。澳门特区政府积极推动银行业的发展，加强金融监管和风险防范，确保金融市场的稳定与安全。然而，外部风险事件如国际金融市场波动、信贷风险等，也给澳门银行业的发展带来了一定的挑战。因此，澳门特区政府需要加强对银行业的监管和风险防范，提高银行业的风险管理能力和服务水平，以应对外部风险事件的影响。

二 澳门产业多元化历程

（一）2016年之前的产业结构

1. 发展状况

自1999年回归祖国以来，澳门经济迎来了翻天覆地的变化。从20世纪80年代的多元化经济结构，到2016年逐步进入博彩业的单一经济结构，澳门的经济发展路径可谓独树一帜。根据中央人民政府驻澳门特别行政区联络办公室 2014 年公布的官方数据，可以看到澳门经济在回归前后的显著变化。20 世纪 80 年代，澳门经济形成了旅游博彩、建筑地产、金融保险和出口加工四大支柱产业。这四大产业在当时的经济中占有举足轻重的地位，为澳门的繁荣稳定做出了巨大贡献。

　　然而，自 1999 年回归以来，澳门的经济结构发生了明显的变化。出口加工业在这一时期明显萎缩，而商贸服务业（包括批发及零售、酒店、餐饮等）则快速崛起，取代出口加工业成为新的支柱产业。这一转变不仅反映了澳门经济结构的调整，也体现了澳门经济从劳动密集型向服务型的转变。与此同时，旅游博彩、建筑地产和金融保险这三个行业依然保持着支柱产业的地位。特别是旅游博彩业，在澳门的经济中占有绝对的主导地位。据统计，博彩业对澳门 GDP 的贡献率一直保持在 50% 以上，成为澳门经济的最大支柱。

　　博彩业的崛起并非偶然，它背后有着深刻的历史和现实原因。澳门自古以来就是中国的一个特别行政区，拥有着独特的地理位置和资源优势。回归后，在中央政府的支持下，澳门特区政府加大了对博彩业的投入和监管力度，推动了博彩业的快速发展。同时，随着全球经济的不断发展和人们消费水平的提高，博彩业逐渐成为全球性的产业，吸引了大量的游客和投资。1999~2012 年，澳门的博彩业、商贸服务业、建筑地产业以及金融保险业都经历了显著的发展。这些行业的发展速度不仅超过了其整体经济增长，而且在 GDP 中的占比也有了显著的提升。首先，博彩业的表现尤为突出，其总产值年均增长 20.4%，比 GDP 增速高出 6.5 个百分点。这不仅令人瞩目，也反映了博彩业的快速发展和巨大潜力。博彩业在 GDP 中的占比也从 22.3% 增加到了 45.9%，几乎翻了一番。这一增长趋势表明，博彩业已经成为其经济发展的重要驱动力之一。其次，商贸服务业也表现出强劲的增长势头，其总产值年均增长 19%，比 GDP 增速高出 5.1 个百分点。商贸服务业在 GDP 中的占比也从 8.8% 增加到了 15.6%，增长了近一倍。这一增长趋势反映了其消费市场的不断扩大。再次，建筑地产业的发展也不容忽视，其总产值年均增长 11.2%，虽然低于博彩业和商贸服务业，但仍然保持了稳定的增长。最后，金融保险业也实现了稳健的增长，其总产值年均增长9.2%，在 GDP 中的占比从 2012 年的 5.7% 增长到了现在的较高水平。[①] 这一增长趋势表明，随着金融市场的不断开放和深化，金融保险业在支持澳门经济发展、分散风险、提供融资服务等方面发挥着越来越重要的作用。

自 2002 年澳门特区政府决定开放博彩经营权以来，博彩业经过迅猛发展，不仅成为澳门地区经济增长的"领头羊"，而且逐渐演变成为该地区经济的唯一支柱。这一转变不仅在经济数据上得到了体现，更在澳门的社会结构和文化风貌中留下了深刻的烙印。博彩业的崛起无疑为澳门带来了巨大的经济效益。据统计，博彩业在澳门经济中的占比逐渐上升，从 2002 年的不到 30% 迅速增长到了如今的超过 60%。这一增长不仅带来了大量的外汇收入，也为澳门创造了大量的就业机会。然而，这种对博彩业的过度依赖也引发了众多学者的担忧（杨正浒、汪占熬，2011；陈国平等，2012）。一旦博彩市场出现波动或萎缩，澳门经济将面临巨大的风险。在博彩业快速发展的同时，澳门的产业结构却逐渐变得单一化。原本多元化的经济结构在博彩业的冲击下逐渐失去了平衡，其他产业如制造业、旅游业等的发展受到了严重的挤压。这种产业结构单一化的趋势不仅增加了澳门经济的脆弱性，也限制了澳门经济的发展。对澳门是应该坚持专业化发展博彩业，还是应寻求多元经济的共同发展，学者们一直存在争议。一方面，专业化发展可以充分发挥澳门的比较优势，提高博彩业的国际竞争力；另一方面，经济多元发展有助于降低经济风险，增强经济的韧性和可持续性（Baldwin and Brown，2004；纪春礼、曾忠禄，2015）。

澳门特区政府在平衡博彩业与其他产业的发展上也做出了积极的努力。其尝试通过政策引导和市场调节推动其他产业的发展，以实现经济结构的多元化。然而，由于博彩业的高利润和强吸引力，这种努力仍然面临巨大的挑战。2006 年，"十一五"规划首次明确表述了澳门特区未来的经济发展定位是："支持澳门发展旅游等服务业，促进澳门经济适度多元发展。" 2011 年，

---

① http://www.zlb.gov.cn/2014-11/15/c_ 127214595.htm.

"十二五"规划的第五十七章第二节关于澳门的内容指出："支持港澳培育新兴产业，支持澳门推动经济适度多元化，加快发展休闲旅游、会展商务、中医药、教育服务、文化创意等产业。"澳门特别行政区《2010 年财政年度施政报告》也对 2011~2020 年的经济适度多元化作了具体规划，鼓励非博彩业的多元发展，指出："突破自身发展的瓶颈，拓展特区发展空间，促进经济适度多元。"优先以商贸、旅游、会展、文化、教育、创意产业等为切入点，充分发挥民间的积极性，加大澳台合作力度，促进特区经济适度多元化的实现。

综上，可以看出澳门经济适度多元发展主要围绕博彩业产业链的上下扩展，其中会展、文化、创意产业、商贸皆在广义的旅游产业发展范围内，多元规划能更好地突出围绕在博彩业为主要产业的"适度"增量上，还可在博彩业快速增长的过程中获得增速红利和客源支持。

2. 遇到的困境

澳门经济适度多元化主要以拉斯维加斯的旅游多元化发展为蓝图，进行了一系列的规划，但收效甚微。纪春礼和曾忠禄（2015）通过构建澳门地区产业多元化指数，对澳门 1998~2012 年的产业多元化发展趋势进行了深入研究。他们的研究结果显示，在这段时间内，澳门地区的产业多元化变化趋势相对平缓。

具体而言，产业综合多元化指数在这一时期内的变化并不明显，这意味着澳门的整体产业结构并没有发生太大的改变。尽管澳门经济在旅游业方面取得了显著的成就，但在其他产业的发展上仍然存在较大的提升空间。同时，产业相关多元化指数呈现缓慢的上升趋势。这意味着澳门在旅游业的基础上开始尝试发展与其相关的产业，如酒店业、餐饮业、娱乐业等。这些产业的发展有助于提升澳门的整体经济实力和综合竞争力，为澳门的长期发展奠定坚实的基础。然而，值得注意的是，产业无关多元化指数却呈现缓慢的下降趋势。这反映出在澳门经济多元化发展的过程中，对于非旅游产业的投入和关注相对较少。为了实现真正的经济多元化，澳门需要加强对非旅游产业的培育和发展，提高这些产业在整体经济中的比重和影响力。

首先，博彩业对资源的挤出效应不容忽视。以拉斯维加斯为例。拉斯维加斯的旅游业多元化发展是在强大的财政扶持和产业政策支持下逐步形成的。然而，这种支持往往导致资源向博彩业倾斜，会挤压其他产业的发展空间。2008 年金融危机后，拉斯维加斯的博彩经济适度多元发展各产业增速大幅下降，这时政府迅速扩大经济适度多元发展各产业规模，进一步加剧了资源分配的不平衡。

与拉斯维加斯相比，澳门在博彩业发展方面的策略有所不同。然而，在 2016 年之前，澳门对旅游经济适度多元发展各产业的规划中，缺乏对博彩业供给过剩、需求冲击的直观认识。这导致在资源配置上并未显著向非博彩业倾斜，反而可能因为博彩业的繁荣而忽视了其他产业的发展需求。杨正浒和汪占熬（2011）进一步指出，澳门特别行政区的土地分配制度缺乏透明度，这加剧了非博彩经济适度多元发展各产业在获取土地等稀缺资源方面的困难。这种政策倾斜不仅增加了不同产业间发展禀赋的政策不平等，还可能对澳门经济的长期稳定发展产生负面影响。除了资源分配的不平衡，博彩业还对政策的制定和实施产生了挤出效应。由于博彩业的高利润和吸引力，政府往往将更多的精力和资源投入该领域，从而忽视了其他产业的发展需求。这可能导致其他产业在政策支持、资金扶持等方面处于劣势地位，进一步加剧产业间的不平等竞争。

其次，错失了利用横琴和大湾区协同发展的时机。这一错失不仅体现在对拉斯维加斯等博彩发达地区的产业周期发展趋势的过度关注，还体现在对澳门自身区域性优势的忽视。

回顾历史，2010 年国务院《横琴发展总体规划》为横琴赋予了促进澳门产业适度多元化的重要功能。这一规划的初衷是通过参与横琴开发，使澳门能够规避土地资源有限和劳动力相对短缺的劣势，逐步改变澳门经济结构单一的问题，并促进澳门经济适度多元发展。然而，2010~2016 年，澳门对参与横琴开发并未形成思路，这无疑为澳门的未来发展蒙上了一层阴影。

最后，大湾区内金融产业集聚程度的逐步提升，为区域内的城市带来了巨大的发展机遇。根据于佳禾（2023）的统计，2019 年大湾区内金融产业的比较优势显著，深圳、广州及佛山三市金融业总产值占 GDP 的比重分别为 16.7%、19.3% 和 16.6%。然而，值得注意的是，即使在这些金融产业发展较为均衡的城市中，金融并非其贡献度较高的产业。以深圳为例，其金融业总产值占 GDP 的比重低于 15%，这表明金融产业虽然对大湾区内的城市发展具有重要影响，但并非唯一或最主要的推动力。

在这样的背景下，澳门金融业总产值占大湾区金融总产值不足 1%，这一数据不仅令人震惊，也揭示了澳门在参与大湾区协同发展中的巨大挑战。为了改变这一现状，澳门需要重新审视自身在横琴和大湾区协同发展中的角色和定位，积极寻找与周边地区产业协同发展的切入点。

（二）2016～2020 年的产业结构

1. 发展状况

"十三五"规划对澳门经济适度多元发展提出了明确的要求。规划指出："支持澳门建设世界旅游休闲中心、中国与葡语国家商贸合作服务平台，积极发展会展商贸等产业，促进经济适度多元可持续发展。"这一表述不仅强调了"十二五"规划中的相关建议，而且在多元发展的重点上进行了进一步的优化。

同时，规划还提到了建设中国与葡语国家商贸合作服务平台的目标。作为中国与葡语国家之间的重要桥梁，澳门在促进双方经贸合作方面发挥着不可替代的作用。通过建设这一平台，可以进一步推动中国与葡语国家之间的贸易往来，为澳门经济带来新的增长点。除了旅游业和商贸合作，规划还强调了积极发展会展商贸等产业的重要性。会展业作为现代服务业的重要组成部分，具有产业链长、关联度高、带动作用强等特点。通过发展会展业，澳门可以吸引更多的国内外产业和投资者，促进经济交流和合作，为澳门经济的多元化发展注入新的活力。值得注意的是，规划在提出这些建议的同时，也强调了经济适度多元发展的重要性。这意味着在推动经济多元化发展的过程中，需要注重平衡和协调，避免盲目追求速度和规模，确保经济的健康可持续发展。总的来说，"十三五"规划提出的支持澳门经济适度多元发展，为澳门的未来发展指明了方向。

自 2016 年以来澳门博彩业的收入显著下滑。为了应对这一挑战，澳门博彩业需要转变发展思路，寻求多元化的发展路径。这一变化引起了众多本地学者的关注，他们纷纷进行理论分析和探讨，寻求多种经济合作发展模式的创新（刘成昆，2017；雷玉桃等，2019），并对区域合作中可能遇到的共生关系、生态位重叠、城市群功能等进行理论分析，以求找到多元化发展的有效路径。

2. 遇到的困境

首先，区域合作各方在区域合作发展思路上有一定的差异。在探讨区域合作模式的过程中，澳门、香港与大湾区其他城市间的合作诉求差异在一定程度上阻碍了许多潜在合作的实现。这些差异主要源于各城市或地区在经济发展、产业结构、资源禀赋等方面的不同特点。以广东省为例，其在"十三五"规划中明确提出了围绕科技领域进行区域合作和对外开放发展的战略。为了落实这一战略，广东珠三角自主创新示范区依托内地与香港科技合作委员会、内地与澳门科技合作委员会，与香港、澳门开展科技合作。合作旨在建设具有区域特色的粤港澳科技创新圈，并将其作为推动创新发展的平台。根据规划，该创新圈的目标是初步形成综合指标达到创新型国家水平，即 R&D 投入占 GDP 的比重在 2.8% 以上，技术自给率超过 75%，科技进步贡献率超过 60%。

然而，澳门特别行政区对区域合作的期望则有所不同。澳门作为一个以旅游产业和文化产业为主导的城市，更希望在旅游产业、文化产业以及城市物质条件改造、土地资源开发等方面与周边地区展开合作。这种合作思路的差异在一定程度上影响了澳门与广东省在科技领域的合作进展。双方就区域合作发展的思路具有一定的差异。

其次，澳门城市竞争力的逐渐下降，导致区域合作能力下降。根据澳门统计暨普查局的统计，2016~2019 年澳门博彩业增加值的 GDP 占比迅速下滑，但其他经济适度多元发展各产业的发展也较为乏力。除博彩业外，澳门处于前列的经济适度多元发展各产业如房地产、建筑、批发及零售、金融、融资租赁和酒店业始终处在低速增长状态。这种情况导致在大湾区城市群内，澳门的城市竞争力和区域合作能力逐渐下降（程玉鸿、汪良伟，2018）。澳门在大湾区中的经济地位逐渐边缘化，这不仅影响了澳门的经济发展，也对其作为国际旅游城市的形象造成了负面影响。此外，澳门与珠海、江门等城市的合作关系虽然紧密，但在中医药产业等领域的合作并未形成对澳门整体制造业的良好协同。这使得澳门在区域合作中的地位更加尴尬，无法有效借助周边城市的优势资源来推动自身的经济多元化发展。

（三）疫情后的产业结构

1. 发展状况

自 2019 年 2 月 18 日中共中央、国务院发布《粤港澳大湾区规划纲要》以来，澳门的发展定位已经清晰明确，那就是建设世界旅游休闲中心、中国与葡语国家商贸合作服务平台，并促进经济的适度多元发展。这一规划为澳门下一阶段的发展指明了方向，不仅有助于推动澳门旅游业的多元发展，也促进了大众博彩业的繁荣。该规划强调了澳门作为中国与葡语国家商贸合作服务平台的重要性。澳门作为中葡贸易的桥头堡，拥有独特的双语优势和丰富的商贸经验，这为其在促进中国与葡语国家之间的经贸合作奠定了坚实基础。通过加强与葡语国家的经贸往来，澳门不仅可以扩展自身的国际影响力，还可以为中国的对外开放和"一带一路"建设贡献力量。然而，澳门旅游业和博彩业在发展过程中面临一些挑战和困难。自 2019 年开始，中央加大了对跨境赌博的打击力度，这使得博彩业的发展受到了一定的影响。随后，2020 年发生的新冠疫情更是给澳门旅游业带来了前所未有的冲击。博彩毛收入大幅下滑 79.2%，使得澳门提高整体大众旅游消费升级和多元化发展变得更为紧迫和必要。

随着"中国与葡语国家商贸合作服务平台"的推进，在"促进经济适度多元发展，打造以中华文化为主流、多元文化共存的交流合作基地"的框架性政策引导下，澳门正努力寻求经济的多元化发展。特别是在疫情和常态化反腐的双重打击下，博彩业在澳门 GDP 中的占比迅速下滑，这标志着澳门经济正逐渐摆脱一元经济体的束缚，向着更加均衡和多元的方向发展。根据《澳门经济适度多元发展统计指标体系》2020年的分析报告，博彩业在GDP中的比重已经下降至21.3%。这一数字的背后，反映了澳门经济正在发生深刻的变化。过去，博彩业一直是澳门经济的支柱，但如今随着不动产业、建筑业、批发及零售业、金融业（包括保险及退休基金）、租赁以及向各产业提供服务的行业的崛起，澳门经济呈现更加多元化的态势。

博彩业在GDP贡献度的占比下滑，与疫情期间经济适度多元发展各产业增加值总额的下滑幅度有着密切的关系。尽管2020年所有经济适度多元发展各产业总产值大幅减少2377.3亿澳门元，跌幅高达54.5%；但博彩业及非博彩业的总产值分别为422.4亿澳门元和1562.2亿澳门元，同比分别下跌81.0%和26.9%。可以看出，博彩业的总产值下滑幅度远大于非博彩业，这充分说明经济适度多元发展对增强澳门整体抗风险能力和复原经济能力的重要性。

特别是在数字经济的推动下，其现代经济适度多元发展各产业表现尤为突出，为澳门的经济发展注入了新的活力，借助数字技术的力量，澳门的传统产业得以转型升级，新兴产业也蓬勃发展。这种转型不仅提升了澳门经济的整体竞争力，也为各产业带来了新的增长点。以2020年为例，澳门经济适度多元发展各产业的收益实现了4.5%的增长，达到了300.7亿澳门元。这一增长不仅远超其他产业，更是为澳门经济的复苏和发展提供了强有力的支撑。

2. 遇到的困境

首先，在全球经济一体化的大背景下，澳门经济发展面临的挑战和机遇并存。特别是在当前国际经济环境充满不确定性、不稳定和矛盾冲突激烈的背景下，澳门的非博彩业发展面临前所未有的风险和挑战。

产业结构的充足和简单产业占比的调整，无疑是澳门发展多元经济的一个时代表现。然而，这只是表象，而非本质和重点。真正的重点在于，澳门应如何借助难得的可争取到的产业结构调整发展的资源倾斜，进行合理和快速的产业升级。这需要澳门整合其全球联系的机构优势，充分利用其自治赋予的灵活性，建立独特的城市形象。然而，产业升级并非易事。资金压力、新技术开发的高失败率以及澳门高新技术人才缺失等困境，都是澳门在产业升级过程中必须面对的问题。这些问题不仅考验着澳门的经济实力，更考验着澳门的政策制定者和企业家们的智慧和勇气。

其次，澳门在争取区域合作时的比较劣势较大，积极寻求区域合作仅能提供政策优势，而政策优势又存在与同区域内急于重振经济的香港的竞争挤压。在区域合作的背景下，澳门面临一些明显的比较劣势，这使得其在竞争中处于相对不利的位置。

一方面，澳门在寻求区域合作时面临的主要挑战之一是土地短缺。Gu 等（2022）指出，由于土地资源有限，澳门很难像拉斯维加斯那样发展成为世界级的户外游乐园。这一限制使得澳门在吸引游客和创造经济收益方面存在一定的困难。另一方面，澳门在区域合作中还需要面对来自香港的竞争。香港作为另一个重要的经济中心，也拥有政策优势、行政和地理独特性，这使得香港成为澳门在区域合作和经济多元发展中的有力竞争对手。双方在区域发展中的生态位存在重叠，进一步加剧了澳门面临的挑战。

3. 数字经济带来的机遇和挑战

首先，以数字经济为基本构架的经济适度多元发展各产业，一方面并未受到 2016 年博彩业收入规模迅速下滑的冲击，另一方面也未受到新冠疫情的冲击。

2021 年 9 月 5 日出台的《横琴粤澳深度合作区建设总体方案》，旨在推动横琴珠澳跨境金融合作。陈向阳和董慧（2023）指出，要促进珠海横琴开展跨境金融合作，积极发展特色金融业，提高珠海的城市竞争力，与粤港澳大湾区的其他城市进行差异化定位、差异化竞争。因此，珠澳跨境金融合作是推动珠澳互利共赢的重要举措，是提高两地区域竞争力的必要战略选择。澳门经济适度多元发展各产业 2020 年收益增长 4.5%，达到300.7 亿澳门元，总产值为 257.3 亿澳门元，实质增长 15.3%，增幅为经济适度多元发展各产业之冠。同时期的横琴，金融业增加值 61.84 亿元，占 GDP 的 23.18%，同比增长 4.5%；金融业税收收入 59.18 亿元，占横琴总体税收收入的 30.22%。该区域的有序发展，将能通过跨境金融业务和数字经济的发展，帮助澳门着眼未来，实现经济适度多元发展。

其次，数字经济的发展将加速"一带一路"倡议部署下澳门与葡语国家的贸易往来，不断推动中葡经贸合作迈上新台阶。

2021 年至今，中葡在澳门实现贸易逆势增长。通过跨境电商、创新交易会的形式，线上办展、办会的方式，2021 年中国与葡语国家进出口贸易总额冲破 2000 亿大关，约为 2009.48 亿美元，同比增长 38.41%，高于中国对外贸易 21.4% 的增速。中国对葡语国家出口额为 648 亿美元，同比增长 49.91%；中国自葡语国家进口额约为 1361 亿美元，同比增长 33.53%（陈朋亲、孟静文，2023）。中国和葡语国家的贸易合作以政府间合作为主导，推动合作的力度和强度对年度贸易量和贸易品种至关重要。

与此同时，澳门作为贸易服务中可提供平台化服务的地区，始终有着很重要的地位。为了进一步巩固澳门在中葡贸易中的桥梁作用，我国政府历届部长级会议的《经贸合作行动纲领》中，都对澳门的地位和作用给予了明确的肯定。这不仅是对澳门在经贸领域的贡献的认可，更是对其未来发展的期待和鞭策。然而，随着全球数字化浪潮的推进，传统的贸易服务模式已经无法满足现代化的需求。澳门要想在全球贸易竞争中保持领先地位，就必须紧跟时代的步伐，加强数字化平台的建设，推动贸易服务的数字化转型。这不仅是时代发展的必然要求，也是澳门自身发展的迫切需求。

此外，为发挥横琴等澳门周边区域城市的数字经济比较优势，2021 年中共中央、国务院出台《横琴粤澳深度合作区建设总体方案》，不仅提出要充分发挥澳门对接葡语国家的窗口作用，支持合作区打造中国与葡语国家金融服务平台，还对澳门和横琴联合建设中葡国际贸易中心和数字贸易国际枢纽港提出了明确要求。数字经济的发展将有助于澳门通过持续的中葡贸易，对整体澳门的贸易产业进行重组和升级。

三　澳门经济适度多元发展的产业结构展望

（一）产业结构调整的最新进程

2023 年 11 月 1 日，澳门特区政府发布《澳门特别行政区经济适度多元发展规划（2024—2028 年）》（以下简称《2024—2028 规划》），这是澳门首个全面系统的产业发展规划。《2024—2028 规划》的出台，让推动经济适度多元发展有了时间表、路线图。《2024—2028 规划》对接国家"十四五"规划和特区"二五"规划，以"1+4"经济适度多元发展策略为依据，对各产业未来五年的发展提出了具体目标、主要任务和重点项目。

其中，"1"是按照建设世界旅游休闲中心的目标要求，促进旅游休闲多元发展，做优做精做强综合旅游休闲业；"4"是持续推动中医药大健康、现代金融、高新技术、会展商贸和文化体育等四大重点产业发展。"'1'是中短期目标，也是澳门优势产业，可以率先体现多元发展成效，增强信心；'4'是积极探索目标，不可能一蹴而就，力争在相对短的时间内取得突破。"澳门正努力提升新兴产业在经济结构中所占的比重。《2024—2028 规划》的出台标志着澳门经济适度多元发展的阶段性成果，也为未来产业结构调整提供了原则和框架。

（二）产业结构调整的难点和卡点

无论是产业生态位研究还是数字经济作用于经济适度多元发展研究，皆是目前学术界正在积极探索的理论问题，目前产业结构调整中还有许多不足与难以回避的瑕疵。

1. 经济适度多元发展的概念不清晰

澳门经济适度多元发展问题相对独特。长久以来，尽管学术界对"资源诅咒"和"荷兰病"等经济现象进行了广泛而深入的研究（Gu and Sun, 2014；Sheng, 2017；Zhao et al., 2021；McCartney et al., 2021；Gu et al., 2022），但针对澳门经济，尤其是其产业经济发展问题，尚未形成统一且系统的研究体系。现有的研究成果尽管丰富多样，却难以全面涵盖澳门产业结构的深度与广度（陈坤仪，2015；纪春礼、曾忠禄，2015；Gu et al.，

2022）。因此，本书致力于填补这一学术空白，为澳门经济的可持续发展提供理论支撑和实践指导。

首先，本书广泛搜集和整理了关于澳门经济的大量历史文献，力求在深入研究历史理论的基础上，为澳门经济的产业发展提供更为充实和全面的指导。通过深入分析澳门经济的演变历程，发现其经济发展既受到外部环境的深刻影响，也与其内部产业结构、资源分配和政策导向等因素密切相关。

其次，本书充分借鉴了马克思政治经济学中的经典理论，如经济发展理论、社会再生产理论以及生产力与生产关系的辩证统一等。这些理论为解析澳门经济适度多元发展的内在逻辑提供了有力的分析工具。这些理论不仅扩展了澳门经济研究的深度，也为其产业经济发展的未来走向提供了更加清晰和明确的方向。

然而也必须承认，由于澳门经济的复杂性和独特性，本书可能存在一定的局限性。例如，由于研究角度的限制，本书可能无法涵盖所有影响澳门经济发展的因素。

2. 产业生态位理论研究的成熟型成果不多，实证稳健性不足

尽管产业生态位理论模型的部分动态演变形式已在一些研究中得到探讨，并且有一些关于产业生态位竞争力评价指标体系的构建方法，但针对经济适度多元发展方面的系统性方法论仍然缺乏。这使得在实证分析中面临诸多挑战，如模型选择、假设提出、指标选取以及实证检验方法的选择等。因此，当前对澳门经济适度多元发展的产业间动态竞合模型的研究，以及相关实证分析的结果尚不完整和清晰。为了更准确地分析澳门复杂的产业结构调整问题，需要加强实证检验方法以及实证检验工具模拟器的研究和应用。

首先，对于经济适度多元发展方面的系统性方法论，需要深入研究并构建一套完整、科学、可操作的评价体系。这个评价体系应该包括经济、社会、环境等多个方面，并且要能够反映不同产业之间的动态竞合关系。同时，该评价体系还需要具备可操作性和可实践性，以便于实际应用和推广。

其次，在模型选择、假设提出、指标选取等方面，需要充分考虑澳门经济适度多元发展的特点和实际情况。例如，在模型选择方面，应该选择那些能够反映澳门经济特点和发展规律的模型，而不是简单地套用其他地区的模型。在假设提出方面，需要结合澳门的实际情况，提出符合实际的假设，而不是过于理想化或脱离实际的假设。在指标选取方面，需要选取那些能够反映澳门经济适度多元发展实际情况的指标，而不是简单地选择一些通用的指标。

最后，为了更准确地分析澳门复杂的产业结构调整问题，需要加强实证检验方法和工具模拟器的研究和应用。例如，可以利用大数据、机器学习等技术手段，构建更加精细的实证检验模型，以便更准确地分析澳门经济适度多元发展的实际情况。同时，还可以借助一些先进的工具模拟器，如系统动力学模型等，以模拟和预测澳门产业结构的动态演变趋势，为政策制定和产业发展提供更加科学的依据。

3. 数据收集难度大，数据质量不高

在澳门产业发展的实证分析中，数据是至关重要的一环。但是，现有的数据存在两大主要问题。

首先，关于产业发展的过程指标，缺乏颗粒度更细、更高频的数据支撑。这意味着无法获取到更为详细、更为广泛的产业数据，从而难以对澳门产业的发展过程进行深入的剖析。

其次，澳门产业的定义在2012年前后发生了较大的改变。这种变化不仅影响了对产业的认识，也使得之前的数据在新的产业定义下变得不再适用。因此，在实证分析数据收集时，无法获得更高维度、更高频、颗粒度更细致的产业数据。这种情况导致实证研究可用数据较少，给研究工作带来了很大的困难。在仅有的数据中，还存在模型可适配数据较少的情况。这使后续实证分析中出现大量拟合空值，严重影响了研究结果的准确性和稳健性。

此外，为了具体分析经济适度多元发展下各产业在数字经济中的韧性，需要对现有的产业定义进行更加深入的研究，明确各个产业的边界和范围，以确保数据的准确性和可比性。同时，还需要建立更加完善的数据收集和分析体系，需要不断提高数据分析的能力和技术水平，以更好地利用现有的数据资源。为了解决这个问题，需要在后续的研究中进一步跟进指标体系的规范化和完整化。

本章小结

本章主要介绍了澳门经济适度多元发展的历史沿革和进程，并对澳门产业结构、工业历史以及产业多元化进程进行了历史文献梳理和分析。

第一，对澳门经济的总体发展情况进行了概述，并针对澳门回归前后的产业结构进行剖析，分析了澳门在回归后经济高速发展的主要表现和影响因素。回归祖国 20 年，澳门交出了一份令人瞩目的成绩单。这个曾经的葡萄牙殖民地，如今已经跻身全球经济增长最快的地区之一，同时也是人均 GDP 最高的地区之一。这一巨大的转变，不仅彰显了中国的强大实力和治理智慧，也充分展示了澳门人民的勤劳和创造力。但在发展过程中，"一枝独大"的产业结构也对澳门的经济韧性和抗冲击力提出了挑战。

第二，总结提出了澳门作为微型经济体与其他全球同类型微型经济体的产业结构间的异同。分析发现微型经济体的产业结构单一化是普遍存在的，这种单一化的产业结构一方面能集中力量办大事，使得资源利用效率更高，更有利于微型经济体的人均 GDP 的迅速提高和维持。但与此同时，它也为经济总体带来了隐患。在单一的产业结构下过度的外部依赖，使得国际极端风险事件对微型经济体的冲击是致命的，不仅是澳门，其他微型经济体如摩洛哥、梵蒂冈和冰岛等，都在不同的外部冲击下，经济遭受着巨大打击。

第三，详细分析澳门产业多元化历程并分阶段分析了在多元化历程中的具体措施以及遇到的困境。2023 年 11 月 1 日，澳门特区政府发布《2024—2028 规划》，提出澳门经济适度多元发展方针和总体规划的可行性。并做了思考：如何提高澳门经济适度多元发展的效率；什么途径能真正有效提高澳门经济适度多元发展中产业结构的韧性；数字经济的发展如何能作用于澳门的经济适度多元发展，使得澳门的经济更加具有竞争力和韧性；澳门的经济适度多元发展中鼓励发展的新兴产业是否会形成对其他产业的挤压效应，抑或是促进效应；如何构建健康、持续发展的产业生态，以有效推进《2024—2028 规划》的实施。

第五章

澳门产业结构

第一节　澳门博彩业

一　博彩业概况

（一）博彩业的经济特点

陈坤仪（2015）指出，博彩通常指的是依赖运气来赢取赌注的行为。然而，博彩与赌博之间的核心区别在于其是否被定义为非法。以澳门为例，这片土地上的博彩业发展，正是受到了这一本质区别的影响。

澳门的博彩业发展历程，可以说是与澳葡政府的政策密切相关。在1847年，澳葡政府宣布赌博合法化，为澳门的博彩业发展奠定了基石。合法化的赌博活动吸引了大量的游客和投资。1999年澳门回归后，中央政府基于"一国两制"的基本国策，对澳门的博彩业进行了重新定位和规划。在宪法和特别行政区基本法的框架下，允许澳门通过博彩经营权开放和"以旅游博彩业为龙头"的产业政策进行经济发展。这一决策不仅确保了博彩业在澳门的合法地位，还为其提供了巨大的发展空间，给澳门带来了前所未有的经济繁荣。博彩业不仅为澳门创造了大量的就业机会，还带动了相关产业的发展，如旅游、酒店、餐饮等。此外，博彩业还给澳门特区政府带来了可观的税收收入，为城市的基础设施建设和社会发展提供了资金支持。博彩业具有如下经济特点。

1. 博彩业的政策依赖性

产业政策的调整与产业制度的改革，无疑在博彩业的市场增长率上扮演着举足轻重的角色。以澳门为例，自 2002 年起开始逐步开放博彩经营权，这一变革不仅引入了竞争机制与外资参与，更打破了长期以来独家经营的垄断格局。这一重大调整，将原本单一的博彩牌照扩展至三个，随后又进一步扩展至三个主牌和三个副牌，共计六个牌照。这一策略性的转变，不仅促进了经营模式的多元化与创新，更在 2002~2006 年给澳门博彩业乃至整体经济带来了空前的繁荣与增长。澳门的这一变革，无疑为博彩业注入了新的活力。在独家经营的模式下，博彩业往往缺乏竞争，市场增长受到限制。而开放博彩经营权后，多个牌照的引入使得各大博彩运营商之间形成了激烈的竞争态势，从而推动了服务质量的提升、产品的创新以及营销策略的多样化。这些变化不仅吸引了更多的游客前来澳门，同时也提升了博彩业的整体效益和市场占有率。此外，外资的引入也为澳门博彩业注入了雄厚的资本和技术支持。外资产业的参与，不仅带来了先进的经营理念和管理模式，还为博彩业注入了更多的创新元素。这些外资产业的加入，使得澳门博彩业在国际化、专业化方面取得了显著进步，进一步巩固了其在全球博彩市场的领先地位。

据统计数据，自 2002 年开放博彩经营权至 2006 年，澳门博彩业的增长率一直保持在高位。这一时期的澳门，不仅博彩业繁荣兴旺，整体经济也呈现强劲的增长势头。陈国平等（2012）的研究表明，博彩业的繁荣对澳门经济的贡献率逐渐上升，成为推动澳门经济发展的重要引擎之一。根据王五一（2011）的统计，以 1999 年为基数，到 2009 年，博彩总收入在短短的 10 年间增长了惊人的 8.3 倍。这一增长不仅体现在博彩业的总收入上，博彩税的增长更是达到了 10.6 倍。这一数字充分说明了博彩业在澳门经济中的重要地位。

与此同时，博彩业税收占财政收入的比重也发生了显著变化。从 1999 年的 19.53% 猛增至 2010 年上半年的 89.8%，这一比例的增长足以证明博彩业已经成为澳门财政的重要支柱。这也解释了为什么澳门特区政府会如此重视博彩业的发展，并将其作为推动经济增长的重要手段。此外，博彩业的繁荣也带动了就业市场的增长。根据统计，博彩业就业人数在同期增长了 1.28 倍。这意味着博彩业的快速发展为澳门创造了大量的就业机会，为当地居民提供了稳定的收入来源。

对比产业政策调整前后的数据，更能清晰地看到博彩业的迅猛增长。2010 年，澳门博彩收入达到 1883.13 亿澳门元，比 2009 年增加了 57.8%。这一增长率在全球范围内都是罕见的，足以证明澳门博彩业的强大吸引力和市场竞争力。为进一步证明澳门博彩业的实力，还可以参考澳门博彩监察协调局公布的数据。该数据显示，2010 年澳门的博彩收入已经达到了 2007 年的 2 倍、2005 年的 4 倍、2002 年的 8 倍。这一连串的数字不仅展示了博彩业的持续增长趋势，更凸显了澳门在全球博彩市场中的重要地位。值得一提的是，2010 年澳门的博彩收入规模甚至达到了美国拉斯维加斯博彩业的 4 倍之多。这一对比进一步证明了澳门博彩业的强大实力和广阔的市场前景。

此外，博彩业也带动了澳门整体经济和税收的快速增加，陈国平等（2012）统计发现，博彩业引入竞争机制以来的十年（2002～2011 年）中，澳门特别行政区获得的博彩税增长了 15 倍，年均增长 32%；澳门实际 GDP 接近翻了两番，年均增长 13.5%，高于同期内地 10.5% 和香港 4.5% 的年均增长速度，更是远高于澳门回归之前十年（1990～1999 年）中 2.9% 的平均增长率。

然而，产业政策改革只会迅速推进经济适度多元发展各产业进入帕累托最优的稳态水平，而无法对该经济适度多元发展各产业的全要素增长率带来更持久的增长活力。2014 年至今，澳门博彩业的收入增长率出现大幅下降。2014 年 1 月博彩业总收入达历史最高点，之后下滑趋势显著，随着 2017 年澳门旅游业的顾客增多，澳门博彩业获得短暂的同步高增长，之后在新冠疫情冲击下，澳门博彩业出现了第二次大幅下降。总体而言，2014 年之后，产业政策改革的红利已在博彩业消失。

为何会出现这种情况呢？原因主要有两个方面。一方面，产业政策改革虽然能够促进经济的多元化发展，但它并不能保证所有产业都能达到帕累托最优的稳态水平。换言之，改革虽然能够提升产业的总体水平，但具体到某个行业，尤其是像博彩业这样具有高度依赖性和风险性的行业，其增长动力可能会受到多种因素的影响，包括市场需求、政策调整、外部环境等。另一方面，博彩业作为一个特殊的行业，其增长活力往往受到多种因素的制约。除了市场需求和政策调整，博彩业还受到社会观念、文化传统、道德伦理等多重因素的影响。这些因素都可能对博彩业的长期增长产生负面影响。

2. 博彩业具有财富分配效应

赌博作为博彩业的合法化仅是这半个世纪的事情。合法化伴随对"哪里开赌，哪里受害"的内生性财富分配的反思。根据 Thompson（2002）的观点，赌博并不能生产实际的产品，更不能出口产品，这意味着赌博业并不能为当地经济带来实质性的增长。实际上，当赌博成为当地的主导产业时，经济非但不能从中受益，反而可能会受到负面影响。这是因为赌博业的财富分配机制往往与劳动分配、技术分配等合理性机制相悖，导致其他产业的生产动力受到抑制。具体来说，当大量的财富涌入赌博业时，其他产业可能会因为缺乏资金支持而发展缓慢。同时，由于赌博业的特性，它往往吸引了大量的劳动力，使得其他产业难以招聘到合适的员工。此外，赌博业还可能导致资源分配的不合理，使得其他产业难以获得必要的资源支持。

然而，赌博业的合法化并不仅仅是一个经济问题，它还涉及社会、文化、法律等多个层面。例如，赌博业的合法化可能会对社会稳定造成威胁，因为赌博往往与犯罪、家庭破裂等社会问题紧密相关。此外，赌博业的合法化也可能对当地的文化传统产生冲击，改变人们的生活方式和价值观。此外，还应该注意到，赌博业合法化并不是一个孤立的现象，而是与全球化和市场化的大背景密切相关。在全球化的背景下，各种产业和资本在全球范围内流动和配置，这为赌博业的合法化提供了可能。同时，市场化改革也为赌博业的发展提供了动力。然而，这也意味着需要更加警惕赌博业可能带来的负面影响，确保其在合法化的过程中不会损害社会的整体利益。此外，博彩业的高盈利水平，使得资本和劳动等生产要素在博彩业中的回报要远高于其他经济适度多元发展各产业。这一方面导致了生产要素不愿意流向低回报的其他经济适度多元发展各产业，另一方面也拉高了其他经济适度多元发展各产业的要素成本，阻碍了其他经济适度多元发展各产业的发展，也减缓了整体经济中的要素投入和要素积累，从而削弱了经济的长期增长潜力（陈国平等，2012）。

博彩业合法化的历史理论主张，通过博彩业的发展可以带动旅游业，实现"自己开赌，他人受害"的经济效益。然而，这种观点背后蕴含的逻辑和实际情况远比字面上看起来要复杂。首先，深入探讨博彩业与旅游业之间的相互促进关系。当一位外地游客来到本地开设的赌场进行赌博时，他不仅是赌客，同时也是游客。他在这里消费、观光，甚至可能在此地停留更长时间，从而增加了当地的旅游收入。这种"为游而赌、为赌而游"的现象，确实反映了博彩业与旅游业之间的紧密联系。当一国或一地选择在其邻居的边境上建立赌场，并以邻居的居民为目标市场时，他们不仅是在发展博彩业，更在某种程度上推动了旅游业的发展。为了更直观地理解这种关系，可以参考图 5-1（a），这张图清晰地展示了内地游客数量与澳门博业收入之间存在显著的正向相关关系。随着旅客数量的增加，澳门博彩业的收入也呈现明显的增长趋势。这充分证明了旅游业的发展对博彩业的总收入具有显著的带动作用，两者共同促进了澳门经济的发展。

观察图 5-1（b）所展示的数据，可以清晰地看到，尽管澳门博彩业收入持续增长，但这并未直接导致澳门旅游的非博彩类产品的消费水平显著提高。其中的原因可能涉及多个方面。一是博彩业的发展确实吸引了大量的游客来到澳门，但这些游客中，有很大一部分是专门为博彩而来，他们对其他旅游产品的兴趣可能并不浓厚。二是澳门旅游的非博彩类产品可能存在一些问题，如产品种类不够丰富、服务质量有待提高等，这也可能限制了消费水平的提升。然而，值得注意的是，自 2020 年澳门开始大力发展多元经济以

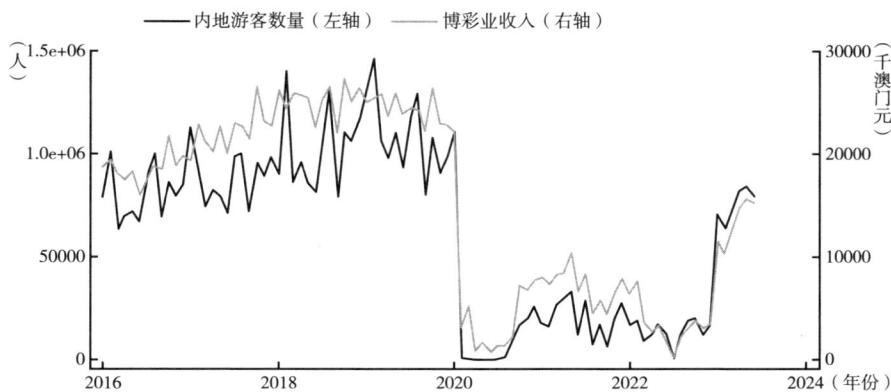

（a）　博彩业收入与内地游客数量

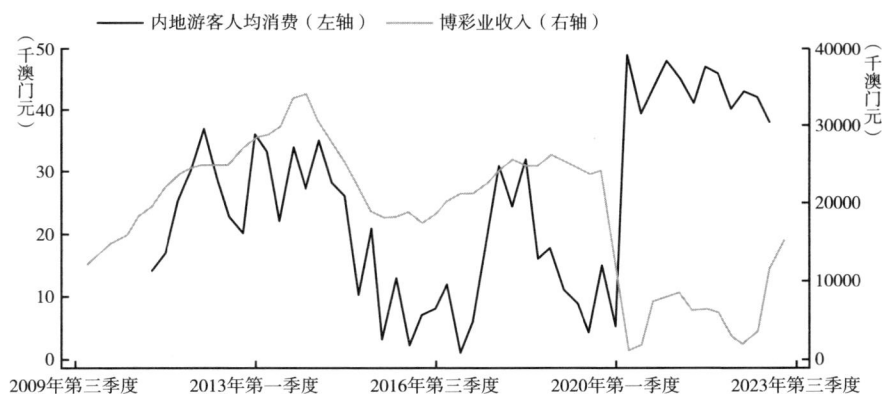

（b）　博彩业收入与内地游客人均消费

图 5-1　博彩业收入与内地游客数量、人均消费情况

资料来源：澳门统计暨普查局。

来，入澳的内地游客的人均购物花费有了显著提升。这一变化表明，澳门在推动旅游经济多元化发展方面取得了一定的成效。购物作为旅游业的重要组成部分，其消费水平的提升，无疑为澳门旅游经济的多元化发展注入了新的活力。这也形成了澳门旅游经济适度多元发展各产业总体收入的第二条增长线，为澳门的经济发展注入了新的动力。

王五一（2011）在他的研究中指出，迄今为止，所看到的世界上那些被誉为"博彩奇迹"的城市，实际上更多的是"赌场奇迹"。他的观点提醒，博彩业虽然能够为城市带来短期的经济繁荣，但要想实现长期的可持续发展，还需要在旅游经济的多元化发展上下功夫。只有真正实现了旅游业的全面发展，才能确保经济的持续繁荣。

3. 博彩业为地区旅游业创造了独特性

首先，在博彩业尚未合法化的诸多国家或地区中，存在一种潜在的经济现象：被抑制的需求。这种需求对地方旅游经济来说，无疑是一股不可忽视的推动力。当一国或一地区的博彩业受到限制时，游客们对博彩活动的渴望就如同被压抑的弹簧，一旦有了释放的机会，便会迸发出巨大的能量。这种能量不仅能够吸引大量的游客前来体验，为当地带来丰富的客源，还能为地方经济带来可观的额外收入。然而，随着时间的推移和供需关系的逐步平衡，博彩业的这种"种子效应"将逐渐减弱，最终失去其可持续性。王五一（2011）在他的研究中指出，博彩业的发展往往遵循一种"军备竞赛制"的模式。这意味着在竞争激烈的市场环境中，为了争夺市场份额，博彩业经营者会不断增加供给，甚至造成供过于求的局面。这种过度的供给不仅会使博彩业陷入泡沫化的困境，还可能引发一系列的经济问题。

而根据封小云（2006）的观点，博彩业在迅速进入充分竞争阶段后，其"种子效应"通常会在开放的第四年消失。这是因为随着市场的逐渐饱和，游客的需求也会逐渐下降，而博彩业经营者为了维持市场份额，不得不采取更加激进的竞争策略，这无疑会加大行业的风险和不稳定性。在探讨博彩业的发展及其影响时，不得不关注一个现象：受害地区为了保护自身利益而解除赌禁，进而引发连锁反应，导致越来越多的地方涉足博彩业。这一现象背后隐藏着一个复杂的机制。需要明确受害地区为何会选择解除赌禁。通常，这些地区面临经济困境、财政压力或社会不稳定等问题。解除赌禁作为一种短期内能够带来显著经济效益的手段，往往被视为解决问题的捷径。然而，这种短视的行为却可能带来长远的不良后果。随着越来越多的地方解除赌禁，博彩业逐渐形成一种"滚雪球"效应。那些坚持不开赌的地方，由于周边地区的博彩业繁荣，往往面临巨大的经济压力和社会诱惑。他们可能会看到周边地区的经济繁荣和财政收入增长，从而感受到巨大的压力，最终被迫解除赌禁。这种连锁反应导致博彩业在越来越多的地方扎根，形成了一种难以逆转的趋势。

这种趋势使得原本坚持不开赌的地方，由于外部压力和内部利益的驱使，改变初衷，涉足博彩业。这种被迫的选择往往带有无奈和苦涩，就像是被逼上了梁山。这种现象在王五一（2011）的研究中得到了深入的探讨和分析。博彩业与旅游业虽然都属于服务业，但它们在产业特性和发展路径上存在显著的差异。博彩业更多地依赖产业政策的支持和政府的干预，而非同质化、具有不可替代性的旅游经济适度多元发展。这种依赖使得博彩业的发展容易受到政策变化、市场需求等外部因素的影响，同时也带来了更大的社会风险和道德争议。

此外，由于博彩业的非天然性，其同质化的产品和服务，决定了它的国（区）际竞争性。近年来，澳门博彩业规模的下滑，正是这一竞争态势的明显体现。Gu 等（2022）的研究指出，自 2014 年起，澳门博彩业规模开始下滑，其中互联网赌博经济的适度多元发展以及东南亚国家纷纷将博彩合法化起到了关键作用。互联网赌博的崛起为玩家提供了更为便捷、多样的赌博方式，不再局限于传统的实体赌场。随着科技的进步，网络赌博平台的用户体验不断优化，吸引了大量原本可能前往澳门等实体赌场的玩家。此外，网络赌博的匿名性和便捷性也使其成为许多赌博爱好者的首选。

与此同时，东南亚国家纷纷将博彩合法化，进一步加剧了澳门博彩业的竞争压力。这些新兴的博彩市场凭借其独特的地理位置、文化背景和政策优势，吸引了大量的游客和投资者。在激烈的国际竞争中，澳门博彩业面临来自各方面的挑战。不仅如此，区域内相互竞争也导致了边际利润的下降。Kang 等（2011）的研究表明，随着无序竞争和无自然因素约束的供给规模扩张，博彩业的经营效率持续下降，这不仅影响了博彩业本身的发展，还直接影响了当地经济的整体表现。

（二）博彩业的发展态势

随着澳门博彩业整体增速的放缓，越来越多的学者开始审视这一单一产业结构所带来的经济问题。McCartney（2021）指出，澳门的博彩业在整体经济中占有过高的比重，这导致了经济结构的单一化，增加了经济脆弱性。同样，Loi 等（2021）也强调了博彩业过度发展对澳门经济多元化的负面影响。林晓曼和林德钦（2020）以及陈章喜（2020）则进一步分析了博彩业对澳门经济的长期影响，认为这种依赖可能导致经济发展缺乏可持续性和稳定性。

史昊宇（2020）和陈广汉（2020）的研究则深入了博彩业对澳门社会治理成本的影响。他们指出，博彩业的繁荣导致了社会治理成本的增加，包括公共安全和治安问题。李鸿阶（2020）则进一步探讨了博彩业对地方教育水平的影响，他认为博彩业的繁荣可能导致教育资源分配不均，进而影响地方教育质量和长期发展。此外，博彩业对澳门的用工环境也产生了影响。Li 等（2014）的研究发现，博彩业的发展导致了低端用工环境的形成，许多劳动者在博彩业中从事低薪、高强度的工作，缺乏足够的劳动保障和权益。另外，Vong 和 Wong（2013）指出，博彩业的发展未能满足多层次游客的需求，导致旅游产业结构单一，缺乏多样性和吸引力。在环境方面，博彩业的发展也给澳门带来了碳排放和用电压力。Ku 等（2023）的研究表明，博彩业的运营需要大量的能源支持，这不仅增加了碳排放量，也对澳门的能源供应造成了压力。

然而，尽管博彩业存在诸多问题，但也不能忽视其在澳门经济中的重要作用。参考澳门整体经济发展思路和历史文献，可以发现博彩业在澳门具有相互影响、相互作用的两种趋势。一方面，博彩业作为澳门的支柱产业，为当地经济带来了巨大的收益和就业机会，推动了澳门的现代化进程。另一方面，博彩业的发展也带来了一系列社会、环境和经济问题，需要政府和社会各界共同努力进行治理和改善。

1. 博彩业在澳门税收中仍需发挥重要作用

博彩业在澳门经济发展中较为重要的地位是基于百年的产业发展而获得

的，具有历史积淀。回溯历史，可以发现，博彩业在澳门的发展并非偶然。早在 1847 年，澳门便宣布赌博合法化，这一政策为博彩业在澳门的蓬勃发展奠定了坚实的基础。自此以后，博彩业逐渐成为澳门经济的支柱之一，为这座小岛城市带来了源源不断的财富和机遇。

在中国恢复对澳门的主权后，博彩业继续被赋予了合法地位，这使得澳门成为中国唯一合法的赌博地区（Loughlin and Pannell，2010）。这一特殊地位不仅使得澳门的博彩业得以继续繁荣，也为澳门的经济发展注入了新的活力。博彩业对澳门经济的贡献不容小觑。据统计，博彩业每年为澳门带来的收入占了澳门 GDP 的较大比重。同时，博彩业也为澳门创造了大量的就业机会，为当地居民提供了稳定的生活来源。此外，博彩业还带动了澳门旅游业、酒店业、餐饮业等多个产业的发展，进一步促进了澳门经济的多元化和繁荣。此外，澳门是世界著名的赌场目的地，通常被称为"东方的拉斯维加斯"。在过去的 20 年里，通过多种形式的产业政策调整和改革，澳门博彩业发生了很大变化。不仅支撑了其对当地 GDP 持续的贡献，还通过历次改革增加了其对澳门税收的作用。

回溯到 2014 年，澳门的博彩业以其惊人的增长势头，对澳门 GDP 的贡献率超过了 60%。那时，以六家澳门赌场公司为首的博彩业巨头们，凭借其丰富的运营经验、先进的管理理念和创新的营销策略，在激烈的市场竞争中脱颖而出，成为澳门经济的支柱。然而，博彩业的发展也面临诸多挑战。从 2015 年开始，澳门博彩业的增长速度开始放缓，对 GDP 的贡献率也逐渐下降。这一变化不仅引发了业界的广泛关注，也引发了人们对澳门经济未来发展的担忧。然而，尽管博彩业面临困境，但中金研究报告却指出，预计在 2023 年，澳门总博彩收入将同比增长 321%，博彩业对澳门 GDP 的贡献率有望恢复至 2019 年的 63% 水平（见图 5-2）。这一预测来自对当前经济形势的深入分析和对未来发展趋势的准确判断。①

此外，澳门税收中超过 90% 来源于博彩业。2013 年底，博彩业税收占

---

① https：//www.hstong.com/news/detail/23011807490434869.

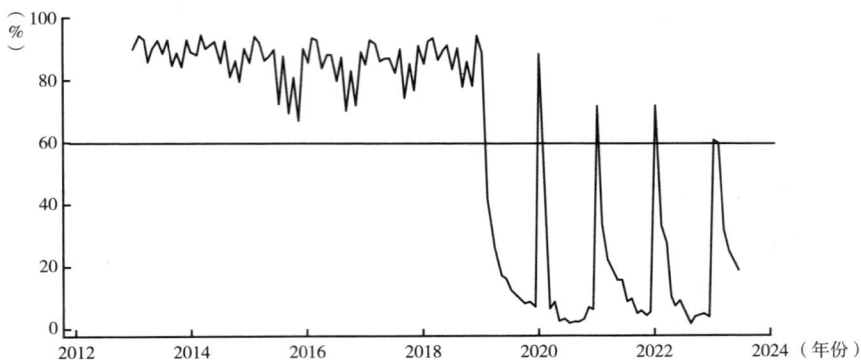

图 5-2　博彩业税收占比

税收收入的 91.7%，占公共财政收入的 85.9%。① 从 2019 年的数据来看，澳门特别行政区的总收入达到了 1335 亿澳门元，其中博彩业的贡献率超过了 80%。图 5-2 显示，即使在 2023 年旅游业逐渐恢复之后，澳门博彩业在第一季度的税收贡献占比仍然超过 60%。这一数据不仅凸显了博彩业在澳门经济中的重要地位，也揭示了博彩业与其他产业之间的紧密联系。博彩业在澳门经济中的作用可谓是"龙头带龙身"。正如王五一（2011）所指出的那样，博彩业的发展不仅直接推动了澳门经济的增长，还带动了其他相关产业的繁荣。例如，酒店业和房地产业就是受益于博彩业发展的两个典型行业。随着博彩业的繁荣，越来越多的游客涌入澳门，带动了酒店业的快速发展。同时，博彩业的兴旺也吸引了大量的投资，进一步推动了澳门房地产业的繁荣。

　　然而，在澳门经济适度多元发展方针中，不能仅仅依赖博彩业这一单一产业。虽然博彩业在澳门经济中占有重要地位，但也需要关注其他产业的协调发展。因此，在"以旅游博彩业为龙头、以服务业为主体，其他经济适度多元发展各产业协调发展"的产业政策中，需要坚持"适度"性原则。这意味着需要在保持博彩业发展的同时，积极推动其他产业的协调发展，实

---

①　http://www.zlb.gov.cn/2014-11/15/c_127214548.htm.

现经济的多元化。

2. 其他产业的多元发展将在适度范围内与博彩业共生共济

王五一（2011）曾指出，澳门的经济规模相对较小，资源条件也极为有限，这对其产业多元化的发展构成了巨大的挑战。澳门经济的现状，很大程度上依赖博彩业。博彩业在澳门经济中占有举足轻重的地位，为澳门带来了巨大的经济效益。然而，这种高度依赖博彩业的经济发展模式也带来了许多问题。一方面，博彩业的发展对澳门的治安环境提出了更高的要求，需要投入大量的治安成本来维护社会稳定。另一方面，博彩业的繁荣也使得澳门的经济结构变得单一，缺乏多元化的发展动力。

为了应对这些问题，澳门特区政府一直在努力推动经济多元化的发展。然而，根据 Loi 等（2021）的研究，澳门被赋予的自治化在一定程度上形成了其经济和政治的高度制度化。这种高度制度化的模式虽然有助于在博彩业蓬勃发展的过程中大幅降低治安成本，使得澳门成为一个安全的城市，但同时也增加了经济多元发展的风险。在高度制度化的背景下，澳门特区政府过度强调工具理性，倾向于采取家长式的管理方式。这种管理方式在一定程度上限制了市场的自由度和灵活性，使得澳门的经济多元化发展受到了一定的制约。此外，高度制度化的环境也可能导致官僚主义、权力寻租等问题，进一步阻碍澳门的经济多元化进程。

然而，经济多元发展势必需要持续下去。陈国平等（2012）认为，澳门博彩业被外资控制的问题，[①] 不仅使澳门老百姓的收入增长和生活水平的改善速度远低于澳门博彩业和整体经济的增长速度，还可能带来外资对澳门的政治和社会进程施加影响的重大隐患。此外，博彩业过于依赖外部市场环境、难以抵抗经济流动性周期等特点也迫使多元经济的协调发展势在必行。博彩业往往依赖外部市场环境，包括经济条件、政策环境、市场需求等多个方面。这些外部因素的变化可能会直接影响博彩业的经营状况和

---

① 根据陈国平等（2012）的统计，澳门的六家博彩承批公司中，有四家是外资公司。2010 年的市场份额中，按股权比例计算的外资市场占有率为 42%，外资实际影响的市场占有率高达 58%。

经济效益。例如，当经济环境不佳时，人们的消费能力下降，博彩业的收入也会受到影响。此外，政策环境的变化也可能导致博彩业面临巨大的风险。因此，博彩业必须高度关注外部市场环境的变化，以应对可能出现的风险。

然而，仅仅关注外部环境是不够的。博彩业要想实现可持续发展，还需要注重内部经营管理水平的提升。Deng 等（2020）通过对拉斯维加斯与澳门博彩业经济效率的比较指出，澳门博彩业的经营管理水平已远超拉斯维加斯。这一成就得益于澳门博彩业在品牌建设、服务质量、产品创新等方面的不断努力。然而，尽管澳门博彩业在经营管理方面取得了显著成绩，但旅游业水平较低，制约了澳门经济整体的可持续性。

此外，澳门经济多元发展具有必然性和紧迫性。刘简逸等（2022）指出，澳门目前存在的"荷兰病"现象已经引起了广泛关注。所谓"荷兰病"，是指单一产业结构导致的该产业对其他产业的"挤出效应"，以及由此造成的一系列"资源诅咒"现象。这种现象在澳门经济中表现得尤为明显，不仅不利于本土创新人力资本的形成与发展，还变相削弱了本土创新能力。一旦外部资金断流，整个地区的发展将陷入停滞状态。

为了更深入地理解澳门的"荷兰病"现象，需要对澳门的产业结构进行细致的分析。澳门的经济长期依赖博彩业，这导致了其他产业的萎缩和创新能力的下降。这种单一产业结构的负面影响在近年来愈加明显，随着博彩市场的竞争加剧，澳门的经济增长速度逐渐放缓。因此，推动澳门经济多元发展显得尤为重要。经济多元发展不仅可以有效分散经济风险，还能为澳门注入新的活力和创新动力。通过发展新兴产业、加强科技创新、提升人才培养质量等措施，澳门可以逐步摆脱"荷兰病"的困扰，实现经济的持续健康发展。

（三）博彩业繁荣背景下的治理问题

随着经济的飞速发展和旅游业的蓬勃兴起，澳门面临诸多挑战。尽管澳门的赌场业繁荣兴旺，为当地带来了丰厚的收益，但在其背后，却隐藏着一些亟待解决的问题，如交通拥堵、公共住房短缺以及医疗资源不足等。

1. 城市规划的问题

首先，谈谈澳门的交通问题。作为一个旅游胜地，澳门的游客数量逐渐攀升，这给当地的交通系统带来了巨大的压力。尤其是在旅游旺季，澳门的道路经常拥堵不堪，严重影响了当地居民和游客的出行体验。为了缓解交通压力，澳门特区政府已经采取了一系列措施，如扩建道路、增加公共交通工具等，但这些措施仍然无法完全解决问题。因此，澳门需要继续探索更加有效的交通管理策略，以应对日益增长的交通需求。

澳门，作为世界上人口最稠密的地区之一，如何在有限的占地面积内实现可持续发展，成为其面临的一大挑战。为了应对这一挑战，澳门特区政府采取了沿海土地开垦的策略，以扩大城市发展空间。回溯历史，可以看到澳门沿海土地开垦的历程。从19世纪开始，澳门便开始了沿海土地开垦的征程。随着时间的推移，这些开垦活动不仅将澳门的所属面积从最初的10.28平方公里扩大到2023年的32平方公里，还成功地将澳门半岛与Taipa、Coloane和Cotai等多个填海区连为一体，形成了一个庞大的城市网络（Zhou et al.，2023）。

然而，尽管沿海土地开垦给澳门带来了更多的发展空间，但并未彻底解决城市交通问题。随着人口的不断增长和城市化进程的加速，澳门的交通拥堵问题日益严重。为了缓解这一问题，特区政府不仅加大了对公共交通的投入，还积极推动绿色出行方式，如鼓励市民骑自行车、步行等。除了城市交通问题，沿海土地开垦还带来了海洋污染的额外问题。随着填海工程的推进，大量废弃物和污染物被排放到海洋，严重破坏了海洋生态环境。为了应对这一问题，特区政府加强了对海洋环境的监管力度，并加大了对环保产业的扶持力度，以期实现经济发展和环境保护的双赢。

如图5-3所示，澳门早在1975年就实现了高达98%的城市化率。这一数字的背后，揭示了澳门土地使用的独特现象：非城市化用地的稀缺。澳门因此缺乏森林、湿地和淡水公园等重要的自然生态调节区域，这对于缓解城市热岛效应、净化空气、调节气候以及为市民提供休闲场所等都具有不可替代的作用。同时，缺乏足够的保护区域也导致交通拥堵问题日益严重，给市民的出行带来了极大的不便（Sheng et al.，2017）。

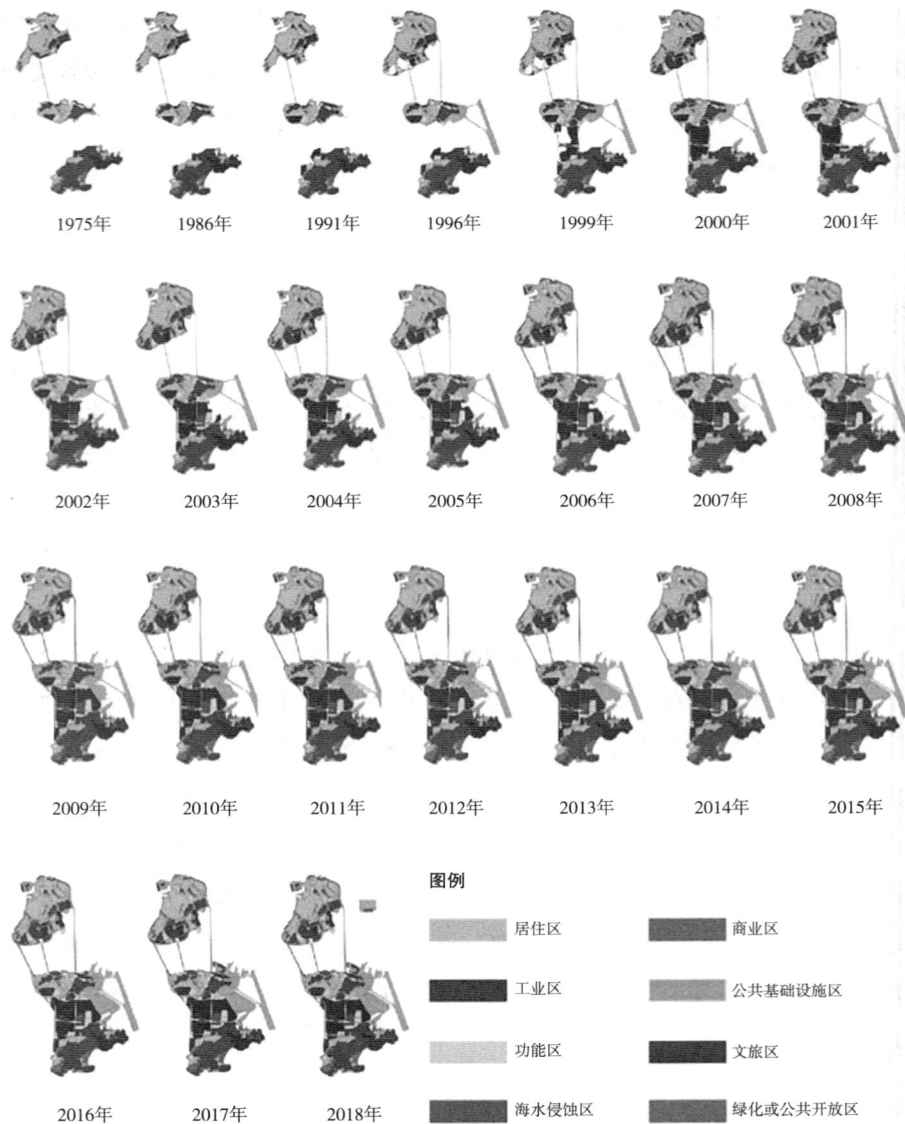

图 5-3　土地开垦以及土地使用规划情况

资料来源：Zhou 等（2023）。

澳门土地功能的碎片化和异质性程度较高，这在一定程度上削弱了城市规划的功能性和整体性。正如 Zhou 等（2023）的研究中所指出的，一个合理而高效的城市规划应当能够指导城市的扩张和再生过程，有效调节城市土地格局，确保土地的高效利用和城市的可持续发展。然而，在澳门，由于历史、文化、经济等多方面的原因，城市规划在这方面的作用并未得到充分发挥。不合理的土地规划和较低的土地使用效率，不仅难以满足澳门城市的发展目标，还可能对市民和社区的福利产生负面影响。例如，当旅游业迅速扩张时，如果基础设施网络未能及时跟上，就可能导致接待能力不足，给游客和市民带来不便。Sheng 等（2017）的研究就指出，与更大、更发达的基础设施网络相比，较小和欠发达的基础设施网络在接待大量游客时往往具有更大的负面外部性，如交通拥堵、环境破坏等问题。从大湾区其他城市规划的发展速度来看，澳门的城市规划相对落后，交通拥堵情况严重，城市功能碎片化严重，生态保护尚未有明确规划，将不利于澳门未来整体经济、社会发展以及公民福利的改善。

2. 公共住房、教育及医疗资源不足的问题

澳门的公共住房问题也不容忽视。随着房价的不断上涨，越来越多的澳门居民难以负担起购房的费用，他们对公共住房的需求日益迫切。尽管政府已经推出了一些公共住房项目，但这些项目往往无法满足广大居民的需求。为了解决这个问题，政府需要加大公共住房的建设力度，同时制定合理的住房政策，确保居民能够享受到适宜的住房条件。博彩业的繁荣带来了一系列的社会和经济问题。尽管博彩业为澳门创造了大量的就业岗位，但这些问题逐渐凸显，引起了广泛的关注和讨论。博彩业作为一个低技能要求的行业，其就业结构相对单一。这意味着，大部分从事博彩业的人员并不需要过高的教育背景和专业技能，这在一定程度上限制了他们的职业发展空间。因此，许多员工对于自己的工资水平感到不满，他们认为自己的努力并没有得到应有的回报。

此外，随着博彩业的繁荣，澳门的房价和生活成本也在逐渐攀升。这使得许多员工难以负担起住房和医疗保健的费用，进一步加剧了他们的焦虑

感。他们担心，如果继续在这样的环境下工作，自己的生活质量将会受到严重的影响。根据澳门 DSEC（澳门特别行政区统计暨普查局）的最新统计数据，2023 年第一季度，澳门的失业率保持在较低水平，仅为 3.6%。这一数据较同期的香港高了 0.6 个百分点。这表明，尽管澳门在经济发展方面取得了一定的成绩，但与一些发达城市仍存在一定的差距。然而正如 Sheng（2017）的调查所揭示的那样，这座城市在经济发展背后，隐藏着一系列社会问题，这些问题与本地员工和外国员工之间的关系有关。博彩业作为澳门的支柱产业，为城市带来了丰厚的经济收益，但同时也带来了诸多挑战。其中较显著的问题之一是劳动密集型和低技能工作所带来的本地员工低收入。这种现象导致了当地员工普遍存在对外国员工的怨恨情绪。他们普遍认为，外国员工的涌入抢占了本地人的就业机会，使得他们只能从事低薪、高强度的工作，生活水平难以提高。

而澳门公共服务在住房和医疗保健上的不足，进一步加剧了这一问题。高昂的房价和租金使得许多本地员工难以负担起合适的住所，生活质量受到严重影响。同时，医疗保健资源的匮乏也使得他们在生病时难以得到及时、有效的治疗。这些困境不仅影响了员工的身心健康，更对城市的生活和工作环境带来了挑战。这样的社会背景使得澳门城市的健康发展面临诸多挑战。一方面，本地员工与外国员工之间的矛盾和冲突可能引发社会不稳定因素，影响城市的和谐与安宁。另一方面，公共服务的不完善将直接影响居民的生活质量，进而影响城市的吸引力和竞争力。

陈国平等（2012）在其研究中明确指出，博彩业的发展正在严重制约澳门社会人力资本的发展后劲。博彩业作为一个劳动密集型产业，其对就业人口的教育水平要求不高，这在一定程度上削弱了澳门社会对高素质人才的需求和投入。在博彩业中，中学毕业生即可从事荷官的工作，并能获得相对较高的薪酬待遇。这种相对容易的就业渠道和较高的薪酬水平，使得博彩业对年轻人的吸引力远高于其他经济适度多元发展各产业。然而，这种对博彩业的过度依赖和追捧，无疑会对澳门的就业及教育造成不正确的导向。一方面，年轻人在面对博彩业的高薪诱惑时，可能会放弃对其他行业的探索和学习，导致人力资源的浪费和人才结构的失衡。另一方面，博彩业的盛行也可能对高校学生的学习态度和价值观产生负面影响。有高校老师反映，博彩对学生学习知识的欲望有负面影响，学生可能因为对博彩业的过度关注而分散了学习精力，甚至将博彩视为一种快速致富的途径，从而忽视了对专业知识的深入学习和积累。

而人力资源增长与经济长期增长的关系是一个不容忽视的议题。特别是在疫情初期，全球经济面临前所未有的挑战，博彩业作为一部分地区的经济支柱，其适度多元发展的速度也不得不放缓。在这种情况下，如果缺乏科技和其他高层次人才的参与，经济增长的路径将会受到阻碍，甚至可能陷入停滞。博彩经济在某些地区扮演着重要的角色，它不仅能够提供大量的就业机会，还能为政府带来可观的税收。然而，当外部环境发生变化，比如疫情的冲击，博彩业的发展就会受到很大的影响。此时，如果经济体系中缺乏其他产业的支持，特别是缺乏科技和其他高层次人才的参与，那么经济增长的动力将会严重不足。

澳门的医疗资源不足也是一个亟待解决的问题。作为一个旅游城市，澳门的医疗资源本应该相对丰富，但现实情况并非如此。一些医院和诊所经常人满为患，患者往往需要排队等待很长时间才能得到治疗。为了改善这一状况，澳门需要增加医疗设施的数量和规模，提高医疗服务的质量和效率。同时，政府还可以通过引进外地医生和培养本地医学人才等方式，进一步壮大医疗队伍，以满足居民和游客的医疗需求。

（四）博彩业发展面临的外部环境

1. 外部环境的短期冲击

一是澳门的旅游业发展面临更高的服务需求。对赌博业及其单一市场的长期依赖导致了澳门在旅游产品和服务方面的局限性。Liu 等（2020）的研究指出，这种依赖使澳门在国际旅游市场上缺乏多样性和吸引力，导致国际游客对澳门的负面看法在近年来显著增加。这种局面不仅限制了澳门的旅游收入来源，也对其长期可持续发展构成了威胁。

二是尽管澳门是促进"一带一路"建设的城市，但其作为葡语国家与中国合作的平台，效率低下。澳门作为中葡合作的平台，本应充分发挥其独特优势，推动中国与葡语国家之间的经济、文化等领域的交流与合作。然而现实中，澳门在这一方面所发挥的作用并不尽如人意。尤其是在一些关键领域，如空间站建造、石油出口等，澳门的地位似乎并不如人们预期的那般重要。

2. 外部环境的长期影响

在当今全球化的时代，高水平的平台合作能力已经成为决定一个国家或地区竞争力的重要因素。这种能力不仅仅与语言习惯、文化习俗等传统因素相关，更与金融投资、贸易航运、国际化运营、科技创新合作、文化交流等多个领域紧密相连。特别是在"一带一路"倡议的推动下，对于像澳门这样的特殊地区来说，发挥其在中国和葡语国家间的互联互通平台作用，需要具备多方面的优势。

首先，澳门作为中国与葡语国家的桥梁，必须具备深厚的语言和文化底蕴。这种能力能够帮助澳门在沟通和交流中消除语言和文化障碍，更好地理解和适应不同国家的需求和习惯。通过加强语言教育和文化交流活动，澳门可以培养出一批既懂中文又懂葡语的复合型人才，为双边合作提供有力的人才支持。其次，澳门需要在金融投资、贸易航运等领域展现出较高的互联互通能力。作为国际金融中心和航运中心，澳门应该积极参与"一带一路"建设，通过提供多元化的金融服务和高效的航运物流，促进中国与葡语国家之间的经贸往来。同时，澳门还可以利用自身的地理优势和政策优势，吸引更多的国际资本和优质资源，为双边合作注入新的活力。此外，国际化运营能力也是澳门发挥互联互通平台作用的关键。在这方面，澳门需要不断提升自身的商业网络和专业服务水平，以吸引更多的国际产业和投资者。通过加强与葡语国家的经贸合作，澳门可以进一步拓展自身的国际影响力，为中国与葡语国家之间的合作搭建更加坚实的平台。最后，科技创新合作也是澳门发挥互联互通平台作用的重要方向。在当今科技日新月异的时代，只有通过不断的技术创新和产业升级，才能够推动经济社会的持续发展。因此，澳门需要加强与葡语国家在科技创新领域的合作与交流，共同推动科技创新成果的应用和转化，为双边合作注入更多的科技元素和创新动力。

3. 外部冲击和影响对澳门博彩业转型提出要求

在当今全球经济日益紧密相连的背景下，为产业提供高端专业服务的需求日益凸显。这些服务不仅包括传统的会计、设计、融资和资产管理等，还涉及更为复杂的风险评估、市场分析和战略规划等。然而，仅仅提供这些专业服务还远远不够，澳门需要进一步发挥国际化商业网络的优势，推动各产业在全球范围内的布局和运营，以实现经济的适度多元发展。

首先，高端专业服务是产业稳健发展的重要支撑。无论是精确的会计核算，还是创新的设计方案，或是稳健的融资策略，都能为产业在激烈的市场竞争中提供有力保障。这些服务不仅能够帮助产业规范运营、提升效率，还能为产业决策者提供准确的数据和专业的建议，从而做出更为明智的决策。其次，国际化商业网络在推动产业全球布局方面发挥着不可或缺的作用。通过建立广泛的国际合作关系，产业可以更加便捷地进入新市场、拓展业务领域，实现资源的优化配置和效益的最大化。同时，国际化商业网络还能够为产业提供及时的市场信息、行业趋势分析，帮助产业抓住机遇、应对挑战。此外，塑造产业品牌、树立品牌形象也是经济适度多元发展的重要一环。通过高端专业服务和国际化商业网络的双重支撑，产业可以打造出独具特色的品牌形象，提升市场影响力，进而在全球范围内树立良好口碑。

此外，澳门还应在互联互通中，为中国经济适度多元发展各产业开拓"一带一路"市场。在互联互通的大背景下，澳门正努力发挥其独特的优势，为中葡经济适度多元发展各产业搭建起通往世界的桥梁。通过澳门，中国产业可以更加便捷地进入国际市场，拓展业务领域，实现经济的多元化发展。通过加强与"一带一路"共建国家的旅游合作，澳门可以进一步推动旅游业的繁荣发展，为中国经济适度多元发展提供有力支持。在促进中葡经济适度多元发展方面，澳门同样发挥着重要作用。作为中国与葡语国家之间的桥梁和纽带，澳门为中葡产业提供了广阔的合作空间和无限的商机。通过澳门这个平台，中葡产业可以更加便捷地进行投资、贸易和技术交流，实现互利共赢。同时，澳门还可以为中葡产业提供法律、仲裁等国际化服务，帮助产业在国际市场上更好地应对各种风险和挑战。在防范"一带一路"投资风险方面，澳门也扮演着重要角色。作为国际法律及争议解决的服务中心，澳门可以为中葡产业在海外投资过程中提供法律咨询、风险评估和争议解决等服务。这些服务有助于降低产业在国际市场上的风险，保障产业的合法权益，为产业的稳健发展提供有力保障。

上述高水平的互联互通服务，皆是澳门发展多元经济的有效路径，但疫情后全球更脆弱动荡的国际形势、新冠疫情和随之而来的经济衰退造成的外部环境的巨大变化，使得澳门更难以借助外部力量快速获得上述能力，而只能更多地自力更生。加之赌博收入的预期下降对澳门特别行政区预算的压力、新产业发展的额外风险增加，都会给澳门多元经济带来巨大挑战。

二　博彩业产业链

（一）旅游业

1. 旅游业的独特性

从 1999 年到 2019 年，澳门旅游业经历了回归后的高速发展期。一方面得益于涉澳政策的不断利好，另一方面得益于澳门旅游服务的转型。这 20 年，澳门也从最初的年接待游客数量 700 万人次增长到 3500 万人次，游客量较初期增长 4 倍。在拥有"世界文化遗产"和"美食之都"两张名片之后，如今的澳门正在望眼世界旅游休闲中心这一新目标。

1999 年回归之际，澳门年接待游客数量约为 700 万人次，而到了 2018 年，这个数字达到了 3580 万人次。截至 2023 年 9 月，全世界到访澳门的游客人数已超 3000 万人次，并有望突破 4000 万人次。20 年的时间，澳门接待游客总量较初期增长 4 倍。其中，内地游客的力量不容小觑。中国旅游研究院近日公布的《2023 年上半年出境旅游大数据报告》显示，2023 年上半年出境游目的地共计接待内地游客 4037 万人次。其中，澳门位居内地居民出境旅游目的地的首位，占比超过了五成。澳门成为内地出境旅客最热门目的地。据《澳门日报》23 日报道，2022 年全年入境旅客达 2821.3 万人次，恢复至 2019 年的 71.6%；留宿旅客及

不过夜旅客分别为 1422.7 万及 1398.6 万人次，同比分别增加 4.7 倍及
3.3 倍。

酒店业是澳门旅游的支柱产业，根据澳门特区政府统计暨普查局最新数
据，2023 年澳门共有 142 间酒店，较上年增加 19 间，客房数量增长 23.5%
至 4.7 万间。全年酒店客房平均入住率同比上升 43.1 个百分点，达到
81.5%。旅游总就业人口（不含博彩、博彩中介及会展行业）占当年总就
业人口的 19%，而同年全国旅游就业人口占总就业人口的比例仅为
0.003%。澳门的其他文旅资源同样丰富。餐饮经济方面，在 2022 年米其林
餐厅指南中，澳门有 34 家餐厅上榜，该数据超过同期中国诸多 10 倍人口体
量于澳门的城市。

（1）"一国两制"加速两地往来

自 1999 年澳门回归祖国以来，这片土地迎来了 21 世纪快速发展的 20
年黄金时期。回归促进了澳门与内地之间的交流与融合。在这一过程中，澳
门充分利用其独特的地理和人文优势，实现了经济的快速增长和社会的全面
发展。《粤港澳大湾区发展规划纲要》将澳门与香港、广州和深圳共同列为
大湾区中心城市，这充分证明了澳门在区域经济发展中的重要地位。这一地
位不仅源于澳门发达的产业经济，更得益于其独特的政治地位。作为中国的
特别行政区，澳门享有高度的自治权，这为澳门的经济发展提供了有力
保障。

在回归后的 20 年里，澳门的高端旅游产业得到了迅速发展。这得益于
其独特的地理位置和丰富的旅游资源。澳门拥有世界著名的博彩业，吸引了
大量游客前来观光和娱乐。同时，澳门还充分利用其历史文化底蕴，开发了
众多具有特色的旅游景点，如大三巴牌坊、妈阁庙等，吸引了大量游客前来
游览。为了进一步提升旅游业的发展质量，澳门还致力于提高游客结构的多
元化和拓宽旅游目的地。通过加强与其他国家或地区的合作，澳门成功吸引
了更多国际游客前来游览。此外，澳门还大力发展非博彩业，如会展、购
物、美食等，使得非博彩行业在旅游经济中的比例逐步提高。

经过多年的努力，澳门已经成功转型为一个国际旅游休闲中心。这一转

型不仅提升了澳门的城市形象，更为澳门的经济发展注入了新的活力。未来，随着粤港澳大湾区的深入发展，澳门有望在区域经济发展中发挥更大的作用，为中国的繁荣稳定做出更大贡献。

（2）更好的交通和基础设施

澳门以其便捷的交通方式和完善的旅游基础设施，吸引着越来越多的内地游客前来探访。这座城市的旅游发展，并非以追求数量为目标，而是注重提升服务质量和丰富游客的游览体验。澳门的旅游业者们深知，真正的旅游不仅仅是走走看看，更是要让游客感受到这座城市的魅力，让他们在旅途中留下美好的回忆。

澳门在交通方面做得尤为出色。无论是陆路、海路还是空中交通，澳门都提供了便捷多样的选择。陆路交通方面，澳门的公共交通网络发达，公交车、出租车都很方便，还有观光巴士和双层巴士供游客选择，让游客在游览的过程中也能欣赏到城市的美丽风景。海路交通方面，澳门有多个码头，可以方便地抵达各个旅游景点。空中交通方面，澳门国际机场与世界各地的主要城市都有航线，为游客提供了便捷的出入境通道。

除了便捷的交通，澳门还拥有着完善的旅游基础设施。无论是高档酒店、经济型酒店还是民宿，都能满足不同游客的需求。此外，澳门还有众多的购物中心、美食街和夜市，让游客在购物和品尝美食的同时，也能感受到这座城市的独特魅力。然而，澳门的旅游发展并非仅仅满足于做一个旅游目的地。澳门特区政府和相关部门一直致力于将澳门打造成为一个宜居、宜游、宜乐、宜业的地方。在提升服务质量和丰富游览体验的同时，澳门还注重城市的文化建设、环境保护和社会福利等方面的发展。这些努力不仅让澳门成为一个更加宜居的城市，也为游客提供了更加优质的旅游体验。

2005 年，澳门历史城区以其独特的建筑风格和丰富的历史文化内涵，成功列入世界文化遗产名录，这一荣誉不仅肯定了澳门在保护历史遗产方面的努力，更向世界展示了澳门深厚的文化底蕴。而在 2017 年，澳门再次凭借其卓越的美食文化，荣获联合国教科文组织创意城市网络"美食之都"称号。这一称号不仅是对澳门美食的赞誉，更是对澳门在创意产业和文化传承方面的肯定。然而，澳门的魅力远不止于此。除了大三巴牌坊、妈阁庙和官也街等传统景点外，澳门 2023 年还推选了新八景，这些景点各具特色，为游客提供了全新的旅游体验。新八景的推出，不仅丰富了澳门的旅游资源，更展示了澳门在保护和传承历史文化方面的决心和成果。这些景点不仅吸引了大量游客前来观光旅游，更成为澳门旅游新的火爆景点，为澳门的旅游业注入了新的活力。

（3）更好的政策

自 2003 年起，内地居民开始被允许赴澳门进行个人旅游，这一政策调整不仅极大地便利了内地游客，更是直接推动了澳门旅游业的发展。在此之前，澳门虽然已是一个知名的旅游目的地，但主要依赖团体游和商务旅客。个人游政策的开放，让更多的人有了探索澳门的机会，他们可以更加自由地选择自己喜欢的旅游线路和活动，享受澳门的独特魅力。为了进一步巩固和推动澳门的旅游业发展，2008 年，中国政府在《珠江三角洲地区改革发展规划纲要》中首次明确提出，要将澳门建设成为世界旅游休闲中心。这一战略目标的提出，不仅为澳门的旅游业发展指明了方向，也为澳门经济的多元化发展注入了新的活力。

在接下来的几年里，澳门特区政府和社会各界积极响应，大力推动旅游业的转型升级。他们不仅加大了对旅游基础设施的投入，提升了旅游服务的质量，还积极开发新的旅游产品和线路，以满足不同游客的需求。同时，澳门还充分利用其独特的地理位置和文化优势，与周边地区和国家开展旅游合作，共同打造旅游品牌，吸引更多的游客前来旅游。"十二五"规划和"十三五"规划进一步阐释了支持澳门发展的重大举措，坚定支持澳门发展成为世界旅游休闲中心。这些规划不仅为澳门的旅游业发展提供了政策保障，还为澳门的经济和社会发展提供了全面的指导和支持。

在澳门特区政府的不懈努力下，澳门正逐步向着世界级旅游休闲中心的目标迈进。为了实现这一目标，澳门特别行政区旅游局在 2014 年推出了"星级旅游服务认可计划"，这一计划的推出，无疑为澳门的餐饮、旅行社、零售等行业注入了新的活力，进一步提升了这些行业的服务质量。"星级旅游服务认可计划"是一个旨在鼓励和支持各行业提升服务质量的计划。该计划通过设立星级评价标准，对参与计划的商家进行定期评估和审核，以确保他们达到一定的服务质量标准。这不仅为消费者提供了一个更为明确的消费指南，也为商家提供了一个持续改进和提升服务质量的动力。通过这一计划的实施，澳门的旅游服务质量得到了显著提升，赢得了广大游客的赞誉和信任。为了进一步规划澳门旅游业的发展，澳门特别行政区旅游局在 2017 年发布了《澳门旅游业发展总体规划》。这一规划为澳门旅游业未来 15 年的发展描绘了宏伟的蓝图，并提出了具体的行动纲领。该规划明确了澳门旅游业的发展方向和目标，强调了旅游业的多元化、特色化和可持续发展。同时，规划还提出了一系列具体的措施和政策，以支持旅游业的创新和发展。

在实施这一规划的过程中，澳门特区政府注重发挥市场的主体作用，鼓励产业加大投入，提高服务质量，丰富旅游产品。同时，政府还加大了对旅游基础设施建设的投入，提升了旅游接待能力和服务水平。此外，政府还加强了与周边地区的合作，共同推动旅游业的协同发展。

随着城市化进程的加速，城镇人口与农村人口在消费能力和消费欲望方面的差异愈加显著。这一趋势在广东省尤为明显，该省以 74.63% 的城市化率在全国名列前茅，而粤港澳大湾区的九个城市平均城市化率更是接近 90%。这种高度城市化的情况使得城镇人口的消费能力和消费欲望远超农村人口，他们更愿意为中高端服务埋单（李晓楠、殷知行，2023）。城镇人口之所以具备更高的消费能力和欲望，一方面是因为他们普遍拥有更高的收入水平。随着城市经济的快速发展，许多城镇居民在就业、创业等方面获得了更多机会，从而实现了经济收入的稳步增长。另一方面，城镇人口的教育水平普遍较高，他们更加注重生活品质，愿意为更好的服务和产品支付更高的价格。

澳门毗邻中国城市化率最高的地区及最富裕的消费人群，2018 年港珠澳大桥通车、广州至珠海城市轨道建成及 2023 年 5 月 16 日生效的中国与澳门驾驶证互认换领协议签署。澳门作为我国人均 GDP 和城市化率最大的地区之一，拥有大量中高端服务市场。从餐饮、娱乐到教育、医疗等领域，城镇居民对服务品质的要求日益提高，愿意为更好的体验埋单。同时，随着粤港澳大湾区建设的不断推进，区域内的城市人口流动更加频繁，也为中高端服务市场带来了巨大的发展空间。澳门联通内地都市的程度进一步提高，这将刺激新一轮的内地赴澳旅游消费热潮，并会使澳门文旅产业在发展过程中进一步享受城市化发展带来的红利。

2. 旅游业的扭曲结构

随着时间的推移，澳门的旅游业逐渐演变为主要依赖赌场游戏的模式，尤其是在 2002 年以后，这种趋势变得愈加明显。澳门的经济一度以赌场业为主导，热情好客的氛围和丰富的娱乐活动吸引了大量的游客。然而，这种经济模式却存在一些问题。首先，过度依赖赌场游戏使得澳门的旅游业变得单一化，缺乏多样性和可持续性。其次，对内地市场的过度依赖也使澳门的旅游业面临巨大的风险。一旦内地市场出现波动，澳门的旅游业就会受到严重的影响（Loi et al.，2021）。

事实上，澳门的旅游业在 2016 年和 2020 年都遭受了重创。2016 年，澳门旅游业遭受了外部冲击，导致游客数量大幅减少。2020 年，新冠疫情发生，澳门的旅游业遭受了前所未有的打击。这些事件都表明，过度依赖赌场游戏和内地市场的单一结构已经成为澳门旅游业发展的瓶颈。

自 20 世纪 90 年代以来，澳门旅游业经历了前所未有的快速增长，成为澳门经济的支柱产业。然而，这种不平衡的增长模式也引发了一系列的问题和挑战。Chao 等（2006）对澳门的旅游业进行了深入的理论分析，并预言澳门旅游业可能会因为过度依赖某一产业而陷入"荷兰病"状态。

"荷兰病"一词源于 20 世纪 60 年代的荷兰，当时荷兰发现了大量的天然气资源，导致国内产业过度依赖能源出口，而忽视了其他产业的发展。这种现象被称为"荷兰病"，即一个地区或国家因为过度依赖某一产业或资源而导致其他产业萎缩，经济结构失衡。在澳门，旅游业的高速发展也带来了类似的问题。由于旅游业的快速增长，澳门的其他产业，如制造业、农业等逐渐失去了竞争力，经济结构出现单一化。这种不平衡的增长模式使得澳门经济面临巨大的风险和挑战。如旅游业发展导致资源分配不均：在旅游业快速发展的同时，政府和社会资源更多地流向了旅游业，导致其他产业得不到足够的支持和发展。旅游业发展导致产业结构单一：澳门经济高度依赖旅游业，其他产业的发展相对滞后，使得经济结构单一化。旅游业发展导致人才流失：由于其他产业的萎缩，许多人才流入旅游业，进一步加剧了产业结构的失衡。

旅游业是一个受外部因素（如全球经济形势、政治局势等）影响较大的产业。一旦这些因素发生变化，澳门经济就可能面临巨大的波动。随着周边地区旅游业的快速发展，澳门旅游业的竞争压力不断增加。如何在激烈的竞争中保持领先地位，是澳门旅游业面临的重要问题。旅游业的发展对环境和资源的消耗较大，如何在保证经济发展的同时实现可持续发展，也是澳门旅游业需要面对的挑战（Gu and Sun，2014；Sheng，2017；Zhao et al.，2021；McCartney et al.，2021；Gu et al.，2022）。

"荷兰病"是一种因新自然资源的发现与大开发而引发其他产业发展受抑制的产业结构失衡现象，这种现象在世界经济发展过程中屡见不鲜。除了荷兰本身，沙特阿拉伯、尼日利亚、墨西哥、澳大利亚、挪威、英国、俄罗斯等众多自然资源丰富的国家都曾出现过类似的经济症状。

20世纪60年代的荷兰北海地区发现了大量的天然气资源，这一发现迅速带动了荷兰经济的快速增长。然而，随着天然气产业的迅猛发展，荷兰的制造业和服务业等产业受到了严重冲击。这是因为天然气产业的繁荣吸引了大量的资本和劳动力，导致其他产业无法得到足够的资源和人才支持，进而出现了产业结构失衡的现象。"荷兰病"并非荷兰所独有。许多自然资源丰富的国家都曾经或正在经历着类似的困境。沙特阿拉伯是世界上最富有的石油生产国之一，然而，过度依赖石油产业也导致了该国其他产业的萎缩。尼日利亚的石油产业也曾经是该国经济的重要支柱，但随着石油资源的逐渐枯竭，该国经济也陷入了困境。此外，墨西哥、澳大利亚、挪威、英国、俄罗斯等国家也曾经或正在经历着"荷兰病"的困扰。这些国家都拥有丰富的自然资源，如石油、天然气、煤炭、铁矿石等。然而，过度依赖这些资源的开发和出口，导致这些国家的产业结构单一化，缺乏多元化和灵活性。这不仅使得这些国家的经济增长速度放缓，而且也使得它们面临巨大的经济风险和挑战。

在中国的资源型城市中，"荷兰病"现象屡见不鲜，特别是在那些资源逐渐枯竭的城市中，其症状表现得尤为明显。所谓"荷兰病"，其核心在于产业经济发展高度依赖某种自然资源，进而形成资源经济依赖（杨懿，2019）。当这种资源逐渐枯竭或市场发生变化时，整个城市的经济结构便会陷入困境，就像荷兰在20世纪60年代发现大量天然气后，过度依赖这种资源而导致其他产业衰退一样，比如煤炭城市、石油城市等。这些城市在资源丰富的时期，经济繁荣发展，但随着资源的逐渐枯竭，这些城市的经济便陷入了困境。比如，东北的一些老工业基地，在煤炭、钢铁等资源枯竭后，经济发展一度停滞不前，失业率上升，社会矛盾加剧，这就是"荷兰病"的典型表现。

澳门的旅游业也存在类似的问题。澳门的旅游业高度依赖博彩业，这种单一的产业结构使得澳门的经济风险加大。一旦博彩市场出现波动，澳门的经济便会受到严重影响。这种对单一资源的过度依赖，就像"荷兰病"一样，为澳门的经济发展带来了隐患。

3. 旅游业的自主创新

回顾澳门旅游业的历史沿革，可以清晰地看到其从起步到繁荣的轨迹。早在20世纪初，澳门凭借其独特的地理位置和丰富的文化底蕴，吸引了众多游客前来观光旅游。然而，随着全球旅游业的快速发展和竞争的加剧，澳门旅游业面临前所未有的挑战。澳门自古以来便是中西文化交融的桥梁。其旅游业的发展历程，更是充满了曲折与变革，铸就了其必须走自主创新发展路径的必然选择。

（1）无法依赖蓝本

澳门一度以美国的拉斯维加斯为蓝本，寻求在非博彩旅游领域的突破。经过多年的努力，各种具有异国情调的餐厅、独具特色的酒店房间、琳琅满目的购物中心、精彩纷呈的娱乐表演以及设施完备的会议场所如雨后春笋般涌现，然而，这些努力似乎并未能带来预期中的丰厚利润，更未能实现可持续发展的目标。

首先，虽然澳门在模仿拉斯维加斯的过程中，打造了一系列独具特色的旅游项目，但这些项目往往缺乏原创性和独特性，很难吸引游客多次光顾。在旅游市场竞争日益激烈的今天，仅仅依靠模仿和复制是远远不够的，更需要有创新和突破。其次，澳门在开发非博彩旅游项目时，似乎过于注重硬件设施的建设，而忽略了软件服务的质量。无论是餐厅的服务质量、酒店的客房服务，还是购物中心的购物体验、娱乐表演的演出质量，都需要有高水平的服务和管理才能满足游客的需求。然而，在这方面，澳门的提升空间更需要多元且高效发展的产业集群以及数字经济的高科技服务和设备的长效支持。此外，澳门在推广非博彩旅游项目时的市场营销策略也需要在更多数字经济相关产业进行基础设施构建，这样才能加大力度，通过各种渠道和方式向游客宣传和推广项目。故而虽然澳门在开发非博彩旅游项目方面付出了很多努力，但项目并未带来预期中的丰厚利润。

Loi 等（2021）在其研究中指出，澳门在效仿拉斯维加斯的过程中并未真正实现旅游业的多样性。那么，这背后的原因是什么呢？本书从多个方面深入探讨澳门旅游发展的现状与挑战。澳门作为一个旅游目的地，其吸引力主要来自博彩业。然而，一个成功的旅游城市不能仅仅依赖单一的旅游资源。澳门在规划和发展城市基础设施和服务时，似乎并未真正关注到游客的非博彩需求。这导致了澳门在旅游业的多样性方面表现不佳，游客的需求无法得到真正满足。此外，澳门在吸引非博彩游客方面也存在一些问题。虽然澳门拥有丰富的历史文化遗产、美食和购物等旅游资源，但由于缺乏针对性的规划和推广，这些资源并未得到充分利用。非博彩旅游的收入一直停留在较低水平，成为赌场吸引更多赌博客户的"种子"，而非成为推动澳门旅游业全面发展的动力。澳门"多样化旅游"的政策也存在一些问题。虽然政策初衷是好的，但由于缺乏具体的实施措施和有效的监管机制，这些政策往往难以落地生根。这导致澳门旅游业的部门结构仍然过于依赖赌场游戏，加剧了其专业化的程度，而非缓解这一问题。

（2）无法依赖历史经验

在 2016 年之前，澳门曾以其繁荣的贵宾百家乐产品闻名于世，在某种程度上塑造了澳门的旅游经济格局。然而，这种高度依赖博彩业的旅游模式也带来了一系列的问题。澳门的旅游业越来越偏向于满足那些专注于博彩的客户的需求。这些客户往往更倾向于在高层建筑中的室内游戏场所度过大部分时间，对其他活动场所，如具有异国情调的餐厅、酒店房间、购物中心、娱乐表演和会议场所等并不太感兴趣。这种需求结构的畸形，使得澳门的旅游经济逐渐偏离了多元化发展的轨道。

更为严重的是，这种对博彩业的过度依赖并没有形成对澳门高水平旅游服务和设施的倒逼效应。相反，它导致了人才和土地资源的"挤出效应"，使得其他具有潜力的旅游产业无法正常发展。由于博彩业的利润丰厚，许多有才华的人才被吸引到了这一行业，而其他旅游产业的创新人才则相对匮乏。同时，土地资源也面临同样的问题，博彩业占有大量的土地资源，使得其他旅游项目难以获得合适的用地。

因此，虽然博彩业在短期内为澳门带来了巨大的经济利益，但从长远来看，这种高度依赖博彩业的旅游经济模式并不利于澳门的可持续发展。为了实现旅游经济的适度多元发展，澳门需要寻求更加平衡和可持续的发展路径，充分发挥其丰富的旅游资源和独特的文化魅力，吸引更多不同类型的游客，推动旅游产业的全面发展。

需求引致供给水平的提升，从 2016 年开始，这一变革的深远影响逐渐显现出来，促使澳门旅游经济向更加多元化的方向发展。本书将深入分析这一变革背后的原因及其对澳门经济的影响。首先，博彩业一直是澳门经济的支柱产业，但过度的依赖也带来了不少问题。因此，澳门特区政府开始逐步调整博彩产品结构，以缓解博彩业对经济的过度影响。这一调整不仅使得博彩产品更加平民化，也引发了游客对购物、家庭旅游、餐饮等多元化需求的回应。

随着博彩产品结构的调整，澳门游客的需求发生了显著变化。购物、家庭旅游、餐饮等非博彩类活动的需求逐步上升，成为游客新的关注点。这一变化反映了游客对旅游体验的多样化需求，也为澳门旅游经济的多元化发展提供了契机。在需求引致供给水平的提升下，澳门旅游经济适度多元发展各产业非博彩类产品和服务的收入规模和利润逐步提高。这一趋势不仅有助于平衡澳门经济的产业结构，也为澳门经济的可持续发展注入了新的活力。

（3）无法依赖历史客源

杨懿（2019）在其研究中深入探讨了旅游业的产业特性及其可能引发的经济问题。他指出，旅游业因其独特的产业特点，即沉淀成本高、进入壁垒低但退出壁垒高，可能会陷入一种被称为"荷兰病"的经济困境。"荷兰病"是一种资源过度集中于某一产业导致的经济不平衡现象，这种现象在旅游业中表现得尤为明显。旅游业作为一个重要的经济部门，具有巨大的发展潜力。然而，其产业特性也带来了一系列的经济问题。首先，旅游业的高沉淀成本意味着一旦投资进入该行业，就很难轻易退出。这种特性使得投资者在面临经济波动或市场变化时，往往难以灵活调整策略，从而增加了经济风险。

其次，旅游业的低进入壁垒和高退出壁垒也加剧了经济不平衡的问题。由于进入门槛相对较低，旅游业吸引了大量资本和人力资源涌入旅游业，内部竞争加剧。然而，一旦市场饱和或经济环境发生变化，产业退出旅游业的成本却非常高昂，这进一步加剧了经济不平衡的现象。更为重要的是，仅通过调整旅游经济内部各产业的结构来实现多元化发展，并不能从根本上解决这些问题。这种结构调整可能会导致对资本的长期锁定和对第一、第二产业的资源侵占。一方面，过度投资旅游业可能会挤压其他产业的发展空间，导致产业结构失衡；另一方面，对资本的长期锁定也会降低经济体系的灵活性和适应性，不利于产业经济的可持续发展。

因此，为了避免陷入"荷兰病"的困境，旅游业的发展需要更加注重与其他产业的协调与平衡。一方面，政府应该加强对旅游业的监管和引导，防止资本过度集中于该行业；另一方面，旅游业自身也应该积极探索与其他产业的融合与创新，以实现更加多元化和可持续的发展。同时，对于已经投入旅游业的产业和个人来说，也需要保持警惕和灵活性，以应对市场变化和经济波动带来的挑战。

（4）无法依赖历史客源增长策略

随着全球旅游业的蓬勃发展，旅游多样化的趋势日益明显。与此同时，澳门旅游业的脆弱性也愈加突出，尤其是当澳门旅客来源过于单一时，外部经济冲击往往会给旅游业带来沉重的打击。

首先，澳门旅客来源的单一化是导致旅游业脆弱性增加的重要原因之一。当旅游业高度依赖内地旅客时，当国内出现疫情等特殊情况时，客源不稳定，澳门旅游业的发展就会受到严重影响。其次，旅游业的发展高度依赖旅客来源地的经济增长速度、全球化进程。经济增长是旅游业发展的重要推动力，当经济增长迅速时，人们的消费能力和旅游意愿都会得到提升，从而推动旅游业的发展。而当来源地经济增长放缓或出现衰退时，人们的消费能力和旅游意愿都会受到影响，旅游业的发展也会受到冲击。因此，澳门的旅游业也会面临较长尾的客源阵痛。此外，全球化进程中的波动，也将对澳门旅游业产生深远的影响。在全球化下不同话语国家之间发生贸易摩擦、全球化进程受阻或出现波折时，澳门旅游业的发展也会受到影响。最后，澳门的风险性灾害性事件也是影响旅游业发展的重要因素之一。自然灾害、疾病疫情等灾害事件往往会给澳门旅游业带来严重损失。

4. 数字经济的助力

（1）数字经济可增加澳门非博彩业的吸引力

为了摆脱这种单一经济结构的风险，澳门曾试图模仿拉斯维加斯的旅游多样化发展路径。拉斯维加斯，作为美国的赌城，不仅以博彩业闻名，还以丰富的旅游资源和多元化的娱乐活动吸引着全球游客。然而，简单模仿并不能解决澳门经济结构单一的问题。澳门需要深入研究拉斯维加斯成功的背后原因，结合自身特点，制定适合自己的多元化发展策略。澳门在旅游资源的丰富度上无法与拉斯维加斯相比，但澳门拥有独特的文化遗产和地理位置优势。澳门的历史建筑、美食、手工艺品等都是吸引游客的重要因素。同时，澳门作为连接珠江三角洲和南海的重要枢纽，具有得天独厚的地理位置优势。这些都是澳门发展多元化旅游产业的独特资源。

为了充分发挥这些优势，澳门可通过数字化方式提高澳门旅游服务的韧性，通过高服务质量来获得澳门旅游业的长久发展。例如，加强对历史建筑的数字化模型的构建，让游客在游览的过程中通过声光电感受到澳门的独特文化魅力。推出具有澳门特色的旅游数字体验项目，如手工艺品制作数字体验、地道美食在线品尝等游戏，提高澳门旅游的吸引力。此外，澳门还将数字博彩业与旅游业相结合，推出更多具有吸引力的澳门旅游线上体验博彩游戏，吸引游客目光，通过数字经济增加澳门特色服务和产业的宣传和吸引力。

（2）数字经济可增加澳门经济的复原力

在新冠疫情背景下，旅游经济遭受了前所未有的打击。然而，在这个困难的时期，澳门经济却展现出了令人瞩目的快速复原力。众多学者围绕疫情对全球旅游经济适度多元发展各产业的冲击展开了深入的讨论，其中澳门的表现引起了广泛的关注。据 McCartney 等（2021）的研究，澳门在面对疫情时，可能是最有效获得快速复原力的旅游城市之一。这一成就的背后，与大湾区具有绝对比较优势的外溢到澳门的数字经济有着密切的联系。

首先，要理解澳门为何能在疫情中快速恢复旅游经济，需要明确大湾区的数字经济对澳门的支撑作用。大湾区作为中国经济的重要引擎之一，其数字经济的迅猛发展不仅为澳门提供了广阔的市场和发展空间，还通过技术、人才、资金等多方面的支持，为澳门的旅游经济复苏提供了强大的基础设施支撑。

其次，数字经济的崛起为澳门旅游业的多元发展提供了有力支持。通过大数据、云计算、人工智能等技术的应用，澳门能够更精准地把握市场需求，优化旅游产品和服务，提高旅游体验质量。同时，数字经济还推动了澳门旅游产业的数字化转型，为澳门旅游业的长远发展注入了新的活力。

最后，数字经济的发展也促进了澳门与其他国家或地区的旅游合作。通过数字平台，澳门能够更广泛地宣传自身的旅游资源，吸引更多游客前来旅游。同时，数字经济还为澳门提供了与世界各地旅游业者交流和合作的机会，推动了澳门旅游业的国际化进程。

（二）酒店、餐饮业

1. 酒店业

近年来，随着全球旅游业的蓬勃发展，澳门的酒店市场呈现旺盛的需求态势。根据澳门统计暨普查局的最新资料，2023 年末，向公众提供住宿服务的酒店业场所数量达到了 142 间，相较上年增加了 19 间。这一增长不仅反映了澳门旅游业的持续繁荣，也凸显了市场对酒店服务的强烈需求。值得一提的是，这些新增的酒店场所不仅数量可观，而且提供的客房数目也实现了显著增长。据统计，2023 年，澳门的酒店客房数量增加了 23.5%，达到了惊人的 4.7 万间。这一数字不仅创下了历史新高，也进一步满足了不断增长的游客需求。

然而，酒店数量的增加并不意味着市场竞争的加剧会导致入住率的下降。相反，2023 年澳门酒店业的客房平均入住率实现了同比 43.1 个百分点的增长，达到了 81.5%。这一成绩的背后，既有澳门独特旅游资源的吸引力，也得益于酒店业不断提升服务质量和客户体验的努力。值得注意的是，在所有酒店中，二星级和五星级酒店的入住率尤为突出。其中，二星级酒店的入住率达到了 85.1%，同比上升了 36.3 个百分点；而五星级酒店的入住率也高达 82.5%，同比增长了 48.3 个百分点。这一数据表明，无论是经济型还是高端豪华型酒店，在澳门都有着广阔的市场空间和巨大的发展潜力。

从游客来源来看，2023 年澳门的住客数量也实现了显著增长，全年住客人数增加了 1.7 倍，达到了 1357.3 万人次，已经恢复至 2019 年的 96.2%。其中，来自内地、香港和台湾的游客数量增长尤为显著。具体来说，来自内地的住客人数达到了 984.4 万人次，同比增长了 1.5 倍；来自香港的住客人数为 221.9 万人次，增长了 8.8 倍；来自台湾的住客人数为 25.6 万人次，增长了 5.6 倍。这些数字不仅证明了澳门作为旅游目的地的吸引力，也反映了澳门酒店市场的巨大潜力。总的来说，澳门酒店市场在 2023 年呈现了旺盛的需求态势和巨大的发展潜力。无论是从酒店数量、客房数量还是入住率等方面来看，都表现出了强劲的增长势头。

澳门酒店业与市场需求之间的相对匹配是其成功的关键之一。随着旅游业的快速发展，游客对住宿品质的要求也越来越高。澳门酒店业凭借其出色的服务质量和设施水平，成功吸引了大量游客前来入住。这种匹配不仅体现在酒店的硬件设施上，更体现在酒店的服务水平上。澳门酒店业在员工培训、服务流程等方面下足了功夫，确保每一位游客都能享受到贴心、周到的服务。图 5-4 为澳门酒店业在职员工数量、员工支出和经营费用情况，其中 2018 年澳门酒店业在职员工数量、员工支出和经营费用达到顶峰，2020年后因疫情逐步下降。

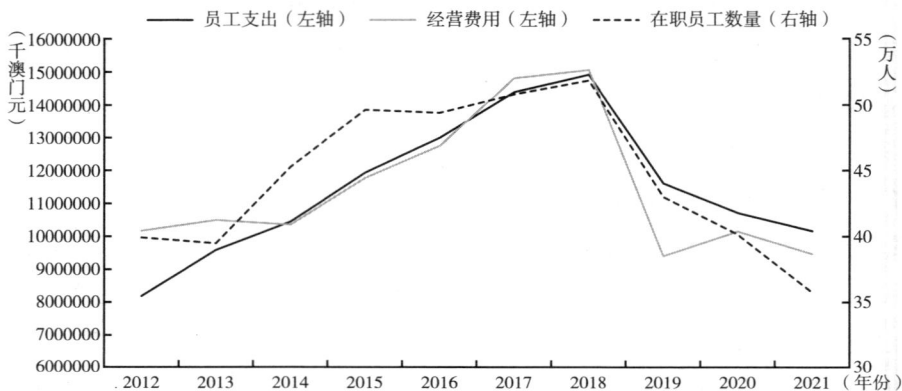

图 5-4　酒店业在职员工数量、员工支出和经营费用情况

资料来源：澳门统计暨普查局。

从客房入住率来看，澳门酒店业在 2023 年取得了显著的成绩。特别是12 月，客房平均入住率同比上升了 43.1 个百分点，达到了 85.9%。这一成绩不仅远超过了行业平均水平，也充分展示了澳门酒店业在市场竞争中的优势。各星级酒店及经济型住宿场所的入住率均逾八成，表明澳门酒店业在满足不同游客需求方面做得非常出色。从住客构成来看，澳门酒店业的客源结构与旅游业雷同，客源相对单一。2023 年 12 月，酒店业场所住客按年上升1.9 倍至 132.5 万人次。其中，来自内地的住客最多，达到了 95.4 万人次，同比增长了 1.8 倍。香港和台湾的住客分别为 18.8 万和 2.8 万人次，同比增长了 6.3 倍和 5.4 倍。这种客源结构不仅为澳门酒店业带来了稳定的收益，也为澳门旅游业的进一步发展提供了有力支撑。

在众多投资领域中，澳门酒店业因其高投资回报率而备受瞩目。2018年的统计数据显示，在收益增幅超过支出的年份里，澳门酒店业盈利实现了惊人的 51.0% 的增长，投资回报率更是高达约 10%，这一数字在投资领域堪称亮眼。澳门统计暨普查局指出，2018 年澳门酒店业盈利达到了历史较高水平。在这一年里，澳门酒店业的盈利比例同比增加了 0.8 个百分点，高达 11.8%（见图 5-5），这一数据不仅令人瞩目，更反映出澳门酒店业将收益转化为盈利的能力正在进一步提升。

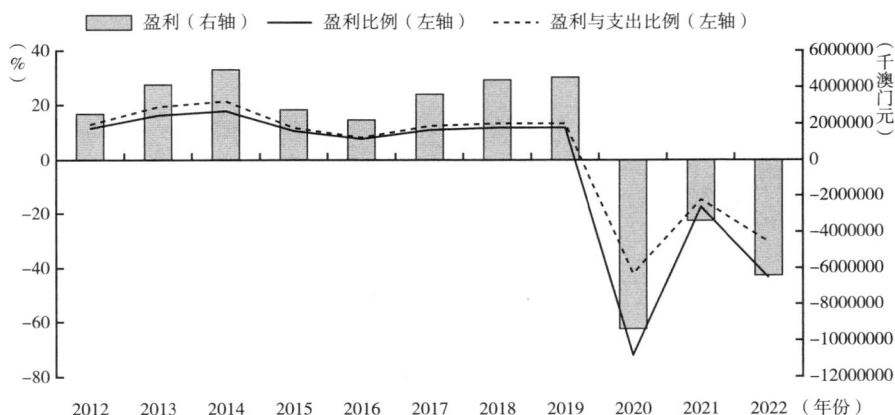

图 5-5 酒店业盈利情况

资料来源：澳门统计暨普查局。

从整体来看，酒店级别越高的，其投资回报率和收益率相对越高。这主要得益于高级别酒店通常拥有更优质的设施、更完善的服务和更高的客户满意度，从而吸引了更多的高端客户和商务客户。这些客户愿意为高品质的服务和舒适的住宿环境支付更高的价格，从而提高了高级别酒店的收益。以 2018 年为例，澳门五星级酒店收益上升了 18.6% 至 290.4 亿澳门元，占整个酒店业收益的 78.0%。其中，客房租金、出租场地和餐饮服务收益分别增加了 20.3%、10.3% 及 20.8%。这表明五星级酒店的主要收益来源是客房租金和餐饮服务，而出租场地的收益也有所增长。与此同时，五星级酒店支出上升了 12.6% 至 251.1 亿澳门元，这可能与酒店为了提升服务质量和客户满意度而增加的投资有关。

相比之下，四星级酒店的收益增长较为温和，上升了 5.2% 至 43.9 亿澳门元。其收益主要来源于客房租金，增幅为5.4%。四星级酒店的支出上升了3.5%至38.4亿澳门元，虽然增长幅度不大，但也显示出酒店为了维持和提升服务质量所做的努力。然而，对于三星级及二星级酒店来说，其收益却出现了下跌，下跌了2.0%至37.8亿澳门元。这主要是出租场地收益减少了13.8%所导致的。尽管客房租金和餐饮服务收益分别上升了3.0%和9.1%，但仍然无法抵消出租场地收益下降所带来的负面影响。与此同时，三星级及二星级酒店的支出却下跌了1.5%至28.2亿澳门元，这可能与酒店为了降低成本、应对市场竞争而采取的措施有关。

2. 餐饮业

澳门不仅是旅游者的天堂，更是美食爱好者的乐园。在这座融合了东西方文化的城市里，餐饮文化也展现出了多元而独特的魅力。澳门的餐饮业，可以说是丰富多样、独具特色，能够满足不同口味和需求的食客。在澳门的街头巷尾，高档的法国料理餐厅与传统的中式茶餐厅并存，既有国际知名的美食佳肴，也有地道的澳门特色小吃。无论是品尝精致的法式甜点，还是享受一碗热气腾腾的猪扒包，都能让人感受到澳门餐饮文化的独特魅力。

澳门的法国料理餐厅，以精湛的烹饪技艺和优质的食材，为食客们带来了纯正的法式风味。在这里，你可以品尝到细腻鲜美的鹅肝、口感柔嫩的牛排，以及制作精良的法式甜点。这些美食不仅让人大饱口福，更是一种独特的文化体验。而澳门的茶餐厅，则是澳门本土餐饮文化的代表。茶餐厅以其简单、快捷、实惠的特点，深受当地人和游客的喜爱。在这里，你可以品尝到传统的港式蛋挞、皮蛋瘦肉粥，以及经典的港式丝袜奶茶。这些美食不仅美味可口，更是让人感受到了澳门独特的餐饮文化。除了法国料理和茶餐厅，澳门的餐饮业还包括各式各样的国际美食和当地特色小吃。从意大利披萨、日本寿司到葡式蛋挞、澳门烧鹅，澳门餐饮业几乎涵盖了世界各地的美食。这些美食的多样性，不仅满足了不同口味和需求的食客，也展示了澳门作为一个国际化城市的独特魅力。

澳门的餐饮业非常繁荣。在澳门，几乎每个街区都有餐厅和咖啡店，供应各种美食。同时，澳门的餐厅和咖啡店也提供各种服务，如外卖、送餐等，以满足不同客户的需求。此外，澳门的餐厅和咖啡店也提供各种优惠活动，如优惠券、打折等，以吸引更多的顾客。除了传统的餐厅和咖啡店，澳门的餐饮业也在不断创新和发展。近年来，澳门的餐饮业涌现出许多新兴的餐饮业态，如快餐店、茶餐厅、饮品店等，以满足不同消费者的需求。随着澳门旅游业的蓬勃发展，餐饮业得到了迅速发展，成为澳门经济的重要支柱之一。越来越多的游客被澳门的美食所吸引，来到这座城市品尝美食、感受文化。这不仅推动了澳门餐饮业的发展，也为澳门经济注入了新的活力。

2023 年 6 月《财富》"商业洞察"（Fortune Business Insights）版块有关食品服务市场分析报告的数据显示，全球餐饮业市场已逐步走出新冠疫情阴霾。由零售、柜台与餐桌服务提供商组成的全球食品服务市场 2022 年的规模为 23950.3 亿美元，若按服务类型划分，全方位服务餐厅占比 31.9%，若按地理区域划分，亚太地区市场占比 39.4%。截至 2023 年 3 月初，澳门特别行政区旅游局及市政署共发出 2820 个各类餐饮牌照，与上年同期基本持平。2023 年 4~6 月澳门餐饮业共有 2.07 万名雇员，同比增长 2.6%。

澳门特别行政区统计暨普查局最近进行了一项关于"餐饮业及零售业景气调查"的研究，深入探究了澳门餐饮和零售行业的最新发展状况。调查结果显示，澳门餐饮业的景气指数在疫情后呈现逐步下跌的趋势。这一趋势在高比较基数下尤为明显，2024 年 1 月整体受访的餐饮及零售商户的营业额均录得按年跌幅。其中，餐饮业的营业额按年下跌了 10.2%，这一数字相较于前几个月的统计数据，显示出餐饮行业在疫情后的复苏之路仍面临挑战。

进一步细分来看，不同类型的餐饮商户受到的影响程度各不相同。日韩餐厅和中式酒楼饭店的营业额分别下跌了 30.6% 和 21.7%，这一数据反映了外国料理和传统中式餐饮在澳门市场的竞争激烈以及消费者需求的变化。然而值得注意的是，茶餐厅及粥面店的营业额却上升了 12.9%，这表明在疫情期间，一些提供传统、简单餐食的商户更能满足大众的需求，也更容易在市场中站稳脚跟。与 2023 年 12 月相比，受访的餐饮商户在 2024 年 1 月的营业额下跌了 2.7%。这一跌幅虽然相对较小，但也暴露出餐饮行业在经历疫情后的脆弱性。其中，西式餐厅的跌幅尤为明显，达到了-14.4%。这可能与西式餐厅在澳门市场的饱和度、消费者口味的转变以及西式餐饮在疫情期间受到的特殊影响有关。图 5-6 餐饮业盈利以及盈利比例结果同酒店具有类似年度趋势，在 2020 年后整体餐饮业的盈利比例、盈利与支出比例皆是负数，说明在外部冲击下，澳门餐饮业影响巨大。

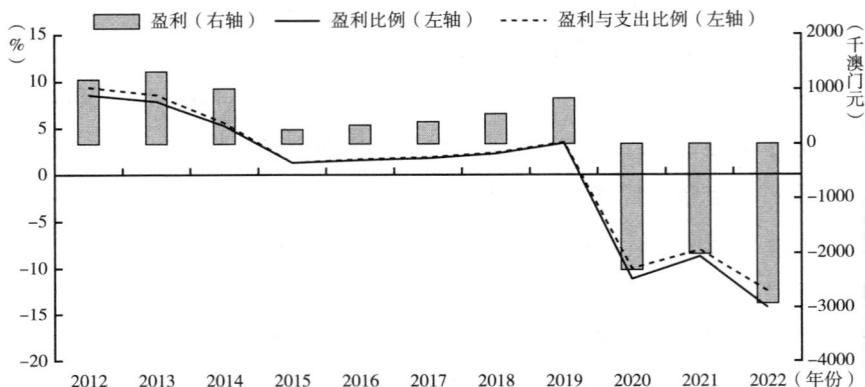

图 5-6 餐饮业盈利情况

资料来源：澳门统计暨普查局。

此外，受访零售商户在 1 月的营业额按月下跌 5.9%。对营业额的预期方面，有超过半数受访餐饮商户预期 2 月农历新年会带动当月的营业额按月上升，当中中式酒楼饭店和西式餐厅的相应比例分别达 72% 及 56%；约 23% 的餐饮商户认为 2 月营业额会按月下跌。但总体景气指数的预测中，澳门餐饮业的受访者仍然打出超过 50 的高分（64.5），说明澳门各商户对未来的餐饮业仍保有较高的期待。总体而言，这项调查揭示了澳门餐饮和零售行业在疫情后的新变化和新挑战。不同类型的餐饮商户在市场中的表现差异，反映了消费者需求的变化以及行业内部的竞争态势。

尽管澳门餐饮业在疫情后的发展道路上仍面临诸多挑战，但图 5-7 显示，不同于酒店业，餐饮业的在职员工数量、员工支出和经营费用是持续提高的，其中在职员工数量在 2019～2020 年增速因外卖的崛起而迅速提高，并在 2021 年后增速下滑，但总体在职员工数量是稳步提高的。

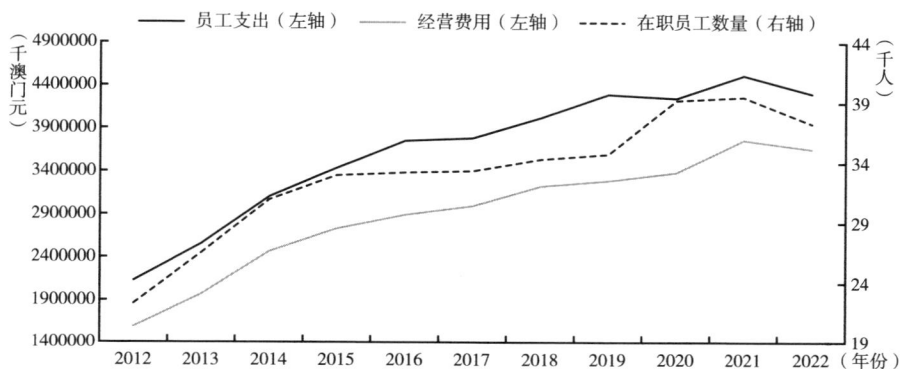

图 5-7　餐饮业在职员工数量、员工支出和经营费用情况

资料来源：澳门统计暨普查局。

3. 酒店、餐饮业的特点

首先，澳门酒店、餐饮业的竞争较为激烈。澳门酒店、餐饮业一直是备受瞩目的焦点。然而，随着市场的不断扩张和竞争的加剧，这里的酒店、餐饮业面临前所未有的挑战。特别是在那些著名的旅游景点附近，酒店和餐饮业的竞争更是白热化，如同战场上的激战，每一家企业都在竭尽全力争取客户的青睐。

根据表 5-1 的数据，可以清晰地看到澳门酒店、餐饮业的发展历程。尽管市场竞争激烈，但仍有新的企业不断涌入这一行业。然而，当进一步观察行业资本额的变化时，却发现了一个令人担忧的现象：资本额正在逐步下降。回顾过去，可以看到 2013～2014 年，酒店和餐饮业的资本额相对较高。这段时间内，大量的资本涌入这一行业，为产业提供了更多的发展机会。然而，到了 2019 年，尽管新成立的公司数量达到了顶峰，但资本额的提升幅度却相对较小，仅为 30%。更令人担忧的是，这一时期的资本总额度远远低于 2014 年的水平。这一变化无疑表明，澳门酒店、餐饮业的竞争已经变得更加激烈，而产业的生存空间正在逐渐缩小。

表 5-1　酒店、餐饮业新成立公司情况

单位：家，千澳门元，%

年份	公司数	同期变动率	上期变动率	资本额数	同期变动率	上期变动率
2012	137	59.3	59.3	—	—	—
2013	192	40.1	40.1	43214	—	—
2014	293	52.6	52.6	44137	2.1	2.1
2015	173	-41.0	-41.0	19494	-55.8	-55.8
2016	121	-30.1	-30.1	10264	-47.3	-47.3
2017	154	27.3	27.3	26228	155.5	155.5
2018	159	3.2	3.2	6954	-73.5	-73.5
2019	181	13.8	13.8	9039	30.0	30.0
2020	149	-17.7	-17.7	6688	-26.0	-26.0
2021	180	20.8	20.8	7836	17.2	17.2
2022	132	-26.7	-26.7	5335	-31.9	-31.9

注：—表示未公布，下同。

资料来源：澳门统计暨普查局。

　　其次，澳门的酒店、餐饮业面临高昂的租金和人工成本。作为微型经济体，澳门的土地面积有限，这使酒店、餐饮业能使用的土地和人力资源相对稀缺。在这样的背景下，租金和人工成本不断攀升，给行业带来了沉重的负担。表 5-2 数据显示，不仅酒店和餐饮业的人均人工支出逐渐上升，人均经营费用也呈现逐渐增长的趋势。这意味着产业在维持正常运营的同时，需要承担更高的成本压力。

　　为了更深入地了解这一现象，进一步分析费用收入比与租金成本的关系。通过拟合数据，发现总体费用的杠杆率逐渐上升。这说明在越发激烈的竞争环境中，澳门酒店、餐饮业在外部投资逐步下降的同时，也承受着外部成本冲击。这种总体外向型的经济状态对于酒店、餐饮业的长效发展极为不利。高昂的成本使得产业在创新、提升服务质量等方面难以投入足够的资源。同时，外部成本冲击也给产业的经营带来了极大的不确定性，使得产业在制订长期发展规划时面临诸多困难。

表 5-2　酒店、餐饮业人均人工支出与经营费用

单位：千澳门元，%

年份	酒店业			餐饮业		
	人工支出（人均）	经营费用（人均）	费用收入比	人工支出（人均）	经营费用（人均）	费用收入比
2012	197.56	226.94	2.44	96.68	72.28	4.34
2013	205.04	254.92	2.49	97.97	75.51	4.27
2014	242.95	265.81	2.66	102.27	81.15	3.90
2015	230.77	228.68	2.52	106.36	84.57	3.67
2016	240.54	237.26	2.41	115.32	88.95	3.67
2017	263.05	257.99	2.56	115.92	91.76	3.69
2018	283.28	291.52	2.52	119.72	96.01	3.64
2019	287.69	290.34	2.54	126.28	96.79	3.72
2020	270.11	218.82	1.39	110.81	88.27	3.06
2021	266.81	252.71	1.90	116.90	97.43	3.08
2022	284.21	264.84	1.55	117.95	100.37	2.82

资料来源：澳门统计暨普查局。

4. 酒店、餐饮业的自主创新

（1）博彩业比重下滑后将无法依赖历史客源

自 2020 年以来，澳门经济结构发生了显著的变化。在第三产业的增加值中，博彩及博彩中介业的比重逐步下滑，从原本的高位下跌了 10.7 个百分点，降至了 15.2%。与此同时，非博彩服务业却呈现强劲的增长势头，其比重按年上升了 9.0 个百分点，达到了 75.3%。这一变化不仅反映了澳门经济的多元化发展趋势，也对相关行业，尤其是酒店和餐饮业，提出了新的挑战。

博彩业的利润下滑趋势，是一个不可忽视的现象。这一趋势不仅直接影响了博彩业本身的发展，还通过产业链传导到了与之紧密相关的酒店和餐饮业。特别是那些以博彩业为主要客源的星级酒店和高端餐饮业，面临客户数量逐步下降的压力。这些客户，原本是酒店和餐饮业的重要利润来源，但随着博彩业的不景气，他们的消费能力和消费意愿都在逐渐减弱。除了增量客户的减少，存量客户也出现了新的消费需求。随着博彩业的衰退，这些客户

开始寻求更为物有所值的消费体验，对服务和品质的要求也在不断提高。这就要求酒店和餐饮业必须及时调整自身的经营策略，以适应市场的变化。

另外，随着时间的推移，博彩业的历史客源在 2016 年后开始发生显著变化，特别是在 2019 年以后，这种转变趋势更为明显。从曾经的贵宾百乐门主流消费转向大众娱乐消费，这种转型对澳门的经济产生了深远的影响。博彩业客源结构的转变，无疑与市场需求和消费习惯的变化密切相关。随着经济的发展和人们生活水平的提高，越来越多的人开始追求更加多元化和娱乐化的消费体验。而博彩业也顺应了这一趋势，逐渐从高端市场向大众市场扩展。这种转型不仅吸引了更多的消费者，也为博彩业带来了新的发展机遇。

然而，这种转型并非没有挑战。随着博彩业产业增加值占澳门 GDP 比重的下滑，澳门酒店、餐饮业等传统依赖博彩业的行业面临巨大的压力。这些行业在过去的发展历程中，积累了丰富的经营经验和稳定的客源基础，但在新的市场环境下，这些优势似乎变得不再明显。博彩业客源结构的转变是澳门经济发展中的一个重要现象。面对新的挑战和机遇，澳门酒店、餐饮业等行业必须积极应对，加强创新和合作，共同推动博彩业的健康发展。

（2）星级酒店和高端餐饮转型无历史蓝本借鉴

在当今这个充满变革和追求个性化的时代，差异化已成为各行各业竞争的关键词。特别是在澳门这样一个旅游胜地，星级酒店和高端餐饮行业更是将差异化战略发挥到了极致。各种特色酒店和餐厅如雨后春笋般涌现，它们在追求独特性和创新性的同时，也投入了大量的成本来实现整体的服务和产品差异化。

这些特色酒店和餐厅不仅在建筑设计、装修风格、菜品口味等方面有着独特的风格，更在服务流程、客户体验等方面进行了深入的挖掘和创新。它们通过独特的主题、个性化的服务和精致的菜品，吸引了大量追求新鲜感和独特体验的游客。然而，这种差异化战略的实施也带来了不少挑战。

大量的机会成本和累计投资金额使得这些特色酒店和餐厅在经营过程中面临巨大的经济压力。为了保持其独特性和创新性，它们需要不断进行更新和升级，而这需要耗费大量的资金和时间。一旦顾客数量下降或客源发生改变，它们很难通过短平快的蓝本借鉴方式进行转型，因为它们的核心竞争力就在于其独特性和创新性。因此，对于澳门主打的星级酒店和高端餐饮行业来说，差异化战略虽然能够带来独特的竞争优势和吸引力，但同时也需要付出巨大的代价。

5. 数字经济的助力

全球5G、人工智能、大数据等正在渗透社会各个角落，人们已经从"互联网+"时代进入全面数字化时代，借助数字化的信息与数据，人们能够及时获取各种资源和信息，分析用户的兴趣爱好、购买动机、消费特点等。在这样的背景下，酒店、餐饮业也在不断适应数字化时代的需求，数字化酒店、数字化餐饮在上述两个行业中应运而生。

（1）助力智慧酒店和餐饮服务发展

智慧酒店和智慧餐饮是拥有健全智能系统，可以利用数字化设备和互联网等技术实现数据自动记录，提供数字信息化服务，满足客人个性化需求的数字化服务理念和模式。随着科技的飞速发展，智慧酒店和智慧餐饮作为数字化服务的新模式，正逐渐改变着生活。这些新兴的服务理念和模式不仅具备健全的智能系统，而且充分利用数字化设备和互联网等技术，实现了数据自动记录，为客人提供数字化、信息化的服务，满足他们日益增长的个性化需求。智慧酒店和智慧餐饮的出现，是数字化时代对传统服务业的一次深刻变革。通过大数据分析，这些服务的工作人员能够快速获取信息、分析数据，从而提供个性化的产品和服务。这种高效的管理方式不仅提升了服务质量，也为酒店和餐饮业的现代化管理注入了新的活力。

以智慧酒店为例，这种新型酒店不仅符合现代人在线查询、预订酒店的需求，而且通过智能系统简化了入住程序，让客人享受到了更加便捷、高效的服务。同时，智慧酒店也促进了酒店营销的革新，通过优化行业环境提升了整个酒店业的竞争力。具体来说，智慧酒店通常配备了智能化的客房管理系统、自动化的入住和退房流程、个性化的服务推荐等。客人可以通过手机或智能设备轻松完成预订、入住和支付等操作，享受到了前所未有的便捷体验。而酒店管理者则可以通过大数据分析，更好地了解客人的需求和喜好，从而提供更加精准的个性化服务。

在智慧餐饮方面，类似的技术也得到了广泛应用。智能化的点餐系统、自动化的菜品制作流程以及数字化的餐厅管理系统等，都为客人提供了更加便捷、高效的用餐体验。同时，智慧餐饮也推动了餐饮业的创新和发展，为行业带来了新的增长点和机遇。

无接触式服务作为智慧酒店和智慧餐饮的最大特色，其最大亮点在于通过人工智能技术替代了传统酒店和餐饮员工与客人之间的面对面接触。这种创新的服务模式不仅满足了当时疫情防控的需求，减少了人际接触带来的风险，同时也为管理者带来了显著的成本和效率优势。

在智慧酒店中，客人可以通过人脸识别技术直接办理入住手续，无需烦琐的人工登记过程。这不仅提高了入住效率，还提升了客户体验的便捷性和舒适度。同时，客房服务和餐饮服务也可以通过智能语音操控实现。客人只需简单发出指令，智能化的设备就能迅速响应，提供个性化的服务。此外，智能化设备还可以支持客人自助结账离店，避免了排队等待的烦恼，进一步提升了客户体验的满意度。对于管理者而言，无接触式服务不仅节省了大量的人力资源成本，还使得信息控制与分析更加有效和精准。通过智能化的数据分析系统，管理者可以实时了解酒店的运营情况、客户需求以及市场趋势，从而做出更加科学、合理的决策。此外，无接触式服务还带来了许多其他优势。例如，它可以有效减少人为错误和失误，提高服务质量和效率；同时，它还可以降低酒店和餐饮业的能源消耗和环境污染，符合可持续发展的理念。

（2）助力酒店、餐饮业营销效率提升

在数字化时代，线上营销已经成为酒店和餐饮行业的关键战略，它们通过这一渠道，可以在全球范围内迅速推广自己的品牌和服务。数字化营销不仅让酒店和餐饮行业突破了地理限制，还大大提升了营销效率，改善了客户互动体验。

首先，酒店和餐饮行业可以利用自己的网站、App 小程序等数字平台，进行多渠道的营销推广。这些平台不仅可以展示酒店和餐饮的独特魅力和服务特色，还可以通过搜索引擎优化（SEO）和社交媒体营销等手段，提高品牌曝光度和知名度。此外，通过数据分析和用户行为追踪，产业还可以更精准地了解客户需求和喜好，为个性化营销和服务提供有力支持。

在数字化营销中，3D 虚拟技术是一个重要的创新点。通过 3D 虚拟技术，酒店和餐饮行业可以将自己的实体空间以高度逼真的方式呈现在客户面前。客户可以在虚拟环境中全方位地游览酒店大堂、客房、餐厅等各个区域，甚至进行虚拟入住和用餐体验。这种沉浸式的体验方式，不仅让客户在选择酒店和餐饮时更加直观和方便，还能有效激发客户的兴趣和好奇心，增加其购买的意愿和可能性。

除了 3D 虚拟技术，酒店和餐饮行业还可以利用 AR（增强现实）和 VR（虚拟现实）等先进技术，为客户创造更加丰富的互动体验。例如，客户可以通过 AR 技术，在智能手机或平板电脑上看到餐厅的菜单和菜品的三维模型，更加直观地了解菜品的外观和质感；而通过 VR 技术，客户则可以身临其境地参与酒店和餐饮的各种活动和场景，如虚拟宴会、主题晚会等，从而更加深入地感受酒店和餐饮的文化氛围和服务品质。

此外，酒店和餐饮行业还可以通过线上营销，与客户建立更加紧密的联系和互动。例如，通过社交媒体平台，可以及时发布最新的优惠活动、菜品更新等信息，吸引客户的关注和参与；同时，还可以通过客户评价和反馈，及时了解客户需求和意见，不断优化服务和提升客户体验。这种双向互动的营销方式，不仅增强了客户对行业的信任和忠诚度，也为行业的持续发展提供了有力保障。

在当今数字化时代，酒店和餐饮业已逐渐将营销策略从传统的广告推广转变为更为精准和高效的在线推广。通过利用诸如携程、美团外卖等中间商平台，酒店和餐厅得以深入洞察消费者的浏览记录，分析他们的特定喜好，并有针对性地向他们推送相关信息。这种个性化的推广方式不仅提高了营销效率，还为消费者带来了更为贴心和个性化的服务体验。

中间商平台如携程、美团外卖等，不仅为消费者提供了丰富的产品和服务选择，同时也为商家提供了宝贵的数据资源。通过这些平台，酒店和餐厅可以实时了解消费者的浏览记录，分析他们的消费习惯和偏好。例如，如果一位消费者经常浏览豪华酒店的信息，那么平台就可以将这些酒店的最新优惠和活动信息推送给他，从而增加他们对酒店的关注和兴趣。

除了中间商平台，酒店和餐厅还可以利用社交媒体平台如微博、微信公众号等，进一步加强与消费者的互动和联系。通过后台数据分析，这些平台可以为每位用户生成个性化的标签，如年龄、性别、兴趣爱好等。基于这些标签，酒店和餐厅可以向用户推送更加精准和符合他们需求的信息和促销活动，从而吸引他们的眼球并引起他们的关注。

此外，酒店和餐厅还可以将宣传视频或广告植入影视、游戏、小说等媒介，以更加隐蔽和有趣的方式向消费者传递信息。这种植入式广告不仅能够在消费者不知不觉中提高品牌知名度，还能增加消费者对酒店和餐厅的好感度和兴趣。例如，一部热门电影中出现的豪华酒店或一家餐厅的美食，都可能成为消费者下次旅行的目的地或用餐选择。

（三）批发及零售业

1. 批发及零售业发展概况

澳门统计暨普查局资料显示，2022 年有营运的批发及零售业场所及摊档共 15824 个，较上年增加 935 个（见表 5-3）；在职员工增加 2330 人至 65269 人。行业收入同比下跌 6.4% 至 1050.1 亿澳门元，支出亦减少 3.3% 至 999.7 亿澳门元，盈利倒退 36.4% 至 65.7 亿澳门元。反映行业对经济贡献的增加值总额为 168.9 亿澳门元，较上年减少 17.0%；部分零售店铺的大型装修工程增加，使固定资本形成总额增加 19.1% 至 11.0 亿澳门元。

2022 年，批发业场所有 7058 个，较上年增加 726 个，在职员工增加 1065人至 22309 人。行业收入同比上升 7.4% 至 367.4 亿澳门元，当中燃料批发（36.5 亿澳门元）获得 23.2% 增长，粮食、饮品及烟草批发（128.0 亿澳门元）的收入上升 13.1%，而电器、药物和卫生用品等消费品批发收入（93.8亿澳门元）则微跌 0.4%。支出较上年增加 9.1% 至 352.5 亿澳门元，主要由购货及佣金上升 10.9% 所带动，员工支出和经营费用亦分别上升 5.3% 及 1.3%。

行业盈利为 17.6 亿澳门元，同比减少 14.9%。增加值总额下跌 3.0% 至 48.8 亿澳门元；固定资本形成总额则增加 26.2% 至 1.2 亿澳门元。

2022 年，零售业场所有 6376 个，较上年增加 280 个；行业的在职员工增加 1713 人至 36851 人。收入同比下跌 12.9% 至 626.7 亿澳门元，当中皮革产品（104.5 亿澳门元）、百货（99.2 亿澳门元）及钟表金饰（134.9 亿澳门元）的收入分别下跌 23.0%、20.4% 及 16.3%，超级市场（60.6 亿澳门元）则上升 6.9%。行业支出较上年减少 9.2% 至 594.8 亿澳门元，购货及佣金和经营费用分别下跌 12.1% 及 4.6%，而员工支出则上涨 2.5%。行业盈利下跌 42.9% 至 44.2 亿澳门元，当中成人服装及百货分别出现 1.6 亿澳门元及 4425 万澳门元亏损，而皮革产品（31.8 亿澳门元）和钟表金饰（13.6 亿澳门元）的盈利分别下跌 30.8% 及 30.2%。零售业的增加值总额减少 22.3% 至 110.3 亿澳门元；固定资本形成总额同比增加 17.5% 至 9.6 亿澳门元。

2022 年，车辆及车用燃料销售场所有 1156 个，较上年增加 54 个，在职员工减少 132 人至 4048 人。行业收入同比下跌 4.8% 至 45.9 亿澳门元，支出减少 2.7% 至 43.3 亿澳门元，经营费用、购货及佣金和员工支出分别减少 5.5%、2.4% 及 2.3%；行业盈利下跌 18.3% 至 2.9 亿澳门元。增加值总额按年减少 8.4% 至 8.4 亿澳门元；固定资本形成总额则上升 75.2% 至 1935 万澳门元。街市摊档及固定街档共有 1234 个，按年减少 125 个，在职员工同比减少 316 人至 2061 人。年内收入（10.1 亿澳门元）、支出（9.1 亿澳门元）、盈利（1.1 亿澳门元）及增加值总额（1.3 亿澳门元）均录得不同程度减幅。

表 5-3　批发及零售业场所及摊档和新成立公司情况

单位：个，家，%

年份	场所及摊档			新成立公司		
	总数	同期变动率	上期变动率	总数	同期变动率	上期变动率
2012	12633	−0.82	−0.82	1291	5.1	5.1
2013	13272	5.06	5.06	1656	28.3	28.3
2014	14081	6.10	6.10	1854	12.0	12.0
2015	14005	−0.54	−0.54	1804	−2.7	−2.7

年份	场所及摊档			新成立公司		
	总数	同期变动率	上期变动率	总数	同期变动率	上期变动率
2016	14466	3.29	3.29	1416	−21.5	−21.5
2017	15057	4.09	4.09	1724	21.8	21.8
2018	15551	3.28	3.28	2155	25.0	25.0
2019	15740	1.22	1.22	2147	−0.4	−0.4
2020	14712	−6.53	−6.53	2216	3.2	3.2
2021	14889	1.20	1.20	1875	−15.4	−15.4
2022	15824	6.28	6.28	1619	−13.7	−13.7

资料来源：澳门统计暨普查局。

表 5-4 为澳门批发及零售业人工支出及经营费用。

表 5-4　批发及零售业人工支出及经营费用

单位：千澳门元，%

年份	人工支出（人均）	经营费用（人均）	费用收入比
2012	107.21	184.64	9.03
2013	117.25	205.79	9.27
2014	123.41	217.60	8.53
2015	133.02	229.47	7.42
2016	140.04	245.61	6.61
2017	149.72	264.07	6.64
2018	157.04	265.76	6.95
2019	162.73	261.43	6.93
2020	147.63	212.04	5.83
2021	159.24	277.38	6.43
2022	158.07	258.60	6.22

资料来源：澳门统计暨普查局。

图 5-8 为澳门批发及零售业的年度发展情况。2020 年以来，博彩业营收和经济附加值下滑，批发及零售业同样经历了急剧下跌。然而，令人瞩目的是，2021 年，批发及零售业迅速实现了回升。值得注意的是，尽管批发

及零售业与博彩业存在共生关系，但批发及零售业表现出了显著的产业弹性和市场适应性。这表明，批发及零售业能够根据不同市场的特色迅速进行调整，以应对外部经济环境的变化。与此相对照，博彩业在 2021 年并未展现出显著的复苏和产业复原力。这一对比分析进一步强调了批发及零售业在适应和应对经济波动方面的独特优势。

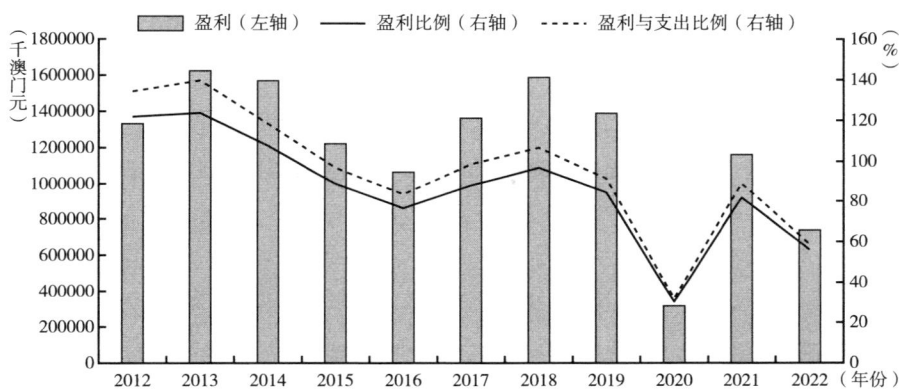

图 5-8　批发及零售业的盈利情况

资料来源：澳门统计暨普查局。

根据澳门统计暨普查局的最新数据，截至 2023 年第四季度末，澳门批发及零售业的在职员工数量已达到 68551 名，相较上年同期增长了 4.7%。其中，零售业的在职员工数量为 43488 名，呈现 6.0% 的增长态势。然而值得注意的是，保安服务业和公共污水废物处理业的在职员工数量分别下降了 1.7% 和 3.4%。图 5-9 显示，仅在 2020 年和 2021 年，批发及零售业的在职员工数量出现了显著下滑，并且员工支出、经营费用也呈现负增长，但从整体趋势来看，批发及零售业在吸纳劳动力方面仍表现出较强的能力，为澳门的劳动力就业市场提供了广阔的空间。

2. 批发及零售业的特点

（1）高端零售业较为发达

澳门的批发及零售业得益于澳门得天独厚的税收优惠政策和地缘位置，

229

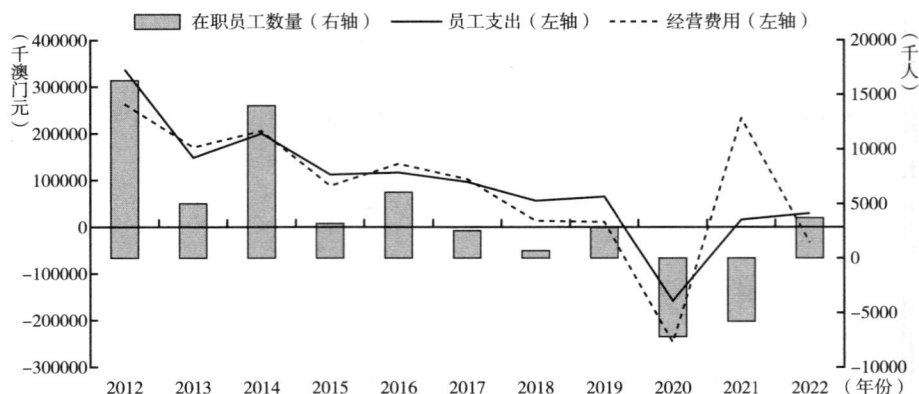

图 5-9　批发及零售业在职员工数量、员工支出和经营费用情况

资料来源：澳门统计暨普查局。

使批发及零售业中高端的部分更为发达。澳门旅游零售服务业总商会（Macau Association of Retailers and Tourism Services）副会长卢宏骏（Lo Wang Chun）指出，近来奢侈品消费复苏尤为强劲，一定程度上受内地游客"报复性消费"的推动。受益于更低的价格、无征税等，内地游客会选在澳门进行消费。

在全球奢侈品市场中，近年来一个令人瞩目的现象是中国澳门的崛起。澳在多家奢侈品企业近期发布的财报中频频亮相，成为继中国内地和韩国之后的又一重要增长引擎。以瑞士奢侈品巨头历峰集团为例，其 2021 年季报显示，亚太地区销售额增长了 40%，其中最为突出的三个地区便是中国内地、中国澳门和韩国。这一数据不仅凸显了澳门市场的巨大潜力，也反映了奢侈品行业对亚洲市场的重视。同样，意大利奢侈品牌 Brunello Cucinelli 在最新发布的 2021 上半财年报告中也表示，澳门市场表现良好。这一表态进一步印证了澳门在奢侈品市场中的重要地位。周大福珠宝集团发布的 2021 年季报则更是令人瞩目。报告显示，澳门市场同店销售录得高达 1602.2% 的巨幅增长。这一数字不仅刷新了奢侈品市场的增长纪录，也展现了澳门市场无与伦比的消费能力。

值得一提的是，在澳门当地疫情平稳后，多个奢侈品、美妆品牌纷纷增开门店或推出活动，积极拓展当地的高端消费市场。这些品牌包括意大利奢侈品牌 Versace（范思哲）、美国珠宝品牌 Harry Winston（海瑞·温斯顿）、瑞士制表品牌 Breitling（百年灵）、沙龙香水品牌欧珑（Atelier Cologne）等。这些品牌的动作无疑为澳门市场的进一步发展注入了强大动力。

澳门市场的崛起并非偶然，其背后有着深厚的文化底蕴和独特的地理优势。澳门作为中国的一个特别行政区，拥有独特的政治、经济和文化环境。同时，澳门作为国际旅游胜地，每年吸引着大量游客前来观光购物。这些游客不仅带来了庞大的消费能力，也为澳门市场的奢侈品销售提供了有力支撑。此外，澳门市场的奢侈品消费者群体也具有独有的特征。他们往往注重品质，追求个性化和独特性，对奢侈品品牌有着极高的认同感和忠诚度。这种消费观念和行为模式为奢侈品品牌在澳门市场的拓展提供了广阔空间。

（2）"深度游"是批发及零售业的主要客源

全球旅游数据和分析公司 ForwardKeys 发布的一份报告揭示了一个引人注目的现象：中国越来越多的游客选择在家门口的旅游目的地，尤其是澳门和海南，进行更长时间的停留。这一转变标志着中国旅游市场的深刻变革，对于澳门和海南等地来说，这无疑是一个重要的机遇。

过去，澳门往往被视为"港澳游"的次要站点，游客们通常会在短时间内匆匆游览，然后前往香港。然而，如今的情况已经发生了显著的变化。内地游客开始愿意在澳门花费更长的时间，享受这个城市的独特魅力。这一转变不仅反映了游客对旅游体验的需求升级，也显示了澳门作为旅游目的地的吸引力不断增强。为了抓住这一机遇，澳门特区政府采取了一系列措施。2020 年 5 月，特区政府决定终止考虑征收旅客税，这一决策无疑为澳门旅游业的发展创造了更加宽松的环境。随后，特区政府又针对内地游客推出了一系列优惠政策，如发放酒店券、折扣机票等，进一步降低了游客的旅游成本。此外，特区政府还积极借助直播、短视频等新媒体手段展开推广攻势，让更多的内地游客了解澳门的魅力。

3. 数字经济的助力

（1）借助数字媒体广泛宣传激发需求

如今，在社交媒体平台上，关于"澳门旅游"的话题讨论已经如火如荼。在小红书上，与"澳门旅游"相关的内容已经超过了 3.4 万条，这一数字还在不断增长。部分网友甚至在微博上寻求一起到澳门出游的伙伴，显示出澳门旅游的火爆程度。

（2）引导澳门小微企业加入电商

澳门近年来正积极通过政策引导和会展活动，鼓励其批发及零售的小微企业拥抱电商，融入数字经济的大潮，以扩大销售空间，提升商业竞争力。这一战略转型不仅体现了澳门对数字经济发展趋势的敏锐洞察，更是其助力中小企业转型升级、拓展市场空间的务实举措。

在 2023 年 12 月 1 日下午 3 时，由澳门国际科技产业发展协会主办的"2023 澳门电子商务节"在利澳酒店三楼宴会厅拉开帷幕。这一盛大的启动仪式，不仅标志着澳门电商发展的新篇章，更展示了澳门在电子商务领域的雄心壮志。主办方希望通过此次活动，为澳门电子商务的发展注入新的活力，助力中小企业通过网络营销拓展业务，吸引更多顾客，实现转型升级。

为了让活动更具吸引力和互动性，主办方精心策划了一系列丰富多彩的活动。其中包括发放总价值 10 万元的抽奖礼品及现金代金券，这些奖品将在活动期间以刮刮抽奖的形式每日发放，为参与者带来惊喜与欢乐。这样的设置不仅增加了活动的趣味性，也有效提升了商户的曝光率，进一步促进了本地中小企业的生意增长。此外，此次电子商务节还致力于丰富商业形式的内涵，通过一系列精彩纷呈的活动，形成澳门电商节的文化品牌。这一品牌不仅将助力澳门特色的产品更好地输出到内地及海外市场，还将为澳门的社会经济带来长期效益。

（四）仓储租赁业

1. 仓储租赁业发展概况

澳门统计暨普查局资料显示，2022 年有营运的运输、仓储及通讯业场所共 3293 个，较上年减少 27 个，在职员工减少 1451 人至 18992 人。行业

收入及支出分别为 168.3 亿澳门元及 151.6 亿澳门元，同比分别下跌 11.7%
及 10.3%；盈利减少 22.9% 至 16.7 亿澳门元。反映行业对经济贡献的增加
值总额按年下跌 9.5% 至 61.6 亿澳门元；部分场所添置机动车及设备，导致
固定资本形成总额上升 1.4 倍至 15.4 亿澳门元。

2022 年，主要运输行业的收入与 2021 年比均呈跌幅，陆路运输（40.1
亿澳门元）、运输相关及辅助服务（38.8 亿澳门元）、航空运输（13.6 亿澳
门元）及水路运输（3.2 亿澳门元）的收入较上年分别减少 6.2%、15.4%、
21.4% 及 4.6%。盈亏方面，陆路运输的盈利同比缩减 20.7% 至 2.3 亿澳门
元，运输相关及辅助服务的盈利下降 93.6% 至 1586 万澳门元，而航空运输
及水路运输则分别录得 6.8 亿澳门元及 1.7 亿澳门元亏损。

2022 年，仓储租赁业场所同比减少 29 个至 3258 个（见表 5-5），在职
员工减少 1428 人至 16628 人。行业收入较上年下跌 12.4% 至 95.8 亿澳门
元。支出同比下降 8.7% 至 101.3 亿澳门元，经营费用、员工支出与购货、
服务及佣金分别下跌 8.9%、4.6% 及 19.6%。行业亏损由 2021 年的 2.1 亿
澳门元扩大至 2022 年的 6.0 亿澳门元。增加值总额较上年减少 16.2% 至
28.8 亿澳门元。

表 5-5　仓储租赁业场所和新成立公司情况

单位：个，家，%

年份	场所数	同期变动率	新成立公司数	同期变动率
2012	2149	1.80	82	13.9
2013	2375	10.52	87	6.1
2014	2484	4.59	125	43.7
2015	2758	11.03	102	-18.4
2016	2953	7.07	97	-4.9
2017	3054	3.42	126	29.9
2018	3190	4.45	168	33.3
2019	3324	4.20	220	31.0

年份	场所数	同期变动率	新成立公司数	同期变动率
2020	3388	1.93	241	9.5
2021	3287	-2.98	135	-44.0
2022	3258	-0.88	88	-34.8

资料来源：澳门统计暨普查局。

表 5-6 为澳门仓储租赁业人工支出及经营费用。

表 5-6　仓储租赁业人工支出及经营费用

单位：澳门元，%

年份	人工支出（人均）	经营费用（人均）	费用收入比
2012	165.22	484.01	2.28
2013	182.44	506.13	2.28
2014	180.70	486.00	2.39
2015	194.33	463.81	2.42
2016	207.78	449.86	2.50
2017	204.79	462.55	2.57
2018	198.87	461.55	2.59
2019	217.69	485.71	2.40
2020	197.70	329.35	1.64
2021	201.85	341.57	1.77
2022	209.18	337.90	1.70

资料来源：澳门统计暨普查局。

图 5-10 为澳门仓储租赁业盈利情况，2012~2019 年，澳门的仓储租赁业的盈利稳步上升，其中 2016 年在澳门博彩业经济附加值达到顶峰时，澳门仓储租赁业的盈利比例、盈利与支出比例的增长率也达到最高值，说明澳门仓储租赁业与博彩业之间存在较强的产业链关系。同时，比较 2020 年前后的盈利数据可发现，澳门博彩业的盈利下滑直接对仓储租赁业的盈利产生

较大冲击和乘数效应，仓储租赁业的盈利下降速度远高于博彩业，说明仓储租赁业与博彩业之间的共生寄生关系中，仓储租赁业是风险传染的接收者，更易受到跨行业的风险传染。

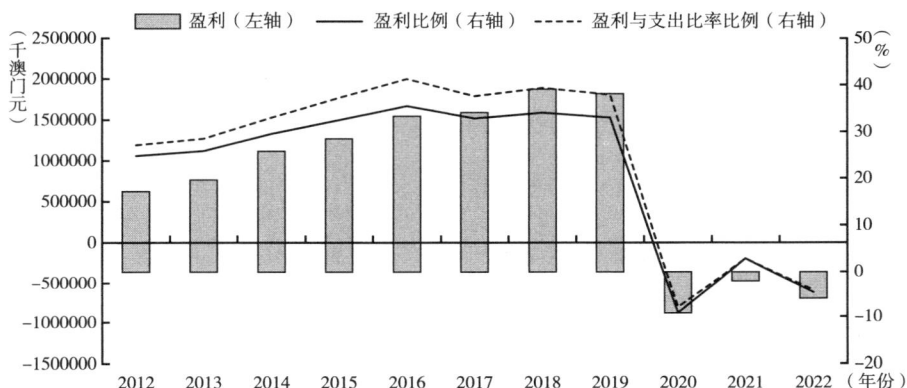

图 5-10　仓储租赁业盈利情况

资料来源：澳门经济暨普查局。

图 5-11 对澳门仓储租赁业的在职员工数量、员工支出及经营费用进行了年度趋势分析。分析结果显示，自 2020 年起，仓储租赁业的在职员工数量呈现轻微下降的趋势。与此同时，员工支出和经营费用均出现了明显的下滑。进一步对比 2021 年与 2022 年的经营费用数据，可以发现，随着 2022 年澳门与大湾区外卖业务的融合，仓储租赁业的经营费用出现了显著下降。值得注意的是，员工支出在此期间并未出现显著的下降，这表明外卖、闪送等数字经济新业态对澳门传统仓储租赁业的成本控制产生了积极的推动作用。

2. 仓储租赁业的特点

（1）澳门的海外仓储电商物流迎来新机遇

澳门以其优越的地理位置成为海外仓储电商物流的重要枢纽。澳门位于中国东南沿海，与香港、广州等经济发达城市紧密相连，且与东南亚国家距离甚近。这种得天独厚的地理位置优势，使澳门成为连接中国内地与东南亚

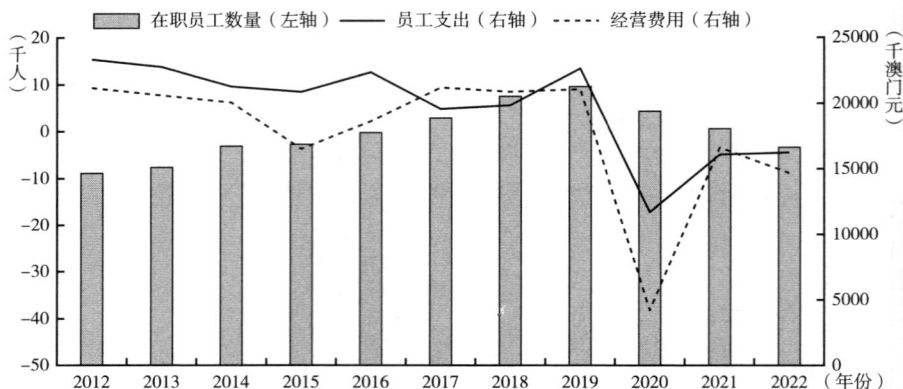

图 5-11　仓储租赁业在职员工数量、员工支出和经营费用情况

资料来源：澳门经济暨普查局。

的桥梁，为海外仓储电商物流提供了便捷的运输通道。

澳门地理位置的优越性不仅体现在其与中国内地和东南亚的紧密联系上，更体现在其完善的海陆空交通网络上。澳门拥有多个现代化的港口和机场，这些港口和机场设备先进、管理规范，能够满足各类货物的海运、空运和陆路运输需求。无论是从中国内地运往东南亚，还是从东南亚运往中国内地，货物都可以通过澳门快速、安全地到达目的地。此外，澳门还拥有专门的物流园区和仓储设施，为海外仓储电商物流提供了便捷的存储和分拣条件。这些物流园区和仓储设施布局合理、设备齐全，能够满足不同规模、不同类型的电商物流需求。无论是大型货物还是小型包裹，都能在这里得到高效、准确的处理。

澳门政府对海外仓储电商物流业务的发展也给予了极大的支持。为了吸引更多的海外仓储电商物流企业在澳门设立分支机构，澳门特区政府出台了一系列的优惠政策和措施。除了这些税收减免等实质性的支持，还简化了行政审批程序，提高了行政效率。这些政策的出台，无疑为海外仓储电商物流企业在澳门的发展提供了有力的保障。

（2）与新金融产业结合的融资租赁独具特色

澳门在发展融资租赁方面具有地缘辐射广、经贸关系国际化、资金融通便利、展业区域不受限、监管要求放宽、税制优惠明显及汇兑自由等优势。根据澳门金融管理局研究及统计厅发布的《2020 年现代金融业务统计报告》，澳门银行主要以"资金提供者"的模式参与融资租赁业务，通过对融资租赁公司放款，为企业营运或特定的融资租赁项目提供所需的资金。

根据澳门金融管理局的最新数据，截至 2020 年底，融资租赁相关贷款余额及待收租金较上年上升 32.5% 至 304 亿澳门元，显示出这一行业在澳门市场的强劲增长势头。在这一增长中，未偿还的融资租赁相关贷款占有关银行贷款总额的 2.8%，表明融资租赁已成为澳门银行贷款业务的重要组成部分。这些融资租赁业务所涉及的标的物均在外地登记及应用，主要包括中国内地、中国香港及美国等地，显示出澳门融资租赁业务的跨境性质。从融资租赁标的物的性质来看，资产类别以"飞机"为主，这反映了澳门在航空领域的融资租赁业务具有较强的竞争力。其次是"机器及设备"和"船舶"，这些资产类别的融资租赁业务也在澳门市场中占有重要地位。

值得一提的是，澳门的融资租赁业务以跨境业务为主，且主要面向内地企业。数据显示，截至 2020 年底，借款人及合约承租人均属外地企业，其中香港企业和内地企业的占比分别为 54.5% 及 43.0%。这一趋势反映了澳门与内地及香港之间紧密的经贸联系，也表明澳门融资租赁业务在支持内地企业"走出去"战略中发挥了重要作用。此外，涉及特定融资租赁项目的借款人及承租人以内地企业为主，比重高达 69.8%。这进一步印证了澳门融资租赁业务在支持内地企业发展中的关键作用，同时也为澳门带来了更多的金融合作机会和经济收益。

澳门特区政府制定的《融资租赁公司法律制度》及《融资租赁税务优惠制度》自 2019 年 4 月 9 日起生效，放宽了对融资租赁公司的监管要求，并配套多重税收优惠政策。近年来澳门的跨境融资租赁业务高速发展，以跨境业务为主，而且主要面向内地企业。

3. 数字经济的助力

（1）电商以及数字新零售与大湾区协同助力澳门仓储租赁业发展

随着全球化和数字化的深入发展，跨境电商和智慧物流等新业态新模式逐渐崭露头角，成为推动经济发展的重要力量。这些新兴业态不仅重塑了传统的商业模式，更在构建跨境电商综合服务生态圈、构建高能级物流体系、形成产业集聚效应等方面发挥着至关重要的作用。特别是在横琴这样的重要区域，这些新业态新模式不仅为当地带来了强劲的发展动力和竞争优势，也对澳门物流企业深入参与合作区建设起到了示范作用。

2024年初，在拱北海关所属湾仔海关的严格监管下，一辆满载衣物、饰品等电商商品的跨境货车成功驶出粤港澳物流园，标志着该园区跨境电商零售出口业务正式开通。粤港澳物流园位于珠海市鹤洲新区（筹）洪湾，其地理位置优越，距离港珠澳大桥珠海公路口岸仅13公里，距离澳门也仅有10公里。这样的地理位置使得该园区在粤港澳大湾区的重要物流枢纽地位愈加凸显。

与传统的粤港物流路径相比，粤港澳物流园通过港珠澳大桥的联动，使得粤西地区出口香港的空间距离缩短了约100公里，时间成本也节约了一个半小时以上。这一显著的优势不仅提升了跨境货物的物流运输效率，也为企业节约了大量的成本。作为珠海市快件监管中心场所的运营主体，该公司快件中心位于粤港澳物流园，并已开通快件出口业务和跨境电商出口业务。通过粤港澳物流园经港珠澳大桥出口，仅需30分钟便可抵达澳门机场，50分钟便可抵达香港机场，这无疑为跨境货物的物流运输时效带来了质的飞跃。[1]

此外，粤港澳物流园的开通和运营还促进了产业集聚效应的形成。随着越来越多的企业选择在这里设立基地，物流、电商、仓储等相关产业纷纷汇聚于此，形成了强大的产业集群。这不仅提升了整个区域的经济发展水平，也为当地带来了更多的就业机会和税收收入。

---

[1] 《粤港澳物流园首票跨境电商货物顺利出口》，《南方日报》2024年3月11日。

（2）数字经济下的金融业融合助力澳门仓储租赁业发展

在数字经济的浪潮下，澳门仓储租赁业在针对海外仓储的融资租赁业务上，拥有了得天独厚的优势。这一转型不仅顺应了时代的潮流，也为澳门的融资租赁业务带来了前所未有的发展机遇。

澳门融资租赁业务的发展将紧密围绕数字经济的发展展开，主要从两个方面切入。首先，它将成为助力高端装备、智能制造设备出口的重要力量。相较于其他金融行业，融资租赁独特的双重属性——融资与融物，使其能够更紧密地连接产业与金融，形成强大的协同效应。通过与企业、金融机构的深度合作，澳门仓储租赁业将充分发挥其在资源、技术、市场等方面的优势，共同推动产业的发展，打造产融协同与业务创新的典范，为实体经济提供更高效、更优质的服务。其次，澳门仓储租赁业还将积极开展跨境租赁资产交易。据统计，截至 2021 年末，全国融资租赁合同余额已高达约 6.65 万亿元，租赁资产交易市场空间巨大。而租赁资产的风险分散、变现能力强、易标准化的特点，使其非常适合发行租赁资产证券化等债券产品。这一领域的发展，不仅有助于澳门仓储租赁业进一步拓展其业务范围，提升其在全球市场的竞争力，同时也为投资者提供了更多元化、更安全的投资选择。

（五）房地产业

1. 房地产业发展概况

2012~2014 年澳门基于对当时经济的判断，对房地产业进行了结构性调整。2012 年第二季度以来，澳门住宅市场出现了过热现象。2012 年 8 月，澳门住宅每平方米实用面积平均售价达到 61749 澳门元，较 2011 年 4 月上升 22.2%。而与此同时，澳门面临的国际经济环境多变，特别是低息环境与资金充裕造成了楼市波动。澳门特区政府对此高度重视，成立专门的"促进房地产市场可持续发展工作小组"，推出了一系列措施，对澳门房地产市场进行降温。

首先，收紧住宅按揭成数措施，将购房者的按揭成数上限由现行的70%~90%，大幅下调 10~30 个百分点。并针对外地的炒房团，规定更为严格，新措施实施后澳门居民按揭成数为 50%，而非澳门居民为 40%。其次，征收特别印花税方面，将征收适用范围扩展到商铺、办公室及车位；同时，将向法人及非澳门居民在购买住宅单位时再征收额外印花税。此外，为保证需求，特区政府将加快推进"万九公屋计划"外的公共房屋兴建，并重建政府部分公共设施，兴建综合性的公共设施及公共房屋，在保证降温楼市的同时优化澳门本地居民的居住环境。

尽管当时澳门特区政府的一系列措施产生了极大的争议，但效果显著且对确保澳门经济和金融的稳定、保障民生起到了决定性的作用。2015～2018 年，澳门房价同期变动率始终保持在一个较平稳的状态，同时 2012～2014 年按揭单款的高杠杆率迅速下降到合理水平。根据从澳门财政局官网整理的数据，2015 年 1 月，澳门的申报结算资产转移印花税住宅单位平均楼价为 85717 澳门元/米^2，4 月成功突破 10 万澳门元/米^2 大关，达到 103128 澳门元/米^2。但自此之后，房价逐步进入下降通道，截至 2015 年 9 月末，平均楼价仅为 83595 澳门元/米^2，这意味着短短半年时间里，澳门房地产业的泡沫挤出明显，整体产业平稳过渡到健康的水平。

图 5-12 显示，由于 2016～2017 年澳门房地产又出现了一个大的涨幅，2018 年之后，澳门特区政府有针对性地提出新一轮的房地产调控措施，通过房地产业为澳门的创新创业和经济多元发展"放水"。澳门特区立法会于 2018 年 6 月和 7 月分别审议通过《修改市区房屋税规章》和《取得非首个居住用途不动产的印花税》，并在刊登特区公报次日起生效。同时，为协助澳门青年踏上置业阶梯，特区政府金融管理局推出了有关"合资格青年首次置业的按揭成数"的规定，符合条件的贷款申请人的银行按揭可达房价八至九成。表 5-7 显示，在新一轮的调控后，加之 2020 年的疫情对博彩旅游业的冲击，澳门房地产业实用面积平均租金在住宅单位、商铺单位、办公室单位和工业单位均有小幅下降，这为未来澳门携手大湾区，大力发展基于特色金融为主的跨境商品集散基地、珠江西岸集配基地和西部冷链集散通道的产业集群提供了坚实基础。

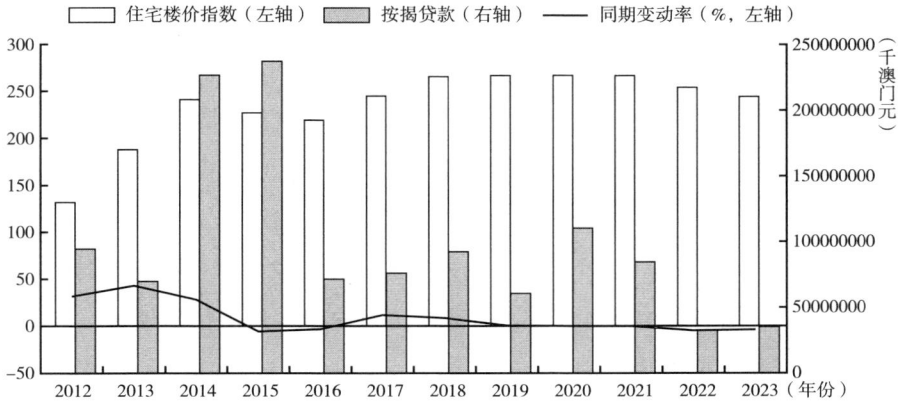

图 5-12　住宅楼价指数和按揭贷款情况

表 5-7　房地产业使用面积平均租金情况

单位：澳门元，%

年份	住宅单位		商铺单位		办公室单位		工业单位	
	平均租金	同期变动率	平均租金	同期变动率	平均租金	同期变动率	平均租金	同期变动率
2019	163	—	536	—	322	—	123	—
2020	161	-1.23	509	-5.04	331	2.80	126	2.44
2021	148	-8.07	500	-1.77	328	-0.91	124	-1.59
2022	135	-8.78	474	-5.20	318	-3.05	122	-1.61
2023	131	-2.96	485	2.32	302	-5.03	123	0.82

资料来源：澳门统计暨普查局。

2. 房地产业的特点

（1）外雇劳工的劳动保障差异

由于经历过殖民历史之痛，澳门对外雇劳工的劳动保障在制度、文化、社会习俗方面与本地劳工间存在差异。2015 年澳门金沙巴黎人地盘建筑工程项目的超 100 名外地雇员因被解雇引发纠纷，被解雇员工希望得到补偿，劳动权益方面的问题也能得到解决。这虽然只是一次普通的劳资纠纷，却引起了澳门社会的广泛关注，更是引起对外雇劳工权益保护问题的讨论。而本案的焦点在于双方对赔偿金数额认定存在巨大差异。资方认为，按照劳工法律规定，以工人剩下的月份按每月 3 日薪金赔偿，再加实时解雇的 15 日代通知金，这是符合期限合同的劳工法律规定的。但部分非本地居民雇员认为，按《澳门外雇劳工劳动法》的规定（以下简称《劳工法》）应收取月薪 2 万澳门元乘以合同剩下月份的工资作为解雇赔偿。之所以出现这种差异，是因为《劳工法》对本地雇员和外地雇员在权益保护上存在差异。

澳门劳工局局长黄志雄表示，外地雇员对澳门本地法律不理解，可能误以为近期修改《劳工法》的解雇补偿上限金额会惠及外地雇员。可实际上，澳门的《劳工法》对待本地雇员和外地雇员是存在差异的，新修订的《劳工法》的某些劳工基本权益条款并不适用于外地雇员。这种劳动保障上的差异将给澳门房地产业的发展造成隐患。从表 5-8 澳门建筑工人平均日薪情况也可直观看出，本地和外地建筑工人平均日薪每年皆有差异，在 2018 年、2019 年以及 2023 年，本地建筑工人的平均日薪与外地建筑工人平均日薪间的差异同比增幅显著。

根据澳门现行的法律，外地劳工在澳门工作的权利是政府给予的一项特权，外地劳工不享受选择雇主的自由，也不拥有订立雇佣合同的权利。当外地雇员要来澳门工作时，需要跟劳务公司签订雇佣合同，而澳门公司（雇主）成功申请到外地劳工名额后，就会跟劳务公司订立合同，要求提供工人。这种三方机制往往会让外地劳工的权益在实际中难以得到真正的保护，因为外地劳工与劳务公司签订的合同往往极为简陋，比如，2015 年的金沙巴黎人事件中外地劳工和劳务公司所签合同约定的赔偿金额就明显过低。这种劳动保障差异使澳门房地产业的发展存在隐患。为消除这种隐患，随着澳门经济适度多元发展和区域经济协同推进，澳门特区政府通过区域合作，如2023 年与横琴粤澳深度合作区商事服务局签署《琴澳劳动权益保障合作协议》、联合打造琴澳劳动用工权益保障交流合作的新平台等，进一步优化跨境劳动用工纠纷化解联动新模式。

表 5-8 建筑工人平均日薪情况

单位：澳门元，%

年份	本地		外地		差距	
	平均日薪	同期变动率	平均日薪	同期变动率	平均日薪	同比变动率
2012	670	9.7	—	—		
2013	754	12.5	—	—		
2014	863	14.5	—	—		
2015	965	11.8	638	—	327	
2016	994	3.0	683	7.1	311	−4.1
2017	1051	5.7	729	6.7	322	−1
2018	972	−7.5	644	−11.7	328	4.2
2019	987	1.5	610	−5.3	377	6.8
2020	947	−4.1	617	1.1	330	−5.2
2021	969	2.3	677	9.7	292	−7.4
2022	977	0.8	720	6.4	257	−5.6
2023	989	1.2	696	−3.3	293	4.5

资料来源：澳门统计暨普查局。

（2）商业地产高度发达且价格长期稳定

在探讨澳门商业地产行业的现状和未来趋势时，我们必须先了解当前的市场环境和挑战。当前，澳门商业地产市场已经进入一个相对饱和的阶段，新增项目的速度明显放缓。这一趋势在购物中心、酒店、写字楼和长租公寓等各个细分市场都表现得尤为明显。这主要得益于澳门房地产市场的稳定，受到限购政策和房地产调控的影响，其价格长期处于相对平稳的状态。

尽管市场竞争日益激烈，但澳门商业地产行业的存量规模仍然庞大，这为澳门新兴产业的发展提供了丰富的资源和空间。澳门的商业地产不仅满足了本地市场的需求，还吸引了大量的外来投资者和企业。这种多元化的投资来源和消费群体，为澳门的商业地产行业带来了持续的发展动力。

3. 数字经济的助力

（1）智慧城市助力澳门发展

澳门智慧城市发展速度惊人，这与澳门特区政府的重视程度高度相关。

在 2016 年发布的"五年发展规划"中，将构建智慧城市定为澳门未来发展的战略之一，包括智慧旅游、智慧交通、智慧医疗和智慧政府四方面。2017 年 8 月特区政府与阿里巴巴集团签署《构建智慧城市战略合作框架协定》，该协定覆盖了云计算科技、智慧交通、智慧医疗、智慧旅游及智慧政务及人才培训等多个方面的发展。2019 年，澳门智慧城市建设已经进入普及阶段。

基于澳门智慧城市的快速发展和显著成效，我国将智慧城市物联网的国家级重点实验室放到澳门大学，这不仅是我国重点布局的前沿领域，也是其他国家追逐的热点。澳门大学宋永华校长表示，之所以国家把重点实验室放在这里，是进行某些试点实验时，可以率先看到成效和问题。未来城市在舒适性、安全性、环保性等方面将面临很多挑战，需要采用现代信息技术，特别是物联网技术来处理城市的交通、能源、公共安全等问题。澳门是一个高度发展的城市，地域不大，也有很多城市发展中出现的共性问题。

在粤港澳大湾区城市群的建设中，澳门是该城市群的建设重点。而智慧城市不只是澳门方案，而是要开创一些公共的、关键的、基础的理论和技术。比如，从技术方面来说，智慧城市建设最重要的首先是智能传感和网络，其次是城市大数据和智能技术，这些技术既要能在中国其他城市推广，又要具备世界领先性。通过打造智慧城市的样板，澳门的房地产业将依托数字经济，实现更高质量的发展。

（2）发达商业地产通过数字化打造更强的辐射能力

澳门商业地产的繁荣，与其雄厚的金融基础、先进的商业架构、独具特色的产业集群、多元文化的交融、作为开放自由港的天然优势密切相关，在大湾区内有着独特地位。随着城市化进程的迅猛推进和城市规模的快速扩张，"一城一心"的传统城市结构已逐渐被打破，城市的环线发展由中心向外围扩展至中环区域。传统的市中心在地理上的辐射能力逐渐受限，因此，澳门商业地产行业的发展策略也由单一核心转变为多核心布局。同时，数字经济在智慧城市建设中的深度融合，为澳门商业地产注入了新的活力，不仅增强了其核心竞争力，也显著提升了其作为高端商业地产的辐射能力。

第二节　基于数字经济发展的澳门新兴产业

一　会展业

（一）会展业发展概况

1. 会展业的社会属性不容忽视

在现代社会，会展业已经成为一个知识与技术融合度较高的综合性产业，它通过举办大型会议、展览等活动，为举办地带来了旅游、交通运输、餐饮及相关服务业的集中发展。李明屿（2023）在其研究中深入剖析了会展业的重要性和特征，提供了对这个产业更全面的认识。会展业的社会属性不容忽视。作为一个构建社会知识技术与产品服务传播平台的产业，会展业在推动社会进步、促进知识交流和技术合作方面发挥着至关重要的作用。通过举办各类会议和展览，会展业不仅为社会各界提供了一个交流学习的平台，还为新技术、新产品的推广和应用创造了有利条件。此外，会展业还能够促进社会资源的优化配置，推动产业升级和结构调整，为城市的可持续发展注入新的活力。

在推动城市经济发展的过程中，会展业显示出独特的产业链特征。作为一个涉及多个领域的综合性产业，会展业能够高效地组织与聚集各个环节，从策划、设计、搭建到运营、管理等环节，形成了一条完整的产业链。这使得会展业在价值链中占有重要地位，为城市经济的增长提供了强有力的支撑。此外，会展业对城市形象的塑造和传播也具有重要作用。通过举办大型会议和展览，城市有机会向世界展示其独特的文化魅力、科技实力和发展潜力，吸引更多的关注和投资。同时，会展活动还能促进城市基础设施建设和服务质量的提升，为城市的可持续发展奠定坚实基础。

澳门会展业的发展历程可以追溯到 20 世纪 80 年代初，当时的首个标志性活动——"澳门工业展览会"的举办，为澳门会展业的发展奠定了坚实的基础。随着时间的推移，澳门会展业不断发展壮大，成为推动澳门经济发

245

展的重要力量。特别是自 2003 年以来，在 Closer Economic Partnership Arrangement（CEPA，即内地与香港、澳门更紧密经贸关系安排）制度保障下，澳门会展业与内地的合作进入了全新的阶段。通过"一程多站"和"一会两地"等创新性的合作模式，两地之间的合作更加紧密，相互参展参会、联合对外推广和招揽商客等活动日益频繁。这种合作模式的实施，不仅深化了两地业界的交流与合作，更为澳门会展服务业的强劲发展注入了新的活力。

CEPA 的实施给澳门会展业带来了诸多便利。在政策的推动下，澳门会展业得以与内地市场实现更紧密的连接，进一步拓展了发展空间。同时，CEPA 还为澳门会展业提供了更多的商业机会，使得澳门的会展活动能够吸引更多的国内外参展商和观众，进一步提升了澳门作为国际会展城市的知名度和影响力（陈章喜、阳星仪，2022）。"一程多站"和"一会两地"的合作模式为澳门会展业带来了新的发展机遇。这些模式充分利用了澳门和内地各自的资源和优势，实现了资源共享和互利共赢。例如，在"一程多站"模式下，参展商可以在澳门和内地的多个城市参加多个会展活动，从而提高了参展效率和效果。而在"一会两地"模式下，澳门和内地的会展活动可以相互补充、相互促进，进一步提升了会展活动的质量和水平。在 CEPA 和合作模式的共同推动下，澳门会展业取得了显著的发展成就。一方面，澳门的会展活动数量和质量不断提升，涵盖了多个领域和行业，如工业、旅游、文化等。另一方面，澳门的会展设施和服务水平也得到了极大的提升，为参展商和观众提供了更加便捷、舒适的环境和体验。

中国制造业迅猛发展，在国际市场上的竞争力日益提升，中国会展业也因此成为国际贸易交流与咨询的重要舞台。作为亚洲最大的综合性展会之一，中国进出口商品交易会（简称广交会）自 1957 年创办以来，已经成功举办了 133 届，不仅见证了中国会展业的崛起，也反映了中国制造业的蓬勃发展。2023 年，第 133 届广交会在广州琶洲展馆隆重举行。本届广交会展览面积和参展经济适度多元发展各产业数量均创历史新高，充分展示了中国制造业的强大实力和广泛布局。据统计，本届广交会累计进馆人数超过 290

万人次，现场出口成交额高达 216.9 亿美元，再次证明了广交会作为国际贸易交流与咨询平台的巨大影响力和吸引力（李明屿，2023）。

巨大的顾客吸引力对城市经济的发展具有深远影响，这一吸引力直接促进了与城市紧密相关的多个产业的繁荣与发展。首先，旅游业受益于顾客吸引力的提升。顾客的不断涌入将带动城市的旅游景点、酒店、旅行社等相关产业显著发展。游客的增多不仅带来了直接的经济收益，还促进了城市文化的传播和交流，进一步丰富了城市的文化内涵。其次，博彩业也是受益者之一。大量的游客为博彩业提供了稳定的市场需求，从而推动了博彩业的发展。同时，博彩业也为城市带来了高额的税收和就业机会，为城市的经济增长做出了贡献。再次，餐饮业也受益于顾客吸引力的提升。随着游客数量的增加，各种餐饮产业迎来了发展的黄金时期。不仅传统的餐馆、小吃店生意兴隆，高端餐饮和特色餐厅也逐渐崭露头角。餐饮业的繁荣不仅满足了游客的口腹之欲，还带动了相关产业链的发展，如食材供应、餐具制造等。最后，文化娱乐业也是顾客吸引力提升的重要受益者。随着生活水平的提高，人们对文化娱乐的需求也在不断增加。城市的文化娱乐场所如电影院、剧院、博物馆等，因为顾客的增多而迎来了更多的观众和参与者。这不仅丰富了人们的文化生活，也为文化娱乐产业提供了更广阔的发展空间。

会展业作为城市经济的重要组成部分，其产业链条较长，与多个产业具有正向关联效应。会展业的繁荣不仅带动了批发及零售业、酒店业、餐饮业等相关产业的发展，还为城市带来了更多的商机和合作机会。会展活动不仅促进了商品和服务的交易，还为城市树立了良好的形象，吸引了更多的投资和合作（Janeczko et al.，2002；叶前林等，2021；陈章喜、阳星仪，2022）。

2. 会展业的产业关联性和集聚效应

会展业有着独特的产业关联性和集聚效应，不仅促进了自身的发展，更对城市经济的其他非相关产业产生了积极的拉动作用。这种效应不限于单个城市，也对周边区域和城市产生了显著的影响，成为推动区域经济一体化发展的重要力量。

首先，会展业具有较强的产业关联性。会展活动往往需要众多行业的支持，如酒店、餐饮、交通、旅游、广告等。一场大型会展的举办，不仅能够带动这些直接相关产业的发展，还能通过产业链的传导效应，间接推动其他非相关产业的发展。例如，会展活动吸引了大量的人流和物流，带动了周边地区的餐饮、住宿等服务业的繁荣；同时，会展也为参展商和观众提供了一个展示和交流的平台，促进了新技术、新产品的推广和应用，从而推动了相关产业的创新和发展。其次，会展业对产业和人群的集聚作用显著。会展活动能够吸引大量的参展商、观众和媒体关注，形成了一个人流、信息流、资金流的汇聚地。这种集聚效应不仅提高了城市的知名度和影响力，还为城市带来了大量的商机和投资机会。同时，会展活动也为城市带来了各种专业人才和高端资源，为城市的产业发展提供了有力的人才支撑和智力支持。最后，会展业还具有显著的区域波及效应。一方面，会展活动能够吸引周边地区的观众和参展商前来参与，带动周边地区的经济发展；另一方面，会展活动的成功举办也能提升城市的形象和地位，吸引更多的投资和优质资源向该地区聚集，从而推动整个区域的经济增长。

综上所述，会展业通过其独特的产业关联性、集聚效应和区域波及效应，成为城市经济腾飞的助推器。在未来的发展中，应充分发挥会展业的优势和作用，加强政策支持和产业引导，推动会展业与城市经济的深度融合和协调发展。同时，还应积极探索会展业发展的新模式和新路径，不断提升会展业的创新能力和竞争力，为城市经济的持续健康发展注入新的活力和动力。

（二）会展业发展面临的困境

1. 会展服务水平较低

随着全球经济的持续发展和科技的不断进步，会展业作为现代服务业的重要组成部分，对促进地区经济、文化和科技的交流具有不可或缺的作用。根据《2017年度中国展览数据统计报告》的数据，大湾区城市广州、深圳、东莞在展馆面积和场次上表现出色，位列前三，充分展现了大湾区在会展业方面的强劲实力和发展潜力（齐冠钧，2019）。

广州、深圳和东莞的会展业发展得益于其作为大湾区的核心城市，拥有先进的基础设施、丰富的资源和完善的服务体系。这些城市不仅吸引了大量的国内外参展商和观众，而且成为展示最新科技、文化和经济成果的重要平台。同时，这些城市还积极推动会展业与旅游、文化、科技等领域的深度融合，为参展商和观众提供了更加多元化、高质量的服务。然而，值得注意的是，尽管大湾区在会展业方面取得了显著成就，但各城市之间的会展能力差距却在逐渐拉大。以澳门为例，虽然其人均 GDP 位列大湾区第一，但在 2017 年的会展参展人数出现了不增反降的情况。据统计，2017 年澳门共举办了 51 个展览，同比下跌 7.3%，其中入场人次达到 2 万及以上的非特别行政区机构主办的大型展览共有 21 个，同比也下跌了 8.7%（齐冠钧，2019）。

这一现象的出现，一方面可能与澳门相对其他大湾区城市在会展业方面的投入和发展策略有关；另一方面也可能与澳门在会展业方面的定位、特色以及国际影响力等因素有关。因此，对于澳门而言，如何在保持其独特文化和经济优势的同时，进一步提升会展业的发展水平，成为亟待解决的问题。

2. 会展服务水平有待提升

尽管实际需求用户"用脚投票"，但会展产业对澳门当地经济的贡献增长趋势显著。齐冠钧（2019）根据 2017 年《澳门会展产业附属账》的试算结果指出，在扣除中间消耗后，2017 年会展活动的增加值总额较 2016 年增加了 34.5%，较 2015 年增加了近 150%。这一数据不仅反映了会展产业在澳门经济中的快速增长，也显示了该产业在澳门经济中的重要地位。此外，随着会议数目增多及规模扩大，会展活动在澳门各主要相关产业经济适度多元发展的实际需求总额由 2015 年的 24.5 亿澳门元增至 2016 年的 32.2 亿澳门元，然后再增至 2017 年的 61.1 亿澳门元，实际需求是逐渐增加的。这一增长趋势不仅显示了会展活动在澳门经济中的影响力逐渐扩大，也反映了澳门社会对会展服务的迫切需求，澳门会展服务水平有待提升。

（三）数字经济带来的机遇和挑战

澳门会展亟须数字经济的助力腾飞。澳门相对狭小的土地和水域环境，对会展服务可提供的线下基础设施和综合配套具有显著的空间约束，而澳门实际旺盛的会展需求和会展对上下产业链有效的拉升作用，使会展产业尤为重要。这一发展困境对澳门数字经济提出了额外的要求。

1. 数字化技术提供更优质的会展服务

在数字化浪潮的推动下，会展活动正迎来前所未有的变革。李明岵（2023）在其研究中敏锐地指出了这一趋势，强调数字化技术为会展活动带来的视觉和操作上的科技体验感，不仅满足了参展商展示产品商业价值的需求，更推动了场景管理、信息管理和经营模式的智慧化、高效化和创新化。这一变革不限于会展活动本身，还对澳门相关经济适度多元发展各产业管理技术和模式产生了深远的影响。

林英泽（2018）和黄鹂等（2021）也指出，未来将充分发展实体会展在前端商品展示、互动交流上的平台化优势，电子商务在中后端产品交易和运营管理上的平台化优势的1+1模式，互为成就、相互结合，有效利用数字化技术，推动会展经济的蓬勃发展。数字化技术为会展活动带来的变革是多方面的。在视觉和操作层面，数字化技术为参展商提供了更广阔的舞台。通过虚拟现实（VR）、增强现实（AR）等技术，参展商能够以前所未有的方式展示产品，使观众仿佛身临其境，沉浸于产品的世界。这不仅增强了观众的参与感和体验感，也为参展商提供了更好的展示产品商业价值的机会。

除了视觉和操作层面的变革，数字化技术还对会展活动的场景管理、信息管理和经营模式产生了深远影响。在场景管理方面，数字化技术使得会展活动的场地规划、布局和管理更加智能化和高效化。通过大数据分析，主办方能够更准确地预测观众流量和兴趣点，从而优化场地布局，提升观众的参观体验。在信息管理方面，数字化技术使得会展活动的信息收集和传播更加快速和准确。通过社交媒体、专业平台等渠道，参展商能够迅速获取观众的反馈和需求信息，为产品的改进和升级提供有力支持。同时，数字化技术也使得信息的传播更加广泛和深入，为参展商拓展市场和提升品牌影响力提供了有力支持。在经营模式方面，数字化技术推动了会展活动的创新和发展。通过线上线下融合、社交电商等新模式，参展商能够更灵活地应对市场变化，拓展销售渠道，提升经营效率。这些创新模式不仅为参展商带来了更多的商业机会，也为澳门相关经济适度多元发展各产业管理技术和模式提供了有益的借鉴和启示。

2. 数字经济使澳门会展服务更能满足当代社会需求

随着数字经济的崛起，澳门的会展服务正在经历一场前所未有的变革。这种变革使其更能满足当代社会的需求。数字经济以其独特的魅力和强大的驱动力，正在引领澳门会展业迈向一个全新的高度。疫情对会展经济造成了颠覆性的冲击，迫使整个经济体系寻求适度多元的发展路径。在这一背景下，澳门会展业也积极拥抱数字经济，寻求新的增长点。黄鹏等（2021）指出，会展业与电商业的融合发展是未来趋势，但目前两者的结合还不够充分，难以达到"1+1>2"的双赢效果。

为加速会展业和电商业的协同创新与深度融合，澳门要充分利用数字技术的优势，打破传统会展模式的局限。一方面，通过线上展览、虚拟现实等技术，将参展商、观众和展品紧密联系在一起，实现更加高效、便捷的互动与交流。另一方面，线下宴会和线下开幕等活动能提供更加真实的体验，增强与会者的参与感和归属感。未来，澳门的会展业可能会呈现一种全新的模式——"线下宴会+线下开幕+线上展览"。在这种模式下，参展商可以在线下进行面对面的交流与洽谈，观众则可以通过线上展览平台浏览各种展品和信息。这种模式的出现，不仅可以大大提高会展活动的效率和影响力，还可以为参展商和观众提供更加多元化、个性化的服务体验。

综上所述，数字化技术为会展活动带来的变革是全方位的、深层次的。它不仅提升了会展活动的科技体验感和商业价值展示效果，更推动了场景管理、信息管理和经营模式的智慧化、高效化和创新化。这些变革不仅对会展活动本身产生积极影响，更对澳门相关经济适度多元发展各产业管理技术和模式产生深远影响。展望未来，随着数字化技术的不断发展和应用，会展活动将迎来更加美好的发展前景。

二 文化产业

（一）文化产业及其与旅游业的关系

在全球化的浪潮中，文化产业作为一个新兴的产业领域，日益受到人们的关注。鲍洪杰和王生鹏（2010）指出，文化产业是公认的"朝阳产业"或"黄金产业"，它在全球经济的发展中扮演着越来越重要的角色。文化产业的概念最早在 20 世纪 90 年代初由美国总统克林顿提出，它涵盖了诸如影视、音乐、出版、动漫、游戏等多个领域。这些领域以创意为核心，通过知识产权的开发和运用，形成具有创造财富和就业潜力的经济适度多元发展各产业。

随着科技的进步和全球化的加速，文化产业逐渐演绎出一个新的概念——创意产业（Creative Industry）。创意产业源于个人创意、技巧和才华，它不仅仅局限于传统的文化产业领域，还拓展到了设计、广告、建筑、软件等多个领域。创意产业的发展，不仅为经济增长注入了新的活力，也为社会文化的繁荣和发展提供了源源不断的动力。

随着全球化的深入发展和人们生活水平的提高，文化产业与旅游业之间的结合变得日益紧密。这种融合不仅丰富了城市的经济活动，也为城市带来了独特的魅力。文化产业中的各个主要活动，如文化产品的制作和销售、文化传播服务、文化休闲娱乐服务、文化用品和设备的生产制作和销售，都与城市的"行、游、购、住、食、娱"旅游项目有着密切的联系。

鲍洪杰和王生鹏（2010）指出，文化产业与旅游业之间存在天然的耦合性。旅游产业需要通过加强文化建设来取得持久的竞争力。这是因为，文化是推动旅游业发展的核心动力之一。一个城市的文化特色越鲜明、越有吸引力，就越能吸引游客前来旅游。因此，城市应该充分挖掘和利用本土文化资源，打造具有独特魅力的文化品牌，促进文化产业与旅游业的融合发展。

首先，从文化产品的制作和销售来看，许多城市通过挖掘本土文化资源，开发出一系列具有地方特色的文化产品，如手工艺品、传统服饰、民俗玩具等。这些产品在旅游市场上备受欢迎，成为游客们纪念和收藏的首选。同时，通过销售和推广这些文化产品，不仅促进了文化产业的发展，也提升了城市的知名度和美誉度。其次，文化传播服务在旅游业中发挥着不可替代的作用。城市通过举办各类文化活动、艺术展览、演出等，向游客展示其独特的文化魅力。这些活动不仅丰富了游客的文化体验，也推动了城市文化的传播和交流。例如，一些城市通过举办国际文化节、艺术展览等活动，吸引了大量国内外游客，提升了城市的国际影响力。再次，文化休闲娱乐服务也是旅游业的重要组成部分。城市中的电影院、剧院、游乐园等休闲娱乐场所，为游客提供了丰富多样的文化娱乐活动。这些活动不仅满足了游客的休闲娱乐需求，也促进了文化产业与旅游业的深度融合。最后，文化用品和设备的生产制作和销售也是文化产业与旅游业结合的重要体现。随着旅游业的发展，人们对文化用品和设备的需求也在不断增加。城市中的文化用品和设备生产制作产业，通过不断创新和提升产品质量，满足了游客的多样化需求，也为文化产业的发展注入了新的活力。

（二）澳门文化产业发展概况

1. 文化产业历史沿革

根据林发钦和李佳桧（2022）的研究统计，澳门的文化产业目前主要包括创意设计、文化展演、艺术收藏和数码媒体四大领域，这些领域在2020年共有营运机构2483家，较上一年增加了28家。

首先，创意设计作为文化产业的核心之一，涵盖了平面设计、产品设计、服装设计等多个方面。在澳门，创意设计业以其独特的创新性和艺术性，吸引着越来越多的年轻人投入其中。这些创意设计师用他们的智慧和创意，将传统与现代相结合，为澳门的文化产业注入了新的活力。

其次，文化展演领域在澳门也蓬勃发展。从音乐会、戏剧演出到舞蹈表演，各种形式的文化展演活动在澳门层出不穷。这些活动不仅丰富了市民的文化生活，也为澳门的文化产业带来了可观的收益。同时，文化展演领域还吸引了大量的外地游客前来观赏，进一步推动了澳门的旅游业发展。

再次，艺术收藏作为文化产业的又一重要领域，也在澳门得到了长足的发展。澳门拥有众多的艺术博物馆和画廊，收藏了大量的珍贵艺术品。这些艺术品不仅展示了澳门丰富的文化底蕴，也为市民和游客提供了欣赏和学习艺术的平台。同时，艺术收藏市场的繁荣也带动了相关产业的发展，如艺术品鉴定、艺术品拍卖等。

最后，数码媒体领域在澳门文化产业中占有举足轻重的地位。随着科技的不断发展，数码媒体已经渗透人们生活的方方面面。在澳门，数码媒体领域涵盖了信息、出版、电台及电视节目制作、电影院的经营、电影的制作及发行等多个方面。这些服务不仅为人们提供了丰富的娱乐内容，也为澳门的文化产业带来了巨大的经济效益。据统计，数码媒体领域的服务收益和增加值总额在文化产业整体中占有最大的份额，分别达到了52.6%和63.0%。

2020年、2021年澳门特别行政区相继发布了《文化产业发展政策框架》《澳门特别行政区经济和社会发展第二个五年规划（2021—2025年）》，希望通过顶层设计为澳门文化产业发展制定政策框架。此外，从2021年开始，还合并成立文化发展基金并新设立文化咨询委员会，对澳门文化产业资助、产业扶持、文化经济适度多元发展、各产业发展等提供助力。

2. 文化产业和其他产业间存在复杂多元关系

作为两个产业，特别是包含在旅游产业中的博彩业，与文化经济适度多元发展各产业具有复杂的关系。一方面，文化经济适度多元发展各产业需依赖博彩酒店的空间作为载体，同时文化经济适度多元发展各产业对澳门博彩业乃至旅游业的发展提供一定的智力支持；另一方面，文化经济适度多元发展各产业与博彩业也具有同时争夺游客时间、旅游目的地空间的竞争关系。这说明文化经济适度多元发展各产业和广义的旅游业（含博彩业）之间需具有阶段性的良性协调发展关系，它们共同作用于澳门多元经济的健康发展。

在澳门，文化产业与博彩业作为两大支柱性产业，在促进澳门经济多元发展方面扮演着重要的角色。这两者之间的关系复杂而微妙，既有相互促进的一面，也有相互竞争的一面。

首先，文化产业与博彩业之间的相互促进关系。文化经济适度多元发展各产业，如艺术、电影、音乐、设计等领域，需要空间作为载体来展示和推广自己的产品。而博彩酒店作为澳门的一大特色，为这些文化产业提供了理想的展示平台。在这些酒店中，游客可以欣赏到各种艺术表演、参加文化沙龙等活动，从而加深对澳门文化的了解和认同。同时，文化产业也为博彩业提供了智力支持。通过挖掘澳门的历史文化、创作具有地方特色的文化产品等方式，文化产业为博彩业提供了丰富的创意和灵感，使得博彩业在保持传统魅力的同时，也能够不断创新和发展。

其次，文化产业与博彩业之间的竞争关系。两者都需要争夺游客的时间和旅游目的地的空间。当游客在澳门旅游时，他们可能会选择在酒店观看文艺表演、参观博物馆等文化活动，也可能会选择去赌场体验一把刺激的博彩。这就需要文化产业和博彩业在服务和品质上进行竞争，以吸引更多的游客。因此，文化经济适度多元发展各产业和广义的旅游业（包括博彩业）之间需要建立一种阶段性的良性协调发展关系。这意味着两者应该相互支持、相互促进，而不是相互排斥、相互竞争。通过加强合作、共享资源、提高服务质量等方式，文化产业和博彩业共同推动澳门多元经济的健康发展。

（三）澳门文化产业发展面临的困境

1. 文化产业整体规模较小，结构也较为单一

澳门近年来在文化产业的发展上显示出勃勃生机。文化产业以其独特的魅力，正在逐步成为推动澳门城市经济适度多元发展的新动力。尽管澳门文化娱乐经济在地方经济的 GDP 占比仅为 1.1%，远低于我国同期的平均水平 4.43%，但这恰恰揭示了澳门文化产业巨大的发展潜力和广阔的市场前景。

作为一座历史悠久、文化底蕴深厚的城市，澳门拥有丰富的文化资源和独特的文化魅力。这些资源为文化产业的发展提供了坚实的基础。然而，目前澳门文化产业的发展尚处于初级阶段，整体规模相对较小，结构也相对单一，这在一定程度上限制了文化产业对澳门经济的贡献。

2. 文化产业发展缺乏高质量产业结构调整的协同和支持

澳门文化产业的发展缺乏高质量产业结构调整的协同和支持，产生了低效率情况。尽管澳门特区政府自 2014 年以来坚持不懈地对文化产业进行补贴，但效果并不尽如人意。这背后反映出澳门文化产业在产业结构调整、协同和支持等方面存在问题，整体效率低下。

首先，要明白文化产业是一个涵盖广泛、多元化的领域，包括影视、音乐、出版、艺术等多个子行业。然而，澳门的文化产业在发展过程中，缺乏一个清晰、科学的产业结构规划。这导致各个子行业之间缺乏有效的协同和整合，难以形成合力，难以发挥整体优势。其次，澳门文化产业在支持体系方面也存在短板。虽然政府给予了持续的补贴，但这些补贴并未形成有效的促进文化产业发展的态势。根据林发钦和李佳桧（2022）的研究，专项补贴后转化的成功率不到 10%，这显然是一个令人担忧的数字。这说明政府在补贴的分配、使用和管理方面，还需要进一步优化和完善。

图 5-13（a）显示，澳门的文化需求呈逐渐增加的趋势，且在 2021 年随着博彩产品结构优化后，游客的非博彩文娱需求被大幅度激发，说明不合理的博彩产品结构长期存在对澳门文化产业的吸引力比较优势，且抑制了澳门游客的文化娱乐需求量。图 5-13（b）显示，满足游客更丰富的文娱需求，能迅速提振澳门的整体旅游需求量。此外也可直观看出，尽管文娱需求和博彩业皆存在需求的短期波动频繁的特点（相较整体旅游需求，在中长期内具有周期性波动），但整体振幅远低于博彩业。文化产业的高质量发展将有效降低博彩业单一经济结构下外部客源和经济环境对整体旅游经济适度多元发展各产业的冲击，未来更高水平的文化经济适度多元发展各产业，能形成对澳门经济更强大的风险管理、风险对冲功能，发挥稳定器的长效机制。

3. 文化产业人才储备不足伴随人才的不断流失

创新引领文化产业的发展，而在这中间，人才无疑是推动产业进步的核心动力。然而，根据澳门统计暨普查局所提供的数据，2018 年澳门文化产业中的在职员工仅占全部就业人口总数（38.8 万人）的 3.3%。这一比例相较邻近的文化产业大省广东省而言相对较低。同期，广东省从事文化产业的

（a）博彩业与文娱需求年度趋势

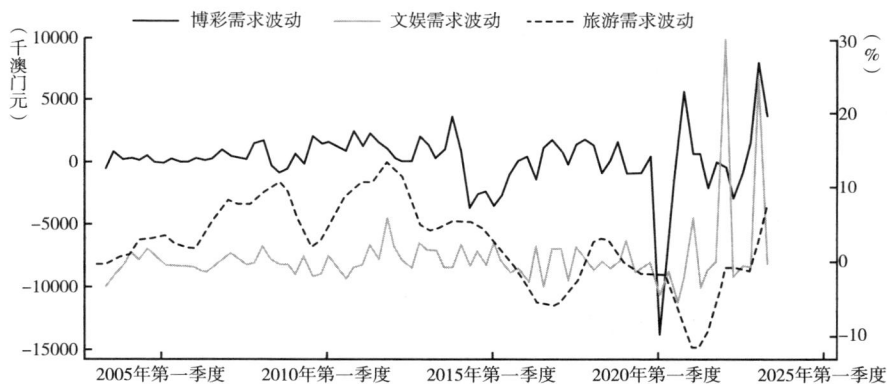

（b）旅游、博彩、文娱需求波动年度趋势

图 5-13　文娱需求和需求波动率的年度趋势

资料来源：澳门统计暨普查局。

专职工作人员占总人口的 2.5%，占总就业人口的 5.3%，显示出其在文化产业人力投入上的显著优势。

值得注意的是，澳门文化产业中的不少文创人员是兼职的，这在一定程度上影响了文化产业的专业性和创造力。林发钦和李佳桧（2022）指出，兼职文创人员虽然能在一定程度上为文化产业带来多元的视角和创新的思维，但受到工作性质的限制，他们往往难以全身心地投入文化产业的创作和发展。相比之下，专职的文化产业人员能够更加专注于文化产业的研究和创作，为文化产业的发展提供更为稳定和专业的支持。从业人员比例较低不仅不利于整体文化产业的创造力，更对高品质文化产品的制造带来了挑战。文化产业是一个高度依赖人才和创意的产业，只有拥有足够数量和质量的文创人员，才能推动文化产业的创新和发展。

4. 文化产业的整体基础设施落后

不少澳门的学者专家还对文化产业的整体基础设施落后表现出担忧。随着时代的变迁，澳门的文化产业面临基础设施落后的困境，这无疑成为制约其进一步发展的瓶颈。据统计，澳门目前拥有 30 年以上楼龄的楼宇超过4000 幢，其中大部分是 20 世纪七八十年代建造的 M 级楼宇。这些楼宇在公共设施、卫生及居住环境、交通配套等方面存在明显的不足，尤其是在人口老龄化的背景下，这些问题愈加凸显（McCartney，2021；林发钦和李佳桧，2022）。

澳门的学者专家们对此表示出了深深的担忧。他们认为，这些落后的基础设施已经严重制约了澳门文化产业的发展。例如，在影视制作方面，由于拍摄场地和后期制作设施存在不足，很多优秀的创意和故事无法在这里得到完美的呈现。在旅游业方面，虽然澳门的自然风光和人文景观吸引着世界各地的游客，但落后的交通和住宿设施却让他们无法充分感受到这座城市的魅力。

（四）数字经济带来的机遇和挑战

1. 为澳门文化产业的推广和传播提供了全新路径

随着数字技术的迅猛发展，文化作品和内容的传播方式发生了翻天覆地的变化。过去，文化的传播受限于地域和物理媒介，如今通过数字技术，这些限制被彻底打破，文化作品能够以前所未有的速度在全球范围内迅速传播。

数字平台的崛起为文化作品的流通提供了巨大的便利。无论是音乐、电影、书籍还是艺术作品，都可以通过网络平台轻松传播到世界的每一个角落。这种传播方式不仅加快了文化的流通速度，还极大地拓展了潜在受众市场。如今，人们只要有互联网连接，就能够接触来自不同国家和文化背景的作品，感受世界各地的艺术魅力。社交媒体的普及更是为文化产品的宣传和推广提供了前所未有的机遇。通过社交媒体，艺术家、创作者和文化产业从业者可以直接与受众互动，分享创作心得，展示作品魅力。这种互动不仅增加了文化产业的曝光度，还提高了受众的参与度和黏性。同时，社交媒体上的用户生成内容也为文化产业带来了更多的创意和灵感。

数字技术的应用还推动了文化产业的创新和变革。传统的文化产业模式正在被数字化、智能化和个性化的新模式所替代。数字化让文化产业更加高效、便捷和灵活，智能化则让文化产业更加精准、个性化和多样化，个性化则让文化产业更加贴近受众的需求和喜好。这些变革不仅提高了文化产业的竞争力和创新力，还为消费者带来了更加丰富多样的文化体验。

2. 为澳门文化产业创新注入了新动力

数字技术的迅猛发展对文化内容创作产生了深远的影响，使得创作方式变得愈加多样化和多媒体化。其中，虚拟现实（VR）和增强现实（AR）等前沿技术的应用，更是为用户带来了前所未有的沉浸式体验，为澳门的文化产业发展注入了新的活力。虚拟现实技术能够构建出逼真的三维虚拟环境，使用户仿佛置身于一个全新的世界。在文化内容创作方面，虚拟现实技术可以被广泛应用于博物馆、艺术馆等场所，通过模拟历史场景或还原艺术作品，让观众能够亲身感受文化的魅力。例如，澳门的博物馆可以运用虚拟现实技术，让游客穿越时空，感受澳门的历史变迁，从而加深对澳门文化的理解和认同。

数字技术的运用不仅丰富了文化产品本身，还促进了澳门文化产业的创新发展。随着技术的不断进步和应用场景的拓展，澳门文化产业将迎来更加广阔的发展空间和更加激烈的市场竞争。未来，澳门文化产业需要不断创新和突破，以数字技术为驱动，打造更多具有地方特色的文化产品，推动澳门文化产业的持续繁荣和发展。

3. 加剧了文化产业的市场竞争

在数字经济时代，文化产品的质量和国际竞争力成为决定胜负的关键因素。澳门拥有丰富的历史文化遗产和独特的文化资源，这是其文化产业发展的宝贵财富。此外，数字经济能够加强本土文化的传承和创新。传承是保持文化独特性和连续性的基础，而创新则是推动文化产业发展的关键。澳门可以通过举办各种文化活动、建设文化设施、推广文化产品等方式，加强对本土文化的传承和普及。数字经济的发展也对文化产业从业人员的能力和素质提出了新的要求。

数字经济为澳门文化产业的发展提供了广阔的空间和无限的可能性。通过运用大数据、云计算、人工智能等先进技术手段，可以推动文化产业的数字化、智能化和个性化发展。例如，可以通过建设数字文化平台、开发智能文化产品、提供个性化文化服务等方式，满足消费者多样化的文化需求。同时，数字经济的发展还可以促进文化产业与其他产业的融合发展，形成文化产业链和产业集群，提高文化产业的整体竞争力和效益。

综上所述，数字经济为澳门文化产业带来了丰富的机遇，但同时也带来了一系列挑战。通过加强版权保护，提升文化产品质量和国际竞争力，培养适应数字时代需求的从业人员，澳门文化产业可以更好地利用数字经济的发展机遇，实现可持续的繁荣。

三　金融业

（一）金融业发展概况

澳门博彩业的迅速崛起与海外资金的直接投资紧密相连，也引发了一系列社会问题。自 2002 年以来，澳门博彩业经历了迅猛的发展，这一变化在很大程度上得益于海外资金的直接投资（FDI）。这些巨额资金为澳门的博彩业注入了新的活力，推动了相关产业的繁荣。然而，这种对海外资金的过度依赖也暴露出澳门博彩业的风险和脆弱性。

1. 金融业依赖海外资金的直接投资

随着博彩业的繁荣，澳门的社会不平等现象日益严重。一方面，博彩业的快速发展使得一部分人迅速积累了巨额财富，而另一部分人则因为缺乏机会和资源而陷入了贫困。这种贫富差距的扩大导致基尼指数不断上升，使澳门的社会不平等现象越来越危险。此外，博彩业的发展也带来了职员间工资差异的问题。在博彩业中，高级管理人员和外国职员的收入往往远高于普通员工。这种工资差异不仅加剧了社会不平等，还激发了当地居民对外国职员的仇视情绪。

收入不平等和职员间工资差异引发的当地居民对外国职员的仇视情绪，有可能激发较大的社会矛盾。这种矛盾如果得不到妥善处理，可能会引发社会动荡，对澳门的稳定和发展造成严重影响。Deng 等（2013）、Li 等（2014）以及 Zhao 等（2021）的研究均指出，澳门在博彩业过度发展的同时，也面临社会不平等和社会矛盾加剧的问题。这些研究强调了政府在平衡经济发展和社会公正方面的重要性，以及加强社会管理和矛盾化解的必要性。

细心观察之下，可以发现澳门经济的背后隐藏着一个不可忽视的现象——过度依赖海外投资。这种依赖关系不仅对澳门的经济安全构成威胁，也在一定程度上限制了其经济多元化和可持续发展的可能性。澳门博彩业的繁荣，无疑得益于海外直接投资的涌入。大量的外来资金为澳门的博彩业提供了坚实的物质基础，使得澳门能够建设成全亚洲规模最大、设施最完善的博彩城市。Ausloos 等（2019）的研究显示，海外直接投资对澳门经济的贡献不容忽视，直接推动了澳门经济 20 年的高速增长。

过度依赖海外投资也带来了一系列问题。首先，海外投资的不稳定性对澳门经济造成了潜在风险。一旦全球经济形势发生变化，海外投资者的信心受到影响，澳门经济就可能面临资金撤离、市场动荡等风险。其次，过度依赖海外投资限制了澳门经济的自主性。在这种情况下，澳门经济很难摆脱外部因素的干扰，实现自主增长和转型。此外，这种过度使用外国直接投资还有一个额外的问题——贸易增长加剧了旅游业经济效率低下（Zhao et al.，2021）。上述现象皆构成了当地常住居民对经济不平等的深度不满，同时会直接作用于澳门的货币政策和财政政策，并可能引发海外资本给澳门经济带来安全风险（陈国平等，2012）。

2. 金融业中的房价泡沫和高储蓄率

澳门作为微经济体，海外资本对高利润经济适度多元发展各产业的控制权，造成了当地房价泡沫和高储蓄率——这些都直接反映在 GDP 的增速上，它掩盖了当地澳门常住居民的低住房负担能力、低真实工资和较差的普惠医疗、教育等公共资源情况。

首先，海外资本对澳门各产业的控制导致了当地房价泡沫和高储蓄率的出现。随着海外资本的流入，澳门的房地产市场迅速升温，房价不断攀升。这使得当地居民面临巨大的住房压力，许多人无法负担起高昂的房价。同时，高房价也导致了高储蓄率的出现，居民们更愿意将钱存入银行，而不是用于消费和投资。这种现象直接反映在 GDP 的增速上，使得澳门经济增长的可持续性受到质疑。

其次，海外资本对澳门经济的控制还导致了当地居民低真实工资和较差的普惠医疗、教育等公共资源的问题。由于海外资本更注重利润而非当地居民的生活福祉，因此他们往往通过降低劳动力成本来提高利润。这使得澳门的劳动力市场受到了挤压，许多居民的工资水平无法与经济增长同步提高。此外，由于医疗、教育等公共资源的投入不足，当地居民在享受这些服务时面临诸多困难。

（二）金融业发展面临的困境

1. 巨额的海外资金转移使人均 GDP 越来越偏离居民工资中位数

图 5-14（a）清晰地展示了澳门居民收入不平等与 FDI 的关系。贵宾百家乐贡献了博彩业税收的 55%～75%，博彩产品结构极度不均衡。博彩业对澳门经济的贡献虽然显著，但其结构的不均衡性也带来了诸多问题。一方面，高度依赖博彩业的税收使澳门经济变得脆弱，一旦博彩业出现波动，整个经济体系都可能受到影响。另一方面，博彩业收入的大部分被外国赌场投资者和经营者以佣金收入或资本利得的形式获取并转移，使大量海外资金流出澳门，进一步加剧了人均 GDP 与居民工资中位数之间的偏离（RHS）（肖争艳、刘凯，2012）。

2. 较高依赖海外金融体系，使澳门金融业丧失了稳定性和自主性

图 5-14（b）揭示了一个引人注目的现象：收入不平等与贵宾百家乐

博彩收入的增幅之间呈现高度一致的相关性。这一结果不仅反映了博彩业在
澳门经济中的重要地位，更揭示了博彩产品结构的畸形对澳门社会收入不平
等的影响。为了深入理解这一现象，需要对澳门博彩业的发展历程、经济结
构以及社会问题进行综合考察。

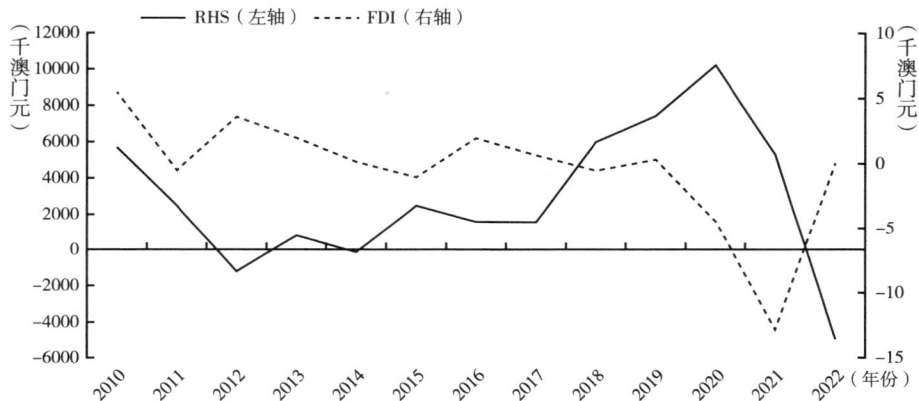

（a）居民收入不平等与 FDI 的关系

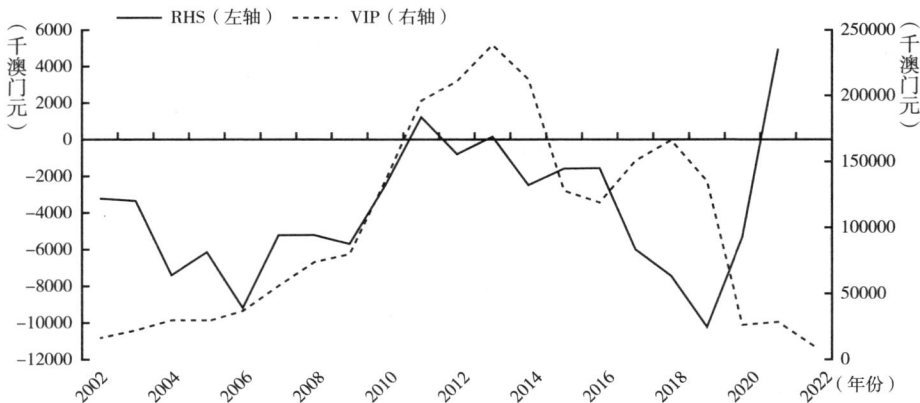

（b）居民收入不平等与博彩业的关系

图 5-14　居民收入不平等（RHS）和外国直接投资（FDI）、
贵宾百家乐（VIP）之间的关系趋势

资料来源：澳门统计暨普查局。

首先，博彩业作为澳门经济的支柱产业，其增加值长期以来占澳门GDP 的比重很大。然而，随着博彩业的快速发展，特别是贵宾百家乐博彩的崛起，这种高度依赖单一产业的经济结构逐渐暴露出潜在风险。博彩业的繁荣吸引了大量外来资本和劳动力，使博彩业从业者的收入远超过其他行业。这种收入差距的扩大，无疑加剧了澳门社会的收入不平等问题。

其次，澳门经济适度多元发展的初衷是减少对博彩业的过度依赖，增强经济的稳定性和自主性。然而，现实情况却不尽如人意。一方面，由于历史原因和产业结构调整较难，澳门经济在适度多元发展方面取得的进展相对有限。另一方面，过度依赖海外直接投资也使澳门金融经济面临巨大的外部风险。一旦全球经济环境发生变化，澳门经济很可能受到严重冲击。

最后，杠杆作用在澳门金融经济适度多元发展中起到了关键作用。通过杠杆作用，海外资本被大量引入澳门，推动了博彩业和其他产业的发展。然而，这种高度依赖杠杆的经济发展模式也带来了严重的社会后果。高度依赖海外金融体系的澳门金融经济也面临丧失稳定性和自主性的风险。由于澳门金融市场与国际金融市场紧密相连，一旦国际市场发生波动，澳门金融市场也将受到严重冲击。此外，过度依赖海外金融体系还可能导致澳门金融政策的制定和执行受到外部干扰和影响，从而削弱澳门金融经济的自主性和稳定性。

（三）数字经济带来的机遇和挑战

1. 为澳门金融业创造了新的增长点

随着科技的飞速发展，数字技术已经深入金融领域的方方面面，极大地推动了金融产品和服务的创新。通过数字技术的运用，金融领域正经历着一场前所未有的变革，不仅改变了金融业务的运营模式，也为客户带来了更加便捷、高效的金融服务体验。

在创新金融产品和服务方面，数字技术的应用尤为突出。例如，移动支付已经渗透到人们的日常生活，通过智能手机等终端设备，消费者可以随时随地完成支付操作，无须携带现金或银行卡，极大地方便了人们的购物和交易活动。此外，区块链技术作为一种去中心化的分布式账本技术，正在被越来越多的金融机构应用于支付、清算、跨境汇款等，有效提高了金融交易的透明度和安全性。

数字化不仅为金融产品和服务带来了创新，还显著提高了金融业务的效率。传统的金融业务流程烦琐、耗时，而数字化技术通过自动化、智能化等手段，能够极大地简化业务流程，缩短业务处理时间，为客户提供更加快速、准确的金融服务。同时，数字化技术还能够降低金融机构的运营成本，提高盈利能力，为金融市场的健康发展提供有力支撑。

2. 加速了金融业务的全球化

澳门金融机构在当前全球化的大背景下，面临前所未有的挑战与机遇。随着国际竞争的日益激烈，澳门金融机构不仅要与国内同行竞争，还要与国际金融机构一较高下。这种竞争不仅体现在业务规模、产品创新、风险管理等方面，更体现在对国际政治和经济动荡的应对能力上。因此，澳门金融机构需要不断提升自身的综合素质，以适应这种日益复杂的国际竞争环境。

在应对挑战的同时，澳门金融机构也迎来了数字经济的快速发展所带来的机遇。随着数字技术的不断进步和应用场景的拓展，澳门金融机构可以借助大数据、云计算、人工智能等先进技术，实现业务的数字化转型和升级。这不仅可以提高业务处理效率和客户体验，还可以为澳门金融机构的业务全球化提供更好的技术平台。此外，金融从业人员的高素质和数字技能也是澳门金融机构在数字化转型过程中不可或缺的重要因素。具备高素质和数字技能的金融从业人员可以更好地理解和应用数字技术，推动业务的创新和发展。因此，澳门金融机构需要注重人才培养和引进，建立一支具备高素质和数字技能的金融人才队伍，以支撑业务的数字化转型和全球化发展。

综上所述，澳门金融机构在面临更复杂的国际竞争和国际政治经济动荡的影响下，需要不断提升自身的综合素质和应对能力。同时，借助数字经济的快速发展和金融从业人员的高素质和数字技能，澳门金融机构可以抓住机遇，实现业务的数字化转型和全球化发展。

四 中医药产业

（一）中医药产业发展概况

1. 中医药科技发展迅速

中医药，这一千年传承的医学瑰宝，正成为澳门经济适度多元发展的重要产业。早在2011年，澳门科技大学便迎来了中医药领域的首个国家重点实验室——中药质量研究国家重点实验室的落户。这一里程碑式的事件不仅标志着澳门在中医药领域的科研实力得到了国家级的认可，更是为澳门中医药产业的蓬勃发展奠定了坚实的基础。

同年，粤澳合作中医药科技产业园作为贯彻落实《粤澳合作框架协议》的首个落地项目在珠海横琴正式启动。这一产业园不仅是澳门推动中医药产业化和国际化的重要载体，还是粤港澳三地合作共赢的典范。2021年，随着《横琴粤澳深度合作区建设总体方案》的发布，中医药等澳门品牌工业被明确提上日程。这一政策导向为澳门中医药产业的进一步发展注入了新的活力。

经过十多年的蓄势储能，澳门在中医药领域的"产学研"链条日益壮大。表5-9显示，2022年粤澳合作的中医药科技产业园企业供给达到了233家，其中中医药公司71家，占比30%。这些中医药公司不仅涵盖了中药材种植、炮制、制剂等多个环节，还涉及中药质量控制、新药研发等高端领域。此外，保健品、生物医药、医疗器械相关公司分别为32家、33家、38家，占比约15%。这些公司的存在不仅丰富了中医药产业链，还为澳门中医药产业的国际化进程提供了有力支撑。

表5-9 粤澳合作的中医药科技产业园企业经营数据

项目	2020年			2021年			2022年		
	注册企业（家）	员工数目（人）	营业收入（百万元）	注册企业（家）	员工数目（人）	营业收入（百万元）	注册企业（家）	员工数目（人）	营业收入（百万元）
总数	187	2149	5030.0	216	2479	5608.2	233	2518	5826.2
中医药	49	204	71.6	64	294	99.1	71	374	155.5

项目	2020 年			2021 年			2022 年		
	注册企业（家）	员工数目（人）	营业收入（百万元）	注册企业（家）	员工数目（人）	营业收入（百万元）	注册企业（家）	员工数目（人）	营业收入（百万元）
保健品	28	1211	3312.3	32	1159	3557.6	32	1120	3363.8
生物医药	28	247	233.5	29	376	206.1	33	484	273.3
医疗器械	32	263	371.3	32	426	419.6	38	346	484.0
医疗服务及其他	50	224	1041.3	59	224	1325.8	59	194	1549.6

资料来源：粤澳中医药科技产业园开发有限公司。

　　除了上述企业，粤澳合作中医药科技产业园还衍生了有关医疗服务、医疗科技服务等相关产业，占比达到了 25%。这些产业的兴起不仅为澳门中医药产业提供了更加广阔的市场空间，还为澳门的医疗服务行业注入了新的活力。如今，澳门中医药产业已经形成了总体布局完整、结构合理的良好局面。

　　2. 对中医药产业的标准化制定具有前沿性

　　澳门特区政府为优化行业监管和促进产业发展，逐步加强了法治建设。在药物监管方面，澳门特区政府于 2022 年 1 月 1 日，正式将原属卫生局管理的药物事务厅升级为药物监督管理局，标志着澳门在药品监督管理工作上的进一步提升。同时，澳门特区政府还颁布了《中药药事活动及中成药注册法》，填补了澳门在中药注册管理方面的法律空白，为中药产业的健康发展提供了法律保障。

　　为推进中医药产业的繁荣，特区政府还实施了《促进中医药产业发展先导资助计划》。该计划通过评审，筛选出具有潜力的药品项目，并为其提供资助，以鼓励持有澳门中药制药准照或药物工业生产准照的自然人或法人积极参与。此举不仅有助于推动中医药产业在澳门的持续发展，更能挖掘经济生产潜力，为澳门的多元化经济增长注入新动力。通过制定和完善相关法律法规，澳门特区政府为产业科技创新提供了稳定的法律环境和明确指引。这一变革鼓励产业进入创新研发的新阶段，引导药品生产和注册标准不断提高，进一步增强了澳门在药物监管和产业发展领域的国际竞争力。

表 5-10 展示了澳门中药制造业员工数量的增长趋势，这一数据充分说明了澳门在中医药研发领域的蓬勃发展。从 2020 年至 2022 年，每年在职员工数量的增长率呈现显著的上升趋势，从 2.9% 和 3.7% 迅速跃升至 41.4%。这一增长不仅反映了澳门在中医药领域的持续投入，也表明了该行业对于人才的需求和吸引力正在不断增加。与此同时，创新和研发的稳定环境也为澳门中医药研发和制造的经济附加值带来了显著的提升。根据数据，2019 年至 2022 年，澳门中药制造业的经济附加值总额分别为 3.1 亿澳门元、2.3 亿澳门元、0.2 亿澳门元和 0.9 亿澳门元。尽管在 2020 年，受到疫情冲击，博彩旅游业顾客数量下滑，全球经济也陷入低迷，导致中药制造业的经济附加值总额出现下滑，但在 2022 年，即使旅客客流量尚未恢复到疫情前的水平，澳门中药制造业的复苏势头也已经十分明显。

值得一提的是，2021 年至 2022 年，澳门中药制造业的收益增长了 1.28 倍，增长率高达 128.7%，而增加值总额更是增长了 2.87 倍，增长率达到了惊人的 287.9%。这一数据充分说明了澳门中医药产业的高复原力和强劲的发展势头。在全球经济不确定性和疫情冲击下，澳门中医药产业展现出了强大的经济韧性，为澳门经济的稳定和发展做出了重要贡献。

表 5-10　中药制造业的场所数目、在职员工数目、收益及增加值总额

项目	2019 年		2020 年		2021 年		2022 年	
	总数	变化（%）	总数	变化（%）	总数	变化（%）	总数	变化（%）
场所（间）	5	(16.7)	5	–	7	40.0	7	–
在职员工（人）	104	(2.8)	107	2.9	111	3.7	157	41.4
收益（千澳门元）	73103	77.8	39902	(45.4)	20678	(48.2)	47289	128.7
增加值总额（千澳门元）	31252	810.1	22644	(27.5)	2382	(89.5)	9239	287.9

资料来源：澳门经济暨普查局。

3. 澳门是推动我国中医药出海的关键一环

推动中医药走向世界，澳门的作用举足轻重。澳门作为连接中国与葡语系国家的桥梁，拥有得天独厚的优势。这里毗邻广东，拥有便利的交通网络和丰富的中医药资源。同时，澳门作为一个特别行政区，享有独立的法律地位和经济自主权，为中医药产业的发展提供了强有力的政策支持。这些优势使得澳门成为中医药走向海外的重要跳板。

粤澳合作中医药科技产业园的成立，为澳门中医药产业的发展注入了新的活力。自落成以来，该产业园已吸引了约230家企业注册，形成了中医药研发、制造和贸易的产业聚集效应。这些企业在产业园的支持下，积极开展中医药的研发和制造工作，推动了一系列具有"澳门元素"的中医药产品走向世界。

澳门特区政府以及粤港澳大湾区的各项政策，为中医药产业的发展提供了有力的支持。2022年10月，《横琴粤澳深度合作区支持生物医药大健康产业高质量发展的若干措施》的印发，进一步明确了大力发展中医药澳门品牌工业的战略方向。这些措施的实施，不仅有助于提升中医药产业的技术水平和创新能力，也为中医药产品的出口提供了更加便捷的途径。

在产业园的协助下，澳门已经成功推出了一批具有自主知识产权的中医药产品。例如，澳门上市多年的传统外用中成药"止痛活络摩擦膏"，在2022年成功获得了广东省药品监督管理局颁发的《药品注册证书》。这一成果不仅证明了澳门中医药产业的技术实力和市场竞争力，也为其他中医药产品的出口提供了有力的示范。此外，澳门还在积极拓展海外市场。2023年，澳门已在莫桑比克取得9款中药的注册批件。在巴西市场，产业园也帮助国内7款中药产品获得了中成药注册备案上市许可。这些成绩的取得，不仅为澳门中医药产业带来了可观的经济效益，也为中医药的国际声誉和影响力提升做出了积极贡献。

表5-11数据充分展现了澳门中医药在对外贸易中的重要地位。从2019年至2022年，澳门中医药的进出口总额在货物进出口总额中的比重始终保持在40%~55%的较高水平。特别是在2019年和2022年，中医药进出口总

额的比重均超过了 50%，这一数据无疑凸显了澳门中医药行业在澳门对外贸易中的支柱作用。

进一步分析澳门中医药的出口结构，可以发现具有研发和制造功底的中药及传统药物占了较大比重。2019 年至 2022 年，中药及传统药物的出口额分别为 2.2 亿澳门元、0.4 亿澳门元、0.8 亿澳门元和 1.5 亿澳门元。尽管 2020 年出现了较大幅度的下滑，但随后的两年中，这一领域迎来了持续的高速增长，增长率分别达到了 89.1% 和 88.3%。这种高增长趋势不仅证明了澳门中医药科研和制造的高水平，更显示出其已经具备了一定的核心竞争力。

表 5-11　中医药对外贸易指标

单位：千澳门元，%

指标	2019 年		2020 年		2021 年		2022 年	
	总数	变化	总数	变化	总数	变化	总数	变化
中药								
进口额	523008	5.6	404214	(22.7)	680346	68.3	816026	19.9
出口额	25259	37.9	6293	(75.1)	9157	45.5	20071	119.2
进出口总额	548268	6.8	410507	(25.1)	689504	68.0	836097	21.3
占货物进出口总额的比重	0.53	0.03	0.40	(0.13)	0.41	0.01	0.55	0.14
中药材								
进口额	89242	(24.3)	100063	12.1	132446	32.4	207915	57.0
出口额	3712	(35.1)	2014	(45.8)	1066	(47.1)	4833	353.5
进出口总额	92954	(24.8)	102077	9.8	133512	30.8	212747	59.3
中药及传统药物								
进口额	433767	15.0	304151	(29.9)	547901	80.1	608111	11.0
出口额	21547	71.0	4279	(80.1)	8091	89.1	15239	88.3
进出口总额	455314	16.8	308430	(32.3)	555992	80.3	623350	12.1

资料来源：澳门经济暨普查局。

（二）中医药产业发展面临的困境

1. 中医药的标准化

中医药作为中国传统医学的瑰宝，在历经千年的传承与发展中，以其独特的疗效和理念，深受世界各地人民的喜爱。然而，在现代社会的快速发展中，如何让中医药更好地融入国际医药体系，成为一道亟待解答的考题。澳门，作为中医药产业的重要基地，也面临这一挑战。对此，澳门中医药学会会长石崇荣提出了关于中医药产业链标准化、数字化的重要观点。

澳门中医药学会会长石崇荣会长指出，中医药产业链标准化的实现，涉及上游药材种植、中游研发与制药以及下游运营与销售等多个环节。每一个环节都需要遵循严格的标准和规范，以确保中医药的质量和安全。同时，数字化技术的运用，将为中医药产业链带来革命性的变革。在上游种植环节，数字化技术可以精确监测药材的生长环境、生长周期等信息，为种植户提供科学的种植指导。在中游研发与制药环节，数字化技术可以辅助科研人员进行药物筛选、药效评估等工作，提高研发效率和成功率。在下游运营与销售环节，数字化技术可以实现产品的追溯和防伪，保障消费者的权益。

然而，澳门的地域限制使得其无法在中医药研发后开展规模化的生产。面对这一困境，澳门需要寻找新的突破口。数字经济为澳门中医药产业提供了新的发展机遇。通过利用数字经济的优势，澳门可以在工厂管理上实现数字化、标准化，提高生产效率和管理水平。同时，通过与横琴等地区的合作，澳门可以开展大规模的生产活动，实现硬件上的数字化、智能化。这将有助于澳门中医药产业有序进入内地及国际市场，推动中医药文化的传播和发展。

2. 中医药科技水平受澳门总体科技发展水平限制

中医药科技水平受澳门总体科技发展水平限制，一方面，中医药作为一种传统医学体系，其理论基础和实践经验源远流长，具有深厚的文化底蕴。另一方面，现代科技的发展也为中医药的研究和应用提供了新的手段和方法。然而澳门科技发展水平相对有限，这主要体现在科研投入、科研人才、科研设施等方面。科研投入的关注度不足和博彩业对人力的虹吸效应，使得澳门中医药科研人才匮乏，成为制约澳门中医药科技水平提升的重要因素。中医药研究需要既懂医学又懂科技的复合型人才，但澳门长期的单一产业发展下，对此类人才的培养和引进缺乏长期机制和储备积累，限制了中医药研究的深度和广度。

（三）数字经济带来的机遇和挑战

1. 为中医药标准化提供可行性

澳门中医药界人士认为，数字化和标准化是澳门中医药产业走向世界的一道考题。中药各环节可溯源化、生产工艺标准化、产品信息安全性等是中医药获得更广泛的海外市场的关键。海关统计数据显示，2020年在全球经济承压、疫情肆虐的大环境下，中药材及中药饮片进出口异军突起，中药进出口额达63.7亿美元，其中出口额42.8亿美元，同比增长6.6%。全球新冠疫情发生后，在尚未有特效西药和疫苗的情况下，中医药通过临床筛选出有效方剂"三药三方"，被多个国家借鉴和应用，中医药抗疫经验走向全球。在印度尼西亚、泰国、柬埔寨，"三药"之一的连花清瘟获准进入新冠定点收治医院，并入选了柬埔寨卫生部发布的新冠轻症患者居家治疗方案，这是中国药品首次入选海外国家的新冠治疗方案，在当地疫情防控中发挥积极作用，说明中医药的国际认知度和接受度正在不断提高。

但中成药的出口形势并不乐观。国家药监局南方医药经济研究所副所长宗云岗介绍，2020年，按各国注册药品计，我国中药产业占全球传统药市场的60%~70%。不过，中国中药类产品出口仍以植物提取物和中药材（饮片）为主。中国医药保健品进出口商会发布的最新数据也显示，中成药目前在中药产品整体出口额中占比仅为9.3%，相对于原料类产品仍处于弱势地位。受中西方文化差异的制约，西方国家对中药的原材料质量和安全一直是存在疑虑的，目前中医药行业已有一些基础性标准，但总体不足，如国内广泛应用的中草药成分如麻黄，在国外仍不被认可，在有的国家属于禁止成分，在有的国家要按处方药管控（黄江勤，2023）。因此，中医药国际化、标准化是当务之急。

数字化技术为中医药产业链的标准化提供了有力支持，从上游的药材种植和运输，到中游的研发与制药，再到下游的运营与销售，都发挥着不可或缺的作用。

在中医药的上游阶段，数字化技术为药材的种植和运输提供了标准化的解决方案。在传统的药材种植和运输过程中，由于信息不透明，很难确保药材的规格、品种和成本含量等符合标准。而数字化技术的应用，使得药材种植和运输过程变得可视化、可追踪。通过智能农业系统，可以实时监测药材的生长情况，确保药材的质量和产量；同时，通过物流追踪系统，可以实时掌握药材的运输情况，确保药材在运输过程中的安全和质量。这些数字化技术的应用，为中医药上游的标准化提供了有力支持。

进入中医药的中游阶段，数字化技术同样发挥着重要作用。在研发与制药过程中，数字化技术可以实现对研发流程、效果评估和效果检测的全面优化。通过大数据分析，可以深入挖掘药材的有效成分和药效机制，为新药研发提供科学依据；同时，通过智能化的制造流程，可以实现对药材提取、精制、制剂等各个环节的精准控制，确保药品的质量和安全性。这些数字化技术的应用，使得中医药的研发与制药过程更加科学、规范，为中药的标准化提供了有力保障。

在中医药的下游阶段，数字化技术同样为运营与销售提供了标准化的支持。通过数字化平台，可以实时收集和分析不同地区对中药的需求、购买次数以及药品效果的人群分布等数据。这些数据不仅可以帮助企业更好地了解市场需求和消费者偏好，还可以为企业的销售策略和产品研发提供有力支持。同时，数字化平台还可以实现药品追溯和防伪功能，确保药品的真实性和安全性。这些数字化技术的应用，为中医药下游的标准化提供了有力保障。

2. 有效发挥中医药在澳门的"注册优势"

《横琴粤澳深度合作区建设总体方案》中，对澳门中医药产业的优势和发展路径进行了明确的阐述。澳门，这个位于珠江口西侧的中国特别行政区，虽然地域有限，但其在中医药领域却拥有得天独厚的"注册优势"。这一优势源于澳门在中医药领域的深厚历史底蕴和独特的法律环境，使得澳门的中医药产业在研发、注册等方面具有独特的优势。

尽管澳门的土地面积和人口规模限制了其无法开展大规模的中医药生

产，但这并不意味着澳门中医药产业的发展就此受限。相反，澳门可以充分利用其独特的注册优势，通过数字经济的方式，形成一个工厂的"样板间"。在这个"样板间"中，澳门的中医药研发和制造可以在软件管理上进行数字化、标准化管理，从而确保产品质量和生产效率。一旦这一"样板间"经过审批认证，就可以在横琴开展大规模的生产。横琴，作为粤澳深度合作区的重要组成部分，拥有得天独厚的地理位置和资源优势，为澳门的中医药产业提供了广阔的发展空间。在横琴的生产基地中，硬件设施可以实现数字化、智能化管理，从而提高生产效率和产品质量，使得澳门的中医药产品有序进入内地及国际市场。

为了进一步推动中医药产业的发展，澳门特区政府还通过科技创新的政策引导和资金支持，充分发挥资金优势，使得澳门逐渐成为全球中医药的研发中心。在这个过程中，澳门不仅与中医药的上游、下游产业开展深度合作，还积极吸引国内外优秀的中医药企业和研究机构前来合作，共同推动中医药产业的发展。值得一提的是，澳门在智慧城市的数字化转型和发展方面也取得了显著的成就。根据第二章的研究，当城市中生态位宽度较为适宜时，城市的发育水平将较高，这将给各行业基于新技术的发展带来更多机遇。根据第六章的部分结论，可以推断出澳门的城市发展能为中医药产业与数字经济发展提供有力支撑。通过将中医药产业嫁接相关数字经济，澳门不仅可以充分发挥其注册优势，还可以借助智慧城市的先进技术和管理经验，实现中医药产业的数字化转型和智能化升级。

五　新兴产业的发展总结

（一）数字经济为博彩业产业链的复原力提供有效助力

博彩业产业链在澳门经济中的地位不可忽视，长期以来它一直是这座城市的经济支柱之一。然而，任何行业都难免面临突发事件的冲击，如疫情、自然灾害等，博彩业也不例外。这些突发事件往往会给博彩业带来沉重的打击，导致产业链的中断和经济的下滑。因此，博彩业必须积极应对这些挑战，寻找新的机遇和出路。

近年来，数字经济的崛起为博彩业产业链复原带来了新的机遇和挑战。数字经济是指以数字化知识和信息为关键生产要素，以数字技术创新为核心驱动力，以现代信息网络为重要载体，通过数字技术与实体经济深度融合，不断提高传统产业数字化、智能化水平，加速重构经济发展与政府治理模式的新型经济形态。对于博彩业来说，数字经济的崛起意味着传统博彩业务可以通过数字化手段进行升级和转型。例如，博彩业可以通过开发线上博彩产品，拓展新的用户群体，提高业务的覆盖面和盈利能力。同时，数字技术也可以应用于博彩业务的风险管理和安全保障等方面，提高业务的安全性和稳定性。

在澳门，若将数字经济的应用渗透到各个领域，不仅能为澳门的经济发展注入新的活力，数字化营销、在线预订、虚拟旅游等数字经济的应用还可以提高澳门整体城市的市场竞争力，增强其在复杂环境下的应对能力。在数字化营销方面，澳门新兴产业将通过运用大数据、人工智能等先进技术，实现精准营销，提高产品和服务的市场竞争力。同时，在线预订平台的兴起，不仅能为澳门的旅游、餐饮、娱乐等行业带来更多的客流和商机，还能为新兴产业在产业集群中与其他产业共生发展提供机会。这些数字经济的应用不仅推动了澳门经济的增长，也为澳门适度多元的经济发展提供了更多创新发展的机会。通过发展数字经济，澳门可以进一步拓展经济领域，提高经济的韧性和抗风险能力。在面对突发事件时，数字经济能够让澳门经济更加灵活和坚韧地应对挑战。

（二）博彩业产业链的多样化发展要与博彩产品结构调整有机结合

近年来，随着东南亚地区陆续开放博彩业以及新型互联网海外博彩产品的不断涌现，澳门博彩业面临巨大的竞争压力。传统的贵宾百家乐产品已无法满足日益复杂多变的旅客需求，以及多元旅客来源的国际博彩市场发展。在这种情况下，澳门博彩业需要不断创新，提升服务质量和产品多样性，以吸引更多的游客。

一方面，可以加强与国际博彩市场的合作，引进更多的国际博彩品牌和产品，丰富市场供给。另一方面，也可以加大对科技创新的投入，利用互联网、大数据等技术手段提升服务水平和运营效率。同时，澳门特区政府也需要加强对博彩业的监管和规范，确保市场的公平和透明。随着时代的变迁和全球经济的多元化发展，传统的单一、畸形的博彩产品结构已经无法满足澳门旅游经济适度多元发展的需求。面对增长乏力和风险抵抗能力弱问题，博彩业必须寻找新的发展方向，实现产业链的多元化发展。博彩业的产业链多元化发展，意味着博彩业不再仅仅局限于传统的赌场业务，而是要将博彩与旅游、娱乐、文化、科技等产业进行深度融合，形成一个更加丰富的产业链。这样的产业链不仅具有更大的容纳力，还能吸引更多元化的客户群体，推动澳门经济的持续发展。

要实现博彩业产业链的多元化发展，首先需要对博彩业进行深入的剖析和改革。传统的博彩业主要依赖赌场业务，但这样的业务结构已经无法满足现代消费者的需求。因此，博彩业需要引入更多的娱乐元素，如主题公园、音乐会、体育赛事等，以吸引更多不同类型的游客。此外，博彩业还可以与文化产业相结合，打造具有澳门特色的文化品牌。例如，可以通过举办艺术展览、文化交流活动等方式，展示澳门的独特魅力，吸引更多的文化爱好者前来游览。这样不仅能丰富博彩业的产业链，还能提升澳门的国际知名度。

科技也是博彩业实现产业链多元化发展的重要途径。随着人工智能、大数据等技术的不断发展，博彩业可以运用这些技术提升服务质量和用户体验。例如，可以通过大数据分析消费者的喜好和需求，为他们提供更加个性化的服务；同时，也可以利用人工智能技术打造更加智能的博彩产品，满足消费者的多样化需求。

旅游产业链的多元化发展，对满足旅客多样化需求至关重要。随着人们生活水平的提高，旅游已不再是简单的观光游览，而是涵盖了休闲、娱乐、购物、文化等多个方面。因此，澳门需要开发更多元化的旅游产品，如生态旅游、文化旅游、会展旅游等，以满足不同旅客的需求。这不仅可以提升澳门的旅游吸引力，还能有效应对市场波动，提高产业的抗风险能力。

博彩业作为澳门的支柱产业，其适度调整产品结构也是推进经济多元发展的关键举措。博彩业可以通过引入新技术、创新游戏玩法、提升服务质量等方式，提高产品竞争力，吸引更多游客。同时，博彩业还应关注社会责任，强化风险防控，确保产业健康发展。为了应对这一挑战，博彩业需要积极推动多元化产品发展，完善风险管理体系。这包括加强与其他产业的合作，共同开发新产品，拓展新市场；同时，建立健全风险预警和应对机制，提高产业应对突发事件的能力。

通过推动多元化产品发展和完善风险管理体系，博彩业可以更好地融入澳门多元经济，为其他产业共生共济发展提供必要的资源配置。例如，博彩业可以与旅游业、餐饮业、娱乐业等加强合作，共同打造旅游产业链，提升整体竞争力。此外，博彩业还可以通过资金支持、技术支持等方式，促进其他产业的创新与发展，为澳门经济的多元化和可持续发展注入新的活力。

（三）博彩业产业链无法解决经济高脆弱性问题

博彩业作为澳门经济的重要组成部分，为其财政带来了巨大的税收收入和就业机会。然而，博彩业产业链难以有效应对经济的高脆弱性，它加剧了澳门经济、社会发展的动荡不安，这无疑为澳门的社会稳定和经济可持续发展带来了挑战。

首先，博彩业对澳门经济的贡献是不可忽视的。据统计，博彩业在澳门GDP中占有相当大的比重，为澳门特区政府带来了巨额的税收收入。这些税收不仅为澳门的公共服务和基础设施建设提供了资金支持，还在很大程度上推动了澳门经济的增长。此外，博彩业还为澳门创造了大量的就业机会，为众多劳动者提供了稳定的收入来源。

然而，博彩业产业链本身的市场波动性就较大，不同原因的经济外部冲击（如全球金融危机、自然灾害、疫情等）皆会直接冲击博彩业产业链。在单一结构下，当市场需求发生变化时，博彩业较难快速调整产品结构和业务模式，博彩业乃至澳门经济整体也缺乏风险分散机制。当遭遇突发事件时，澳门经济难以通过其他不被冲击影响的产业来应对风险，导致整体澳门经济体脆弱，抵御冲击的能力不够。为降低单一经济结构在面对外部冲击时的挑战，要研究更多持续性动力如数字经济、海洋经济、中医药产业等，为产业经济注入持续的动力支撑，降低单一风险对整体经济稳定性的冲击。

第三节　澳门产业结构调整的必要性

一　"荷兰病"效应可通过适度多元的产业结构调整得以控制

杨正浒和汪占熬（2011）在他们的研究中，深入探讨了博彩业快速扩张对澳门经济结构的深远影响。他们指出，在博彩业迅猛发展的背景下，澳门的生产要素开始大量向博彩业集中，导致非博彩经济的适度多元发展受到严重挤压。这一现象与经济学中著名的"荷兰病"现象高度吻合。

在澳门，博彩业作为支柱产业，吸引了大量的资本、人才和技术资源。这种资源的过度集中，使得非博彩经济适度多元发展的产业，如制造业、服务业等，在资源获取、市场竞争等方面面临巨大的压力。这些产业由于无法获得足够的资源支持，其生存和发展空间被博彩业不断挤压，逐渐陷入困境。这种"荷兰病"现象不仅会对澳门的经济结构产生深远影响，还可能导致社会问题的出现。例如，博彩业的过度发展可能导致劳动力市场的失衡，使得一些非博彩业的劳动力供应不足，进而影响这些产业的正常运营。此外，博彩业的繁荣也可能导致社会资源的过度集中，扩大社会贫富差距，增加社会不稳定因素。

对于澳门而言，低端的一般服务业主要面临的是雇员工资支出的上升压力，而高端服务业则主要面临经济适度多元发展各产业在澳门找不到生存空间的困境。这些问题导致其他产业相对不振，进一步加剧了澳门经济与特别行政区对博彩业的依赖，使得资源进一步集中，其他产业相对萎缩。澳门作为一个旅游胜地，餐饮业、零售业等低端服务业一直是其主要的经济支柱。然而，随着人力成本的上涨，这些行业的经营压力日益加大。雇员工资支出的上升不仅增加了产业的运营成本，也影响了产业的盈利能力。在这种情况下，产业需要寻求转型升级的路径，例如提升服务质量、拓展市场等，以应对这一挑战。

与低端服务业不同，高端服务业如金融、咨询、教育等，在澳门的发展空间相对较小。这主要是由于澳门产业结构单一化导致其他产业在澳门难以找到生存空间。此外，其他产业相对不振也加剧了这一问题，使得资源进一步集中在博彩业，其他产业则相对萎缩。面对这些问题，建立多元经济结构是消除"荷兰病"的重要举措。发展多元经济不仅能够降低澳门对博彩业的过度依赖，还能为其他产业的发展提供更多的机会。

（一）过度依赖

"荷兰病"，这一经济术语，其本质在于过度依赖某种特定资源或产业。当一个国家或地区过于依赖某一资源或产业时，其经济结构就会变得单一而脆弱。一旦这种资源或产业出现波动或衰退，整个经济体系就可能陷入困境。因此，建立多元经济结构成为避免"荷兰病"的关键。多元经济结构是指一个国家或地区拥有多个发展良好的产业，而不是仅仅依赖某一种资源或产业。这样的经济结构能够增强整个经济的韧性和稳定性。当某一产业出现波动或衰退时，其他产业的发展仍能够支撑经济的持续增长。新加坡就是一个成功的例子。新加坡政府积极推动多元化经济发展，不仅在传统的制造业领域取得了巨大成功，还在金融、信息技术等领域取得了显著进展。这使得新加坡的经济在面临各种挑战时仍然保持稳定增长。

"荷兰病"是一个警示，提醒不能过度依赖某一种资源或产业。通过建立多元经济结构，加强政府、产业和教育的合作与努力，可以增强整个经济的韧性和稳定性，实现经济的可持续发展。

（二）创新能力下降

澳门在国家的支持下，不仅在经济发展上取得了显著的成就，更在科技创新领域展现出勃勃生机。科技，作为第一生产力，是推动澳门经济多元化、减轻"荷兰病"影响的关键力量。2019 年 3 月，科技部与澳门特区政府共同签署了《内地与澳门加强科技创新合作备忘录》，这一重要文件标志着两地科技创新合作进入了一个全新的阶段。备忘录聚焦了包括加强科研合作、推动创新平台建设、促进人才交流培养、支持创新创业、深化科技体制改革等五个重点方向，并制定了 27 项具体举措，为澳门的科技创新发展提供了坚实的支撑。

回顾过去，从 2005 年至 2023 年，科技部与澳门特区政府已成功举办 18 届澳门科技周。这一活动不仅展示了澳门在科技创新方面的最新成果，更吸引了累计超过 20 万人次的参观者，极大地提升了澳门在科技创新领域的国际影响力。一方面，澳门科技发展和创新能力的飞跃得益于对国家科技创新体系的深度融入。通过与内地的紧密合作，澳门得以充分利用国家丰富的科研资源，不断增强知识跨界和技术交流的能力，为澳门的科技创新注入源源不断的动力。另一方面，澳门也注重扩展和激发内部多元产业需求，打破产业壁垒，推动新技术的应用和创新产业的涌现。

这一策略不仅有助于澳门经济的多元化发展，更能够减轻"荷兰病"的影响，实现经济的可持续发展。对于澳门而言，经济多元化发展不仅有助于摆脱对单一产业的过度依赖，还能够降低"荷兰病"的影响，即资源过度集中于某一产业而导致的其他产业萎缩。通过构建多元经济结构，澳门能够更好地抵御外部经济风险，实现经济的均衡发展。

科技创新在澳门经济多元化发展中扮演着至关重要的角色。随着科技的飞速发展，创新已成为推动经济发展的核心动力。科技创新不仅有助于提升澳门的产业竞争力，更能够推动不同产业之间的交流和合作。这种跨产业的合作，不仅能够促进知识的传递和技术的共享，还能够激发新的创新点，推动经济的协同发展。例如，旅游业作为澳门的支柱产业之一，通过与科技、文化、教育等产业的融合，可以开发出更多具有吸引力的旅游产品和服务，进一步提升旅游业的附加值和竞争力。此外，科技创新还能给澳门带来更多的发展机遇。随着新技术、新模式的不断涌现，澳门可以结合自身优势，积极拓展新的经济领域。例如，在数字经济、绿色经济等领域，澳门都有巨大的发展潜力。

（三）缺乏韧性

多元经济结构还能够提高澳门的区域竞争力。随着全球经济的不断变化和竞争的加剧，澳门需要更加深入地思考和探索如何增强自身的区域竞争力。多元经济结构，作为澳门未来发展的关键战略之一，具有不可忽视的重要作用。多元经济结构的优点在于，它可以使一个国家或地区在面对全球经济波动和国际竞争时更具韧性和灵活性。

其一，依赖单一产业可能使澳门在全球市场上易受市场波动和国际竞争的冲击。例如，如果澳门经济高度依赖旅游业，那么一旦受到疫情或其他不可预测因素的影响，澳门经济就可能遭受重大损失。而拥有多个具有竞争优势的产业，可以使澳门更好地分散风险，减少单一产业带来的不确定性，有助于澳门在不同领域与区域内展开合作，进一步增强其竞争力。通过与其他国家或地区的产业合作，澳门可以引进先进的技术和管理经验，提高自身的产业水平。同时，多元经济结构也为澳门提供了更多的合作机会和谈判筹码，使其在区域合作中更具影响力。

其二，通过多元经济结构还可以提高城市群的协同能力。城市群作为生产力发展的产物，其多元经济结构对于提高城市群的协同能力具有不可忽视的作用。在当今全球化和信息化的时代，城市群的发展已经成为推动经济增长和区域发展的重要力量。因此，通过优化产业结构、实现资源优化配置、打造特色鲜明的产业集聚区等措施，可以有效提升城市群的协同能力，推动整个区域的经济增长。

多元经济结构有助于实现澳门在区域经济下的资源优化配置。大湾区城市群各城市有着不同的资源禀赋和发展优势，通过主导产业错位发展，可以充分发挥澳门与其他各城市的比较优势，实现资源的最大化利用。澳门的多元经济结构有助于增强大湾区城市群的辐射带动作用。通过打造一批特色鲜明、优势互补、链条完整的产业集聚区，可以吸引更多的投资和人才，推动大湾区城市群各城市的快速发展。这些产业集聚区不仅可以为澳门提供就业机会和经济增长动力，还可以通过大湾区产业链的延伸和拓展，带动周边区域发展。这样一来，城市群就可以成为澳门经济增长的重要引擎，促进整个大湾区的协同发展。多元经济结构有助于推动区域经济的澳门城市空间融合和经济一体化发展，使得澳门作为城市群的一员，在大湾区形成一个更加紧密、协同、高效的经济体系，在大湾区内依托区域经济增长和社会发展为澳门经济助力。

二 经济适度多元发展在澳门遭受外部冲击时发挥稳定器作用

经济适度多元发展确实可以在一定程度上缓解澳门产业经济受国际经济下行冲击的影响。

（一）降低产业依赖风险

经济适度多元发展意味着澳门经济不会过度依赖某一个特定产业或经济来源。当国际经济下行时，如果澳门过度依赖某一特定产业，其经济将会更加敏感和脆弱。相反，拥有多样化的产业结构使得澳门能够在国际市场上有更多的发展机会，不再仅仅依赖少数几个产业。这样，即使某些产业受到冲击，其他具有竞争优势的产业可以继续稳定发展，部分产业的不景气可以被其他产业的繁荣所弥补，从而降低整体经济受冲击的风险。

演化经济地理学认为区域产业发展是个内生过程，内生变量如知识创造与溢出、产业间技术关联是消除资源型产业对非资源型产业的抑制作用的关键因素。通过减轻产业依赖和产业结构的路径依赖，澳门不仅能持续发展博彩优势产业的产业链中分布在多个"中心-外围"结构的"外围"位置的产业，还能重新构建多个"中心-外围"结构的"中心"位置的产业如会展、文化、银行以及中医药，增强外部冲击下澳门经济的韧性。

演化经济地理学强调区域产业发展是一个内生过程，这意味着产业发展的动力主要来源于区域内部的因素和力量。这一理论为澳门产业结构的调整和优化提供了重要的启示。澳门作为一个特殊的经济区域，长期以来以博彩业为主导产业，这在很大程度上限制了其他产业的发展。随着全球化和区域一体化的加速推进，澳门必须寻找新的发展路径，以减轻对博彩业的过度依赖，增强经济的韧性和可持续性。

首先，通过知识创造与溢出，澳门可以推动博彩业向高科技、高附加值方向发展。例如，可以利用大数据、人工智能等技术提升博彩业的运营效率和客户体验，同时开发新的博彩产品和服务，以满足不同客户的需求。这样不仅可以增加博彩业的竞争力，还可以为其他产业创造更多的发展机会。

其次，产业间技术关联也是推动澳门产业结构优化的重要途径。澳门可以加强博彩业与其他产业的联系和合作，如会展、文化、银行以及中医药等产业。通过技术创新和产业升级，这些产业可以与博彩业形成互补效应，共同推动澳门经济的发展。例如，会展业可以利用博彩业的人流和资金优势，吸引更多的国际会展活动在澳门举办；文化产业可以利用博彩业的品牌效应，推广澳门的文化产品和服务；银行业可以为博彩业提供金融服务支持，促进资金的流动和利用；中医药产业可以利用博彩业的国际影响力，拓展海外市场和销售渠道。

（二）提升自主发展能力

经济适度多元发展有助于提升澳门的自主发展能力。过度依赖特定产业往往使澳门受制于国际市场变化和国际政治经济环境，难以自主调整经济发展策略。而经济适度多元发展意味着澳门有更多的自主权，可以根据自身的发展情况和市场需求灵活调整产业结构，降低对外部环境的依赖性，从而更好地应对国际经济下行的冲击。特别是在目前复杂的国际经济局势下，提升自主发展能力对澳门具有迫切性。

首先，我国产业链面临两头受挤压的状况，亟须急需构建自主可控的产业链供应链。国务院发展研究中心副主任隆国强在"《财经》年会2023：预测与战略"上指出，百年大变局有几个特别需要关注的方面：第一，以信息技术为代表的新技术革命迅猛推进，同时争夺国际技术制高点竞争日益激烈。第二，国际经济格局深刻调整，特别是全球产业链供应链加速重构，争夺全球产业链控制权的竞争日益激烈。第三，应对全球气候变化日益紧迫，绿色转型加速推进。第四，经济全球化进入了调整期，围绕着国际经贸新规则的制定主导权竞争日益激烈。第五，中美竞合关系发生了深刻变化，大国博弈日益激烈。而这种国际局势在开放领域面临产业链风险。

其次，澳门特别行政区依托的区域经济也因外部局势和内部政策引导，开始加速对自主可控产业链结构的布局。在 2020 年中央经济工作会议上，增强产业链供应链自主可控能力被列为八项重点任务之一。我国构建现代产业体系有了更加清晰的指向，即自主可控，从根本上增强我国产业体系的技术竞争优势和产业链供应链优势，整体提升我国自主可控的现代产业体系竞争力。这使得澳门所面临的自主发展能力不仅仅是个口号。

如果从"链"的角度来诠释，现代产业体系是由"创新链-技术链-产业链-价值链-供应链-服务链"等串联而成，产业链供应链是链接的核心。因此，构建多元发展的产业结构首先是产业链供应链具有自主可控能力。多元经济结构意味着澳门有更多的产业和经济活动，可以在全球市场上有更多的发展机会。不仅如此，拥有多样化的产业结构也能够减轻澳门在国际经济波动下所面临的风险。当某些产业受到国际经济下行的压力时，其他具有竞争优势的产业可以继续稳定发展，带动整体经济增长，为经济发展提供更多的空间和选择。

（三）创造更多就业机会

澳门经济的适度多元发展对创造就业机会和提高居民生活水平具有深远的影响。多元经济结构的构建意味着澳门不再仅仅依赖传统产业，而是能够在新兴产业中找到新的增长点，进而推动整个经济体系的繁荣。

首先，多元经济结构为澳门居民提供了更加广泛的就业选择。在传统产业中，如旅游、酒店和娱乐等，澳门一直享有盛誉，并为大量居民提供了稳定的就业机会。然而，随着全球经济的不断变化和技术的快速发展，新兴产业如科技、金融和环保等逐渐崭露头角。这些新兴产业的发展，不仅为澳门居民提供了新的就业机会，还为他们提供了更多的职业发展路径。其次，多元经济结构的建立有助于稳定就业市场。在经济全球化和技术革命的双重影响下，某些传统产业可能会受到冲击，导致就业机会减少。然而，如果澳门能够成功发展新兴产业，并促进相关产业的协同发展，那么整个就业市场就能够保持稳定。即使某些产业出现波动，其他产业的稳定发展也能够为失业人员提供新的就业机会。

此外，要实现经济的多元发展，就必须重视科技创新和人才培养。突破重点产业关键核心技术"卡脖子"是产业结构优化和经济可持续发展的关键因素。这需要政府和产业加大科技研发的投入，培养高层次高水平的人才，促进科技创新成果的转化和应用。同时，还需要加强协同产业和新兴产业的融合性人才培养，建立全方位协同融合发展的就业制度。

三　数字经济将加速澳门经济适度多元发展结构调整

随着科技的飞速发展和数字化浪潮的推进，数字经济已经逐渐成为全球经济发展的新引擎。对于澳门这样的特别行政区而言，数字经济不仅为其经济的适度多元发展提供了有力支持，而且也为澳门的长期发展注入了新的活力。数字经济的崛起，给澳门带来了许多新的经济增长点，有助于提高澳门经济的抗风险能力，推动澳门经济的转型升级和可持续发展。

（一）有效助力新产业新业态的发展

陈雨露（2023）在其研究中深入探讨了数字技术如何赋能传统产业的转型升级，并揭示了这一过程的三大核心方面。这些方面不仅涉及产业层面的变革，还包括产业园区和产业集群的整体转型，以及转型支撑服务生态的培育。这些转变不仅直接关联到生产过程中的"硬实力"，如产品研发、生产工艺和市场营销，同时也触及与产业数字化紧密相连的"软实力"，如人力资源开发、产业组织创新和产业生态培育。

首先，数字经济的崛起，给澳门带来了众多新兴产业的曙光。互联网技术、大数据分析、人工智能、区块链等尖端科技领域，正在逐渐成为澳门经济发展的新引擎。通过主动拥抱数字经济的浪潮，澳门不仅可以孕育出一批新兴产业和服务业，更能够实现产业结构的优化升级和多元化发展。在数字技术的驱动下，澳门的传统产业开始展现全新的生机与活力。通过与数字技术的深度融合，这些产业不仅在业务流程、产品服务等方面进行了大刀阔斧的改革，更在创新、整合、协作等方面取得了显著成果。这种变革不仅提高了传统产业的竞争力，更为澳门经济的持续发展注入了新的活力。

具体来说，互联网技术的应用让澳门的商业活动突破了地域限制，实现了线上线下的无缝衔接。大数据分析则为产业提供了前所未有的市场洞察和消费者行为分析，帮助他们更精准地把握市场需求。人工智能的普及则让生产和服务流程更加智能化、高效化，极大地提高了产业的运营效率。而区块链技术的应用，则为澳门产业的商业交易提供了更加透明、可信的环境，保障了交易的公正和安全。不仅如此，数字经济还为澳门带来了大量的创业机会和人才流动。许多年轻人在数字技术的浪潮中找到了自己的职业定位和发展空间，他们通过创办科技公司、提供数字服务等方式，为澳门的经济繁荣做出了积极贡献。同时，数字经济的兴起也吸引了众多国内外优秀人才的汇聚，他们为澳门的产业转型提供了强大的智力支持。

其次，颠覆性技术革命和新的数字产业将为澳门提供产业的新业态以及新产业，并通过产业的新业态以及新产业为澳门经济贡献多个增长点，不仅能减轻传统博彩业以及相关产业的经济附加值和利润压力，还能在扩大增长点的同时降低产业对外部资本的依赖，从而推动经济适度多元发展。

颠覆性技术革命正在催生澳门产业的新业态。随着人工智能、大数据、云计算等技术的不断发展，澳门开始尝试将这些先进技术应用于传统行业，创造出全新的商业模式和产业形态。例如，利用人工智能和大数据分析，澳门可以开发出更精准的旅游推荐系统，为游客提供更加个性化的旅游体验。这不仅有助于提升澳门的旅游服务水平，还能为澳门旅游业带来新的增长点。此外，新的数字产业正在成为澳门经济的重要支柱，新产业的兴起，不仅为澳门经济带来了新的增长点，还有助于提升澳门的国际竞争力，成为澳门经济新的增长引擎。

更重要的是，这些新业态和新产业的兴起，有助于减轻传统博彩业以及相关产业的经济附加值和利润压力。长期以来，博彩业一直是澳门经济的支柱产业，但随着市场竞争的加剧和消费者需求的变化，博彩业面临越来越大的压力。新技术和产业的兴起，为澳门提供了更多的经济增长点，有助于分散经济风险，减轻对博彩业的依赖。此外，新产业的崛起还有助于降低澳门产业对外部资本的依赖。随着新产业的不断发展壮大，澳门将逐渐减少对外部资本的依赖，实现经济的自主增长。这将有助于提升澳门的经济安全性，为澳门经济的长远发展奠定坚实基础。

（二）提升传统产业竞争力

首先，数字技术的应用将提升传统产业的效率和竞争力。聚焦于澳门传统产业的产业数字化转型，可以发现，随着数字化技术的不断发展，越来越多的产业开始认识到数字化转型的重要性。这一转变涉及澳门传统产业内部的各个层面，从产品设计到生产工艺，再到市场营销。例如，利用大数据和人工智能技术，可以更加精准地了解市场需求，优化产品设计，提高生产效率，实现精准营销。这不仅有助于提升产业的竞争力，还为消费者带来了更加优质的产品和服务。

其次，数字经济能助力澳门构建产业新业态下的产业园区和产业集群架构。这些产业区域将集聚澳门大量的产业和相关产业，是经济发展的重要引擎。通过数字化技术，可以实现澳门传统产业的资源高效配置和协同发展。例如，物联网技术的应用可以实现澳门博彩业和旅游业娱乐设备之间的互联互通，提高生产效率；云计算技术可以为博彩业的客源分析提供灵活、高效的数据存储和处理服务，支持产业的创新发展。

最后，澳门传统产业新业态转型支撑服务生态培育。数字经济的发展离不开与产业数字化紧密相关的人力资源培养以及传统产业组织和产业生态的教育支持。通过加强人才培养、推动组织创新和培育良好产业生态，可以为澳门传统产业新业态的持续发展提供强大的支撑。例如，澳门特区出台的相关数字经济的政策，可鼓励产业对数字化转型培训的投入并提高传统产业劳动者的数字素养；同时，还可以通过科研项目的资金鼓励搭建澳门新业态转型支持服务生态培育平台，促进产业与高校、研究机构的合作，推动创新资源的共享和转化。

数字技术对传统产业转型升级的赋能作用是多方面的。它不仅能直接提升澳门传统产业的"硬实力"，还能间接推动与产业数字化紧密相连的"软实力"的发展。这一转变不仅有助于提升产业的竞争力，还为新产业和产业新业态的发展提供有力支持。

（三）推动高新技术的人才培养，加速产业产品和服务转化

随着数字经济的迅猛发展，其对人才的需求已经发生了深刻的变化。传

统经济模式下的人才需求主要侧重于经验和资源，而在数字经济时代，产业更加需要的是掌握数字技术和具备创新能力的专业人才。这一转变对澳门来说，既是挑战也是机遇。数字经济的崛起为澳门提供了一个全新的发展路径。在这个路径上，具备数字技术和创新能力的人才成了最宝贵的资源。他们不仅能够帮助澳门构建基于数字经济的产业结构，还能推动澳门经济的持续繁荣和发展。此外，具备数字经济人才储备的澳门能够更加积极地参与国际合作，构建高层次的国际合作平台。这有助于澳门进入全球数字经济体系，融入国际产业链，促进经济多元发展。

总的来说，数字经济的发展对人才的需求已经发生了深刻的变化。澳门要想抓住这一机遇，就必须加大对数字经济人才的培养和引进力度，同时积极参与国际合作，构建高层次的国际合作平台。只有这样，澳门才能在数字经济时代实现经济适度多元发展，迎来更加美好的未来。

第四节　数字经济在澳门经济适度多元发展中的作用

一　数字经济与传统经济的区别

有关数字经济的历史研究指出，数字经济与传统的农业经济、工业经济存在较大区别（丁晓钦、柴巧燕，2021；王希元、赵茂，2023），数字经济已经成为推动我国经济社会高质量发展的重要引擎。

根据我国发改委关于数字经济的关键指标的定义，数字经济核心产业增加值占 GDP 比重＝数字经济核心产业增加值/GDP×100%。其中，核算数字经济的核心产业包括：①"计算机、通信和其他电子设备制造业"全部小类；②机电器材制造（含"电气机械和器材制造业"部分小类等）；③电子设备制造（含"仪器仪表制造业"部分小类等）；④"电信、广播电视和卫星传输服务业"全部小类；⑤互联网服务（含"互联网和相关服务业"全部小类等）；⑥"软件和信息技术服务业"全部小类；⑦文化数字内容服务（含"广播、电视、电影和录音制作业"全部小类等）。设置该指标，有利于客观反映数字经济核心竞争力，引导数字经济高质量发展。据国家统计局数据，2020 年我国数字经济核心产业增加值占 GDP 比重达 7.8%。其中走在前列的杭州 2022 年数字经济核心产业增加值 5076 亿元，增长 2.8%，占 GDP 比重达 27.1%。北京 2022 年上半年，全市数字经济实现增加值 8381.3 亿元，按现价计算，同比增长 4.1%，占 GDP 的比重为 43.3%，同比提高 1.2 个百分点；其中数字经济核心产业增加值增长 6.9%，占 GDP 的比重为 25.3%，位居全国第一。数字经济产业增加值和发展程度将逐步成为各地区经济发展水平的重要指标。

（一）算力水平

1. 提高经济效率

在当今数字化、智能化的时代，人工智能（AI）已成为引领科技发展的关键力量。作为国内领先的 AI 产业之一，科大讯飞发布了全新的"基于全国产化算力平台训练的"讯飞星火认知大模型 V3.5，这一突破性的成果无疑将为中国 AI 产业注入新的活力。讯飞星火认知大模型 V3.5 在逻辑推理、语言理解、文本生成、数学答题、多模态等核心能力上进行了大幅提升。这意味着，无论是复杂的逻辑推理问题，还是日常的语言交流，甚至是数学题目，该模型都能够迅速、准确地给出答案。这一成果不仅展示了科大讯飞在 AI 技术上的深厚积累，也体现了中国在 AI 领域的强劲实力。值得一提的是，自 2023 年 5 月 6 日讯飞星火认知大模型正式发布后，仅仅 240 天的时间，讯飞开放平台上的开发者团队数量就新增了 169.1 万个，平均每 12.2 秒就有一个新成员"入场"。[①] 这一惊人的增速不仅说明了开发者们对于科大讯飞技术的认可，也反映了中国 AI 产业的蓬勃发展态势。

支撑这一切的"基石"就是算力。在数字经济日益成为经济增长新引擎的背景下，算力的重要性不言而喻。根据中国《"十四五"数字经济发展规划》，到 2025 年，数字经济核心产业增加值占 GDP 比重将达到 10%。而

---

① 《算力新能级托起数字经济远景》，中国经济网，2024 年 2 月 19 日，https：//baijiahao. baidu. com/s？id=1791284211121497733&wfr=spider&for=pc。

算力，作为支撑数字经济核心产业增加值比重增加的关键因素，其重要性不言而喻。

算力主要表现为运算速度和存储量，是数字经济与传统经济最直观的区别。随着计算机和互联网的普及，人类的信息储存能力以及数据运算能力空前提升，并以几何倍数飞速增长。近些年来，随着超级计算机、大数据、移动互联网、云计算、机器学习、人工智能等技术的发展，算力水平进一步飞速提升，推动各产业进行数字化转型，促进传统经济进行数字化变革，让数字经济快速发展。

算力，在数字经济的浪潮中逐渐崭露头角，其背后所蕴含的力量正逐渐改变着世界的面貌。在人类历史的漫长岁月中，计算能力的提升一直是一个缓慢而渐进的过程。然而，计算机和互联网的普及，尤其是近几十年来科技的飞速发展，让人类对信息储存和数据处理的能力实现了前所未有的飞跃。这一飞跃不仅让算力以几何倍数增长，更在潜移默化中改变了生活方式和经济结构。

超级计算机的出现，让人类拥有了前所未有的计算能力。它们能够在极短的时间内完成海量的数据处理任务，为科学研究、工程设计等领域提供了强大的支持。大数据技术的崛起，使得人类能够更加高效地收集、整理和分析海量数据，从而发现隐藏在其中的价值。移动互联网的普及，让信息的传递变得更加迅速和便捷，人们可以随时随地进行沟通和交流。云计算的兴起，则让计算资源得以共享，大大降低了产业和个人的计算成本。而在这个过程中，机器学习和人工智能等技术的发展，更是为算力的提升注入了强大的动力。这些技术通过模拟人类的思维过程，让计算机具备了自主学习和决策的能力。它们可以在海量的数据中挖掘有用的信息，为产业的决策提供有力支持。同时，它们还可以模拟人类的感知和认知过程，为机器人、自动驾驶等领域提供强大的技术支持。

算力的飞速提升，不仅推动了各产业的数字化转型，更促进了传统经济的数字化变革。在农业领域，通过运用大数据和人工智能技术，可以更加精准地进行种植和养殖，提高农产品的产量和质量。在工业领域，智能制造、工业互联网等技术的应用，让生产过程更加高效、智能。在服务业领域，通过运用云计算和大数据技术，可以提供更加便捷、个性化的服务。中国不仅致力于加快形成"未来算力"，更对算力"智能化"程度进行升级，加速扩大适应数字经济需要的智能算力规模。

不断跃升的算力新能级，正在助力各行各业培育形成新质生产力。根据《算力基础设施高质量发展行动计划》，中国将在"算力+工业""算力+教育""算力+金融""算力+交通""算力+医疗""算力+能源"等领域进一步深化行业应用，降低算力使用成本和门槛，保障算力使用需求，为数字经济高质量发展注入新动能。在此基础上，各地都在加快布局数字经济，推出一系列促进算力提升的措施。随着科技的不断进步，算力的新能级正在为各行各业带来前所未有的变革。这股变革的力量正在悄然改变着生产方式、生活方式乃至整个社会的运行方式。算力，其实已深入生活的方方面面，成为推动社会进步的重要力量。

2. 助力算力基础设施构建

根据《算力基础设施高质量发展行动计划》，中国正积极布局算力产业，将算力与工业、教育、金融、交通、医疗、能源等多个领域深度融合，以实现更高效、更智能的生产与服务。这一计划的推出，无疑为数字经济的高质量发展注入了强大的新动能。在"算力+工业"领域，通过引入先进的计算技术，产业可以实现生产流程的自动化、智能化，提高生产效率，降低生产成本。在"算力+教育"领域，算力技术的运用使得个性化教育成为可能，为培养创新型人才提供了有力支持。在"算力+金融"领域，算力技术助力金融机构实现风险控制、数据分析等功能的智能化，提升金融服务的效率与质量。在"算力+交通"领域，通过大数据、云计算等技术的应用，可以实现对交通状况的实时监控、预测，为交通管理提供有力支撑。在"算力+医疗"领域，算力技术的运用使得远程医疗、精准医疗等新型医疗服务成为可能，为人们的健康保驾护航。在"算力+能源"领域，算力技术的运用有助于能源的高效利用与合理调度，为实现绿色、低碳的能源发展提供有力支持。

为了推动算力产业的快速发展，各地政府也在积极布局数字经济，推出一系列促进算力提升的措施。例如，加大对算力基础设施的投资，优化算力资源配置，降低算力使用成本和门槛等。这些措施的实施，将进一步激发算力产业的活力，为数字经济的蓬勃发展提供有力支撑。北京市将加快推动海淀区、朝阳区建设北京人工智能公共算力中心、北京数字经济算力中心，形成规模化先进算力供给能力；贵州省计划在2024年基本建成面向全国的算力保障基地，重点瞄准粤港澳大湾区及长三角地区提供算力服务，澳门作为粤港澳大湾区区域经济的重要一环，依托韶关数据中心千亿级的电子信息和大数据产业集群，在算力发展上也将具有布局和使用优势。

（二）数据使用效率

1. 助力产业效益提升

在21世纪的今天，数字经济已成为全球经济发展的重要引擎。与传统农业经济和工业经济相比，数字经济以其独特的魅力和巨大的潜力，正在改变着世界的面貌。数字经济的核心要素与基础是数据，这一点已经得到了广泛的认同。数据，这个看似普通的词语，在数字经济中却扮演着至关重要的角色。它是驱动经济运行的关键生产要素，是数字经济革新的源泉。在数字经济中，数据就像石油在工业经济中的地位一样，是不可或缺的资源。

2019年，党的十九届四中全会将数据列为新的生产要素，这一决策具有里程碑式的意义。它标志着我国对数据要素属性的认识进一步深化，对数据在经济发展中的重要性有了更加清晰的认识。同时，会议还提出了健全"数据等生产要素由市场评价贡献、按贡献决定报酬"的收益分配机制，这为我国数字经济的发展提供了有力的制度保障。数据作为数字经济的基础，其重要性不言而喻。在数字经济中，数据不仅是信息的载体，更是价值的源泉。通过大数据技术的运用，可以更好地了解市场需求、消费者行为等信息，为产业决策提供有力支持。同时，数据还可以帮助产业优化生产流程、提高产品质量、降低成本等，从而实现经济效益的提升。当然，数据的价值并非一蹴而就。它需要经过采集、存储、处理、分析等多个环节才能转化为有价值的信息和知识。在这个过程中，数据的安全性和隐私保护问题也不容

忽视。只有在确保数据安全和隐私保护的前提下，才能充分发挥数据的价值，推动数字经济的健康发展

2022年，中央深改委通过《关于构建数据基础制度更好发挥数据要素作用的意见》，提出数据基础制度建设事关国家发展和安全大局，要维护国家数据安全，保护个人信息和商业秘密，促进数据高效流通使用、赋能实体经济，统筹推进数据产权、流通交易、收益分配、安全治理，加快构建数据基础制度体系。在数字化浪潮中，数据已经成为新的生产要素，对于国家发展和安全具有举足轻重的地位。为了进一步发挥数据要素的作用，《关于构建数据基础制度更好发挥数据要素作用的意见》这一重要文件不仅为数据基础制度建设指明了方向，也为我国在数字经济领域的未来发展奠定了坚实的基础。

2. 经济赋能与产业结构优化的核心驱动力

在数字经济的浪潮中，数据使用效率成为推动经济赋能和产业结构优化的核心力量。这种力量在多个层面展现了其深远的影响，不仅影响着产业的竞争格局，更在悄然改变着经济的增长方式和人民的生活质量。

首先，数据使用效率是加速推进数字产业化、产业数字化的重要驱动力。当数据使用效率得到提高，数字经济与实体经济的融合将更加紧密，数字化红利将得到进一步释放，为构建现代化经济体系提供有力支撑。数字技术的广泛应用不仅优化了生产流程，提高了生产效率，还使得产品和服务更加个性化和智能化，从而满足了消费者日益多样化的需求。

其次，数据使用效率通过数字技术的应用，打破了时空的限制，提升了有限资源的普惠化水平。在澳门，这种普惠化效应在多个产业和民生领域都得到了体现。例如，在教育领域，通过数字技术的应用，优质教育资源得以共享，促进了教育公平；在医疗领域，远程医疗、智慧医疗等新模式的兴起，使得医疗服务更加便捷和高效；在服务领域，数字化手段的运用，提高了服务效率和质量，降低了服务成本，推动了服务均等化。

最后，数据使用效率还体现在各行业的领军产业的数字化程度上。这些领军产业通过数字化转型，不仅提升了自身的竞争力，更在多产业融合中发

挥了引领作用。它们通过匹配市场需求、集成创新、组织平台等优势，整合集聚创新资源，提升了产业基础能力和产业链现代化水平。这些领军产业的成功转型，为澳门经济的适度多元发展注入了新的活力，推动了经济的高质量发展。

综上所述，数字经济中的数据使用效率是经济赋能和产业结构优化的核心驱动力。它不仅促进了数字产业化和产业数字化的进程，还通过数字技术的应用提升了有限资源的普惠化水平，推动了各行业的领军产业实现数字化转型。未来，随着数字技术的不断发展和普及，数据使用效率将进一步提升，为澳门乃至全球的经济增长和社会发展带来更多的机遇和挑战。

（三）数字平台

1. 数字平台历史沿革

不同于传统的农业经济和工业经济的活动主要存在于物理空间，数字时代的众多活动发生于传统物理空间之外的虚拟空间。在这个由互联网和现代通信技术所支撑的空间中，人类能获得各种前所未有的体验，并发挥无限的想象力和创造力，塑造各种新型经济形态与生活方式，为人类带来更多财富与福祉。在推动数字经济发展、数字经济与实体经济融合的过程中，发挥人们的想象力和创造力，实现技术创新、产品创新和商业模式创新，是未来需要面对的一个重要问题。其中的关键要素和核心主体是数字平台的构建和优化。

数字平台，主要是指数据分析平台，其消费（分析）内部和外部其他系统生成的各种原始数据（比如券商柜台系统产生的各种交易流水数据，外部行情数据等），对这些数据进行各种分析挖掘以生成衍生数据，从而支持产业进行数据驱动的决策。数据分析平台需要上游系统（内部或外部）提供原始数据，再经过分析生成各种结果数据（衍生数据），其生成的结果数据，一般主要服务于产业自身，支持产业进行数据驱动的决策，从而助力产业更好地经营，如为顾客提供更好的服务，产业自身降本增效，或发现新的商业洞察从而支持新的商业创新和新的业务增长点等（foster innovation）。此外，数据平台生成的结果数据，也可以服务于外部客户，通过数据变现，为产业创造新的业务模式和利润增长点，如支持各种类型的数据分析应用，包括 BI 也包括 AI 的各种数据服务提供。可以说，数字平台以数据生产要素为核心，利用算法技术，打破时空限制链接各类经济主体，形成提供信息、搜索、交易、金融等综合性服务的新型经济组织。借助信息网络、海量数据和算法技术，数字平台不断推动数字产品与服务创新，改变了产业生态，优化了市场结构。

学界对数字平台的研究呈现跨学科交叉的特点。例如，Gawer 等（2002）将平台研究划分为经济学（Economics）和工程设计（Engineering Design）两大领域，其中平台研究的经济学视角主要将平台视为市场（Platform as Markets），而平台研究的工程设计视角则将平台视为一种技术架构（Platforms as Technological Architectures）。上述研究基本将平台研究的市场观和技术观分离开来。而郑准等（2023）指出，越来越多的学者认为融合性的数字平台才是未来的主流方向，关注数字平台的结构应更关注不同平台的生态层构建而非类型。

2. 数字平台对产业结构优化的贡献

平台参与者的多属性行为与平台之间的竞争密切相关。郑准等（2023）认为，平台战略与平台竞争动态之间存在相互作用，数字平台的构建就是一个产业多元发展和结构优化的过程。首先，平台所有者可以就如何启动、创新或管理平台来产生相对于竞争对手的竞争优势而做出战略决策，而平台内外部的竞争动态反过来也会对平台产业战略制订产生影响，这就使得多产业的融合发展具有了相应基础。

其次，平台参与者的多属性行为、网络效应及信任机制受到平台核心层的平台设计和平台治理模式的影响，与平台竞争动态之间产生交互作用。例如，在澳门经济适度多元发展的过程中，构建数字平台能为需求端的用户提供多属性行为，并可以在降低成本的同时增加效用；同时，数字平台的所有者将会通过在核心层采取更加复杂的且难以复制的技术和架构，增加平台参与者的多属性成本和门槛，从而助力自身竞争优势的获取并为新兴产业提供充分竞争的空间。

3. 数字平台为多产业发展提供了网络乘数

从网络效应的角度看，平台技术中的后向兼容性（数字平台信息系统的新版本可以兼容或替代旧版本的功能）影响互补者和消费者的参与程度，因而将对平台网络效应产生重要影响。此外，平台所有者的治理决策也可能产生网络效应，而网络效应反过来会影响治理决策。通过构建数字平台，澳门经济适度多元发展能在各产业的融合下发挥网络效应，不断提高参与者的平台参与度，激发多产业的结构优化和融合发展能力。

从信任机制的角度看，数字平台能够促进各产业融合发展，也会对平台内各产业融合发展的竞争动态产生重要影响。各产业间合作与竞争，彼此之间的信任可以基于数字平台清晰、透明、合法的流程来建立，降低彼此间产业竞争重叠度，提高多方对产业提供产品和服务的信任度。

上述三个方面对传统经济的补充和颠覆，使得数字经济有着对产业结构调整的可行性，数字经济可能成为一个有效的工具变量，作用于传统经济，发挥中介调节作用，对经济体间的供需关系和趋同路径进行调整，走出一条适合现代高科技发展的道路。

二 数字经济对澳门各产业的积极影响

数字经济为澳门各产业的持续性动力提供了重要支撑，推动了经济增长和结构调整。

（一）强势产业

1. 强势产业未赶上数字经济的发展浪潮，被周边国家赶超

新古典经济增长理论的核心观点是，生产要素的有效配置对经济增长具有至关重要的影响。这一理论不仅强调了技术进步在经济增长中的关键作用，还深入探讨了人力资本积累的重要性。在澳门这样的经济体中，这种理论的应用尤为重要，特别是在数字经济日益崛起的背景下。

首先，技术进步被视为推动经济长期增长的内生动力。通过提高人力和资本的效率，技术进步能够直接作用于经济增长路径，进而改变路径中的趋

同点（Valat and Paul，2021）。在澳门，这种进步不仅体现在传统产业的技术革新上，更体现在数字经济技术的快速发展上。例如，随着云计算、大数据、人工智能等技术的广泛应用，澳门的产业结构正在发生深刻变革，传统产业与数字技术的融合已成为新的增长点。

其次，人力资本的积累与技术进步相互作用，共同推动澳门经济增长路径的转变。在新古典经济增长理论的框架下，市场机制在资源配置中发挥着至关重要的作用。在澳门这样的地区，数字经济推动使得市场机制得到了进一步的完善。通过供求关系的自动调节，生产要素的价格和数量得以有效配置，从而提高了生产效率，推动澳门经济增长路径的转变。这种转变不仅体现在传统产业的转型升级上，更体现在新兴数字产业的快速发展上。

2. 数字经济为强势产业人力资本的积累提供空间

澳门周边的国家或地区陆续开放博彩业，并依托数字经济大力发展线上博彩，基于智能手机和平板电脑的普及，移动博彩持续增长。在线博彩公司使用数字经济的技术，通过虚拟现实（VR）和增强现实（AR）技术、区块链技术和与社交媒体整合的技术，继续改进其移动应用和网站，以提供比澳门传统博彩业更好的用户体验和便捷性，满足不断增长的移动用户需求。根据百谏方略（DIResaerch）研究统计，全球在线博彩市场规模呈现稳步扩张的态势，2023年全球在线博彩市场销售额达2357.9亿元，预计2030年将达到5156.2亿元，2023～2030年复合增长率（CAGR）为11.83%。[①] 这不仅对澳门博彩业产生了影响，对依托落地消费的旅游业也具有长尾冲击。而澳门由于数字经济人才匮乏，错失了发展数字经济的增长机会。

数字经济技术的快速发展，无疑为人力资本的积累提供了更为广阔的空间。这种影响不仅直接体现在劳动力市场的结构性变革上，而且间接地促进了教育和培训机会的增多，从而为人力资本的持续积累提供了坚实的基础。

首先，数字经济技术的广泛应用导致了劳动力需求的深刻变革。随着

---

① 《市场深度调研：2023年全球在线博彩市场销售额将达到2357.9亿元》，百谏方略，2023年10月30日，https://baijiahao.baidu.com/s? id=1781161011217973139&wfr=spider&for=pc。

传统产业的逐步衰退，社会对具备数字化技能和高素质人才的需求日益旺盛。这种趋势不仅改变了劳动力市场的供求关系，更对教育和培训体系提出了新的挑战和机遇。为了适应这种变革，教育体系需要更加注重培养学生的数字化技能和创新思维，以满足市场对高素质人才的需求。其次，数字经济技术也为劳动力提供了更多的培训和教育机会。随着在线教育和远程教育的兴起，人们可以更加便捷地获取知识和技能，无论身处何地，只要有互联网，就能接触到优质的教育资源。这种变化不仅打破了地域和时间的限制，更使得教育资源得以更加公平地分配，为人力资本的积累提供了有力支持。

此外，人力资本的积累与技术进步之间形成了良性的循环。一方面，人力资本的积累为技术进步提供了更多的资源和支持，推动了数字经济技术的不断创新和发展；另一方面，数字经济技术的创新和发展又进一步拓展了人力资本的积累空间，为劳动力提供了更多的培训和教育机会。这种良性循环不仅推动了经济增长，更促进了社会进步和人的全面发展。

（二）产业链

1. 缺乏数字经济人才的培养机制

制度经济学派的观点，即社会和政治制度对经济增长具有显著影响，已经得到了广泛的学术认同和实际应用（谢金箫，2021）。这种观点的深入理解和应用不仅有助于了解历史和经济现象，更能指导现实社会中如何更有效地推动经济增长。

在谈论科技创新时，制度环境的重要性不容忽视。科技创新是推动社会进步和经济增长的重要动力，而制度环境则是科技创新的重要基础。良好的制度环境可以为科技创新提供稳定的社会环境和政策支持，从而激发科技人员的创新热情，推动科技进步。相反，制度环境的不完善或者缺陷可能会阻碍科技创新的发展，甚至导致科技创新的停滞和倒退。为了更深入地理解制度环境对科技创新的影响，可以从历史和现实的角度进行考察。在历史上，许多科技创新的重大突破都是在制度环境相对宽松、自由的时期发生的。例如，18世纪的工业革命就是在欧洲各国逐渐放宽对商业和手工业的限制、鼓励创新和竞争的背景下发生的。而在现实中，许多国家的科技创新发展也与其制度环境的优化和完善密切相关。例如，美国的科技创新实力在很大程度上得益于其开放的市场环境、完善的知识产权保护制度以及鼓励创新的政策导向。

社会和政治制度在经济增长中发挥着至关重要的作用。它们不仅为经济活动提供了总体规则和框架，还通过经济结构和体制构建了市场经济的基石。这些制度确保了市场的公平竞争和资源的有效配置，为经济的繁荣和稳定提供了坚实的基础。在数字革命科技创新的背景下，一个稳定、开放、透明的制度环境尤为重要。这种环境能够鼓励创新、激发产业家精神，为数字经济的快速发展提供有力保障。同时，保护知识产权也是促进数字经济发展的关键。只有确保创新成果得到合理保护，才能激发更多的创新活动，推动数字经济持续健康增长。澳门作为中国的一个特别行政区，其社会和政治制度也遵循这一原则。澳门特区政府一直致力于打造一个稳定、开放、透明的制度环境，鼓励科技创新和知识产权保护。这些努力已经取得了显著成效，澳门的数字经济正在迅速发展，为澳门经济增长注入了新的活力。

事实上，中国经济实践已经充分证明了制度和政策在促进经济增长方面的重要性。改革开放以来，中国通过一系列制度创新和政策调整，成功地实现了经济的快速增长和转型升级。在数字经济领域，中国也取得了令人瞩目的成就。这些成就得益于中国政府的坚定决心和有力措施，也得益于社会各界的共同努力和积极参与。

2. 缺乏对核心人才储备的引导

在深入探究各国数字经济的实践后，可以清晰地发现，科技创新的增长路径正逐渐从外生转向内生。这一过程不仅基于经济的适度多元发展，更激发了各产业和个人的创新动力，为澳门区域特色数字经济的长期发展注入了新的活力（毕德，2000；Kwak et al.，2018）。外生增长主要依赖外部因素的推动，如政府政策、国际投资、技术进步等。然而，这种增长模式往往缺乏持久性和自主性，容易受到外部环境变化的影响。相比之下，内生型增长则更加注重经济体内部的创新和动力，强调从内部挖掘潜力，实现持续、稳定的发展。

在数字经济的背景下，内生型增长的重要性越发凸显。数字经济的核心在于信息技术的广泛应用和创新，而创新正是内生型增长的核心驱动力。在澳门这样的特定区域，发展具有特色的数字经济，需要更加注重激发内生型增长的动力。一方面，通过培育本土的科技产业和创新团队，澳门可以充分利用自身的资源和优势，推动数字技术的研发和应用。这不仅有助于提升澳门在全球数字经济中的竞争力，还能为本地创造更多的就业机会和经济增长点。另一方面，激发个人和产业的创新动力也是实现内生型增长的关键。通过营造良好的创新氛围和激励机制，鼓励个人和产业积极参与数字经济建设，形成良性的创新生态，推动澳门数字经济的蓬勃发展。

数字经济的兴起为各产业和个人提供了新的创新机会，推动了经济的多元化发展。这种多元化发展反过来又促进了数字经济的进一步发展，形成了一种良性循环。故而若想抓住数字经济的发展浪潮，澳门需要配合使用各种相关人才培养机制和制度，通过制度和人才结构的引导，为澳门提供改变经济结构和体制的内生动力。然而，在 2016～2020 年，澳门针对数字经济的人才培养计划始终未达到一个如中国般的高度。2018 年 8 月 9 日，澳门特区行政长官崔世安在列席立法会全体会议，就政府施政及社会问题回答议员们的提问时，提及人才培育政策措施，指出："澳门的人才是相对不足，但不是绝对不足，人才缺乏情况集中在新兴产业、创新科技、升级转型等行业。"他强调澳门的人才培养方向为吸纳特色金融人才政策、政府持续培养本地金融人才。[①] 这进一步降低了数字经济技术人才的培养重视程度。

通过数字经济的技术人才培养制度，将能更好地为澳门提供一个稳定、开放、透明的制度环境，鼓励创新、保护知识产权，从而促进科技进步和经济增长。通过经济结构和体制的优化，激发和推动澳门科技进步和经济适度多元发展，也为澳门市场提供公平竞争的机会，促进资源的有效配置，进一

---

① 《崔世安：完善人才培养政策 为澳门发展创造有利环境》，国际在线，2018 年 8 月 10 日，https：//baijiahao. baidu. com/s？id＝1608375482111538528&wfr＝spider&for＝pc。

步推动经济增长。

（三）产业融合度

1. 除金融行业外，澳门其他产业的数字经济融合程度依然有待提高

截至 2021 年末，澳门各强势产业依托数字经济所带来的新产品服务和商业模型乏善可陈，以博彩业为例，税收的增长依然还集中在传统产品。数字经济的核心是数据和互联网技术，可为各传统产业提供更高效、更便捷、更智能的服务和解决方案。目前中国的数字经济已经渗透到各个领域，如旅游、金融、教育、医疗等，而数字经济为传统产业带来的活力，能为各传统产业获得第三条增长曲线。然而，目前尚未在数据层面观测到澳门产业结构基于数字经济的技术创新的产业快速增长，在 2022 年前，如互联网科技、人工智能、生物科技等与澳门传统博彩业存在较小生态位重叠和资源争夺的新兴产业也尚不具备内生增长优势。

2021 年末，澳门各大强势产业在数字经济的浪潮中似乎并未能抓住太多的机遇。以博彩业为例，尽管该行业在澳门经济中占有重要地位，但其税收增长依然主要依赖传统产品，而非数字经济的创新产品和服务。这一现状不禁令人思考，为何澳门在数字经济的大潮中未能取得显著的进展？

首先，要明确数字经济的核心在于数据和互联网技术。这些技术为传统产业提供了更高效、更便捷、更智能的服务和解决方案。在中国，数字经济的渗透力已经深入各个领域，如旅游、金融、教育、医疗等，这些产业通过数字化转型，不仅提升了自身的运营效率，还为消费者带来了更加个性化的体验。

然而在澳门，尚未看到基于数字经济的技术创新带来的产业快速增长。这可能与澳门产业结构的特点有关。澳门的经济长期以来主要依赖博彩业，这使得其他产业在数字经济发展中缺乏足够的动力和资源。此外，澳门在互联网科技、人工智能、生物科技等新兴产业方面的发展相对滞后，与传统博彩业存在一定的生态位重叠和资源争夺。

2. 澳门各产业和数字技术创新的融合度有待提高

技术创新是经济增长的主要驱动力，也可通过数字经济对各产业的技术渗透带来产业的第三条新增长曲线。技术创新是经济增长的主要驱动力，这一点已经得到了广泛的认可（Valat and Paul，2021；王希元、赵茂，2023）。在当今的数字化时代，技术创新不仅对单一产业产生影响，更可能通过数字经济的技术渗透对多产业发展提供新增长曲线。

澳门近年来在数字经济的浪潮中也在努力寻求自身的发展路径。然而在技术的运用上，澳门各产业似乎还未能完全跟上时代的步伐。目前，大多数产业仍停留在使用封装工具的阶段，对于算力、算法和数字平台的开发以及技术创新能力尚显不足。这种局面令人担忧，因为未能将底层技术的开发与产业生产运营有机结合，这可能会让澳门在数字经济的竞争中落后。

数字经济的技术创新在推动产业增量方面扮演着至关重要的角色。随着科技的不断革新，新的产品、服务和商业模式层出不穷，为消费者提供了更多的选择和机会。然而，如果澳门无法迅速提升产业融合的技术创新能力，那么在数字经济蓬勃发展的过程中，传统产业将面临客源流失的困境。想象一下，当其他地区的产业正通过技术创新吸引消费者时，澳门的传统产业却还在原地踏步，这无疑会加速客源的流失。

此外，数字经济的技术创新还能为产业在降低成本和风险方面提供竞争优势，从而有效推动产业调整，带来新的增长点。然而，如果澳门无法利用技术对成本进行优化，那么传统产业与其他数字经济发达地区同行业的成本差距将进一步扩大，导致产业利润加速衰退。这将对澳门的传统产业造成不利影响，还可能对整体经济发展带来负面影响。

总的来说，尽管澳门在数字经济的发展上面临一些挑战和困境，但只要认清形势，积极应对，加大对技术创新的投入和合作力度，就一定能够在数字经济的竞争中脱颖而出，为澳门的经济发展注入新的活力。

三 数字经济对澳门各产业的消极影响

尽管数字经济为澳门的经济适度多元发展提供了很多机遇，但也存在诸多挑战。

（一）数字鸿沟问题

《共产党宣言》中，马克思、恩格斯这样描述经济全球化的景象，"资产阶级，由于开拓了世界市场，使一切国家的生产和消费都成为世界性的了"①。第一、二次工业革命以来，社会生产力飞速进步，交通和通信工具快速发展，各大洲之间的经贸联系日益增强，世界市场逐渐形成。第三、四次工业革命的发生发展，为互联网和人工智能等新型数字技术的应用进程按下了快进键。美国经济学家托马斯·弗里德曼认为，21世纪科技和通信领域的不断创新，使得这个"世界正在被抹平"。由于信息化发展水平的不同，互联网的发展并没有抹平这个世界，反而使得这个世界变得更加沟壑纵横，其中便包括所谓的数字鸿沟。数字鸿沟（Digital Divide），指的是数字技术普及程度在不同群体、不同产业间的差异，它可能导致某些产业无法充分把握数字经济的机遇，进而阻碍整体经济的均衡和多元发展。

在数字经济迅速崛起的今天，其背后的推动力无疑是数字化基础设施和技术的日新月异。然而，澳门在追求数字经济发展的道路上，却面临数字鸿沟的挑战。从国家层面观察，数字鸿沟表现为国家与国家之间数字技术应用水平的差异。其中，最突出的是发达国家与发展中国家之间的数字鸿沟，这是南北问题在数字经济时代的体现。根据2023年11月世界互联网大会乌镇峰会《中国互联网发展报告2023》和《世界互联网发展报告2023》蓝皮书数据，截至2023年6月，中国网民规模达10.79亿人，互联网普及率达76.4%，其他发达国家互联网普及率也都在80%左右，经综合评估，2023年排名前十的国家为美国、中国、新加坡、荷兰、韩国、芬兰、瑞典、日本、加拿大、法国，世界互联网发展指数得分排名后十的国家的互联网普及率平均仅有41%。2023年澳门的互联网普及率相对较高，互联网使用者57万人，互联网普及率为88.5%，然而上网目的统计显示，通信占95.4%，网上娱乐占81.9%，其他如政府公务、商务工作、科研创新等方面的占比较低。澳门的互联网发展指数还处在较高的位置，但澳门在新一代网络、数

---

① 《马克思恩格斯选集》（第一卷），人民出版社，1995，第276页。

字算力、数字平台等方面的创新能力和科技能力不足，会影响其 10 年后的数字经济发展指数和发育情况，因而存在数字鸿沟的潜在风险。

为了有效弥合未来因数字经济发达程度不同而形成的数字鸿沟，构建坚实的数字基础设施显得尤为重要。这不仅涉及基础网络设施的完善，还涵盖了从数据库、数据仓库到数据湖，再到数据湖仓的逐步演进。这些层次分明的数字化底层和中台建设，为澳门各产业提供了稳固的支撑，使得它们能够逐步实现信息化和数字化的转型。

随着数字化转型的深入，产业可以逐步降低与数字经济融合发展的知识成本和转型成本。这得益于数字化资源使用效率的提升，以及数字化应用弹性和可扩展性的增强。在这样的背景下，澳门的各产业将能更加灵活地应对市场变化，把握数字经济带来的无限商机。同时，数字化转型不仅意味着技术的升级，更是一场深刻的产业变革。它要求产业不仅要在技术上有所突破，更要在管理、运营等方面进行全面创新。只有这样，澳门各产业才能在数字经济的浪潮中站稳脚跟，实现可持续发展。

澳门要想充分利用数字经济发展的红利，就必须正视数字鸿沟问题，通过构建坚实的数字基础设施，推动各产业的数字化转型。这不仅是提升澳门经济竞争力的关键所在，也是实现经济适度多元发展的重要路径。

（二）资源匹配问题

随着数字经济的迅速发展，算力、平台资源以及产业融合的资源利用问题凸显。在推动数字经济发展的过程中，澳门的相关法律法规在制定和执行方面尚不具备前瞻性。同时，数字经济的底层和中层基础建设、传统产业的数字融合发展效率也未能跟上数字经济技术革新的步伐，从而对澳门数字经济的发展形成了一定的阻力。

1. 澳门各产业基于数字经济的利益分配趋向不均等化

数字鸿沟的存在、持续扩大和数字经济资源中核心技术的稀缺性，使得澳门各产业基于数字经济的利益分配趋向不均等化，进而产生强者愈强、弱者愈弱的马太效应。从社会资本的角度看，使用数字技术的各类产业主体，能够快速数字化其原有的关系网络和拓展新的关系网络，并将这些数字化的社会资本转化为新的经济社会资源；而无法使用数字技术的产业，则会因为只能依赖原有的社会资本而被远远甩在后面。

在数字经济的浪潮中，澳门各产业的发展面临前所未有的挑战与机遇。数字鸿沟的存在及其不断扩大的趋势，以及数字经济资源中核心技术稀缺，使得澳门各产业在数字经济的利益分配中呈现明显的不均等化。这种不均等不仅加大了强者与弱者之间的差距，更在某种程度上引发了马太效应，使得强者愈强、弱者愈弱。从社会资本的角度来看，数字技术的运用对各产业主体的发展至关重要。那些能够迅速采用数字技术的产业，不仅能够快速数字化其原有的关系网络，还能不断拓展新的关系网络。这些数字化的社会资本，进一步转化为新的经济社会资源，为这些产业在数字经济中的崛起提供了有力支持。例如，澳门的一些先进制造业和服务业，通过数字化技术的应用，不仅提高了生产效率，还拓宽了市场渠道，实现了跨越式发展。

然而，对于那些无法使用数字技术的产业来说，情况则截然不同。它们因为缺乏核心技术，无法快速适应数字经济时代的发展需求，只能依赖原有的社会资本来维持运营。随着时间的推移，这些产业与数字化进程的差距越拉越大，逐渐被边缘化，甚至面临被淘汰的风险。这种现象在澳门的传统行业中尤为明显，如一些小型的手工艺品制造产业和传统的零售商店，由于缺乏数字技术的支持，面临巨大的生存压力。

2. 资源匹配效率的差异可能导致各产业间竞争的不平等加剧

在澳门的产业数字化转型过程中，资源匹配效率的差异对数字经济的影响逐渐显现，导致了各产业间竞争的不平等加剧。这一现象对多产业协同发展、共生共济的经济适度多元发展构成了不小的挑战。澳门的一些强势产业，如博彩业和旅游业，依托其历史资本的积累，能够更快地实现产业内大型产业的数字化转型。这些产业利用先进的技术手段，如建设智能网络博彩游戏和网上娱乐场所，有效提升了内部的生产效率，并通过电子商务等渠道增强了开拓国内外市场的能力。这种数字化转型的成功，使得这些强势产业在市场竞争中占有优势地位，进一步巩固了其在澳门经济中的地位。然而，其他传统和新兴产业却面临资源匹配效率低下的问题。这些产业往往相对缺乏资本和人力资源，因此在数字经济时代的产业竞争中处于弱势地位。由于缺乏劳动力成本优势和自然资源优势，这些产业在数字化转型的过程中往往面临更大的困难和挑战。

以中国的贸易为例。2020 年上半年海关统计数据显示，尽管总体经济的下行压力加大，传统货物贸易进出口总额同比下降了 3.2%，但跨境电商却实现了逆势上涨，进出口增长了 26.2%。这一数据充分说明了在数字经济快速发展的背景下，传统产业与新兴产业之间的发展差距正在逐渐拉大。这种不均衡的发展状况可能会对产业协同产生负面影响，进而阻碍澳门经济适度多元发展的良好态势。

3. 澳门数字经济的资源匹配不均可能会加剧产业发展不平衡

随着全球数字化浪潮的推进，数字经济已经成为推动经济发展的重要引擎。然而，澳门数字经济的资源匹配不均可能会加剧产业发展的不平衡，给澳门的经济适度多元发展带来挑战。数字技术的传播过程，实质上是财富积累的过程。在澳门，博彩业作为传统支柱产业，巨头产业凭借先进的数字技术和庞大的市场份额，实现了快速增长，成为澳门经济增长的重要动力源。然而，新兴产业却受限于自身经济发展水平和数字技术水平，难以实现从数字消费到数字生产的转变。这种转变的困难，使得新兴产业在澳门数字经济红利的分配中处于非常被动的地位。对此，联合国贸易与发展会议发布的研究报告《新冠肺炎疫情危机：强调弥合数字鸿沟的必要性》提供了深刻的洞见。报告强调，数字经济发达国家的市场支配地位可能会因为疫情而进一步增强，这将进一步拉大富裕国家与贫穷国家之间的裂痕，使得全球不稳定因素增加。这一趋势同样适用于澳门，如果数字经济的资源匹配不均问题得不到有效解决，那么澳门的经济适度多元发展将面临更大的挑战。

综上所述，澳门尚未利用数字经济加速澳门产业发展。在创新产业机会、提升传统产业竞争力、提供数字经济平台和推动人才培养等方面，澳门依托数字经济的机遇尚在，但并未获得发展红利。此外，数字鸿沟问题和隐私与安全风险也尚未引起足够的重视。在充分利用数字经济带来的机遇的同时，澳门需要制定相应政策和措施，解决潜在的问题，促进数字经济与经济适度多元可持续发展。

本章小结

本章通过对澳门博彩业以及围绕博彩业共生的产业链（旅游、酒店、餐饮、批发及零售、仓储租赁、房地产）产业发展现状、产业结构特征、产业面临的问题以及数字经济对产业发展发挥的作用等进行分析，阐述基于数字经济的新兴产业，论述澳门产业结构调整的必要性以及数字经济在经济多元化发展中的作用为澳门经济适度多元发展的展望提供更全面的产业结构历史变迁和产业集群的总体描述，主要在如下方面进行了详细阐述。

第一，澳门博彩业具有显著的经济特点和发展态势。长期以来，博彩业在澳门产业结构中占有重要地位，曾推动澳门 GDP、政府税收和居民生活水平显著提升，为澳门经济做出了巨大贡献。然而，随着产业周期的变化和外部环境的冲击，博彩业面临挑战和波动。这种大起大落的经济影响，成为澳门经济适度多元发展思潮的源头。为实现经济稳定和可持续发展，澳门必须推动经济适度多元发展，以应对博彩业单一产业不均衡发展带来的问题。这是澳门经济发展面临的重要任务，也是应对当前挑战的有效途径。

第二，对澳门博彩业共生产业链的经济特性、发展趋势及其在实现经济适度多元化过程中的作用与困境进行了系统的梳理和总结。通过细致分析各个产业环节，描绘出澳门产业发展更为详尽的蓝图。在探讨各产业的经济特征与发展趋势时，特别关注了数字经济对整体产业进步的推动作用，并明确指出了在共生发展的产业格局中，数字经济未来所处的核心地位与增长潜力。这些分析为后续提出更具针对性的澳门经济适度多元化发展建议提供了坚实的理论基础。

第三，回顾澳门各新兴产业的单独发展历程，发现单一化产品结构所带来的抗风险能力弱问题引发了澳门以博彩业为首的所有产业的巨大经营风险，通过推动多元化产品发展和完善风险管理体系，博彩业可以更好地融入澳门多元经济，为其他产业共生共济发展提供必要的资源配置。

第四，回顾澳门多产业融合发展历程，发现围绕博彩业而发展的适度多元产业结构在当下经济形势下逐渐丧失优势。在内忧外患之下，依靠上述产业路径无法摆脱单一经济结构所可能形成的"荷兰病"，也难以对澳门多元经济的高质量发展提供充足的保障。而数字经济将加速澳门经济适度多元发展，这一观点具有一定的合理性，数字经济将为澳门提供更多的机遇和优势，促进经济适度多元发展。

第五，尚未发现数字经济推动澳门传统产业向高附加值、知识密集型产业的转型的实践证据，澳门错失了数字经济高速发展的历史增长点红利，然而这也为今后数字经济促进澳门非博彩业的产业升级和转型、提升金融产业竞争力、促进澳门高水平人才流动和创新能力提升提供了较大发展空间。基于数字经济的技术创新和研发投入，将有效形成对强势产业的生态位非重叠位的补充，从而推动澳门经济结构向更具竞争力的方向发展。

第六章

澳门经济适度多元发展的实证分析

在澳门的数字经济领域，实证检验生态圈一般动态模型的应用显得尤为重要。这一模型不仅有助于深入理解多元结构下各产业之间的共生共济关系，还能揭示不同共生模式下的产业经济发展机制。在当前高质量发展的新形势下，需要从实证的角度出发，精心设计产业链竞合条件和协同层次，以促进澳门数字经济的稳步发展。

首先，需要明确数字经济生态圈的内涵及其重要性。数字经济生态圈是以数字技术为基础，通过产业链上下游产业的紧密合作，形成的一种高效、协同的产业生态。在澳门多元经济结构下，数字经济生态圈的建设对于推动经济适度多元发展具有重要意义。通过优化产业链竞合条件和协同层次，可以实现资源的最优配置，提高产业的整体竞争力。

其次，可以运用区域数字经济生态圈一般动态模型，对澳门数字经济的生态圈内不同行为模式进行实证检验。这一模型可以帮助分析不同行为模式对最终稳态的条件影响，从而找出经济适度多元发展各产业生态圈机制的最优路径。例如，可以通过对比不同产业间的共生模式，分析它们在数字经济生态圈中的角色和地位，以及它们之间的相互作用和影响。在实证检验的过程中，结合新形势高质量发展的要求，积极探索适合澳门数字经济发展的新模式和新路径，包括优化产业链竞合条件、提升协同层次、加强政策引导和技术创新等。

第一节　澳门经济适度多元发展的生态位
测度样本和变量选择

一　样本选取

本书以澳门经济适度多元发展的产业集群为研究对象，数据主要来源于澳门统计暨普查局事件序列资料库。这些数据以年度指标为单位，详细记录了澳门各个行业的宏观经济统计数据。为了确保数据的可比性和研究的准确性，选择 2012~2021 年作为研究时间范围，并删除了 2012 年之前的部分年度数据。在研究过程中，重点关注了 12 个产业集群，这些产业集群涵盖了澳门的主要经济领域，包括旅游业、金融业、房地产业、制造业等。通过对这些产业集群的深入分析，可以更加全面地了解澳门经济的结构和特点，以及各个产业在经济发展中的地位和作用。

值得一提的是，在研究过程中遇到了一些数据缺失的问题。为了解决这一问题，参考了崔祥民等（2023）的方法，运用插值法对数据进行了补齐。这种方法可以有效弥补数据缺失带来的影响，提高研究的准确性和可靠性。

二　经济适度多元发展各产业生态位的测度指标体系

参考胡雅蓓和夏勇（2023）提出的基于产业集群生态位竞争力研究的理论框架，可以看到产业集群的竞争力并非单一维度的体现，而是涉及实际和潜在占有、争夺和适应广义资源的能力。这一框架为理解产业集群的竞争力提供了全新的视角。产业集群作为一个复杂的经济系统，其内部的相互作用和影响因素众多。在这个系统中，产业、政府、科研机构、中介机构等各个主体共同构成了一个有机整体。这些主体通过相互合作和竞争，共同推动着产业集群的发展。因此，在评价产业集群的生态位竞争力时，需要从多个维度进行考虑。

Molina-Morales 和 Martinez-Fernandez（2004）为产业集群竞争优势的研

究视角提供了有益的参考。产业集群的竞争优势主要来源于规模性资源。这一观点为构建澳门经济适度多元发展中涉及主要产业集群的生态位评价指标体系提供了重要依据。在构建这一指标体系时，需要充分考虑澳门经济的实际情况和发展需求。例如，澳门的旅游业、金融业、会展业等产业集群是其经济发展的重要支柱。因此，在评价这些产业集群的生态位竞争力时，需要重点关注其规模性资源，如产业数量、市场份额、产业链完整性等。此外，还需要关注产业集群的创新能力和可持续发展能力。创新能力是产业集群保持竞争优势的关键，而可持续发展能力则是产业集群长期发展的基础。在评价这些能力时，可以引入一些具体的指标，如研发投入、专利申请数量、绿色生产等。

　　表 6-1 分别从对澳门各产业的经济增加值、各产业容纳劳动力人口、产业平均工资和外来直接资本的新增投资额四个方面考虑产业集群的组织形态特征。

表 6-1　澳门经济适度多元发展中涉及主要产业集群的生态位评价指标体系

目标层	准则层	指标层变量名	指标层定义	解释
主体要素	产业规模	$\ln GDP$	产业规模贡献	以当年生产者价格按生产法计算的各行业增加值及产业结构的自然对数
客观要素	人力	$\ln Labor$	产业人力	按行业统计的就业人口数量的自然对数
		$\ln Wage$	产业平均工资	按行业统计的就业居民的月工作收入中位数的自然对数
	资本	$\ln K$	产业新增资本	按行业统计的外来直接投资者的当年新增投资总额的标准化

　　首先，为了深入理解澳门各产业的经济增加值与其在数字经济中的先进性和潜在技术引进动能之间的关系，需要充分认识到历史产业收入规模的重要性。这一规模不仅反映了产业集群在掌控数字经济方面的实力，还揭示了其自主开发创新的潜力。因此，在构建生态位评价指标体系时，采用澳门各

产业的经济增加值来拟合年度的产业规模，并将其作为主体要素纳入其中。

其次，在探讨产业集群在数字经济中的发展时，必须关注其在劳动和资本两大要素上的集中程度。这种集中为产业集群提供了协同推动数字经济应用和链式-生态发展的基础。为了全面评估人力生态位的竞争力，从就业人员的数量和质量两方面进行考量。具体而言，利用澳门统计局提供的年末各产业容纳劳动力人口数据以及产业平均工资的自然对数来衡量人力的生态位宽度。

最后，资本作为产业集群发展的另一关键要素，同样需要进行深入的探讨。为了评估产业集群在资本上的客观生位竞争力，采用了直接外部资本投资的新增投资金额作为指标。这一选择的原因在于，数字创新和产业持续技术更迭需要新增资本的驱动。因此，排除了具有大量长期固定资本的直接外部资本总投资额，而采用外来直接资本的新增投资额的自然对数来拟合不同产业集群。这一指标为各产业集群如何利用资本实力进行数字经济技术引进、吸收和再创造等活动提供了资金保障基础。

第二节　澳门经济适度多元发展的生态位实证分析

一　经济适度多元发展各产业生态位宽度的实证分析

（一）不同产业之间生态位宽度的差异比较

随着全球经济的不断变化和区域竞争的加剧，澳门特区政府逐渐认识到，要实现经济的可持续发展，必须推动经济多元化。在这样的背景下，博彩业之外的会展、文化、中医药和金融等新兴产业逐渐崭露头角。为了深入了解这些产业在澳门经济中的地位和作用，以及它们对资源的利用程度和生态位宽度，采用了第二章式（2-3）对各产业生态位宽度的计算公式，对2012~2021年每年各产业的生态位宽度进行了计算。这一计算过程旨在量化各产业在澳门经济中的竞争力和影响力。

具体而言，参考了胡雅蓓和夏勇（2023）的方法，为了降低某一时点数值突变可能带来的生态位宽度的偶然性影响，对2012~2021年的均值进行了稳健性估计。这种估计方法能够更加真实地反映各产业在长时间内的平均生态位宽度，避免了短期波动对结果的影响。这10年的生态位宽度均值清晰地展示了博彩业、会展、文化、中医药和金融等产业在澳门经济中的生态位宽度变化。可以发现，博彩业作为澳门的传统强势产业，其生态位宽度一直处于较高水平，但随着时间的推移，其他新兴产业的生态位宽度也在逐渐扩大，显示出强劲的发展势头。此外，表6-2中报告了澳门12个产业集群10年生态位宽度均值和标准化宽度数。通过这些数据，可以发现，不同产业之间的生态位宽度存在差异，但这种差异正在逐渐缩小，显示出澳门经济多元化的趋势正在不断加强。

（二）产业生态位宽度间的竞争状态

如表6-2所示，博彩业作为强势产业，其生态位宽度出现了较大的波动。特别是在2012~2014年，博彩业的毛收入和经济附加值迅速增长，其生态位宽度也持续稳定在37%~39%。这一阶段的稳定生态位宽度表明，博彩业在产业链式-生态发展下与酒店、餐饮、批发及零售、金融和银行业等产业存在独立共生的关系。这些产业在2012~2014年的生态位宽度并未出现显著的重叠和偏好，表明它们在各自领域内均有较强的竞争力和发展空间。然而，博彩业的生态位宽度并非一成不变。在产业发展的不同阶段，其生态位宽度可能会受到多种因素的影响，如市场需求、政策环境、技术进步等。因此，对博彩业生态位宽度的波动情况需要持续关注，并进行深入研究。博彩业与其他产业之间的共生关系，是影响博彩业生态位宽度波动的重要因素之一。

表 6-2　产业集群生态位宽度

	面板 A:强势产业与大力发展的新兴产业					
年份	强势产业	大力发展的新兴产业				
	D1	D102	D103	D104	D7	D101
	博彩业	会展业	文化产业	中医药产业	金融业	银行业
2012	0.39	1	1	0.7	0.17	0.17
2013	0.39	0.66	1	0.74	0.39	0.35
2014	0.37	0.63	0.92	0.66	0.15	0.13

续表

	面板 A：强势产业与大力发展的新兴产业					
年份	强势产业	大力发展的新兴产业				
	D1	D102	D103	D104	D7	D101
	博彩业	会展业	文化产业	中医药产业	金融业	银行业
2015	0.13	0	1	0.42	0.4	0.4
2016	0.05	0.22	1	0.24	0.01	0
2017	0.12	1	0.66	0.79	0.57	0.47
2018	0.05	0.16	1	0.23	0.36	0.28
2019	0.13	0.63	1	0.23	0.02	0
2020	0.1	0.24	0.25	0.27	0.28	0.31
2021	0.39	1	0.85	0.7	0.17	0.17
	面板 B：强势产业链式发展的相关产业					
年份	D2	D3	D4	D5	D6	D8
	房地产业	酒店业	餐饮业	批发及零售业	运输、仓储及通讯业	不动产及工商服务业
2012	0.22	0.06	0	0.02	0.09	1
2013	0.19	0	0.27	0.19	0.62	0.46
2014	0.78	0.03	0	0.02	0.46	1
2015	0.04	0.7	0.77	0.63	0.16	0.64
2016	0.09	0.12	0.18	0.11	0.18	0.15
2017	0.06	0	0.18	0.23	0.39	0.2
2018	0.31	0.33	0.34	0.34	0.33	0.22
2019	0.15	0.45	0.61	0.64	33	0.17
2020	0.93	0	0.18	0.22	0.29	0.21
2021	0.22	0.06	0	0.02	0.09	1

　　在产业共生关系中，不同产业之间通过资源共享、优势互补等方式实现协同发展。然而，当产业之间存在空间、人力和资本的争夺时，则可能出现竞争共生甚至偏害共生的状态。以会展、文化和中医药产业为例，这些产业在近几年内的生态位宽度均值均超过 65%，显示出较强的竞争力和市场潜力。然而，如果这些产业之间存在资源争夺，如会展和文化产业在争夺游客资源和市场份额时，可能会出现竞争共生甚至偏害共生的状态。同样，中医药产业在与其他产业争夺研发资源、人才和资本时，也可能面临类似的竞争

压力。为了避免过度竞争和偏害共生状态，博彩业和其他产业需要寻求更加协同的发展路径。例如，博彩业可以通过与酒店、餐饮等产业合作，共同打造旅游产业链，实现资源共享和优势互补。同时，博彩业也可以与会展、文化等产业加强交流与合作，共同推动文化产业的发展和创新。

（三）各产业生态位宽度的阶段性分析

2015~2019 年，博彩业收入和对税收贡献逐步稳定，经济附加值增长率逐步下降，博彩业的生态位宽度随之下滑了 10%~13%，为其他产业的多元发展提供了空间，但同时发现在 2015 年的不动产及工商服务业、文化产业、酒店、餐饮、批发及零售等旅游相关产业，2016 年的文化，2017 年的会展、文化、中医药，2018 年的文化，2019 年度的餐饮产业，皆未形成链式-生态的良性发展态势，相互间的生态位宽度皆超过 65%，在可能竞争的资源、空间领域出现了较大的生态位重叠。该阶段的澳门经济适度多元发展，出现各产业生态位宽度剧烈波动的情况，说明各产业皆在政策支持下，通过市场行为努力寻找生存空间，但相互的非理性竞争可能造成产业结构的剧烈调整，从而形成该阶段各产业生态位宽度的剧烈波动。

2020 年，新冠疫情导致澳门各产业主动和被动地对生态位宽度进行压缩，并在预期减弱的情况下，迅速降低了对增量市场的资源争夺动力。在此期间，强势产业博彩业的生态位宽度下降至 10%，并伴随迅速下滑的客流量、总收入和产业经济贡献率。疫情给城市建设带来新的思考和需求，使得房地产业的生态位宽度上升至 93%，并伴生其他经济适度多元发展的产业生态位的均值下降至 30% 以下的非重叠水平。

2021 年，除不动产及工商服务业以外的强势产业（博彩业）外，链式发展的相关产业皆占有较小的生态位宽度，而随着经济复苏和数字经济浪潮兴起，大力发展新兴产业（会展、文化、中医药），迅速将生态位宽度扩大至 70% 以上，说明上述产业结构符合当下的经济发展态势，在均值上尚未看出其生态位宽度与强势产业（博彩业）之间是否存在重叠。而三个新兴产业间是否存在数字经济、科技创新资源位上的生态位重叠和资源争夺，还尚未可知。

（四）各产业生态位宽度的年度趋势分析

图 6-1 对各产业生态位宽度的年度趋势进行统计，结果显示，博彩业作为强势产业，其在 2012~2021 年，生态位宽度均值呈现倒 U 形的发展趋势，且生态位宽度均值皆在 40% 水平以下，说明博彩业作为对澳门税收贡献度占比在 70% 以上的强势产业，并不存在产业资源争夺中无法使得其他产业共生的生态位宽度，这与 Zhao 等（2021）、Gu 等（2022）对澳门可能陷入"资源诅咒"和"荷兰病"的担忧情况不符，同时也佐证了澳门经济适度多元发展战略方针的可实施性。

此外，通过比较可以发现，2020~2021 年以来，在澳门经济适度多元发展过程中，依托数字经济外生技术引进而加速发展的会展、文化、金融、中医药四大产业皆存在较显著的生态位宽度增长，而澳门强势产业（博彩业）的链式相关产业则皆出现了显著的生态位宽度下降趋势，这种较为统一的、趋势性的产业空间布局并未在 2020 年前出现，说明澳门特区政府对四大产业的产业结构调整政策逐渐显现出积极溢出效应。

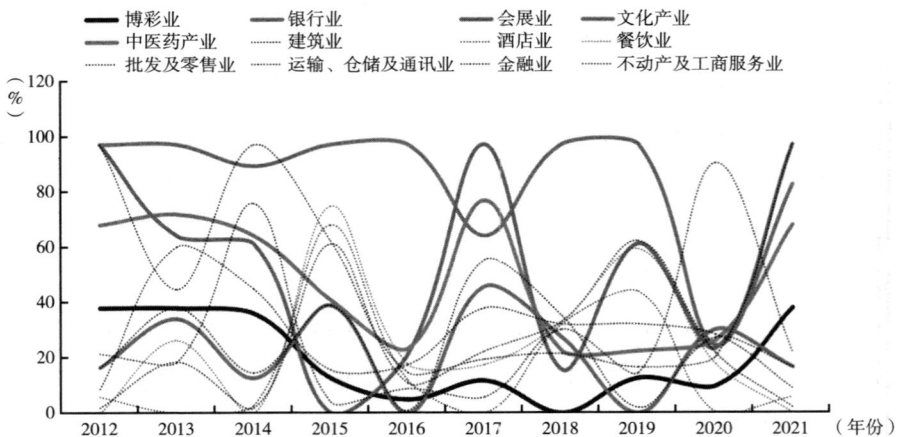

图 6-1 经济适度多元发展各产业集群生态位宽度

（五）熵值化产业集群的生态位宽度分析

为结果稳健性，表 6-3 将年度产业集群的生态位宽度均值进行熵值化计算，获得样本年度内产业生态位宽度均值和标准化均值。通过生态位宽度的标准化测度结果，分别进行产业生态位宽度的年度算术简单均值排序和生态位宽度的标准化测度排序。结果显示，博彩业作为强势产业，其产业生态位宽度均值为 6.55，排序在产业结构中位于第 7 位，而产业生态位宽度均值居前三的是金融，不动产及工商服务，运输、仓储及通信，且三个产业集群在生态位宽度的标准化测度排序下，也仅次于强势产业，存在与其他产业更大的共生共济关系。

在假设博彩业作为强势产业，已占有全部空间、人力和资本资源的前提下（标准化测度为 1），表 6-3 显示在澳门经济适度多元发展中，大力发展的银行、会展、文化、中医药产业，皆与强势产业（博彩业间）存在 52.5% ~ 69.7% 的中等程度的产业共生共济关系，而产业间生态位宽度的均值排序皆呈现较低的水平，说明在近 10 年内，身处澳门同一资源和空间环境中，银行、会展、文化、中医药产业皆不存在对其他产业竞争力挤压和资源争夺的状态。

表 6-3　澳门经济适度多元发展产业生态位宽度均值

排序	产业	生态位宽度均值	标准化
7	博彩	6.55	1
3	运输、仓储及通讯	7.04	0.869
1	金融	9.34	0.718
2	不动产及工商服务	8.27	0.703
9	银行	5.14	0.697
11	会展	3.72	0.677
10	文化	5.12	0.659
8	中医药	5.46	0.525
12	房地产	1.16	0.487
5	酒店	6.86	0.484
4	餐饮	6.91	0.312
6	批发及零售	6.7	0

从表 6-4 和图 6-2 可以看出，2016 年和 2019 年澳门经济适度多元发展的产业结构出现了显著差异。这种差异不仅体现在博彩业这一强势产业，还

涉及其他新兴产业和链式产业集群。这些产业在生态位宽度均值上出现了显著的下降，尤其是 2019 年的整体生态位宽度大幅下降，这在一定程度上说明了澳门产业结构调整的紧迫性。那么，为什么会出现这种产业结构的变化呢？回答这一问题，需要明确什么是生态位宽度。生态位宽度是指一个物种或产业在生态系统或经济体系中所占有的空间和资源范围。在澳门经济适度多元发展的背景下，生态位宽度可以理解为各产业在澳门经济体系中的发展潜力和影响力。

表 6-4　澳门经济适度多元发展各产业生态位宽度年度均值

次序	年度	生态位宽度均值
8	2012	6.18
1	2013	8.78
6	2014	7.21
2	2015	8.16
9	2016	4.49
4	2017	7.52
3	2018	8.09
10	2019	1.26
5	2020	7.41
7	2021	6.26

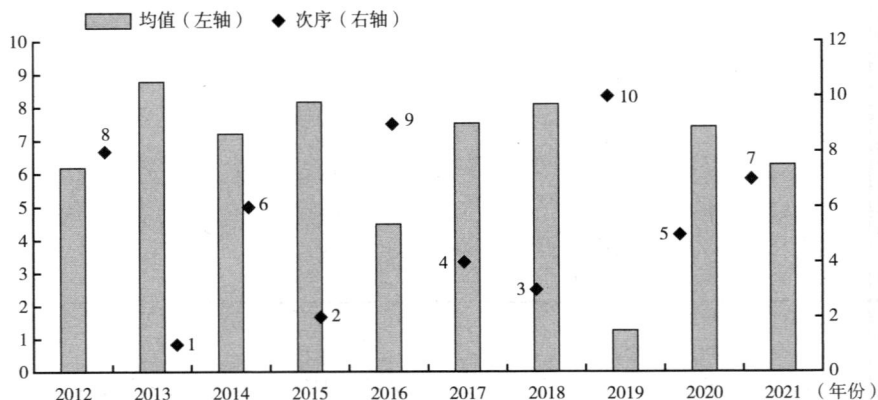

图 6-2　澳门经济适度多元发展各产业生态位宽度均值

（六）产业生态位宽度下降的原因分析

2016~2019 年，澳门经济适度多元发展的产业生态位宽度下降的原因主要有以下几点。

第一，全球经济环境的变化对澳门产业结构产生了深远的影响。随着全球经济的不断发展和竞争的加剧，澳门需要不断调整和优化产业结构以适应新的市场环境。这一过程中，一些新兴产业和链式产业集群的崛起和发展成为重要的推动力量。然而，由于这些产业在澳门经济体系中的发展相对较晚，因此在生态位宽度上存在一定的局限性。

第二，澳门博彩业的快速发展也对其他产业产生了一定的挤压效应。博彩业作为澳门的强势产业，长期以来一直是澳门经济的支柱。然而，随着博彩业的发展，其资源占用和市场份额扩大在一定程度上压缩了其他产业的发展空间，使其他产业在生态位宽度上受到一定影响。

第三，澳门特区政府对产业结构调整的政策导向也起到了重要的推动作用。为了推动经济适度多元发展，澳门特区政府制定了一系列政策措施，鼓励新兴产业和链式产业集群发展。这些政策的实施在一定程度上促进了产业结构的调整和优化，但也使得一些传统产业的生态位宽度受到了一定的影响。

然而，值得注意的是，虽然 2019 年澳门经济适度多元发展的整体生态位宽度出现了大幅下降，但这并不意味着澳门产业结构的调整是失败的。相反，这种变化在一定程度上反映了澳门经济体系内部的自我调整和优化。在外部经济冲击之前，澳门经济体系已经开始了产业结构调整，这体现了其内生性的特点。

二　生态位重叠参数的动力学检验

（一）经济适度多元发展各产业生态位重叠

根据式（2-4）和表 6-2 各产业年度生态位宽度，计算两个产业间生态位重叠度。为了更直观地观测强势产业、新兴产业和链式产业间是否存在生态共生关系，表 6-5 分 4 部分展示结果，各部分间皆存在较大的生态位重叠度差异。

表 6-5　澳门各产业生态位重叠度

单位：%

| | 第三部分 | | | | | 第一部分 | | | | | | |
产业	博彩	银行	会展	文化	中医药	金融	房地产	酒店	餐饮	批发及零售	运输、仓储及通讯	不动产及工商服务
博彩												
银行	63.4											
会展	86.1	67.9										
文化	68.1	64.6	70.5									
中医药	82.5	77.3	86.6	94.0								
金融	61.8	99.7	70.7	88.8	92.8							
房地产	70.3	67.1	63.9	78.3	78.1	63.0						
酒店	38.6	68.7	36.4	106.9	57.5	67.5	25.4					
餐饮	41.7	76.4	44.2	99.3	64.0	75.6	32.2	79.5				
批发及零售	41.5	75.0	49.5	96.6	64.4	74.8	36.6	75.3	95.6			
运输、仓储及通讯	67.9	75.9	70.8	92.9	86.8	77.4	57.6	30.0	52.2	55.9		
不动产及工商服务	93.2	66.5	84.5	97.9	98.9	63.7	56.1	32.2	35.9	37.7	68.5	

第四部分　　　　　　　　　　　　　第二部分

1. 强势产业与新兴产业间的生态位重叠度

在澳门经济的生态系统中，博彩业作为传统的强势产业，长期处于核心地位。然而，随着澳门经济适度多元发展战略的推进，新兴产业逐渐崭露头角，与博彩业在生态位上产生了一定的重叠。这种重叠不仅反映了澳门经济结构的变迁，也揭示了不同产业间的竞争与共生关系。

生态位重叠度是衡量两个物种或产业在资源利用和生态环境上相似程度的重要指标。当生态位重叠度低于 66% 时，意味着这些产业在资源需求和市场空间上存在较少的冲突，具备较好的互补性。在澳门经济中，博彩业与银行和金融产业的生态位重叠度较低，说明这两个产业在资源共享和市场拓展方面存在较小的竞争。这可能是由于博彩业主要依赖游客的消费，而银行和金融产业则更多地服务于本地产业和居民，两者的客户群体和市场定位有所差异。然而，文化-银行产业的生态位重叠度也低于66%，这表明文化产业与银行产业在资源利用和市场空间上存在一定的互补性。文化产业的发展需要金融资本的支持，而银行产业则可以通过提供贷款和金融服务等方式促进文化产业的繁荣。这种互补关系有助于推动澳门经济的多元化发展。

相比之下，银行总体（除与非银行的其他金融产业）与其他新兴产业的生态位重叠度相对较低。这可能是因为银行产业作为传统金融服务提供商，在业务模式、产品创新和服务质量等方面与新兴产业存在一定的差距。因此，银行产业需要加强与新兴产业的合作与交流，以拓宽业务范围、提高市场竞争力。在所有产业中，中医药产业的生态位重叠度相对较高。这是因为中医药产业的发展涉及种植空间、贸易空间、大型资本投入和各级别人力资源的涌入。这些资源的争夺可能对其他产业的生存空间造成一定的竞争压力。然而，正是这种竞争推动了中医药产业的快速发展和创新。为了缓解这种竞争压力，澳门特区政府和各产业可以采取措施，如加强产业协同、优化资源配置和提高生产效率等，以实现产业的和谐共生和可持续发展。

2. 其他产业与强势产业、新兴产业间的生态位重叠度

第四部分的生态位重叠度分析揭示了产业链之间复杂而微妙的竞合关系。在澳门这一特定的经济生态中，博彩业作为传统强势产业，与中医药产业这一新兴产业之间的生态位重叠度结果引人深思。

首先，博彩业作为澳门的支柱产业，与旅游链式产业如酒店、餐饮、批发及零售等产业之间的生态位重叠度高达66%。这一结果表明，这些产业在空间和资源上存在一定的争夺，但更多地表现为偏利共生或寄生共生模式。也就是说，这些产业之间在竞争中寻求合作，共同构成了一个相对稳定的生态系统。博彩业的发展为酒店、餐饮、批发及零售等产业带来了顾客和收入，而这些产业也为博彩业提供了必要的服务和支持。

然而，与博彩业相比，中医药产业与旅游链式产业集群的生态位重叠度

较低。这可能是因为中医药产业在澳门的发展尚处于起步阶段，尚未形成完整的产业链和产业集群。但值得注意的是，尽管生态位重叠度较低，中医药产业与博彩业之间的生态位重叠度却高达94%。这表明中医药产业在澳门经济生态中具有独特的地位和作用，与博彩业之间存在紧密的联系和互动。基于以上分析，可以推断中医药产业作为独立的产业结构，在澳门的经济生态中具有巨大的发展潜力。它可能成为潜在的龙头产业，与博彩业等传统龙头产业形成竞合关系。这种竞合关系将促进澳门经济生态多样性和稳定性，为澳门经济的持续发展注入新的活力。

3. 强势产业链式-生态发展的各产业间的共生关系

第二部分的结果揭示了强势产业链式-生态发展的各产业间独特的共生关系。深入分析这一现象，可以发现，链式产业集群的各产业间具有较低的生态位重叠度，这意味着各产业在资源和空间的利用上呈现多样性和互补性。这种共生关系的形成并非偶然，而是长期寄生共生的结果。在强势产业，如博彩业的引领下，各链式上下游产业逐渐形成了更加适宜自身发展的生态环境。这些产业与强势产业之间不仅存在寄生共生的关系，还在竞争中共生，共同构建了一个共生共济的产业集群结构。这种结构不仅有助于资源的优化配置，还能提高整个产业集群的韧性和抗风险能力。

进一步观察这一产业集群结构，可以发现，各产业在共生过程中，逐渐形成了各自独特的生态位。这些生态位不仅使得各产业能够充分发挥自身优势，还能在竞争中形成互补，共同应对外部环境的挑战。这种生态位的形成，是各产业在长期寄生共生过程中不断适应、调整和优化的结果。为了更好地理解这一共生关系，可以引用一些实证研究。例如，通过对博彩业及其上下游产业的深入调查，发现这些产业在资源利用、技术创新、市场拓展等方面存在密切的合作与竞争关系。这种关系不仅促进了各产业的快速发展，还推动了整个产业集群的持续升级。

4. 新兴产业与强势产业重叠度综合分析

在经济适度多元发展的背景下，数字经济的崛起为新兴产业提供了前所未有的机遇。这些新兴产业不仅相互依托，而且与强势产业（如博彩业）

之间存在较高的重叠度。如图 6-3 所示，会展、中医药、文化、银行和金融等行业均与博彩业有一定的生态位重叠。

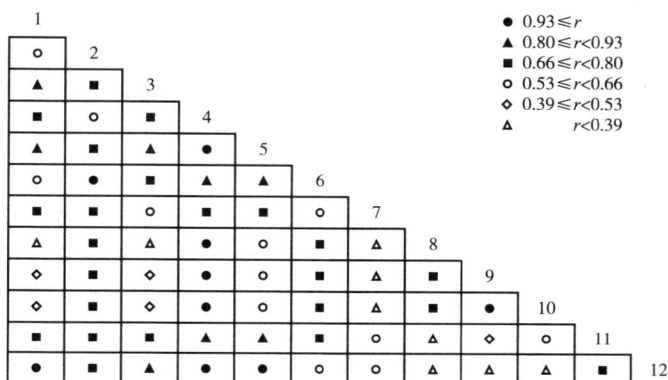

图 6-3　澳门经济适度多元发展各产业重叠度半矩阵

首先，会展业与博彩业在吸引游客、提升城市形象和推动旅游业发展等方面存在共同点。两者都可以通过举办大型活动吸引大量人流，进而促进相关产业的发展。此外，会展业还可以通过展示新产品、新技术和新理念等方式，为博彩业提供更多创新和灵感。

其次，中医药业与博彩业在健康养生领域具有潜在的合作空间。随着人们对健康养生的关注度不断提高，中医药以其独特的疗效和养生理念逐渐受到认可。博彩业则可以通过与中医药业合作，为游客提供更加全面和个性化的健康养生体验。

最后，文化产业与博彩业在内容创新和品牌建设方面具有互补性。文化产业可以通过创作优质的文艺作品、举办文化活动等方式，提升博彩业的文化内涵和品牌影响力。同时，博彩业也可以借助文化产业的力量，丰富其产品种类和服务形式，满足不同游客的需求。

然而，需要注意的是，虽然会展、中医药、文化与博彩业存在生态位重叠，但它们与博彩业之间并不构成直接的竞合关系。相反，这些行业可以通过与博彩业合作，实现资源共享、优势互补和互利共赢。另外，在博彩业的产业链式发展中，图 6-3 还显示了一些与博彩业生态位重叠的产业。例如，运输、仓储及通讯业，不动产及工商服务业等，都在博彩业的产业链中扮演着重要角色。这些产业与博彩业紧密相连，共同构成了博彩业的生态系统。

5. 各产业结构的两两生态位重叠分析

在澳门经济适度多元发展的产业链共生模式中，博彩业这一强势产业与其他产业间的共生模式并不是单一的。相反，它们之间可能存在多种共生状态，如独立共生、互惠共生和竞争共生等。

博彩业与旅游产业链的关系就是一个典型的独立共生模式。旅游产业链中的房地产、酒店、餐饮等相关产业，与博彩业在生态位上存在一定的重叠，但它们之间的共生关系相对独立。这些产业的发展主要依赖自身的生态位宽度，即它们各自在旅游产业链中的独特地位和资源。然而，值得注意的是，金融、银行业在生态位宽度上相对较大，这可能会对独立共生模式产生一定的动能破坏力。因此，在推动经济发展的过程中，需要平衡好博彩业与金融、银行业的关系，以确保产业链的健康发展。

另外，博彩业与新兴产业间的关系则更为复杂。会展、中医药和文化产业等新兴产业在澳门经济中的地位逐渐上升，与博彩业在生态位上存在一定的重叠。这些产业的生态位宽度也较高，尤其在政策引导下，它们的生态位宽度呈现逐步上升的趋势。这意味着这些新兴产业在政策扶持、人力、技术和新增资本等方面可能与博彩业产生资源争夺。因此，如何动态衡量和监测博彩业与新兴产业间的共生模式，引导其向互惠共生模式方向发展，成为澳门经济适度多元发展战略实施的关键问题。

6. 各产业综合生态位重叠度分析

式（2-4）提供了一种量化各产业综合生态位重叠度的方法。胡雅蓓和夏勇（2023）在研究中指出，通过这种方法，可以更精确地把握产业链的重叠程度。他们揭示了澳门产业生态位的一些有趣现象。表6-6显示，在所有产业中，博彩业的综合生态位重叠度最高，均值达到了25.24。这一数据不仅凸显了博彩业在澳门经济中的重要地位，也反映了该产业与其他产业的紧密联系。博彩业作为澳门的强势产业，其繁荣不仅直接推动了旅游、酒店等相关产业的发展，还间接促进了金融、文化等多个领域的增长。

表 6-6　产业综合生态位重叠度

产业	综合生态位重叠度	重叠度测度
博彩	25.24	100%
文化	9.58	18%
中医药	8.83	14%
金融	8.36	11%
银行	8.03	10%
运输、仓储及通讯	7.36	6%
不动产及工商服务	7.35	6%
会展	7.31	6%
餐饮	7.03	4%
批发及零售	6.97	4%
房地产	6.29	1%
酒店	6.18	0%

除了博彩业，表6-6还显示，文化、中医药、金融和银行产业的生态位重叠度分别位列第二至第五。这些产业都是澳门特区政府为了实现经济适度多元化而大力发展的新兴产业。这些产业的发展不仅有助于增加就业和提高人民生活水平，还为澳门的经济增长提供了新的动力。然而，值得注意的是，尽管博彩业在澳门经济中占有重要地位，但其链式生态产业的其他部分却存在相对较低的生态位宽度和重叠度。这可能是因为博彩业的发展过于依赖单一的业务模式，导致其在产业链上的延伸和发展受到限制。为了促进澳门经济的可持续发展，需要进一步推动博彩业的多元化发展，探索更多的业务模式和产业链延伸方向。

7. 产业集群游离于整体生态系统分析

尽管博彩业及其相关产业在澳门经济中占有重要地位，但也必须认识到，这些产业的生态位宽度和重叠度相对较低，可能并不构成产业间的直接资源争夺。胡雅蓓和夏勇（2023）在其研究中指出，尽管博彩业及其相关产业在澳门经济中的生态位较窄，但它们有可能形成一个相对独立的产业集群，游离于澳门整体生态系统之外。这种游离状态可能会导致这些产业与澳门的整体产业创新体系脱钩，从而产生潜在风险。

为了推动澳门经济的适度多元发展，需要布局一个合理的产业集群空间。在这个过程中，不仅要避免产业过于同构而产生的偏害共生模式，还要防止寄生共生导致的产业集群过度分散。寄生共生模式可能会使得一些产业过于依赖博彩业，一旦博彩业出现波动，这些产业也将受到严重影响。链式-生态产业集群的结构使得每个产业都拥有其独特的资源优势。为了实现创新集群的良性共生发展，需要保持生态位的适度重叠。这样既可以确保各产业之间的互补性，又可以促进各产业资源共享和协同创新。

在构建澳门产业集群的过程中，还需要关注产业的可持续发展。这包括推动产业技术创新、提升产业附加值、加强产业间的联系与合作等方面。只有这样，才能确保澳门经济在博彩业之外也能够实现多元化发展，从而降低对单一产业的依赖风险。

为稳健性考虑，研究分别采用不同检测方式，对式（2-3）生态位宽度置信区间进行多次自展分析，表6-7为稳健性结果自展拟合，结果皆在95%置信区间内，说明通过稳健性检验。

表6-7 元产业与强势产业间的生态位重叠度区间分析

行业间	稳健性均值	稳健性标准差	置信区间（上）	置信区间（下）	稳健性检验次数（万次）
$X1-X2$	0.634	0.656	0.124	0.427	0.921
$X1-X3$	0.861	0.869	0.081	0.711	1.034
$X1-X4$	0.681	0.7	0.107	0.481	0.889
$X1-X5$	0.825	0.828	0.072	0.685	0.96
$X1-X6$	0.618	0.647	0.129	0.404	0.932
$X1-X7$	0.703	0.718	0.16	0.43	1.037
$X1-X8$	0.386	0.413	0.129	0.174	0.683
$X1-X9$	0.417	0.433	0.118	0.202	0.66
$X1-X10$	0.415	0.439	0.102	0.24	0.636
$X1-X11$	0.679	0.683	0.135	0.4	0.901

行业间	稳健性均值	稳健性标准差	置信区间（上）	置信区间（下）	稳健性检验次数（万次）
$X1-X12$	0.932	0.922	0.077	0.733	1.035
$X2-X3$	0.679	0.68	0.126	0.42	0.906
$X2-X4$	0.646	0.664	0.123	0.422	0.887
$X2-X5$	0.773	0.775	0.081	0.605	0.932
$X2-X6$	0.997	0.993	0.017	0.953	1.02
$X2-X7$	0.671	0.68	0.135	0.407	0.916
$X2-X8$	0.687	0.639	0.292	0.064	1.1
$X2-X9$	0.764	0.78	0.239	0.311	1.2
$X2-X10$	0.75	0.761	0.23	0.339	1.171
$X2-X11$	0.759	0.769	0.126	0.495	1.004
$X2-X12$	0.665	0.684	0.084	0.529	0.855
$X3-X4$	0.705	0.712	0.116	0.476	0.93
$X3-X5$	0.866	0.863	0.084	0.657	0.978
$X3-X6$	0.707	0.711	0.166	0.386	1.03
$X3-X7$	0.639	0.666	0.119	0.459	0.9
$X3-X8$	0.364	0.427	0.214	0.089	0.877
$X3-X9$	0.442	0.464	0.182	0.13	0.807
$X3-X10$	0.495	0.525	0.175	0.184	0.84
$X3-X11$	0.708	0.714	0.1	0.502	0.876
$X3-X12$	0.845	0.842	0.131	0.549	1.035
$X4-X5$	0.94	0.942	0.03	0.872	0.992
$X4-X6$	0.888	0.892	0.069	0.742	1.006
$X4-X7$	0.783	0.808	0.155	0.529	1.024
$X4-X8$	1.069	1.071	0.042	1.01	1.159
$X4-X9$	0.993	0.986	0.052	0.855	1.045
$X4-X10$	0.966	0.955	0.073	0.769	1.039
$X4-X11$	0.929	0.928	0.062	0.782	1.011
$X4-X12$	0.979	0.978	0.024	0.92	1.019
$X5-X6$	0.928	0.934	0.084	0.772	1.107
$X5-X7$	0.781	0.797	0.117	0.584	1.015
$X5-X8$	0.575	0.592	0.1	0.415	0.813
$X5-X9$	0.64	0.652	0.09	0.455	0.828
$X5-X10$	0.644	0.663	0.085	0.499	0.83

行业间	稳健性均值	稳健性标准差	置信区间（上）	置信区间（下）	稳健性检验次数（万次）
$X5-X11$	0.868	0.866	0.081	0.684	0.991
$X5-X12$	0.989	0.993	0.055	0.883	1.109
$X6-X7$	0.630	0.654	0.116	0.426	0.880
$X6-X8$	0.675	0.657	0.278	0.085	1.138
$X6-X9$	0.756	0.782	0.215	0.343	1.196
$X6-X10$	0.748	0.777	0.209	0.346	1.158
$X6-X11$	0.774	0.778	0.115	0.526	0.979
$X6-X12$	0.637	0.669	0.086	0.506	0.849
$X7-X8$	0.254	0.335	0.186	0.107	0.885
$X7-X9$	0.322	0.381	0.147	0.168	0.774
$X7-X10$	0.366	0.425	0.147	0.193	0.761
$X7-X11$	0.576	0.628	0.117	0.414	0.867
$X7-X12$	0.561	0.624	0.169	0.339	0.986
$X8-X9$	0.795	0.779	0.182	0.340	1.048
$X8-X10$	0.753	0.740	0.182	0.262	1.012
$X8-X11$	0.300	0.342	0.133	0.116	0.633
$X8-X12$	0.322	0.349	0.125	0.170	0.661
$X9-X10$	0.956	0.957	0.041	0.864	1.028
$X9-X11$	0.522	0.570	0.137	0.324	0.855
$X9-X12$	0.359	0.393	0.181	0.113	0.856
$X10-X11$	0.559	0.601	0.118	0.379	0.851
$X10-X12$	0.377	0.406	0.156	0.155	0.760
$X11-X12$	0.685	0.707	0.132	0.484	1.013

注：$X1$ 代表博彩业，$X2$ 代表银行业，$X3$ 代表会展业，$X4$ 代表文化产业，$X5$ 代表中医药产业，$X6$ 代表不动产及工商服务业，$X7$ 代表金融业，$X8$ 代表房地产业，$X9$ 代表酒店业，$X10$ 代表餐饮业，$X11$ 代表批发及零售业，$X12$ 代表运输、仓储及通讯业。

（二）模型动力学演进过程分析

上述产业间的静态生态位重叠，显著具有统计意义的一阶重叠度，且在强势产业（博彩业）与新兴产业间存在可能潜在的资源竞争。然而强势产业（博彩业）与新兴产业间存在的资源竞争是不是在数字资源、外生技术资源、技术资本方面的资源争夺，还尚未可知。图6-4评估了就海外直接投资资本拟合下的可能外生技术引进所形成的技术资源争夺的边际效益，结果显示文化产业存在对数字经济的外生技术资本更大的资源竞争力。

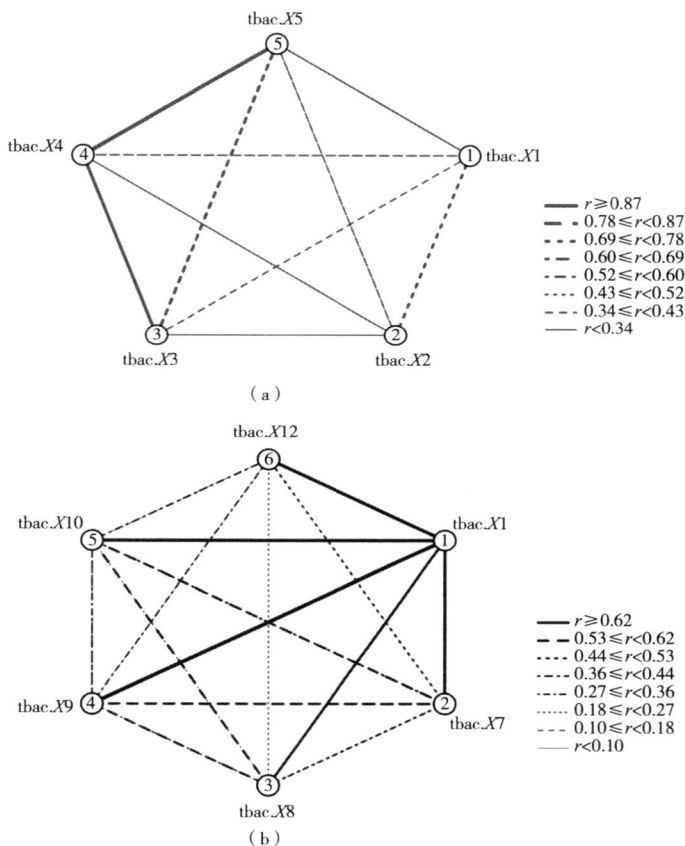

注：$X1$ 代表博彩业，$X2$ 代表银行业，$X3$ 代表会展业，$X4$ 代表文化产业，$X5$ 代表中医药产业，$X7$ 代表金融业，$X8$ 代表房地产业，$X9$ 代表酒店业，$X10$ 代表餐饮业，$X12$ 代表运输、仓储及通讯业。

图 6-4　各产业生态位重叠动力学演进过程

1. 新兴产业的资本生态位重叠关联性

通过图 6-4 的数据，深入探讨文化产业海外直接投资资本额增量与中医药产业、会展业之间的生态位重叠现象，并分析其背后的原因与意义。

首先，观察图 6-4 （a），$X4$ 文化产业的海外直接投资资本额的增量与中医药产业、会展业之间存在显著的生态位重叠。这意味着文化产业在进行海外直接投资时，资本增量的密度可能与中医药产业、会展业存在一定的重叠性。这种重叠性不仅表现在资本投资的方向上，更体现在文化产业的发展模式、市场需求等方面。

对于中医药产业而言，其与文化产业在海外直接投资上的生态位重叠，可能与全球健康产业的崛起有关。随着人们对健康生活的追求和对传统医学的重新认识，中医药产业逐渐成为全球健康产业的重要组成部分。而文化产业，尤其是中医药文化、养生文化等领域的产业，则可以通过海外直接投资，将中医药产业与文化产业相结合，共同开拓市场、提升品牌影响力。这种结合不仅可以推动文化产业的发展，也可以促进中医药产业的国际化进程。

而对于会展业而言，其与文化产业在海外直接投资上的生态位重叠，则可能与全球会展业的快速发展有关。会展业作为现代服务业的重要组成部分，具有促进贸易、推动产业发展、提升城市形象等多重功能。而文化产业则可以通过海外直接投资，参与国际会展业的发展，展示本国的文化魅力、推广文化产品，从而增强国家文化软实力。同时，文化产业与会展业的结合，也可以为会展活动注入更多的文化内涵，提升会展的品质和吸引力。

然而，值得注意的是，虽然文化产业与中医药产业、会展业在海外直接投资上存在生态位重叠，但不同产业之间的资本投入偏好却存在一定的差异。如图6-4所示，投资中医药的技术资本主要存在于文化产业技术资本的较强共生和重叠部分，而这部分资本对于投资博彩业、银行业以及会展业的偏好则相对较低。这可能与不同产业的性质和发展阶段有关。中医药产业作为一个具有悠久历史和独特优势的传统产业，其技术资本投入更多地关注产品研发、质量提升等，而对于博彩业、银行业等领域的投资则相对较少。这种差异反映了不同产业在海外直接投资中的战略选择和资本配置。

2. 强势产业与新兴产业的资本生态位重叠关联性

观察图6-4（a），可以清晰地看到两种不同类型的数字资本在投资路径和偏好上的差异。一方面，投资博彩业的数字资本主要关注短期的利润回报和高风险高收益的投资机会。这种资本通常倾向于在博彩业中寻求快速的增长和收益，而相对较少关注其他产业的发展。另一方面，投资文化产业的数字资本则表现出截然不同的特点。它们更加注重长期的价值创造和可持续发展，倾向于在文化、中医药、会展和金融等新兴产业中寻找具有潜力的投资机会。这种资本的投资路径往往更加稳健和多元化，旨在通过支持这些新兴产业的发展，为澳门经济注入新的活力和动力。

这种差异不仅反映了数字资本在投资路径和偏好上的不同，更体现了澳门经济适度多元发展的重要性。在博彩业独大的背景下，澳门经济面临巨大的风险和挑战。一旦博彩市场出现波动或下滑，整个经济体系都可能受到严重的影响。因此，发展以文化、中医药、会展和金融为主的新兴产业，不仅有助于拓展更大的外部资本投资空间，还能够为澳门经济提供更为稳定和可持续的发展动力。

3. 博彩和产业链的资本生态位重叠关联性

图6-4（b）详细展示了博彩业与旅游产业链上各产业间的数字资本外部投资重叠度。通过深入分析，可以发现博彩业在吸引外部资本和技术资本方面展现出了较高的能力。$X1$代表的博彩业不仅在产业链中占有龙头地位，而且其数字资本投资的生态位与其他相关产业存在显著的重叠度。

首先，博彩业作为一种高度依赖资本和技术支持的产业，其独特的运营模式和市场吸引力使得外部资本纷纷涌入。这种资本注入不仅为博彩业提供了强大的资金支持，还推动了相关产业的发展。例如，随着博彩业的发展带动了酒店、餐饮、交通等旅游相关产业的发展。

其次，博彩业在数字化转型的过程中，积极引入和应用新技术，如大数据分析、人工智能等，进一步提高了自身的竞争力。这种技术资本的投入不仅提升了博彩业的运营效率，还为消费者带来了更加便捷、个性化的服务体验。因此，博彩业在吸引外部技术资本方面也具有显著的优势。

然而，博彩业与其他相关产业在吸引外部资本和技术资本方面也存在一定的竞争关系。博彩业在产业链中居龙头地位，其强大的吸引力可能导致其他产业在资源争夺中处于劣势。这种竞争关系在一定程度上限制了其他产业的发展，甚至可能导致部分产业陷入资源困境。

三 不同生态位模式下的产业集群适宜度检验

（一）澳门经济适度多元发展各链式-生态产业集群适宜度参数估计

参考式（2-8），使用静态竞合状态系数cc_{AB}来分别计算澳门经济适度多元发展各链式-生态产业集群的适宜度。表6-8结果显示，产业间的适宜度应遵循不同的发展战略。

表 6-8　产业间适宜度显著性检验

产业	博彩	银行	会展	文化	中医药	金融	房地产	酒店	餐饮	批发及零售	运输、仓储及通讯
银行	−0.07（巩固）										
会展	0.67（分离）	−0.04（巩固）									
文化	0.20（巩固）	−0.36（拓展）	0.01（巩固）								
中医药	0.78（分离）	0.39（整合）	0.77（分离）	0.05（巩固）							
金融	−0.12（巩固）	0.98（分离）	0.01（巩固）	−0.28（巩固）	0.40（整合）						
房地产	0.10（巩固）	−0.04（巩固）	−0.15（巩固）	−0.62（拓展）	−0.13（巩固）	−0.12（巩固）					
酒店	−0.44（拓展）	−0.01（巩固）	−0.57（拓展）	0.42（整合）	−0.51（拓展）	−0.02（巩固）	−0.40（拓展）				
餐饮	−0.51（拓展）	0.16（巩固）	−0.59（拓展）	0.24（巩固）	−0.50（拓展）	0.15（巩固）	−0.39（拓展）	0.90（分离）			

产业	博彩	银行	会展	文化	中医药	金融	房地产	酒店	餐饮	批发及零售	运输、仓储及通讯
批发及零售	-0.55（拓展）	0.14（巩固）	-0.50（拓展）	0.14（巩固）	-0.53（拓展）	0.15（巩固）	-0.32（巩固）	0.86（分离）	0.97（分离）		
运输、仓储及通讯	0.09（巩固）	0.27（巩固）	0.02（巩固）	-0.03（巩固）	0.20（巩固）	0.35（整合）	0.22（巩固）	-0.27（巩固）	0.04（巩固）	0.05（巩固）	
不动产及工商服务	0.83（分离）	-0.08（巩固）	0.44（整合）	0.26（巩固）	0.61（整合）	-0.15（巩固）	0.13（巩固）	-0.15（巩固）	-0.44（拓展）	-0.48（拓展）	-0.28（巩固）

1. 强势产业及产业链

纵向来看，在博彩业的生态系统中，上下游产业之间形成了错位竞争的格局，这种格局不仅有助于避免恶性竞争，还能够促进各产业的共同繁荣。

在博彩业的上游，酒店、餐饮、批发及零售等产业承担着为博彩业提供服务和支持的重要角色。这些产业应当充分利用博彩业带来的客流和商机，持续拓展自身的产业链。例如，酒店业可以通过提供更加多元化的住宿体验、增设特色餐饮和娱乐设施等方式，吸引更多的游客入住；餐饮业则可以推出具有地方特色的美食，满足游客的口味需求；批发及零售业则可以提供博彩业所需的各类物资和设备，确保博彩业的正常运转。

而在博彩业的下游，银行，金融，文化，房地产，运输、仓储及通讯等产业则扮演着为博彩业提供金融支持、文化推广、基础设施建设和信息传递等服务的角色。这些产业需要在保持与博彩业较低生态位重叠度的同时，持续巩固自身的产业链结构，实现质量上的提升和内生增长。例如，银行业可以为博彩业提供便捷的资金结算和融资服务，助力博彩业的快速发展；文化产业则可以通过举办各类文化活动和展览，提升博彩业的文化内涵和吸引力；房地产业则可以为博彩业提供高品质的场馆和设施建设，确保博彩业的硬件设施达到国际一流水平。

然而，值得注意的是，中医药产业和不动产及工商服务业与博彩业的生态位适宜度较差。这意味着这些产业可能无法直接从博彩业中获得太多的商机和利益，甚至可能面临与博彩业竞争的压力。因此，这些产业需要从整体强势产业的主产业链条中进行分离，重新定位和调整自身的产业结构和资源空间。例如，中医药产业可以发挥其在健康领域的独特优势，开发具有博彩特色的健康产品和服务；不动产及工商服务业则可以关注博彩业带来的城市建设和房地产发展机遇，为博彩业提供高品质的房地产服务。

2. 新兴产业

随着数字经济的蓬勃发展，新兴产业如会展、文化、中医药以及金融（含银行）等逐渐崭露头角。这些产业的健康发展，离不开彼此间的产业分离、产业资源分配以及产业自身生态位竞争力的巩固。特别是银行业，在享受数字经济带来的红利的同时，也需要积极应对挑战，寻求新的发展路径。

首先，银行业应与传统金融产业进行适度的分离，以便更好地吸收和利用数字经济资源。这种分离不仅意味着在业务模式、技术应用和服务创新上的差异化，还需要在组织架构、管理流程等方面进行调整。通过数字化转型，银行业可以为客户提供更加便捷、个性化的服务，同时降低运营成本，提高市场竞争力。

其次，银行业应加强与中医药产业的资源整合力度，形成以中医药产业为龙头的创新性发展路径。中医药产业作为中国传统文化的瑰宝，具有深厚的历史底蕴和广阔的市场前景。通过与中医药产业的深度融合，银行业可以开发出更多符合市场需求的金融产品和服务，如中医药特色金融产品、健康保险等。这不仅有助于提升中医药产业的竞争力，还能为银行业带来新的增长点。

同时，银行业应保持与传统博彩业产业链的资源距离，以形成第二条增长曲线。传统博彩业虽然在一定程度上能带来经济效益，但其潜在的风险和负面影响也不容忽视。因此，银行业在发展过程中应避免过度依赖博彩业，而是应寻找其他具有潜力的增长点。通过加大科技创新、拓展市场份额等方式，银行业可以逐步减少对博彩业的依赖，实现多元化发展。

3. 传统产业链

表 6-8 显示，在旅游产业链中，传统产业如酒店、房地产等一直在围绕强势产业如博彩业进行寄生共生发展。然而，随着市场的不断变化和消费者需求的升级，这些产业需要寻求更多的发展机会和策略。特别是与中医药产业和文化产业的资源整合，将为旅游产业带来更高的生态适宜度和产业竞争力。

首先，中医药产业作为中国的传统优势产业，拥有悠久的历史和深厚的文化底蕴。与旅游产业的结合，可以为游客提供独特的体验，如中医药文化体验、中医药健康旅游等。同时，中医药产业也可以借助旅游产业的渠道和资源，实现更广泛的市场推广和品牌建设。例如，房地产业可以寻求与中医药产业的资源整合，开发中医药健康养生项目，吸引更多追求健康生活的消费者。

其次，文化产业是另一个值得旅游产业关注的领域。文化产业的发展不仅可以丰富旅游内容，提升旅游品质，还可以为旅游业带来更多的创新机会。酒店业作为旅游业的重要组成部分，可以大力发展与文化产业的资源整合，如与博物馆、艺术团体等合作，推出具有文化内涵的酒店产品和服务。这将有助于提升酒店业的附加值，满足消费者对文化体验的需求。

最后，会展业也是一个值得关注的领域。会展业具有集聚效应和辐射效应，可以吸引大量的参展商和观众，为旅游业带来更多的客流和商机。房地产业可以寻求与会展业的资源整合，开发会展酒店、会展中心等项目，为会展业提供优质的硬件设施和服务支持。这将有助于提升会展业的竞争力，促进旅游业与会展业的协同发展。

（二）各链式-生态产业集群共同体筛选

参考 Robert 和 John（1985）的物种筛选理论，根据重要值、丰富度之类的数据，给其设定一个阈值，进行物种的筛选。根据式（2-10）、式（2-11）和表 6-8 各产业生态位适宜度，分年度计算澳门经济适度多元发展的各链式-生态产业集群的关键共同体，表 6-9 筛选出会展、文化和房地产三个产业，作为年度发展澳门经济适度多元产业战略的先发产业。

以 2021 年举例，会展和房地产业若作为年度发展澳门经济适度多元产业战略的先发产业，将能通过生态位模型，使得各产业的生态位宽度和竞合状态最快达到稳态水平，而模型拟合的稳态条件为1，通过统计检验，说明先发会展业，将在2021年使得各产业协同发展的水平最快获得稳态水平，而相对于文化产业，其稳态水平在统计意义上将次优于上述两个产业。参考澳门2021年的整体经济统计数据也可发现，房地产业在澳门2019～2022年以当年生产价格计算的产业贡献度占比分别为8.8%、17.5%、13.1%，其中2021年的17.5%是三年中占比最高的，而从同时期的经济附加值总额的实际变动率来看，三年房地产的附加值总额始终为负，分别为－12.7、－11.1和－6.1，说明整体澳门经济的总量下滑时，市场通过"用脚投票"的方式，在寻找和筛选产业集群中可作为先发产业的共同体，并以此作用于市场，有效调节产业结构健康发展。而政策的正向有效引导，将更有效地提高产业集群共同体的建立和产业的动态平衡。

表6-9 产业集群共同体筛选结果

年份	会展	文化	房地产
2012	1	1	1
2013	0.66	1	0.46
2014	0.63	0.92	1
2015	0	1	0.64
2016	0.22	1	0.15
2017	1	0.66	0.2
2018	0.16	1	0.22
2019	0.63	1	0.17
2020	0.24	0.25	0.21
2021	1	0.85	1

本章小结

本书以澳门12个经济适度多元发展产业为研究样本，测度不同产业生态位宽度、生态位重叠度，为澳门建立良性产业竞合关系、发展产业集群、建立产业链式-生态发展战略提供一定的理论和实际依据。

　　一是从年度趋势来看，澳门的产业集群间的生态位宽度并不均衡，年度差距较大。然而，强势产业（博彩业）在生态位宽度上并未呈现对其他产业显著的资源抢夺。这可能与澳门的产业政策有关。政策的不明朗可能导致资源分配的不确定性，从而使得一些新兴产业在某些年度具有较大的生态位宽度。此外，市场的动态调整机制也可能对产业的生态位宽度产生影响。值得注意的是，一些大力发展的新兴产业如中医药、会展和文化产业在部分年度具有较大的生态位宽度。这可能导致与其他产业间的竞争关系。因此，澳门需要制定更加明确的产业政策，以促进产业的协调发展，避免过度竞争。为了更好地理解澳门的产业集群间的生态位宽度问题，可以进一步分析其背后的原因和影响。

　　二是随着其他新兴产业的崛起，博彩业在生态位宽度上的优势可能受到挑战。澳门在中医药、会展和文化产业等方面具有较大的发展潜力，这些产业的崛起可能会与博彩业产生竞争关系，从而影响博彩业的生态位宽度。为了解决这个问题，澳门需要制定更加明确的产业政策，以促进产业的协调发展。同时，政府可以加大对新兴产业的扶持力度，提高其竞争力，从而避免过度竞争。此外，澳门还可以加强与其他地区的合作，共同推动产业发展，实现互利共赢。总之，澳门的产业集群间的生态位宽度是一个复杂的问题，通过生态模型能在现有较少数据的情况下获得有力的分析结果，为未来制定明确的产业政策和加强与其他地区的合作提供理论基础。

　　三是尽管各产业间的生态位宽度存在重叠，但总体来看，澳门经济适度发展的产业生态位适宜度仍具有较大的调整空间。这意味着各产业在资本、人才和外部技术方面存在较大的争夺空间，同时这些产业的自由度也较大，具备相互整合、拓展和巩固的生存空间。首先，从资本角度来看，各产业在澳门经济适度发展的过程中都面临资本的争夺。澳门是一个较小的经济体，资本的供给相对有限，因此各产业在获取资本方面都存在一定的竞争。然而，这也为各产业提供了更多的机会，可以通过创新、提高生产效率等方式来吸引更多的资本投入。其次，从人才角度来看，澳门各产业在人才方面也存在较大的争夺。澳门的教育和人才储备有限，因此各产业在吸引和留住人才方面都面临一定的挑战。然而，这也为各产业提供了更多的机会，可以通过提高员工待遇、提供更好的职业发展机会等方式来吸引更多的人才。最后，从外部技术角度来看，澳门各产业在技术方面也存在较大的争夺。澳门的科技水平相对较低，因此各产业在获取和应用外部技术方面都面临一定的挑战。然而，这也为各产业提供了更多的机会，可以通过自主研发、合作创新等方式来提高自身的技术水平。

四是澳门经济适度多元发展各产业的生态自由度也较大，具备相互整合、拓展和巩固的生存空间。在澳门经济适度发展的过程中，各产业可以通过相互合作、整合资源等方式来实现互利共赢。例如，旅游业可以与餐饮、住宿等相关产业进行合作，共同打造旅游产业链；金融业可以与科技、制造业等相关产业进行合作，共同推动金融科技的发展。此外，各产业还可以通过拓展市场、巩固自身地位等方式来提高自身的竞争力。例如，制造业可以通过拓展国际市场、提高产品质量等方式来提高自身的竞争力；服务业可以通过提供个性化服务、提高服务质量等方式来巩固自身地位。

综上所述，澳门经济适度发展的产业生态位适宜度仍具有较大的调整空间。各产业在资本、人才和外部技术方面存在较大的争夺空间，同时这些产业的自由度也较大，具备相互整合、拓展和巩固的生存空间，这为澳门经济适度多元发展提供了更多的机会和可能性。

第七章

澳门经济适度多元发展政策

第一节　构建澳门经济适度多元发展的生态模式

基于种群生态学的视角，多产业共同成长必定是一个生态环境中相互竞争、合作甚至是产业入侵的产业生态位演化过程。其中新兴产业成长将受传统产业的资源挤压、空间争夺和产业结构治理成本等的影响，这也使很多区域经济在单一产业结构下在短期得以快速发展，在开始发展多元经济时不断失败并造成所谓"资源诅咒"的"荷兰病"情况。本书通过三个方面的分析对澳门经济适度多元发展的路径进行深入研究，发现依托数字经济的高速发展，在科学有效地做好强势产业（博彩业）、新兴产业和强势产业链相关产业间的生态位宽度、重叠度和适宜度的动态测量，将有效地规避多产业结构调整过程中出现的不合理资源争夺。

一　新兴产业在数字经济高速发展的加持下可能强势入侵相关资源

随着数字经济的迅猛发展，新兴产业如雨后春笋般涌现，它们如同入侵物种一般，可能强势入侵相关资源，包括人力资源、新增外来资本以及技术引进等。这种入侵不仅对相关产业产生深远影响，同时也给外部环境带来挑战。为了应对这一局面，需要借鉴生态学中入侵物种的处理方式，构建多产业共生的多种模式，实现多产业发展的动态平衡。

（一）明确入侵物种在生态环境中的特点

与新兴产业相似，入侵物种往往具有较强的适应性和生命力，它们能够在新的环境中迅速繁衍生息，占有生态位。同样，新兴产业在数字经济的推动下，凭借其独特的技术优势和市场潜力，迅速崛起并侵占市场份额。这种强烈的侵占性使得相关产业不得不面临巨大的竞争压力。然而，入侵物种在生态环境中并非只有侵占和破坏，它们也有可能与原有物种形成共生关系。同样，新兴产业在发展过程中，也可以通过与传统产业的融合与协作，实现资源共享、优势互补，共同推动产业链的发展。例如，互联网技术与传统制造业的结合，能催生出智能制造、工业互联网等新模式，实现产业升级和转型。

（二）根据入侵物种（即新兴产业）的具体生态位宽度来构建多种共生模式

在追求多产业共生的动态平衡之路上，需以细致入微的观察和深思熟虑的策略来应对新兴产业——这些入侵物种所带来的挑战与机遇。这些新兴产业，如同自然界的物种，拥有各自的生态位宽度，要求构建出灵活多变的共生模式。

首先，必须认识到产业链上下游的协同是实现多产业共生的重要基石。正如森林中的树木与土壤相互依存，新兴产业与传统产业也应形成紧密的合作关系。通过这种合作，双方可以共同研发新产品、新技术，实现资源共享、优势互补。例如，在新能源汽车产业链中，电池制造产业与传统汽车制造商的紧密合作，推动了电池技术的不断创新和成本的降低，同时也提升了整车的性能和竞争力。

其次，跨界融合是实现多产业共生的另一条有效途径。在自然界中，不同物种间的相互渗透和交叉融合，常常催生出新的物种和生态系统。同样，在产业领域，不同产业之间的跨界融合也能创造出新的增长点和商业模式。例如，互联网技术与传统零售业的融合，延生了电子商务这一新业态，极大地改变了人们的消费习惯和商业格局。

最后，创新驱动是实现多产业共生的核心动力。新兴产业应充分发挥其技术领先优势，引领传统产业进行技术升级和模式创新。这种创新不仅体现在产品和技术层面，更体现在商业模式、管理方式等多个方面。只有不断创新，才能推动产业持续健康发展，实现多产业共生的动态平衡。

二　澳门经济适度多元发展需要关注产业生态位的演变过程

（一）在产业生态位的演变过程中关注不同产业链式发展的过程

澳门经济适度多元发展的产业集群打造，是一个复杂而精细的过程，它涉及产业生态位的演变。产业生态位，可以理解为不同产业在经济发展中的位置和角色，以及它们之间的相互关系。在澳门这样的特殊地区，产业生态位的演变尤为重要，因为它不仅关系到经济的持续发展，还关系到社会的稳定和繁荣。

在产业生态位的演变过程中，不同产业在链式发展和自身发展过程中的生态位会不断拓展和巩固。这意味着，一些新兴产业会逐渐崭露头角，成为经济发展的新动力；而一些传统产业则会在市场竞争中逐渐失去优势，甚至被淘汰。这种生态位的拓展和巩固，是经济发展的必然结果，也是产业集群形成的基础。

（二）关注多产业聚群间生态位的重叠或分离过程

在现代经济中，多产业聚群间的生态位重叠或分离是一个至关重要的过程。产业生态位，可以理解为产业在市场、技术、资源等多个维度上的定位和竞争优势。不同产业之间，如同生物种群一样，既存在竞争关系，也有合作的可能。这种复杂的关系网络，对产业的生存、发展和变革产生了深远影响。

首先，来看产业间的竞争关系。在某些领域，由于资源有限、市场容量有限，不同产业之间会展开激烈的竞争。这种竞争可能缘于对原材料、劳动力、资金等生产要素的争夺，也可能缘于对市场份额、品牌影响力等商业利益的追求。在竞争压力下，一些产业可能会选择寻找新的发展方向，通过技术创新、市场扩张等手段，拓展自己的生态位。例如，传统的制造业在面临劳动力成本上升、环保压力增大的情况下，可能会向智能制造、绿色制造等方向发展，从而在新的生态位上获得竞争优势。

另外，产业间的合作关系也是不可忽视的。在全球化、信息化的今天，产业之间的合作变得越来越普遍。这种合作可能缘于产业链上下游的衔接，也可能缘于技术创新、市场开拓等方面的共同需求。通过合作，产业之间可以实现资源共享、优势互补，从而巩固自己的生态位。例如，互联网技术与传统产业的融合，催生了电子商务、智能制造等新业态，为产业带来了新的增长点和发展空间。

产业生态位的重叠或分离，正是产业集群内部竞争和合作的表现。在一个产业集群中，不同产业之间通过竞争和合作，形成了复杂而稳定的生态系统。这种生态系统既有利于产业的生存和发展，也有利于整个产业集群的繁荣和进步。

值得注意的是，产业生态位的重叠或分离并不是一成不变的。随着市场环境的变化、技术创新的推动，产业生态位可能会发生动态调整。一些原本处于竞争关系的产业，可能会因为共同面对的市场挑战或技术难题而走到一起，形成新的合作模式；而一些原本紧密合作的产业，也可能会因为竞争压力的增加或利益分配的矛盾而渐行渐远。因此，需要对产业生态位的重叠或分离保持持续的关注和研究，以便更好地把握产业发展的趋势和规律。

（三）关注产业间动态平衡的生态位演变过程

观察产业生态位的演变过程，仅仅关注产业在经济发展中的占比和贡献度是不够的，因为这些数据只能反映产业的宏观情况，而无法揭示产业之间的动态平衡和互动关系。因此，需要依托颗粒度更细、更加科学的方式来观测针对不同资源而产生的产业间动态平衡的生态位演变过程。

具体来说，可以通过研究不同产业之间的资源流动、技术创新、市场需求等方面的数据，来揭示产业之间的动态平衡和互动关系。例如，可以通过分析澳门旅游业和金融业之间的数据，来了解这两个产业之间的相互影响和关系。同时，还可以通过对比不同地区的产业生态位演变过程，来探讨澳门产业集群化生产的可能性和发展方向。

三 动态衡量各产业的生态位宽度

（一）衡量各产业生态位的宽度

一个产业的生态位宽度越广，意味着它在经济系统中的适应性越强，能够利用的资源和机会也就越多。要准确评估各产业的生态位宽度，需要综合考虑多种因素。一方面，要分析产业所处的成长阶段。不同阶段的产业对资源、技术、市场等的需求和依赖程度不同，因此，需要深入了解各产业的发展历程、现状和未来趋势，以便更准确地判断其生态位宽度。另一方面，要关注产业间的集群关系和外部资源禀赋。产业集群是指同一产业链上不同环节的产业在地理空间上的集聚现象，这种集聚有助于降低交易成本、提高生产效率和创新能力。而外部资源禀赋则包括自然资源、人力资源、科技资源等，这些资源的丰富程度直接影响着产业的竞争力和生态位宽度。

（二）利用产业间生态位重叠度来分析形成产业集群的适宜度水平

在分析了各产业的生态位宽度后，还需要利用产业间生态位重叠度来分析形成产业集群的适宜度水平。生态位重叠度是指不同产业在资源利用、市场定位等方面的相似程度。适度的生态位重叠可以促进产业间的协作和竞争，从而推动整个产业集群的发展。然而，过高的生态位重叠也可能导致资源竞争激烈、市场饱和等问题，不利于产业的健康发展。

为了更好地促进澳门经济适度多元发展，需要有针对性地选择相应的优化措施。一方面，要加大对新兴产业的扶持力度，提高其在数字经济领域的竞争力。这包括提供优惠政策、加强技术研发、培育人才等方面的工作。另一方面，还要加强产业间的协作和整合，推动产业集群的形成和发展。这可以通过建立产业联盟、加强产业间的合作与交流、推动资源共享等方式实现。

第二节 依托数字经济构建澳门经济适度
多元发展的生态模式

澳门经济适度多元发展依托数字经济的时代红利，既是机遇也可能是挑战，需要辩证地看待，同时要结合澳门经济社会发展的实际情况，从生态学新的视角出发，利用数字经济的内生增长本质，提高澳门经济适度多元发展战略的可实施性。

本书通过两个方面的分析对数字经济对澳门经济适度多元发展所产生的积极影响进行深入研究，发现依托数字经济可有效为澳门的经济适度多元发展构建链式-生态产业集群，并同时利用大湾区数字经济的技术优势，降低澳门多产业发展的空间资源侵占可能，为新兴产业发展提供额外的网状空间，降低各产业间对技术资本的不合理资源争夺。

一　数字经济对澳门经济适度多元发展产业集群发展的作用

要从动态平衡的角度，对数字经济作用于澳门产业集群发展方面加以审视，马克思政治经济学为技术资本作用于社会再生产，推动生产过程中商品、资本要素的流动和劳动生产率的提高方面的论述，为数字经济在澳门经济适度多元发展中的重要影响提供了理论基础。此外，研究通过比较分析中国数字经济发展历程，为澳门经济适度多元发展的技术引进—吸收—再创造路径提供有效实践经验。研究发现，澳门经济适度多元发展和数字经济发展具有不可分性，将同时作用于澳门经济，加速澳门产业结构调整，提高澳门经济韧性。

（一）数字经济与理论依据结合

马克思政治经济学与数字经济的结合为澳门经济适度多元发展提供了坚实的理论依据。数字经济，作为新时代的技术革命，对于澳门这样一个位于经济交汇点的特别行政区而言，其影响不可忽视。数字经济以其独特的魅力，正在为澳门带来新的发展机遇。以大数据、云计算、人工智能等为代表的数字技术，正在逐步渗透澳门的各行各业，从而推动产业结构的优化升级。例如，澳门的旅游业可以借助数字技术进行智慧旅游建设，提高游客体验，进一步吸引国内外游客；金融业则可以通过数据分析，实现风险预警和精准营销，提高金融服务效率。

当然，数字经济对澳门传统产业结构的挑战也不容小觑。数字经济带来的高效率、低成本的生产方式，使得传统产业的竞争力受到威胁。这就要求澳门在保持经济适度多元发展的同时，必须积极应对数字经济的挑战，加快传统产业的转型升级。马克思政治经济学提供了理解数字经济在澳门经济适度多元发展中重要性的理论基础。马克思认为，技术资本是推动社会再生产的关键因素。在数字经济时代，数字技术作为新的技术资本，同样发挥着推动社会再生产的重要作用。因此，必须充分认识到数字经济在澳门经济适度多元发展中的重要性，积极应对挑战，把握机遇。

（二）数字经济与数字空间结合

数字经济的崛起为澳门经济适度多元发展提供了无限可能。数字经济作为一种新型的经济形态，以其高效、便捷、创新的特点，正在深刻改变着传统经济的运作方式。在数字经济的推动下，商品和资本要素的流动变得更加迅速和灵活，这不仅加速了资源的优化配置，还提高了劳动生产率，为澳门经济的持续增长注入了新的动力。

更重要的是，数字经济使得澳门经济在面对外部冲击时更具韧性。在全球经济波动和不确定性增加的背景下，数字经济以其独特的优势成为澳门经济稳定增长的"压舱石"。例如，通过大数据的分析和预测，澳门能够更准确地把握市场需求和变化，从而做出更加科学和合理的经济决策。同时，云计算和人工智能等技术的应用，也为澳门的传统产业如旅游、零售、金融等提供了转型升级的机会，使它们焕发出新的生机和活力。

此外，数字经济还为澳门的新兴产业提供了广阔的发展空间。在电子竞技、数字创意等领域，澳门已经取得了一系列令人瞩目的成就。这些新兴产业的兴起不仅丰富了澳门的经济结构，还为年轻人提供了更多的就业机会和创业机会，进一步促进了澳门的经济多元化。

（三）数字经济与产业集群协同

数字经济为澳门经济适度多元发展提供了良好的产业集群协同和生态系统保障。为了更好地理解数字经济对澳门产业集群的影响，可以借鉴中国数字经济发展的历程。中国作为全球最大的数字经济市场之一，其在技术引进、吸收和再创造方面的经验对澳门具有重要的参考价值。通过对比分析，可以看到澳门在数字经济发展上同样具有巨大的潜力，尤其是在旅游、金融、物流等领域。

1. 数字经济助力澳门多元产业结构

数字经济的蓬勃发展，为澳门经济适度多元发展注入了源源不断的活力。这一变革性的经济形态，以其独特的魅力和巨大的潜力，为澳门的产业集群协同和生态系统提供了坚实的保障。为了更好地理解数字经济对澳门产业集群的深远影响，不妨从中国数字经济发展历程中汲取智慧和启示。

引进先进技术是澳门数字经济发展的起点。澳门可以借鉴中国在发展初期积极引进国外先进技术的做法，通过与国内外优秀产业和科研机构的合作，引进适合自身发展的先进技术和管理经验。这不仅可以缩短澳门数字经济发展的进程，还可以避免走弯路，提高发展的效率和质量。

吸收消化是澳门数字经济发展的关键。在引进先进技术的基础上，澳门需要加强对这些技术的消化和吸收，深入理解其背后的原理和应用场景。通过加强技术研发和人才培养，澳门可以逐渐将引进的技术转化为自身的核心竞争力，为产业集群的协同发展提供有力支撑。

再创造是澳门数字经济发展的核心。在吸收消化的基础上，澳门需要注重自主创新，推动数字经济技术的再创造和升级。通过加大科研投入、培育创新型产业，澳门可以在数字经济领域实现更多的技术突破和产业升级，为经济适度多元发展提供源源不断的动力。

2. 数字经济作用于澳门政策引导的新兴产业

澳门作为中国的特别行政区，拥有独特的地理位置和资源优势，尤其在旅游、金融、物流等领域具有得天独厚的优势。这些领域与数字经济的结合，将为澳门经济适度多元发展提供强大的动力。

首先，会展业作为澳门的新兴产业中发展水平较高的产业，通过与数字经济的融合，可以实现智慧会展的发展。通过大数据技术，会展业可以精准地分析展商和观众的需求，为他们提供更加个性化、精准化的服务。同时，云计算技术的运用将极大地提升会展服务的智能化水平，实现资源的优化配置和高效利用。而人工智能技术的应用，则将进一步提升会展服务的便捷性和智能化程度，为展商和观众带来更加舒适、高效的参展体验。智慧会展的发展不仅能够吸引更多展商和商品前来澳门参展，进一步推动会展业的发展，同时还能够为澳门的旅游业带来重要的机遇。随着会展业的繁荣，越来越多的游客将被吸引到澳门，进一步推动澳门旅游业的发展。智慧会展也将为澳门旅游业的升级转型提供有力支持，推动澳门旅游业向更高层次、更广领域发展。

其次，金融业作为澳门的另一大新兴产业，也可以借助数字经济实现转型升级。借助区块链、数字货币等前沿技术，澳门金融业正努力提升服务效率和安全性，努力塑造国际金融中心的新形象。区块链技术的应用使得交易流程更加简洁、高效，大大提高了金融服务的效率和用户体验。作为一种新型的支付方式，数字货币在全球范围内逐渐普及，为澳门金融业带来了更广阔的市场空间。通过推出具有澳门特色的数字货币，澳门不仅可以吸引更多的国际投资者，还可以推动本地金融服务的创新和升级。

再次，中医药产业作为澳门的新兴产业，也可以与数字经济深度融合，实现智慧中医药开发、草药智慧物流的发展。智慧中医药开发是这一融合的核心内容之一。借助物联网、大数据、人工智能等先进技术，澳门中医药产业可以实现从种植、采摘到炮制、配伍的全程智能化管理。这不仅大大提高了中医药的品质和药效，还使得中医药的生产过程更加透明、可追溯。消费者可以通过扫描药品上的二维码，轻松了解药品的来源、炮制工艺等信息，从而更加放心地购买和使用。草药智慧物流的发展则是中医药产业与数字经济融合的又一重要领域。通过物联网技术，可以实现对中医药从田间到药店的全程监控，确保药品在运输过程中的安全、有效。同时，智能仓储技术的应用，可以大大提高中医药的存储和管理效率，降低库存成本，减少药品的损耗和浪费。这些技术的应用，不仅为澳门中医药的国际贸易提供了有力支撑，也为跨境电商的发展打开了新的通道。

最后，文化产业作为澳门的新兴产业，也可以与数字经济深度融合。一方面，数字技术的应用为文化产业提供了更广阔的发展空间。例如，通过虚拟现实技术，游客可以更加直观地感受澳门的历史文化和自然风光；通过大数据分析，文化产业从业者可以更加精准地把握市场需求，推出更符合消费者喜好的产品。另一方面，文化产业也为数字经济的发展提供了丰富的内容和创意。例如，澳门的电影、音乐、美术等作品可以通过网络平台传播到全球各地，吸引更多的观众和粉丝。澳门文化产业与数字经济的深度融合将呈现更加广阔的发展前景。随着科学技术的不断创新和进步，澳门文化产业将实现更加高效、便捷的生产和传播方式，推动文化产业向更高层次、更广领域发展。同时，数字经济也将为澳门文化产业带来更多的商业模式和盈利模式，推动文化产业实现更加多元化、个性化的发展。

3. 数字经济助力澳门产业集群和产业协同

数字经济不仅有助于澳门经济产业集群的形成和壮大，还为产业协同提供了基础建设和数字空间，进一步推动澳门经济可持续发展。

首先，数字经济为澳门经济的适度多元发展提供了有力支持。通过运用大数据、云计算、人工智能等先进技术，数字经济为澳门带来了新的产业机遇和发展空间。在数字经济的推动下，澳门可以培育和发展一批新兴产业，如电子商务、数字创意、智能制造等，这些新兴产业将与传统产业相互补充，形成多元化的产业结构。

其次，数字经济有助于形成和壮大产业集群。在数字经济的推动下，相关产业将逐渐形成集聚效应，形成产业链上下游的紧密连接。例如，在电子商务领域，澳门可以依托其独特的地理位置和资源优势，打造跨境电商平台，吸引国内外电商产业入驻，形成电商产业集群。这样的产业集群将有助于提高澳门的产业竞争力和创新能力，推动经济持续健康发展。

最后，数字经济为产业协同提供了基础建设和数字空间。通过建设完善的信息基础设施和数字化平台，澳门可以实现各产业之间的信息共享、资源整合和协同合作。这将有效降低产业间生态位的重叠度，使得澳门产业生态更为适宜。例如，在旅游领域，通过数字化平台实现旅游资源的整合和共享，可以提高旅游服务的质量和效率，吸引更多游客前来旅游，进一步推动澳门旅游业发展。随着数字技术的不断创新和应用，澳门的产业集群将不断壮大，产业结构也将更加合理。同时，这也将对澳门的经济发展产生深远的影响，不仅将加速其产业结构调整，还将提高澳门经济的整体竞争力和韧性。

二 利用数字经济的溢出资金大力发展新兴产业

（一）数字经济对澳门新兴产业具有显著的推动作用

数字经济的崛起为澳门的新兴产业提供了前所未有的发展机遇。

首先，数字经济的溢出资金为澳门新兴产业提供了强大的资金支持。这些资金如涓涓细流，为新兴产业注入了生命之水，使它们得以茁壮成长。在数字经济的推动下，澳门的新兴产业如雨后春笋般涌现，涵盖了电子商务、大数据、云计算、人工智能等多个领域。这些产业在资金的滋养下，迅速崭露头角，成为澳门经济发展的新引擎。

此外，外部直接投资的新增资本也为澳门新兴产业的发展注入了强大动力。这些资金不仅为新兴产业提供了资金支持，更带来了先进的技术和管理经验。这些先进的技术和管理经验，为澳门的新兴产业插上了腾飞的翅膀，使它们能够在激烈的市场竞争中脱颖而出，实现跨越式发展。

在数字经济的推动下，澳门的新兴产业正呈现勃勃生机。它们充分利用数字技术的优势，推动产业升级和转型，为澳门经济的高质量发展注入了新的活力。同时，这些新兴产业也为澳门创造了大量就业机会，促进了社会经济的繁荣和发展。

（二）数字经济并未造成产业间的技术资本侵占

关于产业结构调整，曾有一种担忧：新兴产业在数字经济的发展过程中，可能会侵蚀传统产业的技术资本，导致资源分配不均和市场定位冲突。然而，通过深入研究第六章的生态位重叠度动力学演讲过程，发现这种担忧或许过于悲观。事实上，新兴产业在数字经济的发展中，与传统产业之间的技术资本引进存在明显的差异，这种差异为两者之间的和谐共生提供了可能。

首先，新兴产业与传统产业在生态位上的重叠度并不高，这意味着两者在资源利用和市场定位上并不存在显著的竞争关系。尽管在产业结构调整过程中，新兴产业在数字经济的发展中可能会对传统产业造成一定的影响，但这种影响并非完全是负面的。通过研究和分析，发现新兴产业与传统产业在资源利用和市场定位上并不存在显著的竞争关系，反而可以相互促进，共同推动澳门经济的多元化发展。因此，应该以更加开放和包容的态度，积极应对产业结构调整带来的挑战，推动澳门经济的持续繁荣和发展。

其次，从数据上看，新兴产业在数字经济的发展过程中，更多地依赖外生技术资本的引进，而不是从传统产业中直接掠夺。同时，强势产业如博彩业以及相关产业链的新增资本，与新兴产业的生态位也存在较大的差异。这种差异使得新兴产业与传统产业在资源利用和市场定位上形成了互补，而非竞争的关系。

最后，这种互补关系为澳门经济的多元化发展提供了有力的支持。传统产业和新兴产业可以相互促进，共同推动澳门经济的持续发展。传统产业可以通过技术创新和产业升级，提高自身的市场竞争力，而新兴产业则可以为传统产业提供新的发展机遇和市场空间。

（三）数字经济提高澳门经济适度多元发展水平

研究发现，数字经济在提升澳门经济发展水平、优化产业结构以及增强经济韧性方面发挥着重要作用。

数字经济的引入为澳门的新兴产业注入了强劲的发展动力。在数字经济浪潮下，澳门的新兴产业如电子商务、大数据、云计算、人工智能等得到了迅猛发展。这些新兴产业不仅为澳门经济带来了新的增长点，还为传统产业转型升级提供了有力支撑。通过数字技术的深度融合，新兴产业与传统产业相互促进，共同推动澳门经济向前发展。

同时，数字经济的崛起也为澳门传统产业带来了转型升级的契机。传统产业如制造业、旅游业、零售业等，通过数字技术的运用，可以实现生产流程的优化、产品质量的提升以及客户服务的改进。例如，制造业可以利用工业互联网平台实现智能制造，提高生产效率、降低能耗和减少浪费；旅游业可以借助大数据分析和人工智能技术，实现精准营销、个性化服务和智慧管理；零售业可以利用电子商务平台拓展销售渠道、优化库存管理以及提升客户体验。

此外，在数字经济的推动下，澳门经济正在形成多层次链式-生态产业集群的成长模式。这种成长模式不仅有助于提升澳门经济的整体竞争力，还能促进产业间的协同创新，实现资源共享和优势互补。在数字经济的引领下，澳门经济正朝着更加稳健和可持续的方向发展。

第三节　澳门经济适度多元发展的政策发力点

一　围绕数字经济加速澳门产业结构调整

构建澳门经济适度多元发展的链式-生态产业机制和经济适度多元发展的战略方针，是澳门特区政府为了应对全球经济形势的变化，提升澳门经济的竞争力和可持续发展能力而制定的重要政策。为了推动这一战略方针的实施，依托数字经济的产业链研究，本书提出如下建议。

（一）构建具有包容性的链式-生态产业集群

澳门经济适度多元发展不仅要求拓宽产业结构中的产业数量，而且更需要在多产业发展中构建良性竞争合作的结构和模式。这种发展策略旨在实现产业链式结构和产业良性生态结构的和谐共生，为澳门经济的可持续发展注入新的活力。

1. 科学构建各产业的链式结构

科学构建各产业的链式结构是实现经济持续发展的重要途径。这一理念源于马克思主义劳动价值论的经济学原理，它强调了产业链中各产业之间的相互关联和依存关系。通过对各产业的链式结构进行科学分析，能够深入了解各产业在链式结构中的节点价值、生态位宽度和重叠度，进而为产业间的有效分工与合作提供有力支撑。

首先，明确各产业在链式结构中的节点价值至关重要。在产业链中，每个产业都扮演着特定的角色，其节点价值体现在对上游产业的产品或服务进行加工、增值和传递给下游产业的过程中。通过对节点价值的深入分析，可以明确各产业在产业链中的地位和作用，以及它们对整体经济发展的贡献。例如，在制造业产业链中，原材料供应商、制造商、分销商等各个环节都发挥着不可或缺的作用，共同构成了完整的产业链。

其次，生态位宽度和重叠度的分析有助于揭示产业间的竞争与合作关系。生态位宽度指的是一个产业在产业链中所占有的宽度，而重叠度则反映了不同产业之间的相似性和竞争程度。通过对这些指标的研究，可以更好地了解产业间的互动关系，促进产业间的优势互补和协同发展。例如，在信息技术产业中，硬件制造、软件开发、数据服务等不同领域之间存在一定程度的生态位重叠，但通过加强合作与协同创新，可以实现资源共享、技术互补和市场拓展。

科学构建各产业的链式结构对推动澳门经济实现适度多元发展具有重要意义。澳门作为一个特殊的经济区域，其经济发展面临诸多挑战和机遇。通过科学构建产业链式结构，可以促进各产业之间的有效分工与合作，优化资源配置，提高整体经济效率。同时，这种分工与合作模式还有助于培育新兴产业和拓展经济发展空间，推动澳门经济实现多元化发展。

2. 科学构建各产业竞合动态监测机制

在澳门这一特定的经济环境中，各产业间的竞合关系显得尤为重要。澳门作为一个国际旅游城市，旅游业是其支柱产业之一。然而，随着全球旅游业竞争的加剧和经济形势的变化，旅游业单一的产业结构已无法满足澳门经济的持续发展需求。因此，科学构建各产业竞合动态监测机制，对促进澳门经济适度多元发展、提高澳门经济韧性和持续性具有重要意义。

首先，构建竞合动态监测机制有助于实时掌握各产业的发展状况。通过对各产业进行动态监测，可以及时发现产业发展中存在的问题和瓶颈，为政府和产业提供决策支持。例如，当旅游业受到外部冲击时，政府可以通过监测机制迅速调整政策，鼓励其他产业的发展，以弥补旅游业的损失。

其次，竞合动态监测机制有助于优化资源配置。在市场竞争中，各产业会根据自身优势和市场需求进行资源争夺。通过监测机制，可以了解各产业的资源利用情况，避免资源浪费和过度竞争。政府可以根据监测结果，制定合理的产业政策，引导资源向具有竞争力的产业流动，提高资源配置效率。

最后，竞合动态监测机制还有助于促进产业间的协同创新。在竞争与合作的过程中，各产业可以相互学习、相互借鉴，实现技术创新和产业升级。例如，旅游业可以与文化创意产业、科技产业等进行深度融合，开发出更具吸引力的旅游产品，提升澳门旅游业的竞争力。

（二）利用数字经济发展，构建澳门多层次的产业集群

全球流动性降低和风险增加不仅使得澳门长期以来的外向型经济遭受重创，也对澳门经济的内生发展提出了要求。在全球经济低迷的状态下，构建多层次链式-生态产业集群，发展适度多元的产业结构难度加倍。而全球数字经济的高度发展将为澳门的多层次链式-生态产业集群体系构建提供效率、动能和质量上的三维动力。基于研究成果，澳门构建的链式-生态产业集群可依托数字经济的资本偏好差异，建立多层次的产业集群。

1. 数字资本的流向将偏好新兴产业

数字资本的流向将偏好于以中医药研发、会展、文化和特色金融等产业为主的新兴产业集群。这些产业具有高度的创新性和发展潜力，能够为澳门经济带来新的增长点。通过外部技术的溢出效应，数字资本将有效增加这些产业的发展空间，特别是虚拟生产空间。这将有助于降低与澳门其他产业间的空间资源争夺，实现资源的优化配置。

在数字经济浪潮的推动下，数字资本的流向正日益偏向于以中医药研发、会展、文化和特色银行金融等产业为主导的新兴产业集群。这些产业以其独特的创新性和巨大的发展潜力，正在成为澳门经济发展的新引擎，为这座美丽的城市带来勃勃生机。

中医药研发作为其中的一项重要产业，正逐渐展现出其在全球医药领域的独特优势。借助数字技术的力量，中医药研发得以在药物筛选、临床试验等环节实现更高效、更精准的突破。同时，数字资本的注入为这一产业提供了更多的研发资源和市场机会，助力中医药产业实现跨越式发展，为全球健康事业做出更大的贡献。

会展业作为澳门经济的重要支柱之一，也在数字资本的助力下焕发出新的活力。数字技术的运用不仅提高了会展活动的组织效率和参与体验，还为会展业带来了新的商业模式和市场空间。通过数字化手段，澳门会展业能够吸引更多的国内外参展商和观众，进一步巩固其在国际会展市场的地位。

文化产业作为澳门的一大特色，也在数字资本的推动下迎来了发展的新机遇。数字技术的融入使得文化产业得以在内容创作、传播方式等方面实现创新突破，为澳门文化走向世界提供有力支撑。同时，数字资本的投入也为文化产业带来了更多的商业机会和盈利模式，为澳门经济的多元化发展注入了新的活力。

特色银行金融作为澳门金融业的一大亮点，也在数字资本的助力下实现了转型升级。借助数字技术的力量，特色银行金融得以在服务模式、产品创新等方面实现突破，为客户提供更加便捷、高效的金融服务。同时，数字资本的引入也为特色银行金融提供了更多的资本支持和市场机遇，推动澳门金融业实现更高水平的发展。

数字资本的流向偏好于这些新兴产业集群，不仅有助于推动澳门经济的创新发展，还能通过外部技术的溢出效应，有效增加这些产业的发展空间。特别是虚拟生产空间的拓展，为这些产业提供了更为灵活、高效的生产方式，降低了与澳门其他产业间的空间资源争夺，实现了资源的优化配置。

2. 数字资本也将部分流向支持澳门以博彩业为主的旅游产业链

数字资本也将部分流向支持澳门以博彩业为主的旅游产业链。博彩业一直是澳门经济的支柱产业，而数字资本的注入将为这一产业链带来新的活力和动力。通过新增资本的数字特征，数字资本将提振整个产业链的全要素生产率，推动产业结构的优化和产业发展。

首先，数字资本将提升博彩业的科技含量。通过引入先进的数字化技术，如大数据分析、人工智能等，博彩业将能够实现更加精准的市场预测和个性化的服务。这将大大提高博彩业的运营效率和客户满意度，从而吸引更多的游客前来消费。

其次，数字资本将促进博彩业与其他产业的融合。在数字化时代，跨界融合成为一种趋势。博彩业可以借助数字资本的力量，与旅游、娱乐、文化等产业进行深度融合，打造更加多元化的旅游产品。这将有助于提升澳门的整体旅游吸引力，进一步巩固其作为国际旅游胜地的地位。

最后，数字资本将推动澳门构建多层次链式-生态产业集群。澳门作为一个国际旅游城市，拥有丰富的旅游资源和文化底蕴。这些优势为澳门在数字经济时代提供了独特的发展机遇。通过深入挖掘和利用这些优势，澳门可以进一步提升其在全球经济中的地位和影响力。

（三）构建更科学的产业结构调整机制和产业集群规划

在构建澳门经济适度多元发展的产业生态位测度指标体系和科学测量制度的过程中，必须致力于构建一个更加科学、合理且有效的链式-生态产业集群。这一目标的实现不应仅仅停留在口号上，而应通过实际操作和深度整合各种资源来达成。在当前数字经济迅猛发展的背景下，可以依托先进的生态学、统计学、机器学习、深度学习等新一代集成算法，构建更加精准、科学的产业生态位测度指标体系和产业结构调整机制。

在数字经济的浪潮下，传统产业链的运行发展模式已经难以适应新的市场需求。传统产业链主要依赖供需、产权、契约等关系来维持其运行发展，这种模式限制了产业链节点产业之间形成紧密的相互依存关系。各个节点产业往往以追求经济利益最大化为目标，参与产业链联盟。然而，这种以个体化目标为导向的合作动机，往往导致产业链整体抗风险能力被削弱（汪延明，2023）。

面对这一挑战，必须认识到新一轮科技革命为产业链式发展带来的巨大机遇。科技革命不仅增加了产业链式发展的合作内核，还通过算力拓展等方式，为产业链提供了更具生态意义的竞合关系。这意味着可以借助新一代信息技术，构建产业链协同生产环境，实现各产业间的合作共赢。

二　加强澳门数字经济下的产业链治理工作

（一）培育澳门数字经济发展新动能

为了促进数字经济的进一步发展，澳门不断完善网络基础设施建设，并将特色银行业打造成为数字经济发展新动能，推动数字经济多元化发展。

1. 完善网络基础设施建设

完善网络基础设施建设，是助力澳门经济适度多元发展的关键环节。随着信息技术的日新月异，网络基础设施已经成为数字经济的基石，对于澳门来说，也不例外。为了更好地适应全球化和数字化的趋势，澳门必须加大对网络基础设施的投资力度，为各产业的数字化转型和创新提供坚实基础。

首先，提升网络速度和覆盖范围是关键。澳门可以借鉴国际先进经验，采用高速、稳定的网络技术，确保网络覆盖广泛、信号稳定。这将有助于产业和个人更加便捷地接入互联网，享受高效的网络服务。同时，提升网络速度也将为澳门的远程办公、在线教育、电子商务等新兴产业提供强大的支持，推动这些产业快速发展。

其次，加强与周边地区的网络互联互通也是至关重要的。澳门可以积极与珠江三角洲等邻近地区合作，共同构建高速、可靠的网络连接，实现信息资源的共享和流通。这将有助于澳门更好地融入区域经济一体化，提高澳门的国际竞争力。

最后，澳门还可以通过政策引导，鼓励产业加大对数字技术的研发投入，推动数字经济与实体经济深度融合。例如，可以支持产业开展智能制造、智慧物流、智慧旅游等领域的创新应用，将数字技术广泛应用于生产、流通、消费等各个环节，提高经济效率和质量。

2. 将特色银行业打造成为澳门数字经济发展新动能

通过加快互联网与离岸金融体系、中葡贸易服务平台、综合旅游经济等领域的深度融合，澳门有望将特色银行业打造成为新的经济增长点，为这座城市注入新的活力。

离岸金融作为澳门特色金融产业的重要组成部分，具有高度的开放性和国际化特点。通过互联网技术的引入，可以建立更加便捷、高效的在线金融服务平台。这样的平台不仅可以提供跨境支付、投融资等多元化金融服务，还可以实现实时数据分析、风险评估等功能，为澳门离岸金融业务的进一步发展提供有力支持。

中葡贸易服务平台是澳门作为中国与葡语国家经贸合作服务平台的独特

优势所在。借助互联网技术，该平台可以进一步扩大服务范围，优化交易流程，提高交易效率。例如，通过建立在线贸易展览、电子商务平台等方式，为葡语国家的产业和产品提供更多展示和推广的机会，同时也为中国的产业和消费者提供更加便捷、多样的购物选择。

综合旅游经济是澳门的另一大支柱产业。借助互联网技术和大数据、人工智能等先进科技手段，可以进一步提升旅游服务的智能化和个性化水平。例如，通过智能导游系统、虚拟现实技术等，为游客提供更加丰富、生动的旅游体验；同时，通过分析游客的消费习惯和偏好，为旅游业提供更加精准、有效的市场营销策略，从而吸引更多游客前来澳门旅游消费。

3. 推动数字经济多元化发展

税收政策是影响经济发展的重要杠杆之一。通过巧妙运用税收政策，政府可以引导资金流向、优化资源配置、促进产业升级。对于澳门而言，制定针对数字经济的税收优惠政策，不仅可以降低数字产品研发的税收负担，还能鼓励产业加大在数字经济领域的投入，从而推动数字经济快速发展。

具体来说，澳门特区政府可以对从事数字技术研发、产品创新的产业给予税收减免、延期纳税等优惠政策。这将有助于降低产业的研发成本，提高其在数字经济领域的竞争力。同时，政府还可以设立专项税收奖励资金，对在数字经济领域取得显著成绩的产业和个人进行奖励，进一步激发市场活力和创新动力。

此外，为了促进数字经济的多元化发展，澳门特区政府还可以根据不同产业的特点和需求，制定差异化的税收政策。例如，对于新兴的数字经济产业，政府可以给予更多的税收支持，帮助其快速成长；对于传统产业的数字化转型，政府则可以通过税收优惠政策，引导其向数字化方向转型升级。

（二）完善数字资源保护机制

澳门的窗口地位和"一国两制"的政治制度，使得澳门有着较高的网络治理安全方面的隐患。随着全球网络技术的迅猛发展和广泛应用，网络安全问题日益凸显，给澳门的社会稳定和经济发展带来了严峻挑战。然而，得益于中国雄厚的基础网络安全体系建设，澳门能及时发现和应对各种网络安全威胁。

1. 加大对网络安全治理方面的信息基础设施

针对重要的信息基础设施，澳门特区政府需要加大投入，强化安全防护。这包括但不限于加强网络安全技术研发和创新，提升网络安全防护能力。例如，可以引入先进的网络安全技术和设备，建立高效的网络安全监测和预警系统，及时发现和应对各类网络安全威胁。同时，加强网络安全人才培养和引进，打造一支高素质、专业化的网络安全队伍，为澳门网络安全提供有力保障。

澳门特区政府应着重加强对重要信息基础设施的投入，并强化其安全防护措施，以确保其安全稳定运行。这一举措不仅关系到澳门的信息化建设，更直接关系到社会稳定。

首先，政府需要增加对网络安全技术研发和创新的投入。随着信息技术的快速发展，网络安全威胁也日益增多，传统的安全防护措施已经难以满足当前的需求。因此，澳门特区政府应积极引进国内外先进的网络安全技术和设备，如防火墙、入侵检测系统、数据加密技术等，以加强网络安全防护能力。同时，政府还应鼓励和支持本地网络安全产业加强技术研发和创新，推动澳门网络安全技术的自主创新和产业化发展。

其次，建立高效的网络安全监测和预警系统至关重要。通过实时监测网络流量、分析网络攻击行为等手段，及时发现和应对各类网络安全威胁。同时，政府还应加强与国内网络安全机构的合作，共享网络安全信息和资源，提升澳门网络安全防护的整体水平。

此外，加强网络安全人才培养和引进也是关键所在。政府应加大对网络安全教育的投入，培养一批具备专业素养和创新能力的网络安全人才。同时，积极引进国内外优秀的网络安全人才，为澳门网络安全提供有力的人才保障。

2. 与大湾区合作共同应对网络安全挑战

依托粤港澳大湾区经济发展战略，澳门特别行政区可以与邻近地区开展深入合作，共同应对网络安全挑战。横琴作为粤港澳大湾区的核心区域之一，拥有得天独厚的数字安全网络资源和优势。澳门可以通过与横琴加强数字安全网络间的全面合作，实现资源共享、优势互补，共同提升网络安全防护水平。这不仅可以加强两地之间的经济联系和合作，还能为澳门数字经济的快速发展提供有力支撑。

粤港澳大湾区经济发展战略为澳门特别行政区提供了难得的发展机遇。在这一背景下，澳门可以与邻近地区，特别是横琴这一核心区域，开展深入合作，共同应对网络安全挑战。这为澳门提供了一个宝贵的合作平台，可以借此加强数字安全网络间的全面合作。

澳门可以借助横琴的先进技术和丰富资源，加强自身的网络安全建设，提高应对网络威胁的能力。同时，横琴也可以从澳门的经验和专业知识中受益，进一步完善自身的数字安全网络。这种合作模式不仅有助于加强两地之间的经济联系和合作，还能为澳门数字经济的快速发展提供有力支撑。

要推动这一合作，澳门和横琴可以采取一系列措施。首先，两地可以建立定期沟通机制，就网络安全问题进行深入交流，分享经验和技术。其次，可以加强人员培训和技术交流，提升双方在网络安全领域的专业能力和素质。最后，还可以开展联合研究和创新项目，共同探索网络安全的新技术和新方法。

此外，澳门特别行政区还应加快数字安全立法工作，完善相关法律法规体系。通过制定具有针对性的网络安全法律法规，明确各方责任和义务，加强网络安全监管和执法力度，为澳门网络安全提供坚实的法律保障。同时，要加强与内地的沟通协作，共同推动网络安全法律法规的完善和实施，形成全国"一盘棋"的网络安全治理格局。

（三）提高澳门当地居民的数字素养

1. 努力消除数字经济引发的不平等现象

随着数字技术的日新月异，人们的生活已经发生了翻天覆地的变化。在这场技术革命中，有些人如鱼得水，享受到了前所未有的便利与机遇，然而也有一部分人却因此而陷入了"数字鸿沟"的困境。为了构建一个更加公平、包容的社会，必须采取切实有效的措施，缩小这一鸿沟。

首先，要关注那些数字技能较低的群体。他们可能是因为年龄、身体、经济状况等，无法充分享受数字技术的便利。为此，应该加大对这些群体的培训力度，帮助他们提升数字技能，更好地融入数字社会。对于老年人来说，他们可能对新兴的数字技术感到陌生和困惑。因此，应该为他们提供专门的培训课程，教授他们如何使用智能手机、平板电脑等设备，如何通过网络获取信息、进行交流。这不仅可以帮助他们更好地与家人、朋友保持联系，还能让他们享受到在线购物、娱乐等便利。

其次，要关注残疾人。他们可能面临更多的困难和挑战，比如无法操作传统的键盘和鼠标等输入设备。为此，应该开发适合他们使用的辅助技术，如语音识别、眼动控制等，让他们也能够享受到数字技术带来的便利。

最后，低收入家庭也是需要重点关注的对象。他们可能因为经济原因无法负担昂贵的网络设备和服务费用，从而被排斥在数字社会之外。因此，要进行政策扶持，为这些家庭提供经济补贴或优惠措施，确保他们能够接入高速、稳定的网络服务。除了培训和支持措施，还要加强基础设施建设，确保每一个澳门居民都能享受到高速、稳定的网络服务。这包括推动覆盖整体区域的宽带建设，提高网络覆盖率和质量。同时，还应鼓励产业加大投入，推动 5G、物联网等新兴技术的发展和应用，为数字经济的普及打下坚实基础。

2. 完善数字技能教育

随着科技的日新月异，数字经济已经成为全球经济的重要驱动力，引领着生产方式的变革和经济的飞速发展。在这种大背景下，具备数字技能的人才显得越发珍贵，他们的能力和专业素养直接影响着数字经济的进步与发展。

澳门的高等教育机构作为国家人才培养的重要基地，应当承担起培养数字人才的重任。这不仅仅意味着在课程设置上增加数字相关的专业，更重要的是要在全校范围内普及数字技能教育，使每一个学生都能掌握基本的数字技能，为未来的职业生涯打下坚实的基础。同时，高校还应与产业紧密合作，了解产业的实际需求，针对性地开设课程，培养出真正符合市场需求的数字人才。

除了高等教育机构，澳门特区政府和各产业也应当在数字技能培养方面发挥积极作用。政府可以通过出台相关政策，鼓励产业开展内部培训，帮助员工提升数字技能。同时，政府还可以设立专项资金，支持劳动力数字技能培训项目，特别是针对传统行业的从业者，帮助他们转型升级，适应数字经济时代的发展需求。澳门各产业作为市场经济的主体，更应该重视员工的数字技能培训。产业可以通过内部培训、外部培训、在线课程等多种形式，提高员工的数字技能水平。同时，产业还可以与高校合作，共同开展人才培养项目，实现资源共享、互利共赢。

3. 积极推动数字技术的创新与应用

数字经济如火如荼，创新已经变得日益重要，它不仅是推动经济发展的核心动力，更是决定一个地区乃至国家竞争力的关键因素。澳门作为一个经济特区，应该紧抓数字经济的机遇，鼓励产业和科研机构加大研发投入，推动数字技术在各个领域的应用与融合，为澳门经济的多元化发展注入新的活力。

首先，鼓励大数据和云计算在政府服务中应用。在传统的政府管理模式下，信息的传递和处理往往受到时间和空间的限制，导致政府服务效率低下。然而，随着大数据和云计算技术的不断发展，政府可以通过建立数据中心和云平台，实现信息的实时共享和处理，提高政府服务效率。例如，通过大数据分析，政府可以更加准确地了解市民的需求和反馈，从而提供更加精准的公共服务；通过云计算，政府可以实现跨部门的信息共享和协同工作，提高政府决策的效率和准确性。

其次，激发人工智能和物联网技术在提升传统产业生产效率、降低运营成本方面的巨大潜力。传统产业是澳门经济的重要组成部分，但随着人工成本的不断上升和资源环境的日益紧张，传统产业面临巨大的压力。而人工智能和物联网技术的应用，可以通过自动化、智能化等手段，提高生产效率和产品质量，降低生产成本和人力成本。例如，在制造业中，通过引入智能机器人和物联网设备，可以实现生产线的自动化和智能化，提高生产效率和产品质量；在物流业中，通过引入智能调度系统和物联网跟踪设备，可以实现物流信息的实时共享和处理，提高物流效率和服务质量。

最后，数字经济还可以为澳门带来更多的商业机遇和创新空间。随着数字技术的不断发展，新的商业模式和业态不断涌现，如共享经济、在线教育、远程医疗等。这些新兴业态不仅可以为澳门带来新的经济增长点，还可以为市民提供更加便捷、高效的服务。同时，数字技术的发展也为澳门的企业和创业者提供了更多的创新空间和发展机遇。通过引入数字技术，企业和创业者可以开发出更加先进、高效的产品和服务，满足市场的需求和变化。

（四）加强数字经济的区域合作

中葡"一带一路"等合作平台的建设，为澳门提供了一个难得的发展机遇。澳门应充分利用这些平台，与区域内拥有更发达数字经济技术的地区展开深入合作。这种合作不仅有助于澳门引进先进的数字技术和管理经验，更能够推动澳门本土数字经济的适度多元发展。

要实现澳门数字经济的适度多元发展，不仅需要引进外部的先进技术和管理经验，更需要通过内部的创新和竞争，激发经济发展的活力。因此，澳门应鼓励本土各产业与区域内先进经济适度多元发展各产业在数字技术与数字经济方面展开竞争与合作。这种竞争与合作，不仅能够促进澳门本土产业的技术升级和管理创新，还能吸引更多的优质人才、先进技术和优质经济适度多元发展各产业"引进来"，为澳门的数字经济发展注入新的活力。

澳门还应积极加强与"一带一路"共建国家及其经济适度多元发展各产业的合作与交流。这种合作与交流，不仅能够拓宽澳门经济的发展空间，更能够推动澳门数字经济模式"走出去"，提升澳门在国际数字经济领域的影响力。

第四节　对澳门经济适度多元发展的展望

一　澳门经济适度多元发展中的经济问题

澳门产业经济的研究，首先要关注其历史经济发展背景。回归祖国后，澳门在保持其高度自治的同时，也积极融入国家发展大局，实现了经济的快速增长和产业结构的优化升级。与内地其他地区的产业经济相比，澳门在旅游、博彩、金融等领域具有独特的优势和特点。这些优势和特点的形成，既与澳门的地理位置、资源禀赋有关，更与其在回归后特殊的治理结构密不可分。

澳门作为高度自治的微型经济体，具有独特的区域发展价值。其经济发展模式、产业结构调整和治理方式等方面的经验和教训，对于其他地区来说具有重要的借鉴意义。通过深入研究澳门的产业经济，可以为相关经济问题提供有效的样本数据和实验平台。

此外，澳门作为国际旅游城市，其旅游业的发展对于整个地区乃至国家的经济发展都具有重要的推动作用。在全球化的大背景下，澳门如何进一步发挥其旅游业的优势，推动产业结构的优化升级，提高经济发展的质量和效益，这些都是值得深入研究的问题。

二　澳门单一产业向经济适度多元发展的路径

澳门，这座东方的璀璨明珠，长久以来以其独特的单一产业结构——博彩业而著称于世。然而，随着全球经济的发展和区域竞争的加剧，澳门面临产业结构单一化所带来的种种挑战。在这样的背景下，继续深入研究澳门单一产业向经济适度多元发展的路径，显得尤为重要。

经济适度多元发展，不仅仅是对单一产业结构改革的系统性解决方案，更是对众多资源城市和地区面临的"荷兰病"问题的有效应对之道。"荷兰病"，这一源于20世纪60年代荷兰北海油田发现后，传统工业衰落、货币升值、出口竞争力下降的经济现象，如今已成为全球许多资源型城市和经济单一地区的共同困境。澳门，作为中国的特别行政区，其经济发展历程充满了曲折与探索。回顾过去，澳门曾多次尝试进行经济多元发展，但始终未能彻底摆脱单一经济结构的桎梏。其中既有外部环境的压力，也有内部因素的制约。然而，这些挑战和困境也促使人们更加深入地研究澳门经济适度多元发展的路径。

2019 年，澳门特区政府提出了新一轮的经济适度多元发展策略，旨在通过优化产业结构、拓展经济领域、加强区域合作等方式，推动经济多元化发展。这一策略的实施，不仅为澳门带来了新的发展机遇，也为全球资源城市和地区提供了宝贵的借鉴经验。笔者将持续关注 2019 年之后澳门经济适度多元发展策略的发展趋势，通过对相关资料和内容的记录和整理，形成未来较为完整的经济多元发展理论。希望通过研究，为澳门乃至全球的资源城市和地区探索一条可行的经济多元化发展之路，助力他们走出困境，实现更加繁荣和可持续的发展。

三 数字经济对澳门产业经济发展方面的机遇和挑战

经济适度多元的发展历史沿革表明，科技创新始终是解决单一结构问题的主要途径。而科技创新在每一个时代皆有技术聚集的主要领域。2017 年后，国家自然科学基金委明确列出的九个科技创新的重点领域——人工智能、量子信息、集成电路、先进制造、生命健康、脑科学、生物育种、空天科技、深地深海。其中，人工智能、量子信息、集成电路等领域都与数字经济紧密相关。数字经济作为一种新的经济形态，正在全球范围内迅速崛起。根据 2023 年 2 月党中央、国务院下发的《数字中国建设整体布局规划》，数字经济已经被列为中国经济建设中的重要方向。这表明数字经济已经成为中国经济发展的核心动力之一。

对于澳门而言，数字经济也为其产业经济发展带来了重要的机遇和挑战。在机遇方面，数字经济为澳门提供了新的经济增长点和发展空间。通过发展数字经济，澳门可以进一步提升其产业结构的多元化程度，增强经济的韧性和可持续性。同时，数字经济还可以为澳门提供更加高效、便捷的服务和商业模式，推动澳门经济的数字化转型和升级。

要继续深入研究数字经济对澳门产业经济发展方面的机遇和挑战，为未来澳门经济适度多元发展提供更多有价值的建议，为澳门数字经济与产业协同发展贡献力量。

本章小结

首先，本章讨论了依托数字经济构建澳门经济适度多元发展生态模式的重要性。数字经济被视为一种新的增长动力，能够为澳门的经济适度多元发展提供技术支持和市场机会。本章总结本书的主要内容，并指出，利用数字经济的内生增长本质可以提高澳门经济发展战略的可实施性，并构建链式-生态产业集群。同时，数字经济还能降低澳门多产业发展的空间资源侵占，为新兴产业提供额外的网状空间，减少产业间对技术资本的不合理资源争夺。

其次，本章深入探讨了澳门经济适度多元发展的政策和策略，特别强调了数字经济在推动这一进程中的关键作用。本章总结分析了如何构建一个有效的产业共生模式，以促进澳门多产业的共同成长，并避免"资源诅咒"和"荷兰病"等问题。通过借鉴生态学的原理，提出了澳门新兴产业与传统产业之间应形成共生关系，共享资源并互补优势。本章还强调了关注澳门产业生态位的演变过程，以及通过动态衡量各产业的生态位宽度来实现澳门产业间的动态平衡。

最后，本章提出了澳门经济适度多元发展的政策发力点，包括围绕数字经济加速产业结构调整，构建具有包容性的链式-生态产业集群以及加强数字经济下的产业链治理工作。本章建议，澳门应推动网络基础设施建设，将特色银行业打造成新的经济增长点，并通过税收政策激励将数字经济作为单独产业的科研的发展。此外，还应完善数字资源保护机制，提高当地居民和产业的数字素养，以及加强数字经济的区域合作。这些措施旨在促进澳门经济的多元化发展，提高其在全球经济中的竞争力和可持续发展能力。

参考文献

鲍洪杰、王生鹏，2010，《文化产业与旅游产业的耦合分析》，《工业技术经济》第 8 期。

毕德，2000，《内涵式创新与外延式创新》，《思想政治工作研究》第 5 期。

陈广汉，2020，《澳门的二元经济结构与政府在产业适度多元发展中的角色》，《港澳研究》第 3 期。

陈国平、姚枝仲、李众敏，2012，《如何实现澳门的长期繁荣?》，《国际经济评论》第 6 期。

陈红梅、郭伟，2009，《基于生态位理论的区域旅游文化测评研究》，《统计与决策》第 9 期。

陈经伟、姜能鹏，2020，《资本要素市场扭曲对经济适度多元发展各产业技术创新的影响：机制、异质性与持续性》，《经济学动态》第 12 期。

陈坤仪，2015，《澳门博彩旅游产业教育研究》，《高教学刊》第 16 期。

陈朋亲、孟静文，2023，《中葡论坛框架下中国—葡语国家贸易发展及特点研究——兼论中葡"一带一路"多边合作》，《东北亚经济研究》第 4 期。

陈伟雄、李宝银、杨婷，2023，《数字技术赋能生态文明建设：理论基础、作用机理与实现路径》，《当代经济研究》第 9 期。

陈向阳、董慧，2023，《横琴金融支持澳门经济适度多元发展的问题与对策》，《广东经济》第 1 期。

陈雨露，2023，《数字经济与实体经济融合发展的理论探索》，《经济研究》第 9 期。

陈章喜、阳星仪，2022，《新冠肺炎疫情后澳门与内地产业链关系发展研究》，《亚太经济》第 2 期。

陈章喜，2020，《澳门经济结构演化特征与适度多元发展》，《统一战线学研究》第 5 期。

崔靖华、朱学芳，2020，《颠覆性技术成长过程的研究现状——基于战略生态位管理视角》，《情报杂志》第 11 期。

崔祥民、裴颖慧、张子煜，2023，《生态位视角下江苏科技人才发展评价研究》，《科技与经济》第 4 期。

丁晓钦、柴巧燕，2021，《数字资本主义的兴起及其引发的社会变革——兼论社会主义中国如何发展数字经济》第 6 期。

丁雪、杨忠，2023，《基于生态位理论的我国创新链竞争力评价》，《统计与决策》第 4 期。

杜俊华，2015，《抗战时期葡萄牙的远东政策及对澳门经济的影响》，《求索》第 1 期。

封小云，2006，《澳门博彩旅游业高增长预期下的经济失衡分析》，《广州社会科学》第 4 期。

盖晓敏、李爱，2021，《要素技术效率与产业结构优化的空间效应研究——基于技术进步偏向的视角》，《财经论丛》第 1 期。

干勇、谢曼、廉海强，2022，《先进制造业集群现代科技支撑体系建设研究》，《中国工程科学》第 2 期。

胡雅蓓、夏勇，2024，《生态位视角下创新型产业集群竞争力测度研究》，《统计与信息论坛》第 1 期。

胡振雄，2021，《中国技术资本化的路径研究》，中共中央党校博士学位论文。

黄江勤，2023，《中医药加快出海，标准化瓶颈仍待破解》，中国报道网，6月9日。

黄鹂、郑青彦、罗明志，2021，《电商经济与会展规模：来自中国的经验证据》，《中国流通经济》第7期。

黄喆诚，2022，《基于生态位思想的经济适度多元发展各产业竞争力评价体系构建》，《中国商论》第22期。

黄子洋、余翔、尹聪慧，2019，《颠覆性技术的政策保护空间研究——基于战略生态位管理视角》，《科学研究》第4期。

吉敏、胡汉辉，2021，《技术创新与网络互动下的产业集群升级研究》，《科技进步与对策》第15期。

纪春礼、曾忠禄，2015，《微型经济体产业多元化与经济增长：基于澳门地区数据的实证分析》，《国际商务（对外经济贸易大学学报）》第2期。

雷玉桃、薛鹏翔、孙菁靖，2019，《城市功能分工与制造业生产率——对粤港澳大湾区协同发展现状的讨论与实证研究》，《现代城市研究》第9期。

李柏洲、李新，2014，《经济适度多元发展各产业技术获取模式、技术进步与创新产出——基于技术进步中介效应检验及区域差异对比分析》，《科学学与科学技术管理》第11期。

李菲菲、耿修林、袁少茹，2019，《高质量发展背景下新丝绸之路经济带省域旅游产业竞争力生态位演化研究》，《经济问题探索》第9期。

李鸿阶，2020，《澳门经济适度多元发展评估与路径选择研究》，《亚太经济》第1期。

李建春、袁文华、吴美玉等，2018，《城市文化产业生态位测度及空间网络效应》，《经济地理》第8期。

李健、金占明，2006，《基于生态学理论的产业集群发展》，《科学学研究》第S2期。

李明屿，2020，《宜良县造林困难地植被恢复的实践与经验浅析》，《南方农业》第30期。

李晓楠、殷知行，2023，《"双循环"背景下澳门文旅产业发展机遇与路径研究》，《中国商论》第 14 期。

李娅、侯建翔，2023，《现代化产业体系：从政策概念到理论建构》，《云南社会科学》第 9 期。

林发钦、李佳桧，2022，《澳门文化产业政策：现状、问题与体系创新》，《福建论坛（人文社会科学版）》第 6 期。

林晓曼、林德钦，2020，《珠海助力澳门经济适度多元路径研究——基于粤港澳大湾区的视角》，《中国经贸导刊（中）》第 11 期。

林英泽，2018，《电商平台规则与共享经济发展》，《中国流通经济》第 1 期。

刘成昆，2017，《融入城市群，打造湾区经济——粤港澳大湾区城市群发展分析》，《港澳研究》第 4 期。

刘和东、陈洁，2021，《创新系统生态位适宜度与经济高质量发展关系研究》，《科技进步与对策》第 11 期。

刘简逸、尚倩倩、李馨仪，2022，《澳门博彩旅游产业链拓展问题及解决路径研究》，《中国商论》第 2 期。

刘汶荣，2021，《要素市场扭曲对制造业高质量发展的影响》，《经济问题》第 9 期。

刘晔、徐楦钫、马海涛，2021，《中国城市人力资本水平与人口集聚对创新产出的影响》，《地理科学》第 6 期。

蒙诚霖、刘萍、谢婷等，2023，《具有反馈控制和时滞的比率依赖随机 Lotka-Volterra 竞争-合作模型的动力学分析》，《云南大学学报（自然科学版）》第 2 期。

欧阳日辉，2024，《平台生态促进数字经济和实体经济深度融合的机理与路径》，《改革与战略》第 1 期。

蒲实，2023，《建设现代化产业体系要防止"五种倾向"》，《学习时报》5 月 22 日。

齐冠钧，2019，《澳门经济适度多元化发展研究——基于〈粤港澳大湾区规划纲要〉的视角》，《国际经济合作》第 2 期。

卿陶、黄先海，2023，《环境规制下的企业技术进步路径——自主创新还是技术引进?》，《经济科学》第 4 期。

史昊宇，2020，《浅析澳门特区的经济适度多元发展——以特色金融产业为切入点》，《经营与管理》第 9 期。

宋国超、李维梁，2022，《新旧动能转换背景下山东产业创新能力比较研究——基于生态位适宜度理论》，《泰山学院学报》第 4 期。

眭纪刚，2020，《在实施重大专项中探索新型举国体制》，《国家治理》第 47 期。

孙丽文、李跃，2017，《京津冀区域创新生态系统生态位适宜度评价》，《科技进步与对策》第 4 期。

孙丽文、任相伟，2020，《基于生态位理论的我国文化创意产业发展评价研究》，《北京交通大学学报（社会科学版）》第 1 期。

田家林、韩锋，2012，《长三角地区生产性服务业群内生态位比较——基于产业生态视角》，《科技进步与对策》第 1 期。

万伦来，2004，《企业生态位及其评价方法研究》，《中国软科学》第 1 期。

汪延明，2023，《中国特色产业链经济学构建研究》，《新疆大学学报（哲学社会科学版）》第 5 期。

王海龙、蔡若楠、田文灿，2023，《基于技术距离的知识溢出与产业升级——来自中美德制造业产品空间的微观证据》，《科技管理研究》第 7 期。

王如玉、梁琦、李广乾，2018，《虚拟集聚：新一代信息技术与实体经济深度融合的空间组织新形态》，《管理世界》第 2 期。

王五一，2011，《"赌权开放"与澳门博彩业发展》，《广东社会科学》第 2 期。

王希元、赵茂，2023，《数字经济赋能产业结构现代化的理论探索与中国式路径》，《当代经济》第 8 期。

王岳平，2014，《追求更高增长质量和效益的产业结构调整》，《宏观经济管理》第 10 期。

武晓辉、韩之俊、杨世春，2006，《区域产业集群生态位理论和模型的实证研究》，《科学学研究》第 6 期。

肖争艳、刘凯，2012，《中国城镇家庭财产水平研究：基于行为的视角》，《经济研究》第 4 期。

谢金箫，2014，《技术创新、制度创新与经济持续增长》，《北方论丛》第 4 期。

许光清、陈晓玉，2021，《考虑能源的中国经济要素再配置效应》，《中国人口·资源与环境》第 3 期。

许泽浩、张光宇、刘贻新，2018，《颠覆性技术选择策略研究》，《中国高校科技》增刊 1。

杨懿，2019，《旅游地"荷兰病"效应发生机制的系统动力学分析》，《湖湘论坛》第 3 期。

杨震宁、赵红，2020，《中国企业的开放式创新：制度环境、"竞合"关系与创新绩效》，《管理世界》第 2 期。

杨正浒、汪占熬，2011，《要素禀赋、市场结构视角下澳门经济发展研究——澳门经济发展回顾、分析和展望》，《商业时代》第 3 期。

姚晶晶、孔玉生，2017，《基于 Lotka-Volterra 理论的产业集群生态网络竞合模型》，《科技管理研究》第 4 期。

叶前林、任娜、刘雨辰等，2021，《中国会展产业关联效应特征及其分解》，《统计与决策》第 19 期。

于佳禾，2023，《粤港澳大湾区金融产业集聚对产业经济发展的影响分析》，《全国流通经济》第 13 期。

张爱英，2022，《要素生态位视角下中国制造业结构优化研究》，《经济纵横》第 6 期。

张丽伟，2019，《中国经济高质量发展方略与制度建设》，中共中央党校博士学位论文。

张群祥、朱程昊、严响，2017，《非博彩业和博彩业（强势产业）共生模式演化机制研究——基于生态位理论》，《科技管理研究》第 8 期。

张少华、陈慧玲，2021，《全要素生产率是有效的资本资产定价因子吗？——基于中国股市的 Fama-French 因子模型检验》，《中国经济问题》第 2 期。

张晓倩，2020，《社会总资本再生产问题研究》，中共中央党校博士学位论文。

赵莹，2020，《中国经济发展韧性研究》，中共中央党校博士学位论文。

赵长轶、王莹，2021，《我国高技术产业生态位评价研究——基于省际面板数据的实证研究》，《决策咨询》第 2 期。

郑华峰，2010，《微型经济体的产业比较及其对澳门发展启示》，《亚太经济》第 3 期。

周彬、钟林生、陈田等，2014，《基于生态位的黑龙江省中俄界江生态旅游潜力评价》，《资源科学》第 6 期。

周敏、郅慧、滕文强，2023，《信息生态视角下的数字出版变革：内生机理与创新路径》，《中国编辑》第 6 期。

周全，2019，《生态位视角下企业创新生态圈形成机理研究》，《科学管理研究》第 3 期。

Adner, R. , and Kapoor, R. , 2016, "Innovation Ecosystems and the Pace of Substitution: Re-examining Technology S-curves", *Strategic Management Journal*, Vol. 37, No. 4, pp. 1–16.

Ausloos, M. , Eskandary, A. , and Kaur, P. , 2019, "Evidence for Gross Domestic Product Growth time Delay Dependence over Foreign Direct Investment: A Time-lag Dependent Correlation Study", *Gross Domestic Product Press*, Vol. 2, No. 1, pp. 13–35.

Baldwin J R, and Brown W M. , 2004, "Regional Manufacturing Employment Volatility in Canada: The Effects of Specialisation and Trade", *Papers in Regional Science*, Vol. 83, pp. 519–541.

Barbulescu, O. , and Constantin, C. P. , 2019, "Sustainable Growth

Approaches: Quadruple Helix Approach for Turning Brasov into a Startup City", *Sustainability*, Vol. 11, No. 21, pp. 6154-6172.

Chao, C. C., Hazari, B. R., and Laffargue, J. P., 2006, "Tourism, Dutch Disease and Welfare In An Open Dynamic Economy", *Japanese Economic Review*, Vol. 57, No. 4, pp. 500-519.

Cohen, W. M., and Levinthal, D., 1989, "Innovation and Learning: Two Faces of R&D", *Economic Journal*, Vol. 99, No. 397, pp. 569-596.

Deng, Q., Gu, X., and Law, R., 2020, "A Comparative Study for Determinants of Gaming Performance in Macao and Las Vegas", *Tourism Management*, Vol. 77, 103964.

Ding, L., and Wu, J., 2018, "Innovation Ecosystem of CNG Vehicles: A Case Study of Its Cultivation and Characteristics in Sichuan, China", *Sustainability*, Vol. 10, No. 1, pp. 39-55.

Eggers, S. L., 2020, "The Nuclear Digital I&C System Supply Chain Cyber-Attack Surface", *Transactions of the American Nuclear Society*, No. 7, pp. 120-122.

Emmanue, N., Kyung-Hak, K., and Adnan, M., 2021, "Recent Trends Of Migration To Rwanda: Policy And Contribution To Sustainable Development", *International Relations & International Law Journal/Seriâ Meždunarodnye Otnošeniâ & Meždunarodnoe Pravo*, Vol. 94, No. 2, p. 4.

Foster, J., 1997, "The Analytical Foundations of Evolutionary Economics: From Biological Analogy to Economic Self-organization", *Structural Change and Economic Dynamics*, Vol. 8, No. 4, pp. 427-451.

Gao, Y., and Yuchen, L., 2022, "Does Digital Inclusive Finance Promote Entrepreneurship? Evidence from Chinese Cities", *The Singapore Economic Review*, Vol. 67, No. 1, pp. 13-15.

Gawer, A., 2014, "Bridging Differing Perspectives on Technological Platforms: Toward an Integrative Framework", *Research Policy*, Vol. 43, No. 1, pp. 1239-1249.

Grinnell, J., 1917, "The Niche-relationships of the California Thrasher", *The Auk*, Vol. 34, No. 4, pp. 427-433.

Grosse, M., 2018, "How User-innovators Pave the way for a Sustainable Energy Future: A Study among German Energy Enthusiasts", *Sustainability*, Vol. 10, No. 10, pp. 36-48.

Gu, X., and Sun, P., 2014, "Tax Incidence and Price Discrimination: An Application of Theories to Gambling Markets", *China Economic Review*, Vol. 28, No. 1, pp. 135-151.

Gu, X., Sheng, L., and Lei, C., 2022, "Specialization or Diversification: A Theoretical Analysis for Tourist Cities", *Cities*, Vol. 122, 103517.

Hodgson, G., 1993, *Economics and Evolution: Bringing Life back into Economics* (Cambridge: Polarity Press).

Hou, H., Cui, Z., and Shi, Y., 2020, "Learning Club, Home Court, and Magnetic Field: Facilitating Business Model Portfolio Extension with a Multi-faceted Corporate Ecosystem", *Long Range Planning*, Vol. 53, 101970.

Hsieh, Y. C., Lin, K. Y., Lu, C. et al., 2017, "Governing a sustainable business ecosystem in Taiwan's circular economy: The story of Spring Pool Glass", *Sustainability*, Vol. 9, No. 6, pp. 61-68.

Hu, J., Ouyang, T., Wei, W. X. et al., 2020, "How Do Manufacturing Enterprises Construct e-commerce Platforms for Sustainable Development? A Case Study of Resource Orchestration", *Sustainability*, Vol. 12, No. 16, pp. 60-66.

Janeczko, B., Mules, T., and Ritchie, B. W., 2002, *Estimating the Economic Impacts of Festivals and Events: A Research Guide* (*Vol. 5*) (Gold Coast, Australia: CRC for Sustainable Tourism).

Kang, K. H., Lee, S., and Yang, H., 2011, "The Effects of Product Diversification on Firm performance and Complementarities between Products: A Study of US casinos", *International Journal of Hospitality Management*, Vol. 30,

No. 2, pp. 409-421.

Ku, W. K., Kou, K. P., and Lam, S. H., 2023, "Trip-pair based Clustering Model for Urban Mobility of Bus Passengers in Macao", *Transportmetrica A: Transport Science*, Vol. 19, No. 3, pp. 75-79.

Kwak, K., Kim, W., and Park, K., 2018, "Complementary Multiplatforms in the Growing Innovation Ecosystem: Evidence from 3D Printing Technology", *Technological Forecasting & Social Change*, Vol. 136, pp. 192-207.

Li, J. S., Alsaed, A. and Hayat, T., 2014, "Energy and Carbon Emission Review for Macao's Gaming Industry", *Renewable and Sustainable Energy Reviews*, Vol. 29, No. 1, pp. 744-753.

Liu, M. T., Liu, Y., and Mo, Z., 2020, "Using Text Mining to Track Changes in Travel Destination Image: The Case of Macao", *Asia Pacific Journal of Marketing and Logistics*, Vol. 1, p. 1108.

Loi, K., Weng, S., and Lei, F., 2021, "Understanding the Reactions of Government and Gaming Concessionaires on COVID - 19 through the Neo-institutional Theory: The Case of Macao", *International Journal of Hospitality Management*, Vol. 94, 102755.

Loughlin, P. H., and Pannell, C. W., 2010, "The Port of Hong Kong: Past Successes, New Realities and Emerging Challenges", *Focus on Geography*, Vol. 7, pp. 139-148.

MacGlade, J., 2002, "Landscape Sensitivity, Resilience and Sustainable Watershed Management: A Co-evolutionary Perspective", Monpellier.: AQUADAPT Workshop, pp. 25-27.

Maloney, M. M., Bresman, H., Zellmer-Bruhn, M. E. et al., 2016, "Contextualization and Context Theorizing in Teams Research: A Look back and a Path forward", *Academy of Management Annals*, Vol. 10, pp. 891-942.

Mantovani, A., and Ruiz-Aliseda, F., 2016, "Equilibrium Innovation Ecosystems: The Dark Side of Collaborating with Complementors", *Management*

Science, Vol. 62, pp. 534-549.

McCartney, G., 2021, "The Impact of the Coronavirus Outbreak on Macao: From Tourism Lockdown to Tourism Recovery", *Current Issues in Tourism*, Vol. 24, No. 19, pp. 2683-2692.

McCearney, G., Pinto, J., and Liu, M., 2021, "City Resilience and Recovery from COVID-19: The Case of Macao", *Cities*, Vol. 112, 103130.

Miller, C. D., and Toh, P. K., 2020, "Complementary Components and Returns from Coordination within Ecosystems via Standard Setting", *Strategic and Management Journal*, Vol. 11, pp. 1-36.

Molina-Morales, F. X., and Martinez-Fernandez, M. T., 2004, "How much Difference Is There between Industrial District firms ? A Net Value Creation Approach", *Research Policy*, Vol. 33, No. 3, pp. 473-486.

Nelson, R. R., 1995, "Recent Evolutionary Theorizing about Economic Change", *Journal of Economic Literature*, Vol. 23, pp. 48-90.

Okpalaoka, C., 2023, "Research on the Digital Economy: Developing Trends and Future Directions", *Technological Forecasting & Social Change*, Vol. 193, No. 2, 122635.

Pianka, E. R., 1974, "Niche Overlap and Diffuse Competition", *Proceedings of the National Academy of Sciences of the United States of America*, Vol. 71, No. 5, pp. 11-23.

Rennings, K., 2000, "Redefining Innovation—Ecoinnovation Research and the Contribution from Ecological Economics", *Ecological Economics*, Vol. 32, No. 2, pp. 319-332.

Robert, D. H., and John, P., 1985, "Infectious Disease and Species Coexistence: A Model of Lotka-Volterra Form", *American Naturalist*, Vol. 126, No. 2, pp. 196-211.

Rong, K., Hu, G., Lin, Y. et al., 2015, "Understanding Business Ecosystem Using a 6C Framework in Internet-of-things-based Sectors", *International Journal of Production Economics*, Vol. 159, pp. 41-55.

Sammut, N., Spiteri, D., Sammut, J. P. et al., 2020, "The Status of Sustainable Social Innovation in Malta", *Sustainability*, Vol. 12, No. 10, pp. 121-128.

Shannon, C. E., and Weaver, W., 1963, *The Mathematical Theory of Communication* (Chicago: University of Illinois Press).

Sheng, L., 2017, "Explaining Urban Economic Governance: The City of Macao", *Cities*, Vol. 61, pp. 96-108.

Sun, C., and Wei, J., 2019, "Digging Deep into the Enterprise Innovation Ecosystem: How Do Enterprises Build and Coordinate Innovation Ecosystem at Firm Level", *Chinese Management Studies*, Vol. 13, pp. 820-839.

Suseno, Y., Laurell, C., and Sick, N., 2018, "Assessing Value Creation in Digital Innovation Ecosystems: A Social Media Analytics Approach", *Journal of Strategic Information Systems*, Vol. 27, No. 1, pp. 335-349.

Thompson, W., 2002, "Casinos in Florida: An Analysis of the Economic and Social Impacts", *The Executive office of the Governor*, *Office of Planning and Budgeting*, Vol. 1., pp. 37-56.

Valat, E., and Reeve, P., 2021, "Educational Inequalities between the French Overseas Territories and Metropolitan France: The Determinant Role of Parents' Transmission of Human Capital", *Population*, Vol. 76, No. 1, pp. 107-148.

Vong, F., and Wong, I., 2013, "Corporate and Social Performance Links in the Gaming Industry", *Journal of Business Research*, Vol. 66, No. 2, pp. 1674-1681.

Yang, Y., and Xiao, Z. C., 1997, *Macau: A model of Mini-economy* (Macau: University of Macau, Publications Center).

Yin, D., Ming, X., and Zhang, X., 2020, "Sustainable and Smart Product Innovation Ecosystem: An Integrative Status Review and Future Perspectives", *Journal of Cleaner Production*, Vol. 274, 123005.

Zhao, Q. , Li, G. , and Gu, X. , 2021, "Inequality Hikes, Saving Surges, and Housing Bubbles", *International Review of Economics&Finance*, Vol. 11, pp. 349–363.

Zhou, L. , Kong, X. , and Sheng, G. , 2023, "Spatial-temporal Impacts of Landscape Metrics and Uses of Land Reclamation on Coastal Water Conditions: The Case of Macao", *Ecological Indicators*, Vol. 154, No. 2, 110518.

图书在版编目（CIP）数据

数字经济：澳门经济适度多元发展的新路径 / 贺培
正，金缦，翟红著 . -- 北京：社会科学文献出版社，
2024. 12. -- ISBN 978-7-5228-4560-9

Ⅰ. F492. 3

中国国家版本馆 CIP 数据核字第 2024LE9230 号

数字经济：澳门经济适度多元发展的新路径

著　　者 / 贺培正　金　缦　翟　红

出 版 人 / 冀祥德
责任编辑 / 史晓琳
责任印制 / 王京美

出　　版 / 社会科学文献出版社·经济与管理分社（010）59367226
　　　　　　地址：北京市北三环中路甲 29 号院华龙大厦　邮编：100029
　　　　　　网址：www. ssap. com. cn
发　　行 / 社会科学文献出版社（010）59367028
印　　装 / 三河市尚艺印装有限公司

规　　格 / 开　本：787mm×1092mm　1/16
　　　　　　印　张：24.25　字　数：370 千字
版　　次 / 2024 年 12 月第 1 版　2024 年 12 月第 1 次印刷
书　　号 / ISBN 978-7-5228-4560-9
定　　价 / 148.00 元

读者服务电话：4008918866